福建省 2019 年本科高校重大教育教学改革研究项目
"应用型大学活力课堂创新融合驱动机制建构"（FBJG20190134）基金资助项目

# 网络营销与运营

王晓艳　雷金英　编著

电子工业出版社
Publishing House of Electronics Industry
北京·BEIJING

## 内 容 简 介

本书立足于岗位技能要求，从营销与运营全链路的视角进行内容组织。全书分为基础篇、方法篇、平台篇三篇，共 11 章，系统介绍了网络营销与运营的原理、方法与工具等，具体包括五大营销趋势、十大营销思维、三大技术应用、七大营销方法和六大平台应用，涉及各主流网络媒体。本书注重实战，介绍的操作方法和技巧都结合真实的应用场景，避免将相关知识概念化和抽象化。书中还精选了大量前沿真实案例及延伸材料，图文并茂，具有很强的可读性和启发性。每章安排 1~2 个实训项目，并配以任务提示，具有很强的实践性和指导性。

本书可作为本科、高职院校"网络营销""新媒体运营"等课程的教科书，也可作为互联网运营推广人员提升职业能力的培训教材及工作参考用书。

未经许可，不得以任何方式复制或抄袭本书之部分或全部内容。
版权所有，侵权必究。

**图书在版编目（CIP）数据**

网络营销与运营 / 王晓艳，雷金英编著. -- 北京：
电子工业出版社，2025. 6. -- ISBN 978-7-121-49843-5
Ⅰ. F713.365.2
中国国家版本馆 CIP 数据核字第 20259KD273 号

责任编辑：石会敏　　特约编辑：侯学明
印　　刷：中煤（北京）印务有限公司
装　　订：中煤（北京）印务有限公司
出版发行：电子工业出版社
　　　　　北京市海淀区万寿路 173 信箱　邮编：100036
开　　本：787×1 092　1/16　印张：19.5　字数：496 千字
版　　次：2025 年 6 月第 1 版
印　　次：2025 年 6 月第 1 次印刷
定　　价：63.00 元

凡所购买电子工业出版社图书有缺损问题，请向购买书店调换。若书店售缺，请与本社发行部联系，联系及邮购电话：（010）88254888，88258888。
质量投诉请发邮件至 zlts@phei.com.cn，盗版侵权举报请发邮件至 dbqq@phei.com.cn。
本书咨询联系方式：shhm@phei.com.cn。

# 前　　言

在互联网 4.0 时代，网络营销与运营之间的界限越来越模糊，两者虽分工不同却相辅相成，因此，如何对网络营销与运营知识进行整合融通是个既必要又迫切的问题。本书立足于相关岗位的技能要求，从网络营销与运营全链路的视角介绍网络营销与运营的原理、方法与工具等。

与同类教材相比，本书具有以下特色。

（1）内容及编排体系让人耳目一新。全书分为三篇——基础篇、方法篇、平台篇，共 11 章。其中，基础篇包括第一、二章，主要介绍网络营销与运营领域的基础概念、主要平台、思维模式及重要工具等；方法篇包括第三、四、五章，主要介绍三大类共计七种重要的网络营销方法，包括事件营销、跨界营销、内容营销、IP 营销、口碑营销、软文营销、饥饿营销等；平台篇包括第六~十一章，立足于当前主流的网络媒体平台，主要介绍如何利用这些平台开展营销与运营工作。整本书内容丰富、结构清晰，便于读者系统地学习和掌握网络营销与运营的知识和技能。

（2）理论与实践相结合。本书既有一定的理论深度，又十分注重实战。书中不仅有深入底层逻辑的方法论介绍，也有具体的操作方法和技巧。每章安排 1~2 个实训项目，并配以任务提示，能够帮助读者更好地理解和掌握网络营销与运营的实践技能。

（3）案例丰富且具有代表性。本书精选了大量前沿真实案例，这些案例都具有代表性和典型性。此外，书中还穿插了一些生动的图表和形象的比喻，使内容更加生动有趣，可以为读者提供一些启示或引发其思考，帮助读者更好地应对实际工作中的挑战和问题。

本书可作为本科、高职院校"网络营销""新媒体运营"等课程的教科书，也可作为互联网运营推广人员提升职业能力的培训教材及工作参考用书。

本书由王晓艳、雷金英合作编写完成，其中第一、二章由雷金英编写，第三~十一章由王晓艳编写。在整个编写过程中，编者查阅了国内多位专家、学者的著作，以及许多同行的相关教材和案例资料，在此对他们表示衷心的感谢！

网络营销与运营正以前所未有的速度发展和变化着，其所涉知识和技能具有较强的时效性，编者水平有限，书中难免存在疏漏之处，敬请读者批评指正。

编者

2025 年 2 月

# 作者简介

王晓艳，福建师范大学协和学院副教授。从事"网络营销"课程教学十余年，长期观察和研究互联网，对新思维、新趋势具备敏锐的洞察力和深刻的理解力。目前已发表学术论文 10 余篇，主持省级课题 2 项、厅级课题 2 项、横向课题 1 项，参与省部级课题 2 项，参编教材 1 部。

# 目　　录

## 第一篇　基础篇

### 第一章　新媒体时代的网络营销与运营 ……………………………………………… 1
学习目标 ……………………………………………………………………………… 1
引导案例 ……………………………………………………………………………… 1
第一节　新媒体时代来临 …………………………………………………………… 2
第二节　认识网络营销与运营 ……………………………………………………… 3
第三节　网络营销与运营中的互联网思维 ………………………………………… 8
第四节　网络营销与运营的工具盘点 ……………………………………………… 21
案例讨论 ……………………………………………………………………………… 24
技能实训 ……………………………………………………………………………… 26

### 第二章　网络营销与运营中的新技术应用 …………………………………………… 27
学习目标 ……………………………………………………………………………… 27
引导案例 ……………………………………………………………………………… 27
第一节　大数据技术应用 …………………………………………………………… 28
第二节　人工智能技术应用 ………………………………………………………… 37
第三节　场景技术应用 ……………………………………………………………… 43
案例讨论 ……………………………………………………………………………… 46
技能实训 ……………………………………………………………………………… 48

## 第二篇　方法篇

### 第三章　引爆型网络营销方法 ………………………………………………………… 49
学习目标 ……………………………………………………………………………… 49
引导案例 ……………………………………………………………………………… 49
第一节　事件营销 …………………………………………………………………… 51
第二节　跨界营销 …………………………………………………………………… 62
案例讨论 ……………………………………………………………………………… 66
技能实训 ……………………………………………………………………………… 67

## 第四章 渗透型网络营销方法 …… 68
学习目标 …… 68
引导案例 …… 68
第一节 内容营销 …… 69
第二节 IP 营销 …… 83
案例讨论 …… 94
技能实训 …… 97

## 第五章 常规型网络营销方法 …… 98
学习目标 …… 98
引导案例 …… 98
第一节 口碑营销 …… 99
第二节 软文营销 …… 107
第三节 饥饿营销 …… 112
案例讨论 …… 119
技能实训 …… 119

# 第三篇 平台篇

## 第六章 网络广告营销与运营 …… 120
学习目标 …… 120
引导案例 …… 120
第一节 网络广告基本认知 …… 121
第二节 网络广告的投放管理 …… 133
案例讨论 …… 141
技能实训 …… 143

## 第七章 搜索引擎营销与运营 …… 144
学习目标 …… 144
引导案例 …… 144
第一节 搜索引擎营销基本认知 …… 144
第二节 百度竞价排名 …… 146
案例讨论 …… 170
技能实训 …… 171

## 第八章 微博营销与运营 …… 172
学习目标 …… 172

引导案例 ·········· 172
　　第一节　微博平台介绍 ·········· 173
　　第二节　微博营销基本认知 ·········· 176
　　第三节　微博账号建设 ·········· 181
　　第四节　微博内容运营 ·········· 193
　　第五节　微博活动运营 ·········· 196
　　第六节　微博粉丝运营 ·········· 196
　　案例讨论 ·········· 203
　　技能实训 ·········· 208

第九章　微信营销与运营 ·········· 210
　　学习目标 ·········· 210
　　引导案例 ·········· 210
　　第一节　微信个人账号营销与运营 ·········· 212
　　第二节　微信大众账号营销与运营 ·········· 218
　　第三节　企业微信营销与运营 ·········· 237
　　案例讨论 ·········· 245
　　技能实训 ·········· 248

第十章　短视频营销与运营 ·········· 249
　　学习目标 ·········· 249
　　引导案例 ·········· 249
　　第一节　短视频营销 ·········· 250
　　第二节　短视频运营 ·········· 256
　　案例讨论 ·········· 273
　　技能实训 ·········· 275

第十一章　直播营销与运营 ·········· 276
　　学习目标 ·········· 276
　　引导案例 ·········· 276
　　第一节　直播营销 ·········· 277
　　第二节　直播带货 ·········· 287
　　案例讨论 ·········· 300
　　技能实训 ·········· 301

**参考文献** ·········· 302

# 第一篇　基础篇

# 第一章　新媒体时代的网络营销与运营

◇ 了解新媒体时代的特征。
◇ 理解网络营销与运营的概念，了解网络营销与运营平台的演变历程和将来的发展趋势。
◇ 熟悉各种互联网思维的内涵及应用方式。
◇ 了解在网络营销与运营过程中有哪些工具可用。

### 网红品牌崛起的时代

说起网红品牌来，很多人都能举出不少例子，如奈雪的茶、喜茶、茶颜悦色、完美日记、花西子等。现在社会上流行的不再都是国外的大品牌，更多的是网红国货品牌。

网红品牌可能代表了近几年来最火的品牌成长方式。网红品牌，顾名思义，就是依托互联网平台建立广泛传播，并且迅速取得不俗营销业绩的品牌。网红品牌往往具有极强的话题性和传播性。

目前，网红品牌的打造及发展速度已经远远刷新了人们的认知。网上流传着一组对比数据，传统品牌和网红品牌成为行业第一所用的时间分别为：可口可乐用了134年，元气森林只用了5年；雀巢用了153年，三顿半只用了5年；欧莱雅用了113年，完美日记只用了3年。

2016年成立的完美日记，短短4年即在美国纽交所挂牌上市，上市当天市值达到122.45亿美元，2020年总营业收入为52.3亿元人民币，位居国货美妆品牌第一。出道仅4年的三顿半，在2019年"双十一"超越雀巢获得咖啡品类销量第一，如今已完成过亿元B轮融资，主打产品超即溶咖啡平均每年卖出4000万杯。

网上造牌犹如竹笋，地下三年，一朝破土，一日三尺，现已是遍地春笋。

当下很多企业都热衷于打造"网红产品"。因为"网红"意味着巨额的流量、"弯道超车"的机会、"一战成名"的优越感。但是想做"网红品牌"并没有那么容易，没有品牌能随随便便成功，也没有品牌可以轻轻松松当"网红"。那些看似天降鸿运的"爆红"的背后，都是蓄谋已久的"营销"；而要将"网红"变"长红"，就更是产品、服务与营销在互联网这个平台上的综合较量了。

资料来源：搜狐网.

**思考**：网红品牌与传统品牌的崛起之路有何不同？

在互联网迅猛发展的今天，企业的营销与运营平台逐渐网络化，利用互联网推广产品、经营品牌成为大多数企业的日常工作。无论是传统企业还是新兴的互联网企业，如果不了解网络营销与运营，不具备互联网思维，那么失去的将不仅仅是网络客户群体，还有在新一轮经济浪潮中参与竞争的机会。

# 第一节　新媒体时代来临

互联网的发展给各行各业都带来了巨大的冲击，尤其是新媒体时代的到来，彻底改变了媒体传播范围、传播方式及传播渠道等，同时也改变了人们的生活方式和企业的营销方式。

### 一、注意力稀缺时代来临

人们阅读信息的载体经历了从书籍到报刊，从报刊到 PC 端，再从 PC 端到移动端的变化。人们阅读使用的屏幕越来越小，阅读时间越来越短。更为重要的是，PC 端阅读和移动端阅读都是交互式阅读模式，人们要阅读什么内容需要自己选择，这和书籍报刊时代的静态沉浸式阅读模式完全不同。

在这种交互式阅读模式下，如果一个人要花很长时间等待自己想看的内容，就会变得越来越缺乏耐心。这种因为"不耐烦等待"而马上跳出等待的行为模式在纸质图书阅读过程中比较少见，而在移动端阅读中却非常普遍。还有人归纳出"3 秒原则"，意思是如果内容在 3 秒内"刷"不出来，阅读者就会选择跳出。在新媒体时代，人们不仅越来越没有耐心，而且愿意耗费在一则内容上的时间也越来越短，或者说人们的阅读时间越来越碎片化了。

在这种情况下，更强调排版的短文章，更强调轻松阅读的图形文章，更强调趣味性的短视频，更强调游戏性的交互式 H5 等新的内容形式比传统的大段文字更有吸引力。

### 二、互动时代来临

最早的电视综艺节目是先录制再定期播放的，观众只能收看录好的节目。随后出现了直播类型的节目，开始有主持人串场。后来电视综艺节目也允许观众加入交流，最开始是支持打入热线电话发表意见，但电话交流只有极少数人能够成功参与，到了短信时代，电视综艺节目终于可以实现全民参与投票了。

在互联网时代，越来越多的人喜欢在网络上收看综艺节目，因为可以在线评论、分享、点赞，每个人都可以发表自己的看法，不过在这个阶段，观众还是无法真正参与到节目直播中去。直到弹幕技术的出现，每个观众的弹幕发言都可以成为直播节目内容创作的一部分，观众的互动参与感大大增强了。

在这种情况下，企业无论是发布广告内容，还是策划营销活动，都应全面适应从传播型设计到互动型设计的转变，尽可能与用户多互动、多连接。

### 三、社会化传播时代来临

传统媒体的考核指标为目标人群到达率。该考核指标在报刊上表现为发行量；在电视广播上表现为收视（听）率；在网站上表现为访问量。将广告或公关文章插入或植入覆盖量高的媒体内容中，便可以获得较高的流量。但社会化媒体的发展让这一切发生了变化，人和人的关系链逐步演化成社会化网络媒体最重要的组成部分。在社会化网络媒体中，谁拥有更多的用户信任，谁就掌握了更多的网络流量，谁就能通过经营好这种"信任"获取商业回报。社会化传播其实是一种"信任经济"，而"网红"就是信任经济的一种典型产物，其基础是人与人之间的推荐、分享；而要持续得到别人的信任，就需要培养专业化的品牌，做持续的原创专业内容。

### 四、信息流时代来临

在以算法分发为主的信息流时代，多数平台的数据系统会记录用户的每次浏览行为，并基于此计算用户的喜好，随后向用户推送其可能感兴趣的内容。因此，新媒体账号发布内容的浏览量不再只取决于账号的粉丝数，还取决于系统对账号的"友好"程度。如果某新媒体账号有100万个粉丝但系统不推荐，则内容浏览量可能仅是个位数；相反，如果某新媒体账号只有1万个粉丝但系统对其进行推荐，其内容浏览量可能会突破百万次，甚至更多。

因此，在以算法分发为主的信息流时代，新媒体营销者需要在过往的"粉丝招募""粉丝留存"工作的基础上，做好以下三项工作：

第一，加强内容原创水平，防止被系统判定为"抄袭"而不被推荐；

第二，增强账号活跃程度，有规律地更新系列化内容；

第三，重视日常沟通，加强与平台相关板块负责人的联络，第一时间了解系统规则变化，并争取获得平台资源位置。

### 五、内容电商时代来临

随着微信公众平台、今日头条、抖音、小红书等新媒体内容平台的崛起，新媒体平台与电商平台开始广泛融合，越来越多的新媒体账号开始通过文章、视频等内容形式直接销售商品。比如，阅读微信公众号文章后可以直接点击文中链接购买相关商品。

在内容电商时代，消费者的互联网消费习惯正在发生变化，从过往"产生具体的购物需求后，搜索电商平台，比对商品并下单"变为"无购物需求状态下浏览内容，由于被内容吸引而直接下单"。

因此，如何根据用户属性进行产品选择，如何策划独特的内容吸引用户持续浏览，如何将广告"无缝"植入文章，如何引导用户下单等，将成为企业网络营销人员重点思考的问题。

## 第二节 认识网络营销与运营

随着互联网的发展，网络营销与运营成为越来越重要、越来越热门的工作岗位。要想胜任相关工作，必须先建立对网络营销与互联网运营的正确认识。

### 一、网络营销

网络营销，也称网上营销或者电子营销，是随着互联网的发展而产生的一种新的营销模式。目前一般被定义为：基于网络及社会关系网络连接企业、用户及公众，并向其传递有价值的信息与服务，为实现用户价值及企业营销目标所进行的规划、实施及运营管理活动。

广义的网络营销指企业利用一切网络（包括电视、电话、移动通信、互联网）进行的营销活动；而狭义的网络营销指以互联网或移动互联网为主要平台开展的各种营销活动。

很多人对网络营销的认识存在偏差，为了正确理解网络营销的概念需要注意以下几点。

（1）网络营销不是孤立存在的。网络营销是企业整体营销战略的一个组成部分，网络营销活动不可能脱离一般营销环境而独立存在，在很多情况下，网络营销理论是传统营销理论在互联网环境中的应用和发展。此外，网络营销是一项系统性工程，包括规划、实施及运营管理，而不仅仅是某种方法或某个平台的应用，"只见树木不见森林"的操作模式是对网络营销的片面认识。

（2）网络营销不等于网络销售。网络营销的最终目的是促进产品销售、提升品牌形象。网络销售是网络营销发展到一定阶段产生的结果，但并不是最终结果或唯一结果。除了网络销售，网络营销还包括品牌打造、广告宣传、市场调研、战略规划、策略制定、客户服务等。

（3）网络营销不等于电子商务。网络营销和电子商务是一对紧密相关又区别明显的概念，两者很容易混淆。概括起来，网络营销与电子商务的区别主要体现在以下两个方面。

① 网络营销与电子商务研究的范围不同。网络营销注重的是以互联网为主要手段的营销活动，而电子商务的内涵很广，其核心是电子化交易，强调的是交易方式和交易过程的各个环节。网络营销和电子商务的这种关系也表明，发生在电子交易过程中的网上支付和交易之后的商品配送等问题并不在网络营销的范畴内，同样，电子商务体系中所涉及的安全、法律等问题也不在网络营销的范畴内。

② 网络营销与电子商务关注的重点不同。网络营销关注的重点在于交易前的宣传和推广，电子商务关注的重点则是实现电子化交易。网络营销本身并不是一个完整的商业交易过程，而是为了促成交易提供支持，因此，它是电子商务中的一个重要环节，尤其在交易发生之前，网络营销发挥着主要的信息传递作用。从这种意义上说，电子商务可以被看作是网络营销的高级阶段，一个企业在没有完全开展电子商务之前，同样可以开展不同层次的网络营销活动，两者的主要分界线就在于是否有交易行为的发生。

## 二、互联网运营

互联网运营是近年来随着互联网的发展而兴起的新概念、新职业。早期的互联网运营主要是指互联网产品的运营推广，但随着电子商务的普及，其含义也发生了一些变化，不仅是互联网产品，传统行业产品也被纳入互联网运营范畴。如今，已经有越来越多的企业增设了互联网运营岗位，其中有相当一部分企业甚至建立了专门的互联网运营部门。可以说，互联网运营已经成为众多通过互联网谋求发展的企业生存发展的关键所在，因此越来越受重视。那么互联网运营究竟是做什么的？又是怎么产生的呢？

为了更好地理解互联网运营，我们先看一个案例。

小张毕业于欧洲某西点学校，拥有一流的糕点制作技艺。回国后，她自主创业开了一家蛋糕店。店铺开起来后，小张自己负责糕点制作。为了招揽生意，她又雇用了小周为店铺做宣传推广。小周在店门口拉上了横幅，每天在店铺周围及附近路口发宣传单，还赞助了附近一家商业中心的六一儿童节活动。刚开始确实有不少顾客前来消费，但过了一段时间后小张发现，店里的来客越来越少了，买东西的人就更少了。小张就纳闷了：自己的糕点明明很好吃，小周也很敬业，为什么生意就做不起来呢？

于是她偷偷去其他生意红火的糕点店观察学习，结果发现其他店里除了糕点师傅、推广人员外，还有一位常年坐镇店铺的经营人员，店里的大小事务都归他管。于是小张又雇用了小李来负责蛋糕店的日常经营。小李到店后先熟悉了店里的各种糕点及周边客户的情况，然后在店里搞起了活动，如"买一送一""注册会员并加入微信顾客群即享9折优惠""'老带新'打五折"等。每次搞完活动，小李都要大致统计一下到店的人数变化，并仔细查看店里的交易数据及会员注册情况，对微信群的顾客留言也会及时回复。一段时间后，小张的蛋糕店拥有了一批忠实顾客，并在这些顾客的口碑宣传下生意越来越红火。

通过上面的案例可以看出，小张、小周和小李都有各自的分工和定位。小张其实代表了产品；小周代表了营销；小李则代表了运营。上述案例中的会员打折、"老带新"等，都是常用的运营手段。

运营和营销相比是个新词，不同企业的运营岗位和职能划分也不尽相同。但归纳起来，可以将运营理解为：以产品或服务为基础，围绕用户所进行的能让产品持续稳定盈利或发展的一切手段。

运营人员需综合运用各方面的能力，拓展渠道、调度资源，为公司搭建完整的用户体系，以全局观发现公司每个阶段、每个环节中的关键问题并针对问题提出解决方案，协调或管理团队执行落地，以达到产品优化和用户增长的目的。

互联网运营就是作用于互联网环境的一切运营手段。经典的互联网运营主要包含四大模块：用户、产品、内容和活动（见图1-1）。随着互联网的发展，在这四大模块之外，又衍生出新媒体运营、社群运营、流量运营、网店运营等特定领域的运营形式，并在不断细化和延伸。

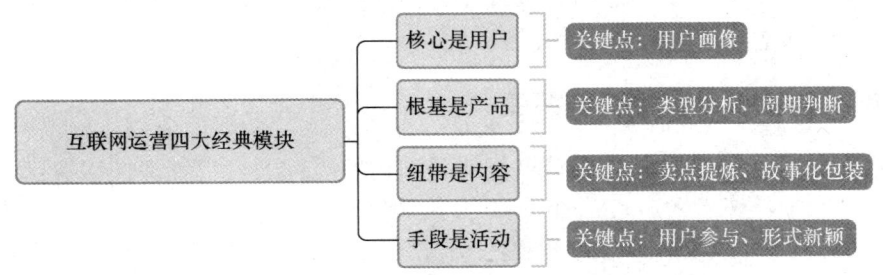

图1-1 互联网运营四大经典模块

### 三、网络营销与互联网运营之间的关系

要理解网络营销与互联网运营之间的关系，关键在于厘清营销和运营这两个概念。这两个概念特别容易混淆。无论是从字面上看，还是从岗位职能上看，营销与运营交叉重叠之处甚多。两者都以产品或服务为基础，以消费者需求为核心，以销售或盈利为最终目标。但两者也存在很大区别，如下所示。

（1）职能范畴不一样。运营需要对公司或业务的整体负责，包括从生产到销售、物流、客服的全过程；营销主要负责把产品或服务推广出去，包括销售渠道的拓展、知名度和美誉度的提升等。运营着重对整个业务链进行把控，而营销着重下游终端的目标达成。一般来说，两者虽不存在明确的包含关系，但运营的职能范畴大于营销的职能范畴。

（2）直接目标不一样。虽然营销与运营都是为了促进销售、实现盈利，但两者的分工不同，直接目标也不一样。运营注重转化，而营销更加注重曝光。简单来说，营销是想尽办法扩大品牌影响力，吸引新用户，但不重视转化和成交；而运营则是想尽办法把用户留下来，提升其活跃度，促使其购买转化。与营销相比，运营的效果更方便用数据度量。因此，一般来说，营销务虚，而运营务实。

比如天猫"双十一"，企业的营销部门会在站外投放大量广告，在线上开展很多具有传播性的活动，在线下举办各种晚会，并通过微博、微信、网红发声……把这个氛围炒热。等流量进入了淘宝或天猫，就是运营部门的主场了，他们会通过各类打折促销活动、软文攻略、会员优惠激励、好货盘点等手段把流量转化为营业额。

（3）侧重点不一样。营销更侧重于定位与规划，一般都与关键策略和顶层设计相关；而运营则是一环扣一环地具体执行，更加注重对细节的把控。运营以营销规划为基础，又在执行过程中通过反馈信息指导营销计划的调整，两者相辅相成。

（4）工作平台不一样。营销主要是对外的行为，目的是传播理念、建立品牌，与销售渠道及媒体平台交集较多；而运营主要是对内的行为，目的是激发用户、留存用户，促进产品转化，主要在本企业平台展开工作。

（5）作用方式不一样。一般来说，营销能够帮助企业快速打开局面，带来短期繁荣，但过分依赖的话就容易陷入营销内卷；而运营则主要是通过一步步的执行和坚持为企业带来长期效果。

营销和运营虽有区别，但也需要彼此配合，这样才能使经营效果最大化。随着互联网的发展，营销与运营之间的边界越来越模糊，更加趋向于"你中有我，我中有你"的状态，甚至是不分彼此了。因此，本书后面为了表述方便，涉及网络营销与互联网运营的共性内容时，将统称为"网络营销与运营"。

## 四、网络营销与运营平台的演变

1994年，美国一对从事移民签证咨询服务的律师夫妇通过电子邮件向数以万计的网民发送了一则"绿卡抽奖"的广告，赚了10万美元，却也导致了很多邮件服务器瘫痪。这是网络营销诞生的标志性事件。此后，人们便开始了对网络营销价值的探索和实践，并在互联网的演化过程中，发掘出众多营销平台和营销方法，具体如图1-2所示。

在Web 1.0时代，用户主要通过浏览器阅读网页，只能被动接受信息内容，无法参与内容的生产。这个时候的网络应用形式以门户网站、电子邮件、搜索引擎和企业网站为主，相应地，网络营销也以在这些平台上投放广告为主。2005年前后，YouTube、Facebook、Twitter等新型网站诞生，标志着Web 2.0时代的到来。这一阶段，用户不仅是浏览者，也是网站内容的制作者和传播者，互联网信息传递模式由单纯的"读"向"写"及"共同建设"转变。这个时候的网络应用形式以视频网站、网络社区、社交网络为主，网络营销的阵地也因此向这些平台扩展和转移，而且营销形式更加丰富新颖，不再局限于单纯的广告，出现了更多互动性和参与性强的营销方法和手段。

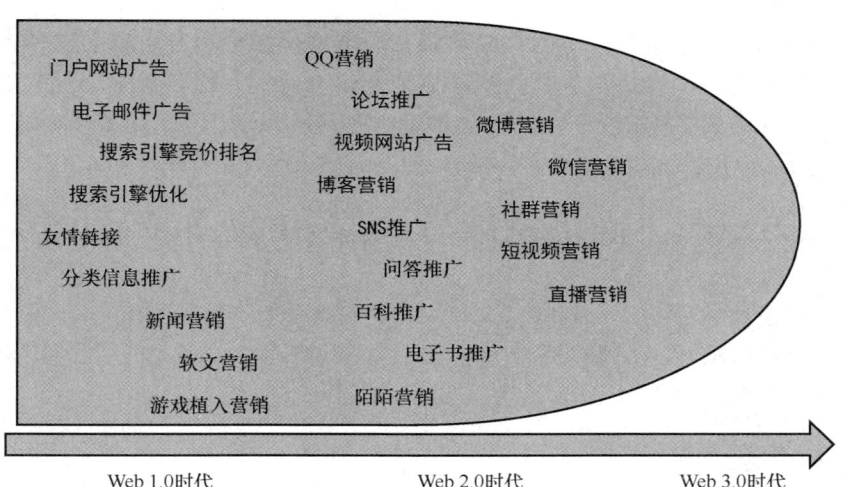

图 1-2 网络营销与运营平台的演变

未来，当 Web 3.0 时代到来，可以预见将会出现新的互联网应用，而网络营销与运营的平台和形式也将更加灵活多样。

### 五、网络营销与运营的发展趋势

随着移动互联网、大数据、人工智能等技术的发展，网络营销与运营也呈现出一些与时代相符的发展趋势，主要表现在以下 5 个方面。

（1）移动化。受移动互联网和智能手机发展的影响，网络应用平台现已呈现出大规模的移动化倾向，平板电脑、智能手机成为人们获取信息的主要渠道。未来，网络营销与运营的阵地仍将继续朝着移动端发展。

（2）智能化。目前，人工智能、云计算、大数据、物联网等技术发展迅速，推动着社会各个领域的变革和创新，网络营销与运营当然也不能例外。智能手表、智能眼镜等各种智能化终端陆续出现在人们的生活当中，语音识别系统、图像识别系统、聊天机器人等各种智能化工具被越来越多地应用于网络媒体，这些都深刻改变了人们的信息使用和交互方式，也对网络营销运行的模式和方法产生了巨大冲击。全面利用各种智能化技术和工具，推动营销与运营的变革和升级是各行业不得不面对的重要课题。

（3）社交化。随着社会化媒体的发展和普及，微信、微博、抖音等社交平台在人们的生活中扮演着越来越重要的角色。这些平台不仅占据了用户大量的时间，而且在营销方面具备许多优势，如信任度高、多级传播、准入门槛低等。这使社交媒体成为企业最关注的营销平台，而且随着社交媒体的发展，其营销形式将会出现更多的可能性。

（4）精准化。精准营销是时下非常流行的一个营销术语，也是企业一直以来的追求。所谓精准营销，就是在精准定位的基础上，依托现代信息技术手段建立个性化的顾客沟通服务体系，将营销信息推送到比较准确的受众群体中。通俗地说，精准营销就是在合适的时间、合适的地点，将合适的产品或服务以合适的方式提供给合适的人。精准营销避免了营销资源的浪费，不仅能帮企业降低营销成本，还有助于实现营销效果最大化。

（5）多元化。新时代的网络环境发生了一些变化，网络营销也相应地出现了一些新的情况,如许多传统的网络营销方法重要程度下降,而新型网络营销方法越来越受青睐。因此,未来的网络营销将更加多元化,包括营销渠道多元化、营销方法多元化、营销资源多元化,甚至连社会关系网络也将更加多元化。

## 第三节　网络营销与运营中的互联网思维

互联网思维是在(移动)互联网、大数据、云计算等技术不断发展的背景下,对市场、用户、产品、企业价值链乃至整个商业生态进行重新审视的思考方式。开展网络营销与运营需要具备相应的互联网思维。

### 一、长尾思维

1. 长尾思维的缘起

长尾思维是网络时代兴起的一种新的思维,由《连线》杂志主编克里斯·安德森(Chris Anderson)提出。克里斯·安德森喜欢从数字中发现趋势,一次他跟数字音乐点唱网站eCast的首席执行官范·阿迪布进行会面,后者提出了一个让安德森耳目一新的"98法则"。范·阿迪布从音乐点唱统计数据中发现了一个秘密:听众对98%的非热门音乐有着无限的需求,也就是说听众几乎盯着所有的东西,他把这称为"98法则"。

安德森意识到这个与"二八法则"相悖的"98法则"隐含着一个强大的真理。于是,他系统地研究了亚马逊、狂想曲公司、Blog、Google、eBay、Netflix等互联网零售商的销售数据,并与沃尔玛等传统零售商的销售数据进行了对比,观察到一种符合统计规律(大数定律)的现象。这种现象可用数量、品种二维坐标上的一条需求曲线来描述,如图1-3所示。需求曲线表明,人们的大多数需求会集中在头部,这部分可以称为流行;分布在尾部的需求是个性化的、零散的、少量的,而这部分需求会在需求曲线上形成一条长长的"尾巴",向代表"品种"的横轴尽头延伸。安德森在这一研究发现的基础上打造出影响商业世界的畅销书《长尾理论》。

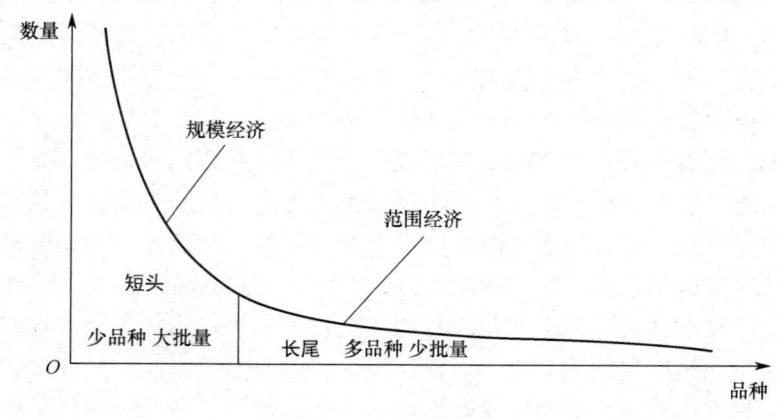

图1-3　长尾现象示意图

2. 长尾思维的内涵

过去,由于成本和效率的因素,人们只能关注重要的人或事物,如果用正态分布曲线来描绘这些人或事物，即人们只能关注曲线的"头部"，而将处于曲线"尾部"、需要更多的精力和成本才能关注到的大多数人或事物忽略。比如，企业在销售产品时，关注的主要是少数几个 VIP 客户及热门商品，"无暇"顾及在数量上居于大多数的普通消费者及冷门商品。这就是著名的"二八法则"。

与"二八法则"相悖，长尾思维认为，只要存储和流通的渠道足够大，需求不旺或销量不佳的产品共同占据的市场份额就可以和那些数量不多的热卖品所占据的市场份额相匹敌甚至更大。而互联网恰好提供了足够大的存储和流通空间。因此，安德森认为，网络时代是关注长尾、发挥长尾效益的时代，企业应该多关注处于尾部的需求，尽量扩大商品种类，拉长需求曲线。比如，一家大型书店通常只能摆放 10 万本书，但亚马逊网络书店的图书销售额中，有四分之一来自排名 10 万以后的长尾书籍。再如，在以算法分发为主的信息流时代，今日头条或抖音上的很多"草根"账号和"平民"内容也能获得不错的流量。

3. 长尾思维的应用

长尾思维诞生于互联网，也作用于互联网。在网络营销中应始终具备长尾思维，不仅要重视处于尾部的商品和用户，还要在开展具体的营销活动时充分发挥长尾效应。一般来说，可以考虑从以下几个方面入手。

（1）重视长尾利基市场。利基市场是指那种高度专门化、针对性非常强的小众市场，只满足一部分有特定需求的消费者，如专卖大码鞋、专卖礼品包装盒等。利基市场在局部范围内虽用户群小，但放置在全国甚至全球市场上则能够聚沙成塔、聚少成多，发挥长尾效应。

（2）重视长尾关键词。据 Google 统计，网民每月搜索的关键词中有一半都是以前没有被搜索过的。因此，做 SEO（Search Engine Optimization，搜索引擎优化）或投放搜索引擎关键词广告的时候，应尽量选择一些较长、针对性强、搜索次数少，但转化率高的关键词，即长尾关键词。此外，在文案写作过程中，也应该融入尽可能多的长尾关键词，这样用户在搜索时才有可能搜索到这篇文章。

（3）重视长尾媒体平台。企业在投放广告或内容时，不要忽视那些不起眼的小网站、小应用。这些平台虽然流量无法与大媒体相比，但汇聚起来也蕴含着惊人的商业价值；而且这些小平台通常费用低廉、用户定位精准，具有较高的性价比。

（4）重视长尾 KOL。KOL（Key Opinion Leader，关键意见领袖），可以简单地理解为"网红"。企业在寻找合作对象时不要只盯着处于"头部"的顶尖 KOL，要知道，哪怕是"小网红"，也有他的忠实粉丝。

4. 应用长尾思维时的注意事项

企业在应用长尾思维开展网络营销时应注意以下几点。

（1）长尾思维更适用于市场需求窄而深的商品。长尾思维适合需求比较个性化、差异化的商品，如书籍、音乐、电影、服装等。对于普通大众化商品，如一般超市经营的日常生活用品，顾客购物行为有明显的从众倾向，很难出现个性化需求，因此不太适合应用长尾思维。

（2）销售长尾商品时应为用户提供"集合器"和"过滤器"。《长尾理论》的作者安德森指出，要想成功地从长尾获益，需要提供"集合器"和"过滤器"。"集合器"是把那些浩瀚的长尾商品聚集在一起的工具，"过滤器"则是让用户能够从数量众多的长尾商品中迅速、准确地找到自己想要的商品的工具。

（3）选择过多是长尾经济的一个天生特质。对商家来说，其任务就是要帮助用户做出最好的选择。因此，网络购物平台应该具备良好的商品分类功能、强大的商品搜索功能和真实可靠的用户评论功能。除此之外，基于用户兴趣偏好的个性化推荐系统也是必要的工具。

（4）应用长尾思维不能忽视可能带来的成本增长因素。商店每增售一件新商品都可能会带来成本的增加，因此，小批量、多品种的经营方式比大批量、少品种的经营方式成本更高。商家要想收回付出的额外成本，只能通过提升商品的价格来补偿。而一旦由于某种原因，商品或服务的价值未能被消费者感知和认同，他们就不会支付企业所希望的价格，这时商品的成本就无法得到补偿。因此，企业在应用长尾思维开展营销活动时不能不考虑可能带来的成本增长因素。

在现实生活中，我们经常会发现，一些网店将某款商品打造成"爆品"，低价甚至亏本出售。这样可以增加曝光度，为店铺引流，最终的目的是通过"爆品"带动其他商品的销量。也就是说，这些电商企业基本无法从热门商品中赚钱，相反，那些销量欠佳的长尾商品才是它们的利润之源。

（5）"长尾思维"并未否定"二八法则"，只是补充了一种新的经营思路。最后需要强调的是，经营者不能因为"长尾思维"而对"二八法则"全盘否定。"长尾思维"只是"二八法则"的补充，它提醒经营者关注长尾商品，并不是要经营者忽略热门商品的存在，而是给经营者提供一个新的经营思路：在特定的消费市场，可以走一条新路来避免恶性竞争。

## 二、用户思维

### 1. 用户思维的内涵

用户思维，顾名思义，是指"以用户为中心，而不是以企业为中心；站在用户角度考虑问题，而不是站在企业角度考虑问题"的思维。用户思维强调的是思维的转换，强调的是利他。

企业如果不考虑用户思维，闭门造车，即便费尽心思，产品或营销信息可能也难以抵达用户，更不用说锁定用户了。接下来我们通过三个案例来看看用户思维缺失造成的后果。

#### 案例1：没有把握好用户思维，导致路由器销售受阻

360的创始人周鸿祎曾经分享过一个案例。360做路由器的时候，工程师经过一番研究后发现，传统路由器上的天线并不是必需的，现有的科技早就可以实现零天线，而且信号完全不受影响。于是，他们信心满满地研发了一款连一根天线都没有的路由器，本以为这样可以出奇制胜，却没料到，产品一经推出，几乎无人问津。后来才知道，用户才不管零天线背后的技术原理，用户真正在意的是，"天线越多，信号越强，四根天线的路由器就比两根天线的好"。这样一个印象已经固化在认知底层，根本不是所谓"创新"可以解决的。

#### 案例2：空气净化器的用户思维缺失，导致净化无效

飞利浦有一款空气净化器，销售时会随机器附带四层滤网。但这四层滤网并没有分开包装，而是提前安装在机器中。这样，用户拿到设备后，很自然地直接插上电源打开开关，就认为开始工作了。殊不知由于那四层滤网的塑料封套没有拆除，根本起不到净化效果，而机器工作时也不会检测到这个问题，导致很多用户使用几个月后更换滤网时才发现。尽管设计

者也做了告知工作，他们在电源插头上粘贴了一个小小的黄色标签，并在产品使用说明书上提示用户要先拆除滤网塑料封套才行。但问题是，那个小小的黄色标签用户很容易忽略，也很少有人是先仔细阅读说明书后才开始使用产品的。

**案例3：硬广投放中用户思维缺失，导致广告无效**

小米的联合创始人黎万强在其畅销书《参与感》中，提到一个硬广投放的案例。2013年5月份，小米计划在当时的GMIC互联网大会上为小米手机投放广告。他们先后设计了好几个版本，但最后投放的是图1-4中这则广告。

图1-4 小米在GMIC互联网大会上的广告

从设计角度来看，小米的广告非常简陋，而并排放置的另外三个广告明显是经过"精心设计"的。可是，从广告效果来看，其他三个"精心设计"的广告基本上什么都看不清，算是无效广告，而小米这个"非常简陋"的广告却"吸足了眼球"。

企业在产品设计、广告投放、文案写作等各个营销环节都需要植入用户思维，从用户中来，到用户中去。只有具备了用户思维，让用户感觉到自己被尊重、被理解，才能让用户愿意使用产品、分享产品。

用户思维理解起来容易，但运用起来却很难，很多企业会以"以用户为中心"之名，行"以自己为中心"之实。因为"以自我为中心"是人类的天性，很多营销及运营人员已经养成了"站在企业角度考虑问题"的思维和习惯。因此，要运用用户思维，首先必须强化意识，深刻认识到用户思维的重要性。

2. 用户思维的作用

用户思维是互联网思维的核心，贯穿企业价值链的各个环节，对企业来说意义重大。用户思维的作用主要体现在以下两个方面。

（1）提升口碑。具备用户思维、为用户解决实际需求的公司，无疑能够提高用户的好感度，塑造良好的品牌口碑。比如，在品牌创立之初，三只松鼠每次卖出相应的产品时，都会提供掰开干果的工具及纸巾、垃圾袋等。通过提供这些配套工具，省去了用户很多麻烦，提升了用户体验，从而为三只松鼠创造了好的口碑。

（2）优化产品。在产品设计领域，用户思维至关重要。马化腾曾说，"产品经理最重要的能力是把自己变成傻瓜"；周鸿祎也提出，"一个好的产品经理必须是白痴傻瓜状态"。产品经理能够随时将大脑从"专业模式""专家模式"切换到"用户模式"或者"傻瓜模式",就是用户思维的体现。运营人员要忘掉自己长久以来积累的行业知识,以及有关产品的娴熟操作方法、实现原理等背景信息,站在用户的角度去思考产品、使用产品,甚至让用户参与产品研发的各个环节,通过用户反馈数据改进产品的设计。只有拥有用户思维,才能有效指导产品优化方向,才能避免设计出"自以为好用"的产品,才能生产出更适应市场的产品。

3. 用户思维的培养

用户思维违背了人类的天性,不可能自然而然获得,需要经过刻意练习方能掌握。要想拥有用户思维,可以从以下几个方面入手。

(1) 从"客户"到"用户"。在互联网出现之前,人们使用更多的词是"客户(Customer)",即人们更关注购买的人;在互联网出现之后,人们使用更多的词是"用户(User)",即人们更关注使用的人。"客户"和"用户"的区别就是购买者和使用者的区别。客户与用户有时是同一人,有时并非同一人,如妈妈为孩子买小书包,妈妈是客户,小朋友才是用户。培养用户思维首先就要完成从"客户"到"用户"的思维转变,不要只关注"谁购买""如何购买"等交易环节的问题,还要关注"谁使用""如何使用"等售后环节的问题;不要只考虑产品的商业价值,还要考虑产品的使用价值。

(2) 使用产品,还原场景。用户思维的核心是理解用户的"真正需求"。而要挖掘用户的"真正需求",一定要以用户的身份去使用产品,尽可能还原消费场景。比如,如果想要推出家庭教育相关的课程,就必须了解如今家长在家庭教育中最常遇到的问题:什么年龄段的孩子会和家长产生矛盾,产生的是什么矛盾,家长是如何应对的,不同应对方式获得的结果如何……面对问题,需要有抽丝剥茧的精神,才能在一个又一个的实际场景中,寻得真正的用户需求。下面我们通过一个案例来看看如何还原消费场景。

某企业打算研发一款醒酒产品,现有两种方式可供选择:一种是醒酒药片,一次仅需两片,在饭前半小时服用就能有效醒酒,价格实惠;另一种是醒酒饮料,醒酒效果不如醒酒药片,产品形态是听装的。

那么企业该选择哪种方式呢?

可能不少人会觉得药片更有市场,毕竟携带方便、服用简单,价格也更便宜。而醒酒饮料显然会造成诸多不便,放一听饮料在包里,也太麻烦了。

然而实际上,醒酒药片的市场反应却远不如醒酒饮料。为什么?因为醒酒药片缺乏对应的消费场景,用户很难建立起对应的消费习惯。醒酒药片一般需要在药店、电商平台等处购买,但是大多数消费者在喝酒前,大概率想不起来去购买。而醒酒饮料就可以依托餐馆、KTV等线下场所,形成对应的消费习惯。在喝酒的时候点几瓶解酒饮料非常自然,但在餐馆购买解酒药片就让人觉得非常奇怪。

如果是单纯分析产品醒酒效果,醒酒药片可以说是完胜醒酒饮料。这种只讨论效果的思维,实际上就忽略了用户作为消费主体的作用。醒酒药片的销售困境,就是因为缺乏用户思维,没有从用户行为角度,思考如何将醒酒产品嫁接进用户日常喝酒行为中。

(3) 多调研、多回访。企业员工要多使用、多体验产品,但毕竟人数有限,无法穷尽所有用户的所有场景,因此,需要时刻关注广大用户使用产品的情况,多做用户调研和回访。只有这样,才能准确把握用户思维。

## 三、用户参与感思维

### 1. 用户参与感的内涵

一家新开业的实体店在装修的时候就在门口拉上横幅：新店开业，求广大兄弟朋友帮我这个店取个好名字，一经采纳奖励万元红包。横幅下面是老板的二维码，要投稿的话扫码即可。一周时间内，扫码人数达到三万多，有附近的商家，也有附近小区的住户，还有路过的上班族，这件事很快就在当地传播开来。此外，店主还通过朋友圈告诉所有参与这次取名活动的用户，开店后到店消费一律8折优惠以示感谢。

客人觉得自己付出了劳力，既享受到"参与感"，又能得到实际奖励，所以体验非常好；而老板也达到了引流和宣传的目的，可谓"双赢"。

用户在使用某种产品的时候，不单单有功能需求，还有心理需求。做好产品优化，不断更新迭代，让产品越来越强大，便能满足用户对于产品的功能需求；而满足用户心理需求，则需要构建用户的参与感，这样才能提高用户的活跃度。

现阶段的互联网已进入以社交互动为主要特征的参与时代，参与感成为变"用户"为"粉丝"，变"产品使用者"为"产品传播者"的关键所在。所谓参与，就是要让用户介入到企业的经营过程中，与企业共享资源、共历过程。企业要深刻地认识到，给用户提供参与感，赋予他们改变的权利，让他们从单纯的消费者变成生产者，本质上等于提升了用户的控制感和"主人翁"意识。此外，参与感可以在品牌和用户之间建立更多的情感连接，给用户提供更多的满足感。因此，让用户参与进来能够给企业带来诸多益处：

① 能够了解用户的需求和想法，获得更直接、更客观的产品建议；

② 能够突破企业自身资源的局限，集思广益，获得更多的灵感、创意或内容；

③ 良好的参与感会让用户对产品产生认同，并自觉形成裂变式口碑传播，从而带动产品的扩散式销售。

### 2. 用户参与感的应用场景

一个产品，从想法到研发再到销售之间的环节，都是为了满足用户需求，为用户提供某种价值。因此，从理论上看，产品供应链上的所有环节都与用户有关系，都可以让用户参与进来，让他们为产品提供优化建议。具体来说，包括以下几个方面。

（1）让用户参与产品研发设计。营销的本质就是发现用户需求并用产品来解决它，因此产品就是解决方案。那么如何开发出能解决用户需求的产品呢？关键是让用户参与进来，观察他们的消费场景、使用场景，或者是把用户组织起来，一起做研发，并把研发出的新产品提供给目标用户使用，听取他们的反馈与建议。比如，淘品牌七格格每次的新品上市，都会把设计的款式放到其管理的粉丝群组里，让粉丝投票。这些粉丝决定了最终的潮流趋势，自然也会为这些产品买单。

让用户参与产品研发一般有两种方式：一种是请用户进来；另一种是到用户中去。

小米采用的是第一种方式：请用户进来。小米MIUI在研发之初，设计了"橙色星期五"的互联网开发模式，通过论坛和用户进行互动，并且邀请一些用户参与研发。除了工程代码编写，小米MIUI将产品需求、测试和发布都开放给用户参与。通过这种方式，小米迅速建立起10万人的互联网开发团队，除了小米自身的100多个开发工程师，还有1000个具备专业水准的内测成员及超过 10 万个"发烧友"。到现在，小米已经有了数千万的稳定用户，而这些人都或多或少受到最初那批"种子粉丝"的影响。

"让用户参与"已经成了小米的企业文化。目前，每有新产品研发出来，小米都会借助"小米社区"，将这些产品的样品作为福利给资深粉丝先行试用，邀请全国各地的粉丝反馈真实的试用心得，以便企业调整新品。

除了小米，白酒界的新锐品牌江小白也非常擅长运用用户参与感。2019 年 11 月 30 日，江小白邀请了 115 位天南海北的用户参加"品牌创造者大会"，在会上公布了用户共创产品"柠檬气泡酒"在天猫官方旗舰店 2 个月的销售额，并拿出利润，给现场的用户每人发了 1833.86 元的红包。江小白柠檬气泡酒、情人的眼泪、水果味的白酒都是用户参与研发的产品，也是得到市场认可的产品。

与小米和江小白不同，来自日本的品牌无印良品采用的是另一种方式：到用户中去。首先，无印良品成立了产品顾问委员会，其主要工作是确定无印良品产品概念的方向。产品准备生产之前，都需要听取顾问委员会的意见。其次，工作人员要深入到目标用户的日常生活场景中去观察。无印良品还会与一些家庭签约，定期到这些家庭待几天，观察他们的日常生活。工作人员会站在消费者的角度来看他们到底有什么样的需求，或者他们在使用产品时有哪些不便之处，然后将这些意见整理出来。在观察期间，工作人员也会将很多物品拍成照片，整理成相册，拿到公司进行讨论。搜集到的这些信息和图片，是未来产品开发时非常重要的参考。最后，无印良品还通过一个专门的机构"生活良品研究所"收集用户的反馈。借助 IT 系统，整个公司都可以看到这些用户的意见。

无印良品通过对用户生活方式的洞察而开发出来的产品一直很畅销，深受中产阶层的喜爱。如果用一个公式表达，那就是：产品方向（顾问委员会）+ 消费洞察（家庭签约）+ 用户反馈（生活良品研究所）+ 研讨平台（IT 系统）=无印良品的"新品研发"。

迈克尔·波特说：企业的竞争力就是战略选择。要么后向一体化，扎根技术，凭借技术开发好产品；要么前向一体化，扎根市场，凭借对用户生活方式和工作方式的洞察，来渐进式改良产品。总而言之，开发好产品最好的办法是让用户参与进来。

（2）让用户参与个性化定制。随着消费者的个性化需求持续增长，越来越多的用户希望拥有为自己量身定制的产品或服务，而互联网的发展让这一切成为可能。用户可以直接向企业表达其独特的需求，实现"个性化定制"，如海尔定制冰箱、耐克定制球鞋等。

与传统定制思维相比，互联网下的定制思维有了明显不同。首先，定制服务的领域在扩展。不再局限于量体裁衣，很多产品和服务都能实现定制；也不再局限于少数用户群体，而是向所有用户开放的"大规模定制"。其次，定制服务的内涵也在加深。不仅可以定制造型款式，还能定制功能材质；不仅能让用户主动选择，还能根据大数据分析的结果为用户提供选择。

在市场竞争日益激烈的情况下，定制思维的运用可以有效提升用户的满意度，帮助企业获得有利的市场地位。但个性化定制实施起来并不容易，因为个性化消费与规模化生产之间存在着本质的矛盾。消费的趋势是个性化，而生产的优势是规模化。规模化生产提高了生产效率，个性化产品提升了品牌溢价。对于品牌和生产商来说，如何解决"规模化生产"与"个性化消费"之间的矛盾，是个不得不面对的问题。调和两者的矛盾有两种方法。第一种是改造生产线，建立 C2M（Customer to Manufacture，从消费者到生产者）柔性化生产平台。但这种做法投资巨大,周期较长,不适合中小企业。那么中小企业怎么办?采用第二种方法:将规模化生产的半成品借助用户自定义的包装或图案等变成个性化的商品。

(3)让用户参与内容创作。对于很多企业而言,网络营销环境正变得越来越复杂,营销难度也越来越大。一方面,各大电商平台及主流媒体纷纷提高收费标准;另一方面,企业之间的竞争加剧,而用户的注意力资源愈发稀缺。在此背景下,企业纷纷将目光投向"内容",希望借助有趣的段子、搞笑的视频、走心的文案来吸引用户注意,进而传递品牌或产品信息。但普通企业想通过"内容"打通营销渠道,首先面临的就是资源匮乏、人才短缺问题,单纯依靠企业员工难以持续大量输出优质内容。因此,可发动用户参与内容创作,这样不仅能解决内容生产能力不足的问题,而且用户更理解用户,他们创作的内容更能打动同龄人。

比如,江小白在创立之初就向广大用户征集文案,然后从中筛选出优秀作品印到酒瓶及外包装上。凭借用户参与创作的一条条走心文案,江小白迅速打开市场,一炮而红。

再如,三顿半在推出产品时,并没有提供各式搭配,而是鼓励大家"为一杯咖啡的无限可能,提供不止于此的选择"。于是在三顿半的主力营销阵地小红书上,三顿半喝法排在关联词条的靠前位置,点开链接后可以看到上千条用户自发创作的笔记,里面介绍了冷萃、奶萃、综合萃等各种花式搭配,这些笔记大大提升了用户的参与感。

(4)让用户参与品牌传播。对企业来说,最好的广告便是"口碑"。在这个社交分享极其便捷、口碑传播极其迅速的时代,让用户参与品牌传播能够让企业事半功倍,收获远超广告的营销效果。在现实生活中,我们常常在微信朋友圈见到朋友的产品分享,也常常被商家"转发朋友圈即得××"的营销手段所吸引。由此可见,"让用户参与品牌传播"已经在企业得到了广泛应用,并取得了良好的营销效果。

企业不仅要采取措施让用户被动参与品牌传播,而且要想办法让用户主动帮企业宣传推广。用户主动参与品牌传播,其本质便是粉丝经济。品牌需要的是粉丝,而不只是用户,因为用户远没有粉丝那么忠诚。粉丝是最优质的目标消费者,一旦注入感情因素,哪怕是有微小缺陷的产品也会被接受。

让用户主动参与品牌传播的关键是打造"超出用户预期"的产品或服务。在这一点上,小米的做法值得借鉴。

小米快速崛起的背后,是社会化媒体下的口碑传播,而小米口碑的核心关键词正是"参与感"和"让用户尖叫的产品"。小米的创始人雷军一直用两个标准来衡量小米的产品:第一是用户会不会为小米的产品尖叫;第二是用户会不会真心地把小米的产品推荐给朋友。因此,在产品方面,小米通过"顶配""低价""首发"等关键词不断引发用户的尖叫。

每一代小米手机在当时都是采用业界的最高配置,如小米1采用的就是国内首家双核1.5GHz芯片,定价只有1999元的中档价位,性价比超出消费者的预期。小米手机因此一炮打响,产生了"让用户尖叫"的效应,而且供不应求。除了产品本身性价比高,小米还实施了"抢首发"及"饥饿营销"策略。抢到首发的用户会为能够拥有这样一台手机而感到满足和幸运,多数人会通过社交媒体进行炫耀。

在浮躁的移动互联网世界里,与其投放大量广告吹嘘产品,不如静悄悄地做出超出用户预期的东西。因为广告做得越好,用户的胃口就被吊得越高,最后如果产品达不到预期,用户也就越失望。因此，口碑好不好，并不单纯在于产品的品质如何，而在于用户的预期有多高，口碑的真谛就是超越用户的期望值。

2009年，亚马逊花了8.47亿美元收购了一家卖鞋网站Zappo。那么这家网站究竟有什么独特之处值得亚马逊花巨资收购？原来，这家网站最大的利器就是很会调整用户的预期，让用户不断地发出"Wow!"的惊叹。他们承诺用户，交易成功之后，鞋子会在四天之内送达，但实际上用户在隔天就能收到鞋子。并且，在这家网站买鞋的用户还能享受一项特权：买一双鞋可以试用三双鞋，然后将不合适的免费寄回来。这些做法都是史无前例的。这家网站的聪明之处不在于能在两天之内将鞋子送到，而是告诉用户需要等待四天的时间，而不是两天，所以提前收到鞋子的用户同时还收到了一份惊喜。

总而言之，在互联网时代，用户参与的难度大大降低，但成效显著提升，因此，企业应重视用户参与感、运用好用户参与感。不仅是上述四个方面，从研发到销售及售后的所有环节，都可以让用户参与进来。毕竟，在社交互动时代，好产品是企业与用户共创共享的产物，"供需一体化"是新零售的未来发展方向。

3. 提升用户参与意愿的策略

设计用户参与活动时要考虑的首要问题就是提升用户的参与意愿。一般来说，用户不会无缘无故为企业贡献时间和智慧，想要激发其付出行动，就要了解用户的参与动机并提供适当的激励。用户的参与动机可分为内在动机和外在动机。为此，企业需要设计一套物质激励和精神激励的措施。

（1）生理需求层级——物质激励。在现实生活中，很多企业会通过提供物质激励的方法吸引用户参与活动，如送礼物、抽奖、打折等。这种方式比较简单有效，尤其是在吸引新用户方面，但外在的物质刺激毕竟不能持久，也无法获得用户的真正认可，因此不宜频繁使用。

（2）安全需求层级——稀缺感。经济学中有一个概念叫作"损失厌恶"，即人们面对同样数量的收益和损失时，认为损失更加令他们难以忍受。同样数量的损失带来的负效用为同样数量的收益带来的正效用的2.5倍。在这个层级中适用的方法也是一样，即人为地制造某种稀缺感，从而引发大家争相参与。

这种方法经常在各大电商平台出现。比如，前10名用户免单，10点以前买二送一，前100名享受1元购等。营造稀缺感的关键就是限量或限时。通常，消费者在挑选商品的时候会抱着货比三家的态度，但是一旦企业释放出"错过了这村就没这店"的信号，就会营造出一种即将错过占便宜机会的焦虑，这就是稀缺感。

（3）社交需求层级——炫耀意识。在现实生活中，很多人喜欢在朋友圈中晒自己的美好生活，包括昂贵的衣饰、精致的饮食、优美的旅途风光等，也包括有趣的活动和体验，如参与了某某品牌的健康跑活动，体验了某某企业的美食沙龙等。

每个人都希望给别人展现出优秀和美好的一面，如漂亮、聪明、健康、幽默等。在这个需求层级中，企业需要挖掘用户的炫耀意识，给用户提供展示自我的机会和素材。

比如，乐高曾经举办过一次活动，活动要求家长陪孩子一起玩乐高，然后乐高聘请的专业摄影师会将这一温馨画面拍摄下来发给家长。由于照片拍得非常专业，很多家长都愿意将其分享到朋友圈或微信群，向亲朋好友展示其乐融融的亲子时光。再如，江小白向用户征集文案后，会给入选的用户赠送印有其创作文案的白酒，收到赠品的用户多半会转发朋友圈，并附上一句"酒瓶上的文案是我写的哦"。

（4）尊重需求层级——认同感。说起认同感，就不得不提到早期的小米论坛。小米对用户提出的意见和问题都非常重视，每个问题被提出后，都会很快给予"已答复"或"已确认解决"等官方回复，让用户觉得受到了重视和认可。

认同感在于尊重和肯定用户，并从细节做起。比如，在用户参与了活动后向他表示感谢或授予他相关证书等。用户只有感觉到被重视、被认可，才会积极参与企业的活动，才会愿意转发和分享。

（5）自我实现需求层级——成就感。满足用户成就感的主要方法就是为用户提供竞争机会。从古至今，人类都热衷于竞争。从原始社会的狩猎战争，到现在的大到奥运比赛，小到公司业绩排行、学校成绩考核等都是竞争，这就是人类的天性。这也同样适用于互联网企业的发展，如现在的微信运动凑步数、蚂蚁森林偷能量等都是竞争。有竞争，才会有动力和热情。巧妙地给用户设置一些适合攀比的环节，会提高他们参与的积极性。

**4. 运用参与感的注意事项**

运用参与感时需要注意以下两点。

（1）适当降低门槛。很多企业在设计活动的时候会设定比较高的门槛，让原本有兴趣参与的用户望而却步。比如，需要关注公众号，再转发朋友圈，集赞达到一定数量，并截图到公众号回复，才能获得抽奖的机会。相信这么复杂的流程设计没几个用户会看完，更不用说参与了。所以，在保证活动趣味性和一定利益驱动性的情况下，应尽可能地降低活动的门槛，让更多的用户参与进来。

（2）提供独特的体验。除了物质激励，很多用户参与企业的活动是为了获得一种独特的体验。因此，企业在设计参与活动或环节时应重视趣味性和独特性。很多商家推出"转发朋友圈参与抽奖"的活动，虽然奖品很诱人，但参与的用户却越来越少。究其原因，一方面是因为用户对企业是否真会兑现奖品存疑；另一方面，也是更重要的一面，用户从这种活动中体会不到乐趣或意义。

因此，企业在设计具有参与感的活动时，一定要考虑活动本身是否给用户提供了独特的体验，这样用户才会印象深刻，才有主动参与的意愿。

## 四、实验思维

网络营销最大的一个优势在于，一切营销活动和营销要素都可以先进行实验，通过技术手段对实验效果进行准确实时的测量，然后根据监测数据调整营销方案。

**1. 实验内容**

目前，网络营销人员常做的实验通常针对两个方面：一是针对流量；二是针对网站（网店/App）本身。

针对流量的实验主要以流量分析和转化率监测为主。对流量来源进行实验和监测，可以最大程度地避免把预算浪费在错误的广告上。在进行大规模的广告投放前，应该先做小规模的广告实验，设计出几套广告版本，投放几个网站，然后找出转化率最高的投放网站和广告版本，并按这个最好的组合大规模投放广告。

针对网站（网店/App）本身的实验几乎覆盖网站（网店/App）上所有的元素，如颜色、排版、文字、图片、价格等都可以进行实验。比如，常见的价格敏感度实验，主要研究用户对产品定价的敏感度，将用户按照敏感度进行分类，测量不同敏感度的用户群对产品价格变化的直接反应和容忍度。通过这些实验数据，为产品定价提供决策参考。

2. 实验方法

网络营销中的实验可以分为两种：一种是AB测试；另一种是多变量测试。

（1）AB测试。AB测试指的是测试两个网页版本，A是原始版本，B是测试版本或对照版本。通过技术手段，使AB两个网页版本得到大致相同的流量，然后监控两个版本，观察哪个转化率更高。

两个版本可以是内容设计完全不一样的两个页面，这叫版本测试；也可以是页面几乎完全相同，只是某个地方不同，这叫元素测试。在实践中元素测试更加常用，版本测试只能判断哪个版本效果好，至于页面上每个元素是否都达到了最好效果，还需要通过元素测试进行细节化。AB测试适用于标题、价格、图片、文字说明等任何元素，但每次测试只能有一个元素不同。

AB测试实践起来可以很简单，如A版本运行一天，B版本运行一天。再复杂一点就要借助技术手段，如利用网站优化工具使网站流量的一半用户看到的是A版本，另一半用户看到的是B版本。通过Cookies跟踪，实验系统可以分别计算两个版本的转化率。

（2）多变量测试。多变量测试是指同时测试多个页面元素，但要借助特殊的技术手段。具体过程如下：首先确定测试哪个页面及页面上的哪些元素；然后为要测试的元素各设计几个版本，形成一个原始版和多个测试版（这样就形成多种版本组合）；接着通过多变量测试系统把用户大致平均分配给几种版本组合；最后用测试系统记录下各种组合的最终转化率。

要注意的是，把所有测试元素效果最好的那个版本的转化率加起来，并不一定是效果最好的那种组合，所以实验结果中最有意义的是转化率最高的那种组合。通过实验，小小的改动就可能给网站带来几倍的销量和利润。

## 五、免费思维

传统商家的"免费"往往会让消费者觉得"羊毛出在羊身上"，而互联网时代的"免费"却能让商家做到"羊毛出在猪身上"，能将"免费"变为"入口"，将"入口"变成"收入"，这就是互联网上众多应用及资源免费的原因所在。

在互联网上应用免费思维的模式主要有以下两种。

1. 免费使用模式

免费使用模式通过某时间段、某项产品或服务的免费（或低价）使用来吸引用户流量，然后利用用户黏性实现后端收费。比如，QQ、微信、360、抖音、百度等均可以免费使用，但若要版本升级、购买配套组件、购买增值服务等则需要付费。

在这种模式中，企业并没有让渡产品的所有权，只是开放了使用权。现在主流的互联网企业均采用了免费使用模式。这种模式适合"非实物"形式的产品或服务，如淘宝、腾讯等平台型企业，360、WPS等提供程序或工具的企业，以及得到、喜马拉雅等提供内容资源的企业等。这些企业的共同点在于，随着用户规模的扩大，产品或服务的边际成本不会显著增加。

### 2. 免费赠送模式

免费赠送模式通过向用户提供免费产品、服务或资源来获得用户流量，然后向其推荐其他收费产品以实现后续销售。比如，我们在日常生活中经常见到的"注册会员或关注公众号即送礼品、送优惠券、送经验或诀窍"等。

在这种模式中，企业一般会让渡赠品的所有权，用户能真正得到某种东西，会有"占到便宜"的感觉。因此，用户很愿意将"免费得到东西"的经历分享给别人，从而帮助企业进行裂变式口碑传播。

## 六、互动思维

所谓"互动"，就是双方互相动起来。随着互联网技术的发展，"互动"这一互联网的核心本质已经能够非常深入地发掘每个用户的潜能，把那些在传统媒体里"沉默的大多数"鲜活地呈现在互联网上，而且是"一个个、分别"地呈现在互联网上。"人"这个最能动的媒体参与者也终于在互联网中第一次改变了被动接受的角色，出现了主动、外显的特征。

企业利用互联网开展营销，一定要牢记互联网的这一本质特征，充分利用网络的便捷性和交互性，与用户进行多层次、多角度、多形式的互动交流。比如，在微博中通过"话题"与粉丝进行互动；在评论区及论坛认真回复用户留言，解答用户疑问；开展各种各样形式新颖的互动活动；设计好玩有趣的H5互动页面等。

只要抓住双方的共同利益点，找到巧妙的沟通时机和方法，让用户"动"起来并非难事。通过互动，企业能够与用户建立更加密切的关系，得到用户的认可和信任，营销信息也能更加有效地触达用户、影响用户，并得到用户的积极反馈。

## 七、迭代思维

"迭代"已经从一个普通的数学概念发展成软件开发的一种模式，又进一步发展成企业产品设计与商业模式创新的一种经营思路。迭代是循环执行、反复改进的意思。通过迭代可以实现从不完美到完美的蜕变。

传统企业做产品的路径是：不断完善产品，等到完美的时候再投向市场。而互联网的产品开发则不同，讲究的是快，允许有所不足，只为尽快地将产品投向市场，然后通过用户的反馈，不断试错，不断修改产品，在持续迭代中完善产品。

迭代思维体现在两个方面：一个是"微"，从小处着眼，微创新；另一个是"快"，"天下武功，唯快不破"。

"微"，即要从细微的用户需求入手，贴近用户心理，在用户的参与和反馈中逐步改进。一个企业眼中不重要的点对用户来说却可能很重要。在这些不起眼的细节上突破，就是微创新，而众多的微创新会使产品产生质变，最后实现产品的升级换代。

"快"，即要快速地对用户的需求做出反应，快速地将产品投向市场。只有这样，产品才更容易贴近用户，才能具备先发优势，才能不被市场淘汰。因此，迭代的速度比质量更重要。一方面，快了以后能掩盖很多问题，也能解决很多问题。在只有少数用户发现产品缺陷的时候就更新版本，就不会影响更多的用户体验。另一方面，一开始只提供最主要的功能，可以降低开发成本和风险。

Zynga游戏公司每周对游戏进行数次更新，小米MIUI系统坚持每周迭代，雕爷牛腩的菜单也是每月更新，就连传统服装企业ZARA也能在72小时内推出一种新品，365天内推出1.2万款时装。这些企业都践行着迭代思维，也从快速迭代中获益良多。

### 八、简约思维

大道至简，越简单的东西越容易引起注意，越容易传播。在这个信息爆炸伴随时间碎片化的时代，用户的耐心越来越不足，注意力也越来越分散。因此，企业必须在短时间内吸引住用户的眼球，否则可能会失去机会。在产品设计方面，要做减法，外观要简洁，内在的操作流程要简化；在信息传递方面，内容要精练，优势要突出，发布与反馈速度要快。

### 九、爆点思维

不管多么强大的企业，资源都是有限的，都需要在合适的时间和合适的地点，将自身的核心资源集中起来，在向上突破的关键时刻定点引爆，这就是所谓的"爆点"思维。"爆"要求同时运用大量营销资源，"点"则要求聚焦于某一营销对象。

把爆点思维运用到销售中，就会产生"爆款"。很多企业在经营中发现，某款商品并没有做什么推广，但是当它卖出几件之后，后面的成交量就变得越来越多，也越来越容易销售。成交量越大的商品，后面的销售情况会越好，这就是"爆款"的雏形。"买的人多，自然是好的商品"，这就是消费者的从众心理，也就是俗话说的"随大流"。尤其是在网购的环境下，商品的展示只是给消费者一种视觉或者听觉上的展示，并不像传统的买卖活动那样，可以接触到实物，然后判断其好坏。这样，买家可以获得的商品信息很大一部分都是根据商品的描述和展示图片获得的，而且相对较少。但是由于很多商品的描述和展示图片大同小异，所以相比之下，买家更倾向于听取第三方的意见，因为之前购买并使用过此商品的人们的评价是最中肯的。因此，有更多人购买和更多人评价的商品往往更容易得到消费者的青睐，从而进一步地提升销量，慢慢形成了"爆款"。打造"爆款"的目的并不是要通过爆款来获得超额利润，而是要爆款扮演一个"催化剂"的角色，为店铺吸引更多的流量。

爆点思维是与系统思维相对的，在抖音中体现得尤为明显。举例说明，某企业耗费大量心血拍摄了一组内容实用、品质优良的系列视频，然后按难易程度每天发布一个视频到抖音平台，可是很长时间过去了，视频也好，抖音账号也好，都没有火起来。这是为什么呢？原因在于，短视频平台的思维是爆点思维，而不是系统思维。抖音上涨粉不是线性的，是爆发式的，流量会往热点视频倾斜。所以，相比于按照内容体系依次输出，将最容易火的视频挑出来优先分享并进行多方推广可能效果会更好。

### 十、社交化思维

现阶段的互联网是社交关系织成的互联网，互动、分享、交流成为人们在互联网上的主要活动方式，而社群经济、圈子、社交网络也成为当下发展势头最为迅猛的应用领域，深刻影响着人们的思维方式和消费行为。在此背景下，越来越多的企业意识到，在互联网上开展营销活动需要具备社交化思维。

社交化思维要求企业在用户体验、产品设计和市场营销等活动中增加社交属性和功能。目前，企业可从以下两个方面入手。

第一，为产品增加社交元素。社交化产品天然是有效的营销和推广通道，社交链可造就前所未有的产品普及速度，如江小白的瓶身文案、茶颜悦色的门店装修等，都为当下的年轻人提供了谈资，提供了拍照打卡发朋友圈的素材。

第二，与用户做朋友。社交网络的普及为人们提供了便捷高效的沟通平台，企业可利用这些平台进一步加强与用户的联系，加深与用户之间的感情。简单地说，企业要争取和用户做朋友，将用户发展为粉丝，并利用用户的社交关系进行裂变式传播。

## 第四节 网络营销与运营的工具盘点

在网络营销与运营过程中，营销或运营人员经常会用到一些工具，这些工具能够在很大程度上帮助他们提高工作效率、优化工作成果。目前，市面上可用的工具很多，笔者经过多方收集、验证和比较，整理出 42 类共计 472 个实用工具，并将这些工具绘制成了四张思维导图供读者参考，如图 1-5、图 1-6、图 1-7 和图 1-8 所示。

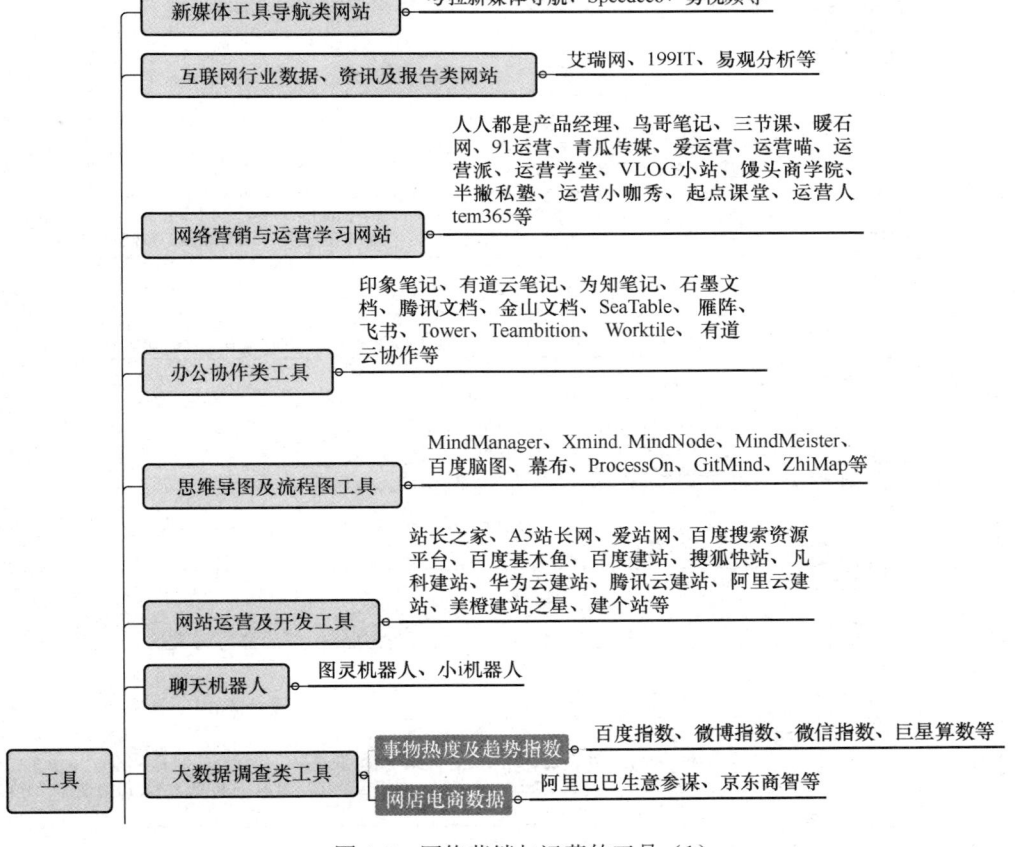

图 1-5 网络营销与运营的工具（1）

# 网络营销与运营

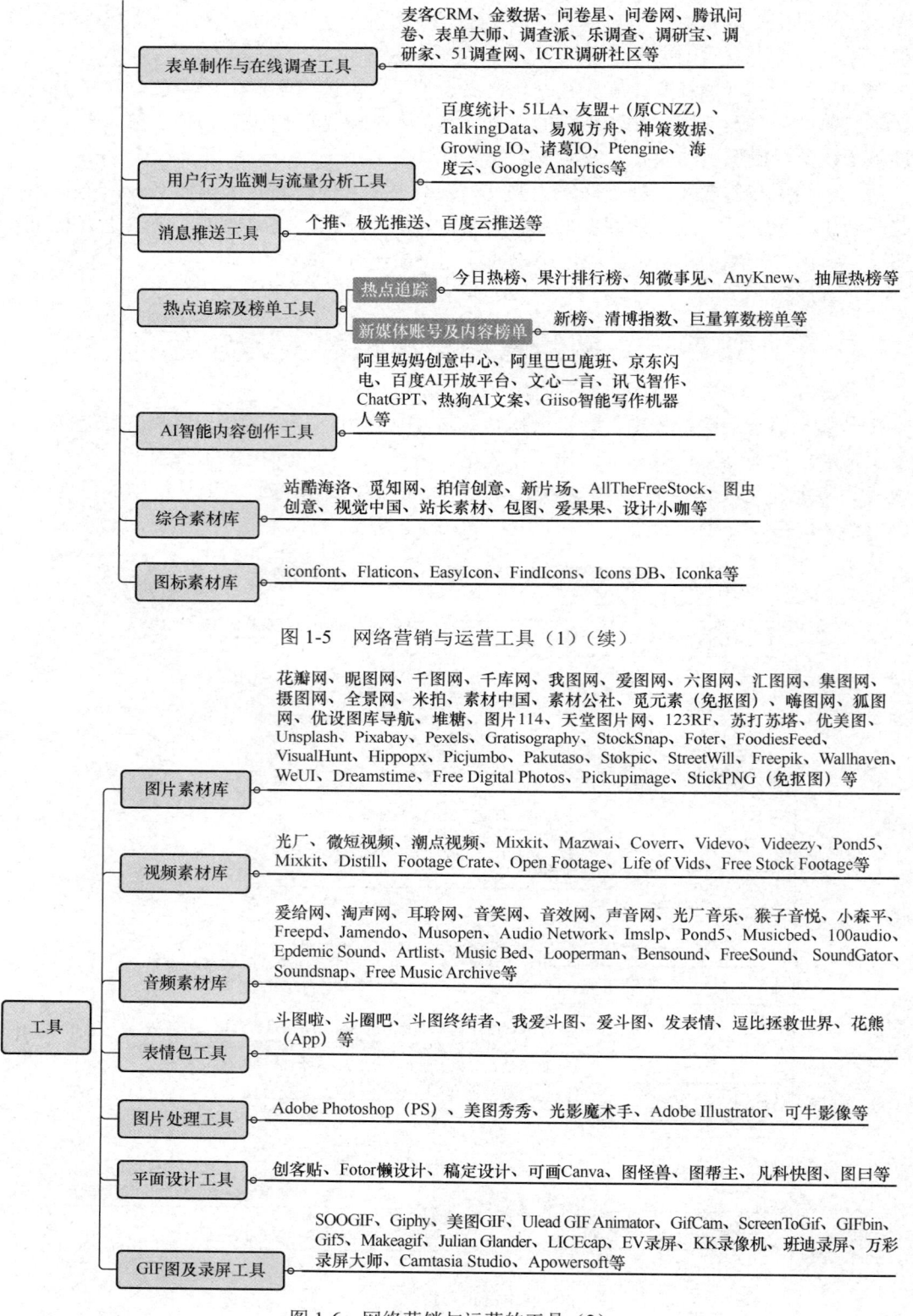

图 1-5　网络营销与运营工具（1）（续）

图 1-6　网络营销与运营的工具（2）

第一章 新媒体时代的网络营销与运营

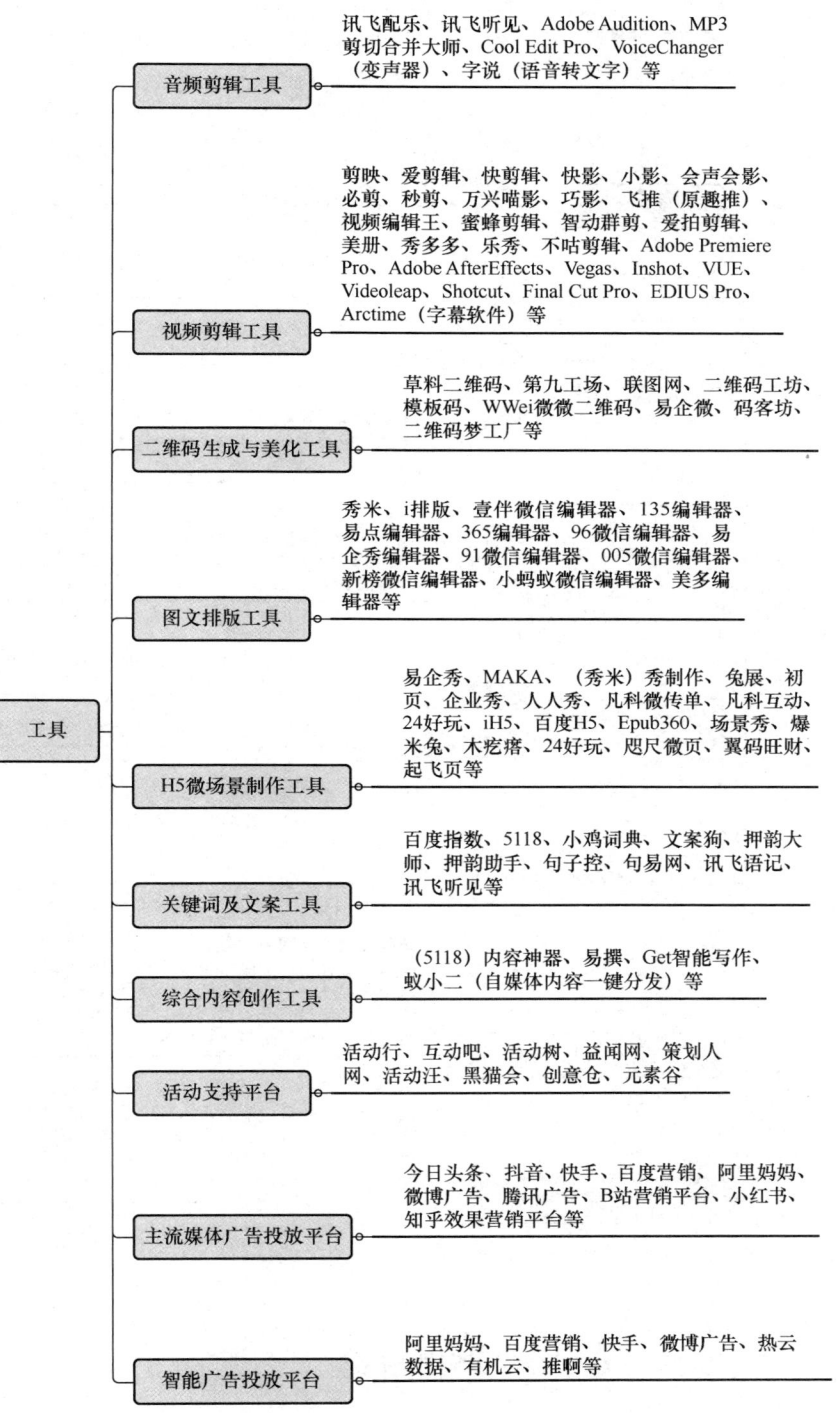

图1-7 网络营销与运营的工具（3）

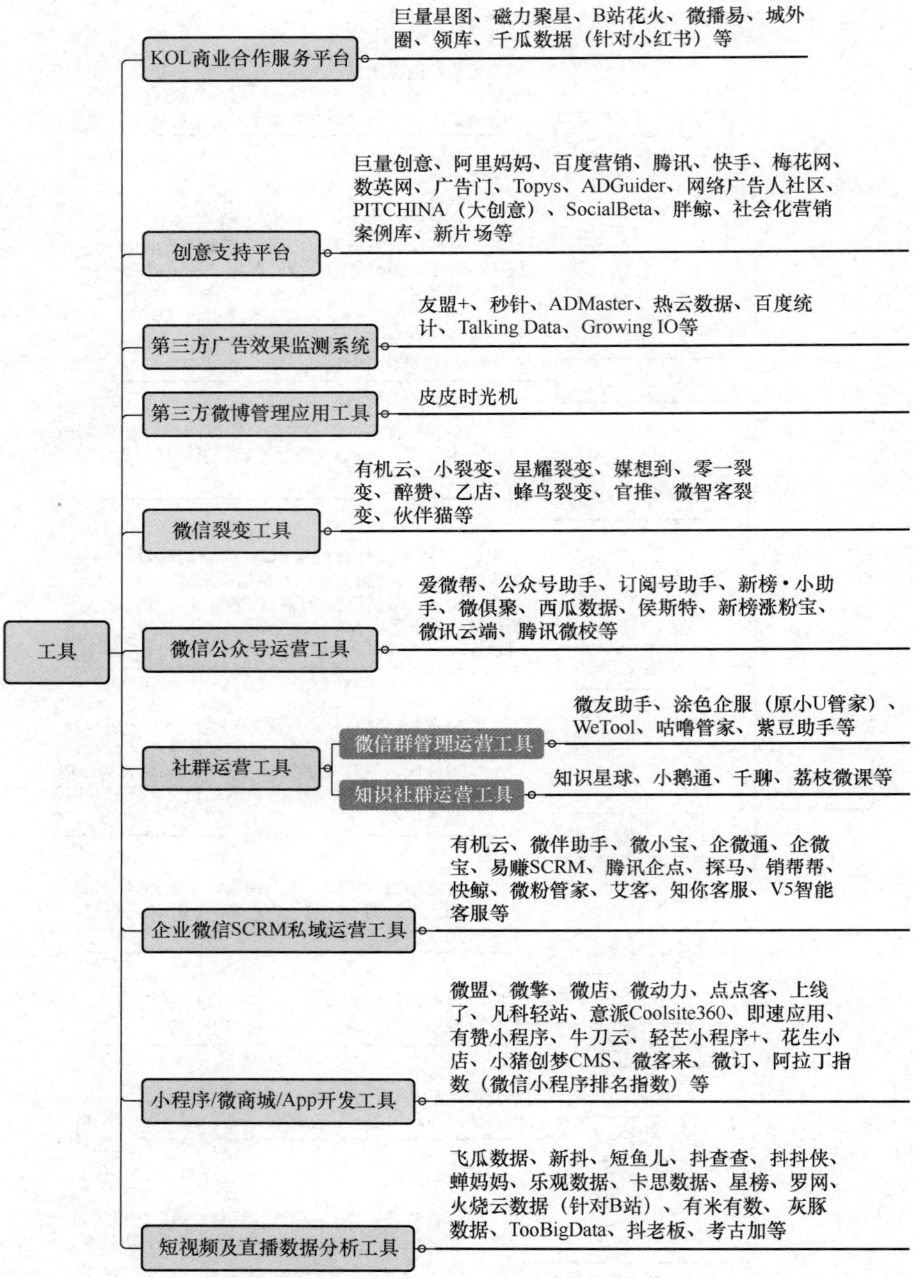

# 网络营销与运营

```
                    ┌─ KOL商业合作服务平台 ── 巨量星图、磁力聚星、B站花火、微播易、城外
                    │                        圈、领库、千瓜数据（针对小红书）等
                    │
                    │                        巨量创意、阿里妈妈、百度营销、腾讯、快手、梅花网、
                    │                        数英网、广告门、Topys、ADGuider、网络广告人社区、
                    ├─ 创意支持平台 ────────  PITCHINA（大创意）、SocialBeta、胖鲸、社会化营销
                    │                        案例库、新片场等
                    │
                    ├─ 第三方广告效果监测系统 ─ 友盟+、秒针、ADMaster、热云数据、百度统
                    │                          计、Talking Data、Growing IO等
                    │
                    ├─ 第三方微博管理应用工具 ─ 皮皮时光机
                    │
                    │                       有机云、小裂变、星耀裂变、媒想到、零一裂
工具 ─┼─ 微信裂变工具 ─────── 变、醉赞、乙店、蜂鸟裂变、官推、微智客裂
                    │                       变、伙伴猫等
                    │
                    │                         爱微帮、公众号助手、订阅号助手、新榜·小助
                    ├─ 微信公众号运营工具 ── 手、微俱聚、西瓜数据、侯斯特、新榜涨粉宝、
                    │                         微讯云端、腾讯微校等
                    │
                    │                    ┌ 微信群管理运营工具 ── 微友助手、涂色企服（原小U管家）、
                    ├─ 社群运营工具 ────┤                         WeTool、咕噜管家、紫豆助手等
                    │                    └ 知识社群运营工具 ──── 知识星球、小鹅通、千聊、荔枝微课等
                    │
                    │                              有机云、微伴助手、微小宝、企微通、企微
                    ├─ 企业微信SCRM私域运营工具 ── 宝、易赚SCRM、腾讯企点、探马、销帮帮、
                    │                              快鲸、微粉管家、艾客、知你客服、V5智能
                    │                              客服等
                    │
                    │                              微盟、微擎、微店、微动力、点点客、上线
                    │                              了、凡科轻站、意派Coolsite360、即速应用、
                    ├─ 小程序/微商城/App开发工具 ── 有赞小程序、牛刀云、轻芒小程序+、花生小
                    │                              店、小猪创梦CMS、微客来、微订、阿拉丁指
                    │                              数（微信小程序排名指数）等
                    │
                    │                                飞瓜数据、新抖、短鱼儿、抖查查、抖抖侠、
                    └─ 短视频及直播数据分析工具 ── 蝉妈妈、乐观数据、卡思数据、星榜、罗网、
                                                    火烧云数据（针对B站）、有米有数、灰豚
                                                    数据、TooBigData、抖老板、考古加等
```

图1-8 网络营销与运营的工具（4）

## 雕爷牛腩的走红秘籍

2012年，淘宝化妆品品牌阿芙精油创始人雕爷杀入了餐饮业，创办了中国第一家"轻奢餐"餐厅——雕爷牛腩。开业之前，雕爷牛腩就宣称自家烹饪牛腩的秘方是周星驰的电影

《食神》中的秘方，是从香港食神戴龙手中以500万元购得的，并以此为噱头开始了O2O（Online To Offline，即"线上到线下"的商业模式）餐饮的征程。

作为这个领域的新手，雕爷牛腩开业两个多月就实现了所在商场餐厅单位业绩第一名。尽管餐饮是传统行业，但从产品定位到网络营销传播，雕爷都把互联网的玩法嫁接到雕爷牛腩的经营中。

第一，产品定位——少而精。

一家好的餐厅不在于菜品数量的多少，而在于产品的精致与顾客体验的不断优化。真正意义上的O2O是从产品定位开始就是互联网模式的，而不是一张简单的团购券。因此，雕爷牛腩只有12道菜品，比麦当劳还要少。另外，一般网游即将上线之前都会搞个"封测"活动，邀请玩家来玩，找出缺陷并修正。这一办法也被雕爷搬到了餐厅里，用于对产品及服务进行优化。雕爷牛腩在开业前足足搞了半年的封测活动，邀请各路明星、微博大V、美食达人免费试吃。各类菜品在众多名嘴品评后不断优化，同时通过长期的封测活动，雕爷也挑选出了比较优质的供应商。不仅如此，在雕爷牛腩，顾客甚至可以决定菜品的去留，呼声较低的菜品会被逐出菜单。同时菜单按照一月一小换，一季度一大换的节奏不断更新，根据时令为顾客打造最新鲜的味觉体验。

第二，产品包装——讲故事，造话题。

雕爷强调餐厅内"无一物无来历，无一处无典故"：花重金从香港食神戴龙手中买断秘方，加工切制牛腩的刀选用大马士革钢锻造，炖牛腩的锅申请了专利，顾客到店喝的水来自"斐济"和"盛棠"，用的筷子是鸡翅木的，面碗是定制的……

第三，营销推广——用微博引爆流量。

网络营销的核心是流量，有了流量就有了一切。在餐厅的封测期，只有受邀的人才能来吃，而这些人往往会发微博或者微信朋友圈分享自己的消费体验，在营造餐厅神秘感的同时，也创造了良好的口碑。尤其是一些自带流量的明星、美食达人在试吃之后给出的正面反馈，自然而然成为雕爷牛腩最好的广告。在开业前期，雕爷牛腩利用微博玩了把大的，如"韩寒夫妇就餐被拒""店内不允许12岁以下儿童进入"就引来了极大的争议，但雕爷很高兴帮着骂他的人转发微博，因为提升流量才是王道。

第四，互动——用微信维护老顾客。

在阿芙精油的创业过程中，雕爷从顾客反馈中尝到了甜头，因此，在经营餐厅的过程中雕爷也同样重视顾客的回馈，每天盯着微博、微信等平台，一旦发现顾客有不满意的地方，就会随时进行回馈。只要粉丝说不好吃，这道菜一定会从菜单中消失。雕爷这种亲自当客服，每天处理差评的行为给所有的员工树立了榜样，重视顾客反馈成为每个员工的天职。

网络营销中微博的玩法一般是用来引爆话题的，而微信则是维护老顾客的重要渠道。如果餐厅有新菜品，雕爷牛腩就会通过微信通知老顾客，有图片、有文字、有口味描述；而这些不会在微博上发，以此体现老顾客的专属性。餐厅的VIP卡也是建立在微信上的，顾客要关注雕爷牛腩的公众账号并且回答问题，通过后才可以获得身份。虽然这种玩法在网上很常见，但对于实体餐厅来说，还是很有新意的。

通过上述四个方面的分析，我们可以看到，雕爷牛腩的走红绝不是偶然的，多年的淘宝经验让雕爷利用网络营销的共性实现了餐饮的互联网化运营。

雕爷牛腩的走红十分具有代表性，很多网红品牌都是采用类似的营销手法迅速崛起的；

但与很多网红品牌一样，雕爷牛腩最终也没能逃过"关店转卖"的结局。失败的原因很多，但最直接的原因还是菜品"不够好吃"，这也是其他网红品牌不能持久的主要原因。但不可否认的是，其发展初期的很多做法还是值得借鉴的。

资料来源：华容文档网.

讨论：1. 雕爷牛腩在经营过程中用到了哪些互联网思维？
2. 传统企业的营销应如何运用互联网思维？可能遇到的最大障碍是什么？
3. 为什么很多网红品牌都"昙花一现"？与优秀品牌相比，这些网红品牌忽略了什么？

**思考与练习**

1．新媒体时代具有哪些特征？这些特征对网络营销及运营工作提出了哪些要求？
2．你如何理解网络营销、电子商务、互联网运营、新媒体运营等概念之间的联系和区别？
3．互联网运营的主要模块有哪些？
4．请简述网络营销与运营平台的演变历程。
5．请简述网络营销与运营的发展趋势。
6．在网络营销与运营过程中需要具备哪些互联网思维？如何运用这些互联网思维？
7．在新媒体时代，开展网络营销与运营需要具备哪些核心能力和素质？

登录智联招聘、前程无忧（51Job）等人才招聘网站，了解网络营销与运营岗位的职责及能力要求。

# 第二章　网络营销与运营中的新技术应用

- ◇ 了解大数据技术，明白何为大数据营销、大数据营销需要用到哪些数据、如何获得这些数据，理解如何在网络营销与运营中应用这些大数据。
- ◇ 了解人工智能技术，明白何为人工智能营销，理解如何在网络营销与运营中应用人工智能技术。
- ◇ 了解常用场景技术，明白何为场景营销，理解如何开展场景营销。

**看 Target 如何玩转大数据**

2012 年，美国一名男子闯入他家附近的一家 Target（美国第二大连锁超市）门店抗议："你们竟然给我 17 岁的女儿发婴儿尿片和童车优惠券，她才读高中啊！"店铺经理立刻向来者承认错误。但一个月后，这位父亲前来道歉，因为这时他知道自己的女儿的确怀孕了。Target 比这位父亲知道自己女儿怀孕足足早了一个月。

那么 Target 为什么能如此神通广大呢？故事得从头说起。

在美国，孕妇对于零售商来说是个含金量很高的顾客群体。但是他们一般会去专门的孕妇商店而不是在 Target 购买孕期用品。人们一提起 Target，往往想到的都是清洁用品、袜子和手纸之类的日常生活用品，却忽视了 Target 有孕妇需要的一切。那么 Target 有什么办法可以把这部分细分顾客从孕妇产品专卖店的手里截留下来呢？

为此，Target 的市场营销人员求助于 Target 的顾客数据分析部的高级经理 Andrew Pole，要求他建立一个模型，在孕妇处于妊娠期第 2 周的时候就把她们给辨认出来。在美国，出生记录是公开的，等孩子出生了，新生儿母亲就会被铺天盖地的产品优惠广告包围，那时候 Target 再行动就晚了，因此必须赶在孕妇妊娠期第 2 周就行动起来。如果 Target 能够赶在所有零售商之前知道哪位顾客怀孕了，这样市场营销部门就可以早早地给她们发出量身定制的孕妇优惠广告，早早圈定宝贵的顾客资源。

可是怀孕是很私密的信息，如何能够准确地判断哪位顾客怀孕了呢？Andrew Pole 想到 Target 有一个迎婴聚会的登记表。Andrew Pole 开始对这些登记表里的顾客的消费数据进行建模分析，不久就发现了许多非常有用的数据模式。比如，模型发现，许多孕妇在妊娠期第 2 周就会买许多大包装的无香味护手霜；在怀孕的最初 20 周大量购买补充钙、镁、锌的善存片之类的保健品。最后 Andrew Pole 选出了 25 种典型商品的消费数据构建了"怀孕预测指数"，通过这个指数，Target 能够在很小的误差范围内预测到顾客的怀孕情况，这样 Target 就能早早地把孕妇优惠广告寄发给顾客。

那么，顾客收到这样的广告会不会吓坏了呢？Target 很聪明地避免了这种情况，它把孕妇用品的优惠广告夹杂在其他一大堆与怀孕不相关的商品优惠广告当中，这样顾客就不知道Target知道她怀孕了。百密一疏的是，Target的这种优惠广告间接地令故事开头时的那位父亲意外发现他读高中的女儿怀孕了，此事甚至被《纽约时报》报道了，结果Target大数据的巨大威力轰动了全美。

根据Andrew Pole的大数据模型，Target制定了全新的广告营销方案，结果其孕期用品销售呈现了爆炸性的增长。Andrew Pole的大数据分析技术从孕妇这个细分顾客群开始向其他各种细分顾客群推广，从Andrew Pole加入Target的2002年到2010年间，Target的销售额从440亿美元增长到了670亿美元。

那么Target是怎么收集大数据的呢？

只要有可能，Target的大数据系统会给每个顾客编一个ID号。顾客刷信用卡、使用优惠券、填写调查问卷、邮寄退货单、打客服电话、开启广告邮件、访问官网等，所有行为都会被记录进对应的ID号。而且这个ID号还会对号入座地记录下顾客的人口统计信息：年龄、是否已婚、是否有子女、所住市区、住址离Target的车程、薪水情况、最近是否搬过家、信用卡情况、常访问的网址等。Target还可以从其他相关机构那里购买顾客的其他信息：种族、就业史、喜欢读的杂志、破产记录、婚姻史、购房记录、求学记录、阅读习惯等。乍一看，这些数据似乎毫无意义，但在Andrew Pole和顾客数据分析部的手里，这些看似无用的数据便爆发出前所未有的威力。

资料来源：搜狐号@策划人.

**思考**：大数据是如何影响企业的营销与运营工作的？

随着"网络强国""数字中国"建设的持续推进，大数据、人工智能等新一代信息技术被广泛应用到网络营销与运营中，对当前的营销流程和运营模式产生了巨大冲击，成为未来网络营销与运营发展中的关键因素。

# 第一节　大数据技术应用

随着大数据技术的不断发展与成熟，在网络营销与运营中运用大数据成为企业的必然选择。通过对收集到的大量数据进行分析和挖掘，企业能够预测消费趋势、洞察用户偏好、了解产品关联等，进而实现更加精准高效的营销，从而降低成本、提高效益。

## 一、大数据营销的内涵

当我们在淘宝上购物、在美团上点外卖、在抖音上刷视频的时候，经常会发现，每次一打开这些App，出现的都是我们感兴趣或者曾浏览过的内容。比如，某位用户在携程上订购了一个海南三亚的旅游套餐，第二天逛淘宝的时候，就收到了防晒霜、墨镜等产品的推送信息；另一位用户刚在百度上搜索了蓝牙耳机，随后打开京东App，就在首页上看到了某品牌蓝牙耳机的促销信息。

为什么这些企业如此了解用户呢？这是因为他们掌握了用户行为数据，通过对这些数据进行分析和挖掘，他们知道用户需要或者喜欢什么，然后根据其需求或偏好进行精准推送，以此来提升产品转化率。这就是大数据在营销中的应用。随着数据量的增长和数据分析技术的发展，大数据营销的价值越来越凸显出来，已经成为众多企业的重要选择，被广泛应用到各行各业的各种场景中。

那么大数据营销究竟是什么呢？目前尚没有统一的定义。一般认为，大数据营销衍生于互联网行业，又作用于互联网行业，它既是一种营销方式，也是一种营销工具和技术。其目的是通过对大量数据进行采集和分析，帮助企业做出更精准、更科学的营销决策。简而言之，大数据营销就是"利用数据开展营销""基于数据进行营销决策"。大数据营销的基础是大量数据，而其核心却不是掌握这些数据，而是对这些数据进行专业化的分析和处理。

用户在网络上一般会产生信息、行为、关系三个层面的数据，这些数据的沉淀，有助于企业进行预测和决策。为了更好地利用这些数据，企业必须构建自己的大数据平台，并针对用户开展个性化的精准营销。因此，大数据营销通常与精准营销相提并论。从这个角度来看，大数据营销的重点是对用户数据进行采集和分析，绘制用户画像，了解用户的需求偏好，进而有针对性地向用户推荐相关产品，并引导用户进行消费。

虽然面向用户开展精准营销是目前大数据营销的主要应用形式，但大数据营销并不等同于精准营销，用户数据也不是唯一的数据形式。从本质上来看，大数据营销涵盖了所有对营销决策有帮助的数据，不仅包括用户数据，也包括竞争对手数据、产品数据、客户评论数据、舆情数据等。因此，对大数据营销的理解不能过于狭隘，应从更广泛、更宏观的角度去看待这种新兴的营销方式，这样才能更大程度地挖掘各种大数据的价值，从战略层面发挥大数据营销的技术优势。

马云说："未来最重要的能源是数据。"从桌面互联网到移动互联网，再到万物互联，是一个逐步数据化的过程。万物互联的本质是万物数据化，物理世界和虚拟世界的融合，最后都变成了数据。因此，企业必须具备大数据思维，将大数据提升到企业资产和关键竞争要素的高度，学会用大数据驱动商业决策。

需要说明的是，目前常说的大数据实际上并不是真正意义上的大数据，对多数企业而言，所谓大数据营销其实更多的是基于"小数据"的营销。因为大多数企业都无法获得足够数量的数据，只能通过自有数据库或第三方数据平台提供的有限数据进行营销。这些数据对普通企业来说可能规模已经够大，但对于整个互联网而言只能算是"小数据"。

## 二、大数据营销的特点

大数据营销主要具有以下特点。

（1）全样本、多平台数据采集。在大数据时代，商务数据分析不再以抽样调查的方式降低数据采集难度，而是对全部数据进行采集，这样能够有效避免抽样本身带来的误差。

营销中的大数据来源广泛，从平台上看，包括PC端、移动端、智能电视及各种户外智能屏等；从媒介上看，包括电商网站、社交网站、资讯网站、视频网站、搜索引擎等。通过多平台数据采集，企业能够更准确、更全面地绘制用户画像，了解市场动向。

（2）数据化决策。大数据营销让一切消费行为与营销决策数据化，最终形成一个营销的闭环体系，即"消费—数据分析—营销活动—效果评估—消费"。企业不再依靠经验来做出判断，而是依据大量相关数据进行决策。

（3）强调时效性。在互联网时代，用户被各种各样的产品信息包围，每天都会受到各种刺激而产生或改变购物需求。因此，及时地捕捉并响应用户的需求变化至关重要，毕竟机会稍纵即逝，这就要求开展大数据营销的企业必须重视时效性，要采集最新的数据，做出最快的反应。

### 三、大数据营销的优势

大数据营销的优势主要体现在以下几个方面。

（1）精准。通过大数据技术，企业可以根据用户数据准确定位目标用户，与用户建立点对点的连接，并通过用户行为数据掌握用户的需求、偏好和习惯，为用户提供个性化的产品或服务，满足不同用户的不同需求，实现精准化的营销。

（2）性价比高。与传统的营销方式相比，大数据营销不仅不需要直接的营销费用，而且能够在最大程度上让营销投放更加有的放矢，并可根据反馈数据及时地调整营销方式和投放策略，将营销成本最小化、营销效果最大化。

（3）促进营销平台互联互通。大数据营销需要将碎片化的用户信息重聚，以得到用户整体画像，从而进行个性化营销。因此，大数据营销的发展促进了各大互联网平台的融合，也推动了线上线下营销平台的互联。在实际操作中，企业会将多个平台打通融合，实现资源共享，以此获得大量用户信息，然后将这些信息进行集中处理，并将衍生出的形式多样的营销信息通过不同平台进行传播，从而提升营销效果。

### 四、营销大数据的类型

在网络营销与运营中用到的大数据来源于多个平台，也包含多种类型，如下所示。

按数据的变化频率可分为静态数据和动态数据。比如，用户的性别、年龄等就是静态数据；而用户在网上的购买、浏览等行为轨迹就是动态数据。企业开展大数据营销不能只收集静态数据，还要收集动态数据，尤其是要对用户行为轨迹进行跟踪和监测。

按数据的处理程度可分为直接数据和间接数据。比如，用户昨天买了一袋狗粮、今天买了一条狗链是直接数据，也称原始数据；而根据这些原始数据推断出这个用户是养狗人士则是间接数据。企业开展大数据营销不仅要收集直接数据，更要对直接数据进行分析处理以生成更有价值的间接数据。

按数据的内容可分为用户数据、产品数据、运营数据、市场数据、交易数据等。下面将进行详细说明。

#### 1. 用户数据

用户数据是大数据营销的重要基础，也是现阶段很多企业的主要采集对象。用户数据的范围很广，既包括用户属性数据，也包括用户行为数据。具体来说主要有以下10类。

① 基本属性数据，是指用户的性别、年龄、职业、受教育程度、居住地等信息。

② 家庭特征数据，是指用户婚否、是否有孩子、孩子的年龄及性别等信息。

③ 行为特征数据，是指用户在网络上的搜索及浏览行为等信息，包括搜索了哪些关键词、浏览了哪些内容、有没有点赞、转发、关注、收藏等互动行为，月消费金额、频率、最近一次消费时间及活跃程度等。

④ 心理特征数据，是指用户的性格及心理特征信息，包括是冲动消费者还是理性消费者，是追求个性还是习惯从众，对价格及促销是否敏感等。

⑤ 兴趣偏好数据，是指用户的兴趣、爱好及习惯等信息，包括购物偏好、阅读偏好、颜色偏好、品牌偏好、消费习惯等。

⑥ 社交网络数据，是指用户对社交软件的偏好，如微博、抖音、知乎、小红书等，以及用户所属的社交圈子和社交群体等信息。

⑦ 购买能力数据，是指用户的收入、信用水平、有无社保、有无理财及是否有固定资产等信息。

⑧ 态度数据，是指用户对产品及品牌的态度，包括用户评论、网络舆情等。

⑨ 场景数据，是指用户当前所处的场所或情景，包括时空环境、用户生理、心理及行为状态等。

⑩ 设备数据，是指用户上网设备的信息，包括用户常用的设备（PC/手机等）、用户常用的操作系统、用户常用的浏览器、用户设备的使用习惯（横屏/竖屏）等。

2. 产品数据

产品数据是围绕企业产品产生的相关数据，包括企业产品数据和行业产品数据。企业产品数据是产品在具体企业的数据，如新客点击量、重复购买率等产品获客能力数据；客单价、毛利率等产品盈利能力数据；畅销产品、产品评价等产品运营数据。行业产品数据是产品在整个市场中的数据，如行业产品搜索指数、行业产品交易指数等。

通过对产品数据进行分析，能够判断产品的受欢迎程度、受欢迎类型、客户购买情况、产品利润情况等，帮助企业实现产品的升级和优化。

3. 运营数据

通过大数据技术，企业可以对营销及运营的全过程进行监控，准确实时地捕捉其变化，测量其效果，为营销策略的调整及运营方式的优化提供参考和指导。需要全程监控的运营数据主要包括以下几类。

① 用户运营数据，是指在用户开发及维护过程中需要关注的数据，包括用户总数、新增用户数量、流失用户数量、活跃用户数量、付费用户数量、客单价等。

② 活动运营数据，是指在活动策划与执行过程中需要关注的数据，包括参与人数、引流人数、转化率等活动效果数据，也包括总成本、单位成本等活动成本数据。

③ 内容运营数据，是指企业生产内容的传播效果数据，包括订阅人数、阅读（播放）次数、停留时间、分享（点赞或收藏）次数、分享渠道、转化率等。

④ 产品运营数据，是指在产品开发、选择及组合过程中需要关注的数据，包括哪些产品好卖，哪些产品不好卖，哪些产品可以同时卖，哪些产品包装更受欢迎，以及用户为什么购买产品等。

⑤ 流量运营数据，是指网站、网店、App 或社交媒体账号的流量分析数据，包括关注（注册或下载）人数、访问量、流量来源、流量去向、平均停留时间、平均访问页面数、访问最多页面、弹出率、跳出最多页面、购买路径、转化率等。

⑥ 广告运营数据，是指广告投放后的效果数据，包括曝光率、点击率、着陆率、跳出率、停留时间、转化率、媒体用户属性等。

4. 市场数据

利用大数据技术可以了解营销环境，识别竞争对手，发现消费或流行趋势，从而帮助企业洞察先机，开发新产品，开拓新市场。比如，阿里巴巴经常会发布消费大数据报告，揭示各个地区、各种品类的热销商品；通过其旗下的数据平台——生意参谋，阿里系商家可以看到行业发展趋势、流行元素、热门搜索词、店铺及商品排行等，从而为营销决策提供参谋。

市场数据包括行业数据和竞争数据。行业数据是企业所处行业发展的相关数据，既包括行业总销售额、行业增长率等行业发展数据，也包括需求量变化、品牌偏好等市场需求数据。竞争数据是能够揭示企业在行业中竞争力情况的数据，既包括市场占有率、市场扩大率等市场份额数据，也包括竞争对手的销售额、客单价、产品评价等对比数据。

5. 交易数据

交易数据既包括按商品或客户统计的交易额、交易量及其增长率等分类汇总数据，也包括详细的订单数据。交易数据是最早进入人们视线的决策参考数据，在很大程度上推动了数据营销的发展与普及。其中最著名的应用案例当属"啤酒与尿布"的故事。美国沃尔玛超市在对顾客的购物清单进行分析的时候发现，和尿布一起购买最多的东西是啤酒。原来是因为美国的年轻父亲下班给孩子买尿布的时候，有30%～40%的人会顺手买上自己喜欢的啤酒。于是沃尔玛超市打破常规，将尿布和啤酒两个不相搭的东西陈列在一块，结果两者的销量都提升了。

综上所述，大数据营销让一切营销行为和消费行为皆数据化，使营销活动可追踪、可衡量、可优化，从而构建起以数据为核心的营销闭环。

## 五、大数据的获取途径

开展大数据营销的前提是拥有一定数量的数据。归纳起来，大数据的获取途径主要有以下两种。

1. 利用自有平台

目前，多数企业用到的大数据主要由自有平台提供，即企业利用自己的业务信息系统、网络平台或数据采集设备获取数据。现在大部分企业都有自己的营销信息系统、客服信息系统或客户关系管理系统等，这些信息系统的数据库里就存储了大量数据。此外，还可以通过"埋点"的方式从企业的官方网站、电子商务平台、App、小程序及社交媒体账号中收集数据，甚至可以在产品中嵌入传感器收集用户的产品使用数据。

比如，在传统奢侈品牌PRADA的纽约旗舰店里，每件衣服上都有RFID（Radio Frequency Identification，射频识别技术）码。当顾客拿起衣服进试衣间时，这件衣服上的RFID码会被自动识别，试衣间里的屏幕会自动播放模特穿着这件衣服走台步的视频。顾客一看见模特，就会下意识地认为自己穿上这件衣服也会是那样，于是不由自主地认可手中所拿的衣服。而在顾客试穿衣服的同时，这些数据会传至PRADA总部，包括每件衣服在哪个城市、哪个旗舰店、什么时间被拿进试衣间、停留多长时间等。这些数据都被存储起来加以分析。比如，有一件衣服销量很低，以往的做法是直接被废弃掉，但如果通过RFID码传回的数据显示这件衣服虽然销量低，但进试衣间的次数多，那就说明衣服存在一些问题，或许还有改进的余地。

在所有数据中，企业普遍最关注用户数据。其中，用户数据的采集方式主要包括以下几种。

① 引导用户注册。企业可通过会员福利、物质激励等方式鼓励用户注册并完善用户资料。这是最直接，也是最典型的一种方法，适用于拥有自己的网站或App的企业。

② 收集用户反馈。用户反馈包括用户的留言、评论等，是最真实的数据，能够反映用户对产品、服务或品牌的看法，也能够揭示用户的需求和偏好。

③ 通过 Cookies 获取用户数据。Cookies 是网站为了识别用户、跟踪用户行为而放置在用户电脑上的一个文本文件，用来记录用户的个人信息及行为轨迹。目前，多数网站都会通过 Cookies 收集用户的行为信息。与用户主动注册提供的数据相比，通过 Cookies 收集到的数据是用户被动提供的，因而更加真实，但也更加隐蔽、原始和零散，需要经过分析挖掘才能发挥作用。比如，某个客户在企业网店里买过三次衣服，每次的款式、颜色和价位区间都差不多，经过对比分析就可以给这个客户贴上这样的标签：喜欢××款式，喜欢××颜色，消费能力在××元左右。

④ 通过各种活动获取用户数据。在条件许可的情况下，可以多组织互动性强的活动，如有奖问答、投票评选等，通过活动去鼓励用户留下个人信息。

⑤ 通过网络调查获取用户数据。调查是最传统的数据获取方式，实施的要点在于提供物质奖励，这样用户的积极性才会高。另外，调查的选项不能设置太多或太复杂，要控制好用户完成的时间和难度。

⑥ 通过直接沟通获取用户数据。如果用户群比较小，或者员工的时间及精力比较充裕，也可以通过与用户直接沟通交流来获取用户数据。事实上，通过这种方式获得的数据也是最详细的，尤其是对于比较私密的信息，只能通过直接交流获得。

以上是常见的数据采集方式，要想获得更多的数据，企业需要发挥创造性，不拘一格地利用各种渠道、各种途径进行数据采集。

比如，运动品牌耐克凭借其网上运动社区收集到了用户的各项跑步信息，并因此掌握了主要城市里最佳跑步路线的数据库；主营眼科医疗产品的爱尔康公司在不同批次的产品包装中嵌入具有不同标识信息的二维码，通过用户扫码的行为采集用户的信息。

利用自有平台采集到的数据质量较好、与产品或品牌的契合度高，但采集难度大、速度慢，需要企业长期坚持、慢慢积累。

2. 利用第三方平台

除了利用自建的数据采集平台，与第三方平台合作也是很多企业获取数据的重要途径。比如，拥有百度推广账号的企业，就可以通过百度营销平台的观星盘收集品牌及用户特征数据、广告效果跟踪数据等；愿意支付一定费用的企业，也可以通过专业版的百度指数了解行业、品牌及产品的发展趋势，洞悉消费者的需求及特征等。再如，拥有淘宝或天猫店铺的企业，就可以利用"生意参谋"获取店铺运营及环境监测数据等。

目前，几乎所有的门户网站、电商网站、搜索引擎、社交网站、移动支付等第三方平台都会为合作企业提供数据支持。比如，IBM 与 Twitter 合作组成商业联盟，IBM 能够共享 Twitter 的全球用户数据。有时候第三方平台之间也会互通有无，如京东与腾讯达成了微信平台合作协议，腾讯不仅为京东带去了大量流量，而且与之共享用户数据。

利用第三方平台获取数据是一种比较简单高效的方法，而且这些平台拥有的数据规模大、价值高。但这些数据并不会无偿提供给企业，一般来说，只有利用这些平台做推广时才能获得，而且使用量也是有限制的。

除了付费工具，互联网上还有一些免费开放的平台可供企业获取数据，如大众版的百度指数，以及一些经常发布统计数据和研究报告的权威网站等。在现实生活中，很多企业还会通过交换或购买的方式从其他平台获取数据，这种方式虽简单快速，但获得的数据可能不够精准，而且违背了法律和商业伦理。

### 六、大数据营销的应用场景

#### 1. 根据用户数据进行用户分群与定位

企业可以根据收集到的用户特征数据对用户进行分群，了解每个群体的共同特点，然后针对不同的群体采取不同的营销策略。比如，为折扣敏感度低的人群推荐店铺里有调性的优质商品，为折扣敏感度高的人群推荐打折商品等。再如，亚马逊会根据用户的行为特征为他们制定适合的促销方式，如果用户的浏览轨迹显示他更倾向于选择低价格的配送方式，那么向他发送促销邮件时就以"购买该书籍免运费"命名。

常见的用户细分依据除了性别、年龄、职业、地域等用户属性特征，还包括用户行为特征。比如，可以根据用户黏度（基于用户购物频率和近期性）将用户分为活跃用户、一般用户、沉睡用户、准流失用户、流失用户等；根据用户价值（包括直接消费价值和间接长期价值）将用户分为低价值、中价值、高价值三个层次；根据用户行为将用户分为新手妈妈、爱车族、书虫等。

对用户进行分群有助于营销推广时准确定位目标用户。比如，红米手机在QQ空间上的首发就是一个成功的"大数据找人"的精准营销案例。通过对海量用户的行为（包括点赞、关注相关主页等）和身份信息（包括年龄、教育程度、社交圈等）进行筛选，该公司从6亿个用户中选出了5000万个可能对红米手机感兴趣的用户，定向投放广告并推送小米活动，最终预售取得了巨大成功。

#### 2. 根据用户（商品）数据进行精准推荐

现阶段，大数据营销的核心方向就是根据商品或用户数据进行精准推荐。这种应用方式源自电商行业，如今已在线上线下的零售行业得到广泛应用。常用的推荐方法包括以下几种。

（1）基于用户行为的个性化推荐。企业可根据每个人的购买记录、浏览历史等行为轨迹推测用户的消费需求、偏好和习惯，并向其推荐相关商品或服务。比如，本章开篇介绍的Target的案例，通过对女孩搜索行为的分析判断女孩怀孕了，从而推测她需要婴儿用品。再如，某用户在网店买过三次衣服，都是白色的，说明该用户偏好白色，那么以后向其推荐新品时可以优先考虑白色衣服。

除了根据需求和偏好向用户推荐所需商品，还可以通过对用户消费习惯的捕捉进行商品推荐。比如，某位用户只购买打折力度大的商品，那么就向他推荐折扣商品；另一位用户对"买一送一""赠送"等活动毫无抵抗力，那么就向他推荐提供赠品或是买一送一的商品。

针对日常生活用品，企业还可以根据用户的购买习惯，在用户即将用完的时候，提醒他再次购买或者提前准备好，一旦用户下单就能在第一时间送达。比如，在天猫和京东上购买一些生活必需品，有时候当天就能收到。这样既提高了用户体验，又加快了商品周转速度。

（2）基于用户属性的个性化推荐。企业可根据背景相似的同类用户的需求来推荐相关产品。比如，一位年轻妈妈在天猫上看到防脱洗发水的推荐信息，可能是因为很多其他的年轻妈妈买了这款产品。

（3）基于商品的协同过滤推荐。企业可以根据用户的购买记录向他推荐关联产品，如

图 2-1 所示。这种推荐方式属于交叉销售的范畴，主要通过购物篮分析来发现关联产品。所谓关联产品，主要是指同类产品或具备相同使用场景的产品。这些产品多数时候会同时消费，只不过用户一时没想起来。比如，用户买了手机就向他推荐手机壳、贴膜等；买了帽子则向他推荐手套、围巾等。前面提到的啤酒与尿布的案例也是属于这种情况。

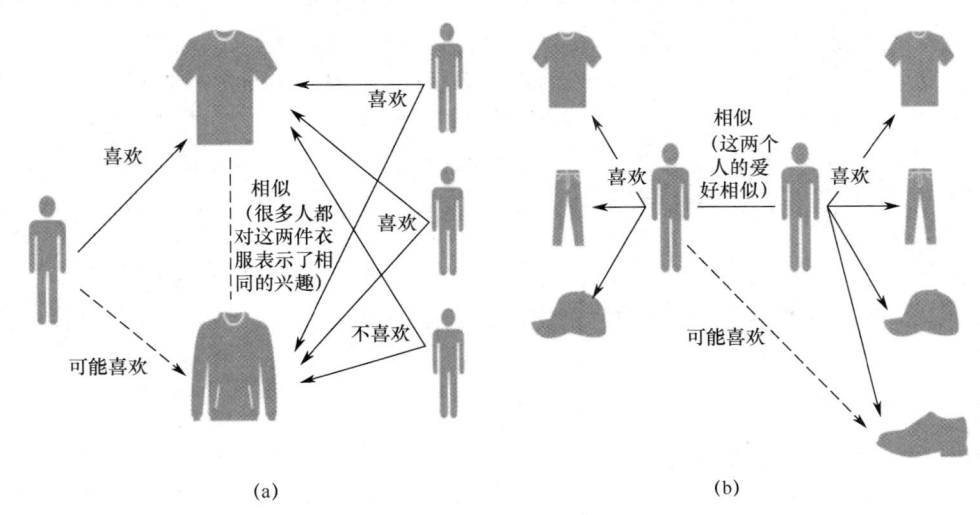

图 2-1 协同过滤示意图

图片来源：网易．

（4）基于用户的协同过滤推荐。所谓"人以群分"，是指企业可以根据偏好相似的同类用户的需求来推荐相关产品，如图 2-1（右图）所示。比如，"买过 A 的用户还买了 B"。这种方式由亚马逊首创，营销效果非常显著，其后各大电商网站纷纷效仿。通过这种推荐方式可以挖掘出深度隐藏的用户需求，真正体现了大数据分析的价值。

近年来，随着社交媒体的发展，根据用户的社交关系进行产品推荐也成为一种趋势，如向用户推荐他所在圈子里流行的东西、他朋友买过的东西等。

需要注意的是，向用户推荐产品或广告后要注意收集用户的反馈信息，如设置"喜欢"或"不喜欢"功能，然后根据用户的反馈结果优化推荐引擎，让下一次的推荐更精准，避免无效推广，提升用户体验。

3. 根据用户评论进行产品开发

社交媒体及电商网站上存在大量用户评论数据，这些数据来源广泛、内容丰富，既有用户对产品、物流、客户服务等方面的体验意见，也有用户对产品的价格、外观、功能、性能等方面的要求和期望。有效采集和分析用户评论数据可以指导企业对现有产品进行改进，也能够为将来的产品创新提供参考。比如，ZARA 网络商店会定期收集用户意见，并及时反馈给设计部门，帮助 ZARA 实现快速的产品更新和迭代，让"快时尚"成为 ZARA 的品牌代名词。再如，小米最开始做 MIUI 时，首先是收集网上所有对主流手机和安卓系统不满的信息，进行大数据分析，找出用户共同的痛点，然后根据这些信息对产品进行改进。

4. 根据热点监测数据进行趋势预测

很多网络平台会根据大数据分析的结果发布各种热点，如百度的热搜、微博的热门话题、淘宝的热销品及热门关键词等。这些热点能够在一定程度上预示未来的流行趋势，可用来指导企业后续的营销布局，帮助企业应对外部环境的变化。

5. 根据舆情数据进行市场监测

很多企业都想了解竞争对手的动态和市场表现，传统的做法是进行市场调查，但市场调查耗时耗力，且能收集的信息有限。与传统环境相比，互联网平台不仅提供了更加高效便捷的市场调查渠道，而且产生了大量舆情数据。通过对这些舆情数据进行监测，企业可以实时掌握竞争对手的口碑和行动。与竞争对手监测类似，品牌自身的传播效果，包括品牌危机事件，也可通过大数据分析进行捕捉和跟踪。除了监测竞争对手及自身品牌在网络上的表现，通过对社交媒体上的舆情数据进行跟踪分析，企业还可以识别各个领域的 KOL，为网络公关及 KOL 营销提供指导。

现在市面上有很多舆情监测服务商和监测软件，也有一些免费开放的监测平台，如前面提过的百度指数（大众版）、新浪微博微指数、微信指数等，这些都为企业开展舆情监测提供了技术支持。

6. 根据异常行为数据进行用户流失预测

通过对用户行为数据进行分析可以预测用户流失的概率。比如，如果发现某位用户投诉增多、评价中出现负面情绪、购买频率降低等，就需要引起警觉，因为这位用户流失的可能性很大。遇到这种情况，企业应该立即采取挽救措施，如向用户推送打折优惠券，或直接询问用户原因并针对性地解决问题。

事实上，大数据在网络营销与运营中的应用远不止于此，从理论上看，业务价值链的各个环节都有数据分析的必要性。随着大数据技术的进一步发展，其应用领域会越来越广泛，应用场景会越来越多样，应用程度也会越来越深入。

在大数据推动的商业革命浪潮中，要么学会使用大数据这根杠杆撬动更多商业价值，要么被大数据驱动的新生代商业格局淘汰。

## 七、大数据营销面临的挑战

许多企业，尤其是中小企业，要独立开展大数据营销仍然会面临很多问题，这些问题严重阻碍了大数据营销的实施进程。其中比较突出的问题包括以下几个方面。

1. 数据问题

数据是开展大数据营销的基础。很多中小企业受时间、用户规模等条件限制，自身数据体量小，没有足够的有价值的数据开展营销。而有的企业则可能是数据意识薄弱，以致自己的用户信息都没有保存下来。

与中小企业相比，很多大型企业面临的最大挑战不是缺少数据，而是数据太多、数据碎片化。这些数据散落在各个业务数据库中，形成了一个个"数据孤岛"。面对这些闲置、孤立、无太多参考价值的"原始数据"，企业信息部门只有将这些数据库打通、互联并且实现技术共享，才能最大程度地发挥大数据的价值，为营销决策提供支持。

2. 技术问题

技术不仅会限制数据的收集，还会限制数据的管理和分析。如果企业拥有一定的数据量，但不会运用技术进行分析挖掘，那么这些数据也无法发挥作用。

目前的大数据技术虽然可以让营销变得更加精准、有效，但做起来并不容易。即便是公认的大数据营销的标杆企业亚马逊也经常被用户吐槽推荐的东西"驴唇不对马嘴"，或者是已经买过的东西还会一再推荐。因此，企业不仅要拥有足够数量的数据，还要具备存储、管理和分析大数据的技术和能力。如果企业自身不具备这种技术和能力，就要与第三方平台合作，借助对方的资源开展大数据营销。此外，企业在应用大数据技术的时候，还要明白一点：技术不是万能的，不能过于依赖和迷信技术。

3. 思维问题

开展大数据营销要面临的另一个问题是思维方式的转变，不仅要具备随时随地收集数据的意识，而且要学会运用数据去进行决策。目前，仍然有很多企业没有记录营销过程的制度，员工也没有这方面的意识，导致营销过程中产生的很多数据没有被保存下来，而是像水一样流走了。此外，很多营销人员总是习惯根据以往的经验判断用户喜好、市场趋势等，这种"基于经验"的思维方式与大数据营销"基于数据"的思维方式是截然不同的。因此，企业开展大数据营销首先要做的就是转变思维方式，要具备数据思维，全方位采集数据并根据数据做出决策。

4. 隐私保护问题

企业在开展大数据营销时还要考虑用户隐私保护问题。随着数据营销的应用和普及，人们被各种各样的"垃圾信息"侵扰，其背后是日益猖獗的"用户信息贩卖"行为。无论是贩卖信息的企业，还是购买信息的企业，通过这种方式虽然能在短期内获得一定收益，但可能会引起用户反感，久而久之让用户选择直接屏蔽信息，最终会对整个营销环境造成破坏。因此，在这个注重"隐私权"的年代，企业开展大数据营销也要注意分寸，不能泄露用户的隐私信息，收集用户数据时也应辨别来源。

# 第二节　人工智能技术应用

近年来，人工智能高速发展。无人超市、无人物流、无人驾驶，以及各种功能健全的机器人，已经改变了人们生活的方方面面。作为目前最"热门"的技术，人工智能对营销行业也产生了巨大冲击。可以预见，在未来的营销与运营过程中将会出现越来越多的智能化应用。

## 一、人工智能概述

1. 人工智能的概念

人工智能（Artificial Intelligence，AI）是研究、开发用于模拟、延伸和扩展人类智能的一门新兴的科学技术。也就是说，人工智能可以模拟人的意识、思维及人脑处理信息的过程。它属于计算机科学的一个分支，企图了解智能的实质，并生产出一种能以人类智能相似的方式做出反应的智能机器。该领域的研究包括机器人、语音识别、图像识别、自然语言处理和专家系统等。

目前人工智能有三大主要的应用方向：数据智能、对话智能、视觉智能。对大数据进行分析挖掘产生的就是数据智能；对话智能主要基于语音识别及合成技术，虚拟主播便是最具代表性的应用，而我们熟悉的智能音箱、苹果"Siri"等也是如此；视觉智能主要涉及人脸识别、图像识别等。

上述三种类型的人工智能技术目前都已在营销行业得到应用，而且随着技术的成熟和推广，应用领域会不断拓展，应用方式也会更加多元。

2. 人工智能的关键技术

在人工智能的应用过程中，主要涉及以下关键技术。

（1）机器学习。机器学习主要研究计算机怎样模拟或实现人类的学习行为，以获取新的知识或技能，重新组织已有的知识结构，并不断改善自身的性能。机器学习是人工智能技术的核心。基于数据的机器学习是现代智能技术中的重要方法之一，主要研究如何从观测数据（样本）出发寻找规律，并利用这些规律对未来数据或无法观测的数据进行预测。

（2）自然语言处理。自然语言处理是计算机科学与人工智能领域的一个重要方向，主要研究能实现人与计算机之间用自然语言进行有效通信的各种理论和方法，涉及的领域较多，主要包括机器翻译、机器阅读理解和问答系统等。

（3）计算机视觉。计算机视觉是使用计算机模仿人类视觉系统的科学，目的是让计算机拥有类似人类提取、处理、理解和分析图像及图像序列的能力。自动驾驶、机器人、智能医疗等领域均需要通过计算机视觉技术从视觉信号中提取并处理信息。

（4）生物特征识别。生物特征识别技术是指通过个体生理特征或行为特征对个体身份进行识别认证的技术。该技术涉及的内容十分广泛，包括指纹、掌纹、人脸、虹膜、指静脉、声纹、步态等多种生物特征，其识别过程涉及图像处理、计算机视觉、语音识别、机器学习等多项技术。

## 二、人工智能营销的内涵

对于很多人来说，人工智能是很高深、很虚幻的东西，至于利用人工智能开展营销就更超出了理解范畴。但实际上，人工智能营销已经不是科幻电影里的场景，而是现实生活中不可忽视的事实。不久的将来，很多人可能都会经历这样的场景。

一位顾客走进一家服装店，店内导购机器人走过来向她问好："××女士，欢迎光临本店！请问您想看什么样的衣服？"在顾客表示想买毛衣后，导购机器人带着她试穿店内不同风格、不同款式的毛衣。其中有一件毛衣顾客试过后很满意，但是看过价签后发现太贵，于是还是放弃了。过了几天，顾客收到该店智能客服发过来的一条微信，微信内容为：××女士，您上次试过的这件毛衣最近正在打折促销。于是顾客欣然前往购买。

在上面的消费场景中，没有出现一个服务人员，只有一个导购机器人。但这个导购机器人的表现却不逊色于人类，甚至比人类更出色。首先，它通过人脸识别功能认出了顾客，并利用语音合成技术叫出了她的名字，在顾客表达了购物需求后，准确理解了顾客说的话，并将其带到毛衣区；随后，在顾客试穿衣服时，将其表情、动作及试穿时长等信息记录下来，事后通过计算模型判断顾客是否喜欢这件衣服，并推测未购买的原因；最后，通过智能信息发送系统自动给顾客发微信。在整个过程中，人脸识别、语音识别与合成、自然语音理解、图像挖掘、机器学习等多种人工智能技术被导购机器人运用和演绎。这个导购机器人便是人工智能营销的集大成者。

人工智能营销就是利用人工智能技术辅助营销。其优势主要体现在自动化及效率提升方面。通过智能设备及智能算法，原本需要人类来完成的大量工作由机器人或程序来完成，将人类从繁重的工作中解脱出来，集中精力做更有创造性、更重要的事情。而且人工智能可能比人类做得更快更好。比如，人类很难记住每位顾客的长相，也无法快速从海量大数据中找到所需信息，更不具备数据建模及分析挖掘的能力，而这一切对人工智能而言都不是问题。

还有一个值得关注的变化，随着智能音箱、手机智能助手等产品的成熟和进化，人工智能将代替一部分用户完成产品的选择和购买。在此情况下，对企业而言，不仅营销过程将越来越自动化和智能化，而且将来面对的用户可能不再是人，而是智能机器或程序。

### 三、人工智能营销的应用场景

1. 聊天机器人

聊天机器人对于人们来说已经不是陌生的事物，目前主要应用在客服领域，很多企业网站都通过聊天机器人来解答客户的问题并与客户进行互动交流。聊天机器人在与客户沟通的过程中，对于常见问题，客户输入关键词后便可以触发相应的答案；遇到未收录的问题，也可以简单地回答，并要求客户提供联系方式以备后续的人工沟通。如果聊天机器人采用了更先进的自然语言理解及语音识别技术，如安装了语音助手或人工智能语音套件，客户将不必输入关键词，直接说话即可，而且聊天机器人不仅能听懂客户说的话，甚至可以像人工客服一样与客户进行交流。与人工客服相比，聊天机器人不仅可以全天候服务，而且对有社交障碍的客户来说，通过聊天机器人可以避免直接交流的压力。

除了客户服务，聊天机器人的营销应用还可以更广泛、更灵活。比如，可以让聊天机器人充当智能导购，为顾客提供购物建议；或者是充当智能导游，根据旅客的要求规划旅游路线、订机票和酒店等。

事实上，聊天机器人可以帮助企业在不同阶段通过多个渠道与客户进行互动，而且还可以通过增强现实（Augmented Reality，AR）技术、虚拟现实（Virtual Reality，VR）技术，让沟通过程更生动、更有趣。但目前其应用方式还比较单一，营销价值还未被充分挖掘出来。

2. 智能内容创作

利用人工智能进行内容创作已经不算新闻，AI 写作、AI 谱曲甚至 AI 画画都已经有不少成功经验。其中应用最广、发展最成熟的要数 AI 写作。AI 写作系统能够自动收集与主题相关的信息，然后从中筛选有价值的部分，最后利用自然语言生成技术形成符合人类阅读习惯的文本。尽管这些内容在文法上仍显干涩，但阅读者需要的各类信息、数据都包含在其中，文章也比较通顺连贯，与人类所写相差无几。目前，阿里、腾讯、百度都有各自的写稿机器人，我们看到的很多新闻稿也都是 AI 创作的。

人工智能不仅能自动生成文字，还能自动进行图片组合，甚至自动生成视频。这意味着在文案写作和广告创意方面，人工智能可以完全或者在一定程度上替代人类，甚至可能比人类做得更好。因为 AI 机器人不仅能快速高效地生成内容，还能在对用户信息进行分析的基础上，为其量身定制内容。比起千篇一律的标准化内容，针对每个人设计的个性化内容显然会得到更积极的反馈。比如，创作文案时，可根据商品的多元属性生成多样化的内容。举个例子，一件 T 恤可以有多个关键词，而每个消费者关注的关键词可能是不一样的，有的人关注领型，有的人关注图案，还有的人关注版型等。因此，商家可以就商品属性关键词"圆领"或者"印花"来单独生成差异化的文案。广告创意制作也是如此。消费者千人千面，靠人力为每个人制作不同的广告是不现实的,而人工智能可以做到,这样不仅大大解放了人力,而且提高了创作效率。未来的内容创作可能会是这样的:基础工作由机器来高质、高效地完成,人的精力将被解放出来,和机器配合,进行更具创意和创新的工作。

比如,2018年阿里妈妈推出了AI智能文案系统(见图2-2),它结合淘宝、天猫的海量优质内容与自然语言算法,可基于商品自动生成高品质文案(见图2-3)。以最基础的短标题文案来举例,阿里妈妈AI智能文案的生产能力已达到1秒20 000条。该产品目前主要聚焦于商品文案,可实现三项核心能力——高度模拟人写文案、自由定义字数、实时在线样本学习。这款AI产品不仅拥有海量的内容数据库,还具有自主学习功能,会不断进化。据说这款产品现在所生成的文案已经与真人所写的文案难分"真假"。

图2-2 阿里妈妈AI智能文案系统界面

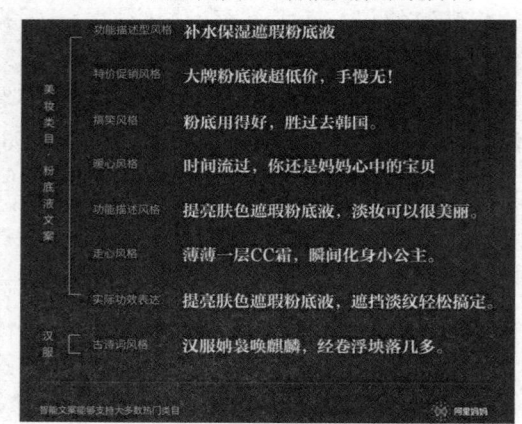

图2-3 阿里妈妈AI文案示例

阿里还有一套"鹿班"(原名"鲁班")设计系统,它具有一键生成、智能创作、智能排版、设计拓展四大功能。在2017年"双十一"的时候,它做完了4亿张横幅广告,每秒设计8000张海报。

2019年,京东也发布了首个智能内容创作平台——AI闪电,该平台整合了此前京东的两大AI智能文案系统——"莎士比亚"和"李白",并增加了对视频内容智能创作的支持,形成了覆盖文案、图像、视频处理等多种内容创作的综合性智能创作平台。

3. 用户需求智能预测

目前,利用用户行为数据预测用户需求并进行商品推荐的做法已经较为普及,但推荐的效果却不尽如人意。比如，某用户是一位专栏作家，写了一篇关于"云计算"的博客，此后百度开始向他展示云计算的广告，但很明显他永远也不会购买云计算服务。类似的情况在我们的生活中频频出现，如刚买了一部手机，其后仍然不断收到手机广告信息。出现这种情况的原因在于，目前基于用户大数据的商品推荐主要是根据描述性数据或直接数据来分析和预测的，精准度不够高。而要提高商品推荐的精准度，需要借助人工智能对用户的需求和行为进行更复杂的分析和预测。比如，某用户在海底捞排队时发了一条微博动态，旁边的火锅店捕捉到这一信息后，就可以马上向他推送促销信息，并且表示"不用排队"。

将人工智能技术用于需求预测已经受到很多企业的重视，并出现了一些成功案例。比如，德国时装企业 Otto 开发了一款叫作 Blue Yonder 的人工智能需求预测系统。其预测非常准确，如果它预测"这款夹克在未来三个月可以卖出去 300 件"的话，实际销量与预测销量基本上相差无几，命中率高达 90%。目前，美国的主流零售企业，如 H&M、ZARA、沃尔玛、亚马逊、梅西百货或科尔等，都在使用类似的需求预测系统。

4. 智能定价

我们使用滴滴打车时经常会发现，打车的价格随时会发生变化。不仅白天和晚上不同，高峰期和非高峰期不同，就是同一时段同一出发地，五分钟前和五分钟后的价格就不同，去电影院和去游泳馆的价格也不同。

这种价格随时变化调整的做法被称作动态定价。所谓动态定价，是指企业根据市场供需现状、趋势及用户数据等内外因素，将同一商品的价格进行实时调整，或者以不同价格销售给不同人群，以适配差异化的交易场景的定价策略。滴滴打车就是依据司机的实时数据、用户位置、该地区交通状况及天气等因素的预测来动态定价的。通过动态定价，企业可以精准调节供需，提升营业收入和利润。一般情况下，用户需求越多样，市场竞争越激烈，价格变化就越频繁。

动态定价由来已久，如航班的价格浮动、电影票在不同时段的价格变化等。到了互联网时代，市场更加透明、竞争更加激烈，当人们习惯用购物软件进行比价的时候，实时调整价格就变得不可避免且更加频繁。亚马逊是最早使用动态定价策略的网络零售商，且将这一策略运用到了极致。统计数据显示，亚马逊上的商品价格每 10 分钟就会调整一次，2013 年的时候，亚马逊每天调整商品价格的次数已经达到 250 万次。继亚马逊之后，越来越多的电商平台和在线零售商开始跟风动态定价，甚至像沃尔玛、百思买（Best Buy）这样的传统零售商也采用了这一做法。据 eBay 旗下的在线价格跟踪和预测公司统计，至少 20% 的在线商品价格每天都在变动。

随着大数据技术的发展和应用，可以参考的定价因素更加繁多而复杂，根据简单的规则来实施动态定价已经无法满足企业所需。因此，AI 驱动的智能定价成为一种新的商业竞争手段和技术。据麦肯锡的统计，有 22%~36% 的零售商会使用专业的"智能定价软件"系统。到现在，像 Uber 和滴滴这样的打车平台也已经使用智能定价系统，甚至美团外卖的配送价格也在不断变动。2016 年，亚马逊宣布，所有卖家可免费使用亚马逊自行开发的自动定价软件来实施动态定价。此举无疑进一步推动了智能定价策略及技术的推广和应用。

5. 智能广告投放

网络媒体的发展为广告主提供了大量投放渠道，也对广告投放的规模化提出了要求；而大数据的应用使定位并识别受众的需求偏好成为可能,这又要求广告投放具有更高的精准度。要想实现规模化、精准化的广告投放,依靠人力是无法完成的,必须借助自动化甚至智能化的技术和手段。

智能广告投放就是在这种背景下应运而生的。所谓智能投放,就是根据广告主的营销诉求,利用人工智能自动生成广告投放方案,确定在哪些媒体投、投什么样的内容、投多少钱、怎么投等策略,而且这些策略可以一键上传到投放系统中,投放系统收到后将根据设置进行自动投放,不必人工干预。

智能广告投放不仅能够通过程序自动完成大量繁杂的投放工作,而且可以实现"千人千面"。人工智能可以识别屏幕前的是什么人,然后根据其喜好展示个性化广告。比如,三个人搜索同样的词"宝马X3",看到的会是三个不同的广告:第一个人看到的是弯道超车的广告,因为他关注操控感;第二个人看到的是一家三口在车里,因为他关注舒适性;第三个人看到的是红色绚丽的车身,因为他注重外观。在这个过程中,人工智能还能观察并记忆受众的反应,据此调整和优化下一次的展示。比如,第一次向受众展示宝马X3"操控性强",但受众没看,那下次就可以向他展示"舒适性好"。除了"千人千面"的个性化展示,投放系统还能对预算进行智能调整。比如,如果关注操控感的人看得多、但最终购买得少,而关注舒适性的人则相反,那系统就可以自动把预算多分配给关注舒适性的人。

未来,人工智能在广告投放领域的应用将更加深入和精细。比如,可以通过人工智能视频分析技术,对视频或直播中的物品、场景、人脸进行识别,追踪目标轨迹,分析画面场景,通过动态贴图、画面植入等形式,自动投放与视频内容高度相关的场景化广告。

6. 图像搜索

"以图搜图"技术已经较为成熟,目前主流搜索引擎及电商平台都提供这种功能。通过"以图搜图"技术,用户可以搜索图片同款商品,实现"拍照购"或"边看边买"。比如,用户在马路上看到喜欢的车,通过手机拍照就能识别车型和评测,并收到附近相关的4S店、优惠政策等推送信息;在街边看到一家小吃店,随手拍张照上传就能找到大众点评上的评价信息、美团上的优惠套餐等;用户用速记摄像头对准停车场,内置人工智能助理就能进行识别、检测,并运用LBS(Location Based Services,基于位置服务)定位技术推荐附近的停车场和免费停车券;对准餐厅场景,则会显示附近餐厅的信息、优惠券和推荐菜品等。

## 四、人工智能营销与大数据营销之间的关系

人工智能有三要素:大数据、算法、算力。人工智能的根基是训练,就像人要不断学习一样,而大数据是训练的基础。怎么从数据中提炼出我们想要的结论,靠的是算法。而算力其实就是硬件的运算能力,需要足够多、足够快的服务器。

大数据和人工智能在很多应用场景中是密不可分的,如果说大数据是"原油"的话,那么人工智能就是"炼油设备"。数据智能就是运用人工智能技术对大量数据进行运算分析而产生的。比如,用户评论分析,不仅要有大量评论数据,还要具备对这些评论进行观点、态度及情绪挖掘的能力,这就需要用到人工智能中的自然语言理解技术。再如,对用户或产品进行分类和聚类,不仅需要用户或产品的详细信息,还要依靠人工智能中的自动分类及聚类技术。广告智能投放更是如此,不仅需要媒体、用户及广告创意三个方面的准确数据,还要

对这三个方面数以万计甚至数以亿计的资源进行匹配，这更是非人力能及的，只能依赖人工智能技术。在其他领域，如需求预测与精准推荐、智能定价等，也多是大数据和人工智能技术融合应用的结果。

### 五、人工智能营销面临的挑战

1. 技术问题

人工智能营销现在面临的最大问题在于人工智能的技术准入门槛太高。对于中小企业而言，无论是训练数据的积累，还是硬件设备的购置，都需要耗费大量的时间和金钱，而开发自定义算法则更是一件难以完成的事情。因此，目前能够依靠自身技术能力开展人工智能营销的基本上都是大型企业。但现在市场上也有很多即插即用的解决方案，如百度、腾讯、阿里巴巴等大型互联网企业也对外输出人工智能技术，这些都为中小企业开展人工智能营销提供了可能。事实上，目前已经有不少中小企业在其网站、App 或小程序中嵌入语音助手、聊天机器人等人工智能插件，也有不少企业正在使用 AI 文案、自动定价系统等。

2. 应用问题

对于许多企业来说，在营销中应用人工智能不仅涉及技术和成本问题，还会遇到来自员工和用户的各种障碍。首先，将人工智能整合进企业业务流程就存在一定困难，而且人工智能的运用可能会威胁到部分员工的工作岗位，对现有的工作方式也会造成影响，员工不一定会支持和配合。其次，就目前人们对于 AI 的认知和信任程度而言，用户是否会接受和认可人工智能的工作成果，也需要时间验证。

## 第三节　场景技术应用

随着移动互联网的兴起，时间、空间得以无限扩展，人们无时无刻不处在鲜活的场景之中。媒体，特别是移动媒体大大丰富和激活了营销场景，也加速了现实场景和虚拟场景的交融互动，为我们创造了更大的营销想象空间。

### 一、场景营销的内涵

我们经常在特定的时间、地点收到各平台的信息推送。比如，中午时分到达武汉火车站附近，大众点评会告诉我们附近的热干面和鸭脖，滴滴会告诉我们火车站附近的专车优惠，携程会告诉我们武大的樱花正当季。这时，我们突然发现，这些平台是如此的体贴周到，正在犯愁的事它们都帮我们解决了，于是欣然前往大众点评推荐的热干面店解决午餐，然后叫了滴滴的专车前往武大看樱花。

在上述场景中，各平台运用 LBS 定位技术掌握了用户所在的位置，然后根据当前的时间、地点推测用户可能会产生的需求，进而向用户推荐合适的产品或服务。在这种情形下，产品或服务的转化率会高于普通情形，因为推荐是基于用户所处的场景而发生的。

所谓场景，即"场"和"景"的结合，"场"是指用户当前所处的场所，包括时空环境等；"景"是指用户当前所处的情景，包括生理、心理及行为状态等。营销领域的场景主要包含四个要素：时间（Time）、空间（Space）、人（People）、事件（Event）。这四个要素通常被统称为场景"STEP"原则。从这个角度来看，场景就是在特定的时间、特定的空间内，人与环境互动关系的集合。

用户的消费行为总是在特定的场景下发生的。比如，人们只有在渴了的时候才会想到买水，在下雨的时候才会想到买伞。如果能及时捕捉用户当前的场景要素，并向其推荐符合场景需求的产品或服务，那么用户不仅不会觉得被广告信息打扰，反而会感激这些广告信息帮他解决了问题。

智能化设备的出现让场景的动态识别得以实现，而移动互联网的发展使企业能够及时捕捉到这些场景变化。在此背景下，场景营销（也叫场景化营销）应运而生。场景营销的内涵较为丰富，目前尚没有统一的定义，简单来说，就是将产品（或服务）和用户置于特定的场景中，通过场景的匹配实现产品（或服务）和用户的连接。

## 二、场景技术的种类

### 1. 传感器

传感器能利用感测单元感受环境中的声音、光线、压力、电、磁、味、温度等的变化，并通过无线传输技术将感测数据传送出去。如今的移动设备基本都内置了数量不等的传感器，常见的有磁力传感器、方向传感器、陀螺仪传感器、光线传感器、压力传感器、温度传感器、距离传感器、旋转矢量传感器等。智能手机平均配有七种以上的传感器，能够随时随地获取用户的位置、距离、身体状态等数据。这些数据被各种 App 采集、传递和处理，用于分析用户需求、预测用户行为等。

比如，迪士尼给游客配备了一种魔法环，该魔法环实际上是一款一次性的智能腕带，内含门票编码和传感器，能够捕捉游客的游玩路线和逗留时间信息。根据这些信息，迪士尼能够向游客推送个性化营销信息，并能以此为依据改善园区设计。

### 2. 定位系统

用户总是处于移动的场景中，企业需要利用定位技术获取用户的位置坐标，据此推测其所处场景，从而更有针对性地实施营销策略。因此，准确实时地获取用户所处的地理位置成为场景营销中必不可少的工作。

场景营销中的定位工作与传统定位工作相比，最大的差异在于精准度要求更高。定位系统需要知道用户的准确位置，要能识别"用户是从我这个店门口走过，而不是从隔壁店门口走过"，这样才能实现线下场景和线上场景的有效融合。

定位技术主要有三类：卫星定位技术、基于网络的定位技术和感知定位技术。

① 卫星定位技术。卫星定位技术是利用人造导航卫星对移动对象进行定位，能够识别移动对象的经度、纬度和高度。

② 基于网络的定位技术。基于网络的定位技术是利用网络基站（或者接入点）等基础设施对移动对象进行定位，主要包括两种：基于移动通信网络基站的定位技术和基于无线局域网（如 Wi-Fi）的定位技术。

③ 感知定位技术。感知定位技术是指在特定空间内安装传感器，当移动对象进入传感器的检测区域时，则能判定该对象的位置，感知定位技术的典型代表是 RFID。感知定位技术适

用于短距离识别，需要一个信号发送端和一个信号接收端，当信号发送端与接收端之间的距离很短时，信号接收端才能够被识别。

3. Beacon 技术

Beacon 技术可以通过低功耗蓝牙技术，让 Beacon 基站自动创建一个信号区域，并向周围发送自己特有的 ID，当用户携设备进入该区域时，设备上安装的应用程序便会提示用户是否需要接入这个信号网络。商家获得许可后，即可向用户推送商业信息，如优惠券、路线导航等。Beacon 技术可以帮助使用者低成本地完成室内定位和信息推送，适宜小型商家开展场景营销时使用。

4. VR/AR 技术

虚拟现实（Virtual Reality，VR）技术是一种可以创建和体验虚拟世界的计算机仿真系统，它利用计算机生成一种模拟环境，使用户沉浸到该环境中。

增强现实（Augmented Reality，AR）技术是在 VR 技术的基础上发展起来的，是一种将虚拟信息与真实世界巧妙融合的技术，可以将计算机生成的虚拟信息模拟仿真后，叠加到真实世界中，两种信息互为补充，从而实现对真实世界的"增强"。

企业可利用 VR/AR 技术搭建虚拟场景，让场景营销的应用范围得以扩大。比如，高级珠宝或家具商家实施"虚拟试用"策略，让用户通过 VR/AR 设备感受产品戴在身上或摆放在家里的情境。

综上所述，技术的进步为场景营销创造了条件。在即将到来的物联网时代，各种信息传感设备与互联网结合后，将形成一个巨大复杂的网络，覆盖广泛丰富的场景。语音识别、图像识别、体感互动和情绪感知等技术的发展，有望实现对人的全面感知。与此同时，随着 VR/AR 技术的发展，线下场景与线上场景间的界限将渐渐模糊，两者高度融合，真实与虚拟交织，共同构筑出新的场景。如此，场景营销有望成为未来最重要的一种营销方式。

### 三、场景营销的实施框架

1. 开展场景营销的前提条件

场景营销的目的是以场景为桥梁实现产品与用户的精准匹配及深度连接。这个"场景"可以是实际存在的，也可以是企业有意搭建的。但无论是哪种情形，都需要先具备两个前提条件：一是产品场景化，二是用户场景化。

（1）产品场景化。产品场景化是指为产品赋予相应的消费场景。不同的产品拥有不同的特性，不同的特性会吸引消费者在不同的场景下使用。企业可通过对场景的研究和激活，来诱发消费者的购买行为。常见的做法是，将品牌或产品与具体的场景联系起来，或开拓新的场景，并进行宣传推广，以便更好地吸引和连接消费者。

比如，加多宝基于产品"降火"这一特性设计了"吃火锅"的使用场景；红牛基于产品"赋能"这一特性设计了"开车""加夜班"两种使用场景；江小白基于产品"低度"这一特性为年轻人设计了"小聚""小饮""小时刻""小心情"四种使用场景。再如，蒙牛根据用户的使用场景将牛奶分为早餐奶和睡前奶等；小罐茶针对"出行在外"的场景独创了铝罐包装的小罐茶。

（2）用户场景化。用户场景化是指在定义目标用户或分析用户需求的时候，不仅要依据用户的静态人口属性,而且要考虑用户的动态消费场景,要将用户置于特定的时空环境中进行分析。也就是说,不仅要关注用户自身,而且要关注用户所处的环境和当前的状态。

2. 场景营销的模式

当产品被赋予某种场景时,企业接下来要做的就是通过场景将产品与用户连接起来。具体做法包括两种:一是场景化推荐,二是场景化体验。

(1) 场景化推荐。场景化推荐是指企业将产品的消费场景与用户当前所处的场景进行匹配,并根据具体的场景进行产品或服务的推荐。具体来说,首先要利用智能设备识别用户当前的场景要素,并根据其所处的场景,运用大数据技术预测其需求和行为,然后借助互联网工具进行产品或服务的精准推送和营销,以满足不同场景下不同消费者的即时需求。比如,滴滴利用 GPS 定位及数字地图技术向身处公交车站的用户推送拼车优惠信息;餐饮店利用自身 Wi-Fi 或 Beacon 技术在午饭时段向附近的用户推送折扣券;分众传媒利用人脸识别技术向不同的人展示不同的电梯广告等。

(2) 场景化体验。场景化体验是指企业根据用户的需求和偏好,搭建相应的场景让用户体验,以此来吸引用户购买或消费。具体来说,就是给用户营造一种场景体验,通过特定的场景内容唤醒用户的潜在需求,触发用户的购买欲望,引导用户的购买行为。这里的场景不仅指现实场景,也包括通过 VR 或 AR 技术搭建的虚拟场景。

比如,宜家通过搭配好的家具在店里布置了多个居家生活场景,让每种商品都融入场景之中,让用户清晰地看到购买后的使用画面,真实而又生动。此外,宜家 App 还可以帮助用户利用手机搭建虚拟场景,感受家具放在家中的效果。

综上所述,场景营销的总体实施框架如图 2-4 所示。

无论是哪种形式的场景营销,其实质都是运用场景这一要素去触发和连接用户的需求。越是具体、真实的场景,用户越容易被带入其中,需求越容易被激发出来;越是抓住用户痛点、痒点的场景,用户的转化率越高。因此,场景营销是移动互联时代企业营销的主要方式之一。

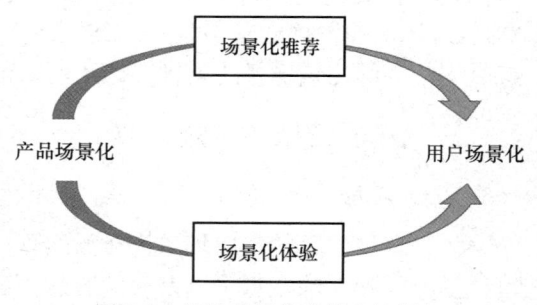

图 2-4 场景营销的总体实施框架

## 案例讨论

**利润提升 25%:揭秘亚马逊"动态定价体系"**

如果你关注过某款产品在电商平台的价格,你就会发现,它的价格是在一直变化的,这一切其实都是系统故意的——我们不妨来看看,亚马逊的动态定价体系是如何"薅用户羊毛的"。

在亚马逊上,如果你对某产品的价格不满意,那么不妨等 10 分钟,因为价格很可能发生变化。

2013 年，价格调研机构 Profitero 的数据显示，亚马逊每天会对产品价格调整 250 万次，而与此形成鲜明对比的是沃尔玛和百思买，这两家机构在 2013 年 11 月份分别只调整了约 5 万次价格。Profitero 还指出，在 2013 年全年，亚马逊将每日价格调整的次数提升了 10 倍。

对于部分消费者来说，这种疯狂的价格调整机制是令人不爽的，毕竟自己刚买完某个商品，然后商品就降价了，这种体验实在太糟糕了；不过对亚马逊来说，这一波疯狂操作帮它提高了 25% 的利润。

其实原因很简单，这一切都是大数据的功劳。

15 亿件商品，再加上 2 亿个用户，亚马逊拥有的数据量就已经达到 10 亿 GB 了，如果你用一块 500GB 的硬盘将这些数据存下来，再把这些硬盘叠成一摞，其高度大约是 8 个珠穆朗玛峰的高度。

在这些数据的帮助下，亚马逊就可以分析用户的各种购买特征、竞争对手的价格、利润率、库存等，这样就可以做到每 10 分钟就对一些产品进行价格调整，在保证其价格具有相当的竞争力的同时，榨取更多利润。

于是，亚马逊就在这个过程中发现了一个赚钱大法，也就是把比较火的商品降价，而把那些不太经常购买的商品提升价格。比如，在降低畅销小说的价格的同时，提升那些晦涩难懂的书籍的价格。

逻辑非常简单，当消费者经常搜索那些比较畅销的商品时，慢慢会得出一个"亚马逊的价格很不错"的结论，而此时，当他们需要购买不是那么常用的商品时，也就懒得比价，直接去亚马逊买走了，于是亚马逊也就赚到了钱。

其实，在数据驱动方面，亚马逊比较经典的案例还包括"基于你的搜索进行推荐"和"买了这个的消费者，还买了……"，这时候亚马逊只要将海量消费者的数据整合到一起，就可以完成推荐了。

更可怕的是，亚马逊还会根据你在 Kindle 图书中画的重点进行推荐，所以你会发现，对亚马逊来说 Kindle 赚的根本不是设备的钱，而是你消费的图书和未来可能给你的各种推荐的钱。

再往后说，当亚马逊预测你可能会购买某种商品后，他们就可能会把该商品配送到距离你最近的仓库，一旦你下单，亚马逊就可以以较低的配送成本给你带来更好的体验。而这一套逻辑已经有了一个专利，叫"预测配送模型"。

资料来源：搜狐号@零售威观察.

**讨论：** 1. 作为普通用户，如果得知一件商品的价格随时变化，你还会买吗？你如何看待动态定价？
2. 你知道国内有哪些零售平台也建立了与亚马逊类似的"预测配送模型"吗？

### 思考与练习

1．在网络营销与运营中会用到哪些大数据？如何获取这些大数据？
2．在网络营销与运营中，大数据有哪些应用场景？
3．企业如果要开展大数据营销，可能面临哪些挑战？如何应对这些挑战？
4．企业在收集和利用大数据时该如何保护用户隐私？

5．在网络营销与运营中，人工智能有哪些应用场景？

6．利用AI创作的内容，知识产权归属于谁？是否会侵犯他人知识产权？

7．你如何理解大数据营销与人工智能营销之间的关系？

8．企业如果要开展人工智能营销，可能面临哪些挑战？如何应对这些挑战？

9．你如何理解场景营销？

10．场景营销需要借助哪些设备和技术？

11．场景营销有哪些实施条件？如何实施？

## 技能实训

1．通过天猫、京东等电子商务平台了解某个品牌（或产品）的主要竞争对手。

2．使用百度指数、新浪微博指数、巨量算数等了解某个品牌（或产品）及其主要竞争对手的热度指数和人群画像。

3．登录阿里妈妈创意中心，以淘宝或天猫上某商品的详情页为处理对象，体验阿里妈妈的"智能文案""一键制图""智能视频"等功能。

4．登录"热狗AI"微信小程序或"Giiso智能写作机器人"官网，输入某产品的基本信息，分别生成一段小红书风格和公众号风格的营销文案和带货文案。

# 第二篇　方法篇

# 第三章　引爆型网络营销方法

**学习目标**

◇ 通过本章的学习，掌握事件营销、跨界营销的概念、模式、操作步骤及技巧等，理解两种方法的适用场景和优缺点。

**引导案例**

### 洽洽的世界杯营销

世界杯不仅让球迷废寝忘食，更是让一些品牌实现了营销突围。洽洽食品股份有限公司（以下简称"洽洽"）在2014年和2018年世界杯期间，以微博为主战场，以世界杯为主题，通过多场富有创意的营销活动，成功杀出重围，成为当时的营销黑马。

**2014年世界杯，三大活动实现"帽子戏法"**

瓜子，本身就具有非常强烈的八卦性质，并且与看球、聊天这样的娱乐休闲活动情境非常契合。作为瓜子界的经典老品牌，2014年，洽洽利用瓜子这一大众喜爱的食品与世界杯建立了密切关系。

2014年世界杯前夕，洽洽成为巴西队中国特色食品特许被授权商，随后全面开启了"产品兑奖竞猜游戏""靠巴西赢大洽洽""洽洽扒西队"三大世界杯主题活动。

**活动一：产品兑奖竞猜游戏**

2014年4月，洽洽联合微信发起了"狂欢巴西"猜胜负/猜冠军赢4999元现金的"产品兑奖竞猜游戏"活动，创新性地将产品变成赌球筹码。在这样一个活动中，消费者购买洽洽世界杯促销装产品，会在包装袋里得到一张世界杯狂欢卡，输入卡上的13位串码就可以兑换瓜子币和其他奖品，而瓜子币可以拿来下注赌球和参与产品兑奖竞猜。

**活动二：靠巴西赢大洽洽**

"靠巴西赢大洽洽"活动则是巴西队每赢一场比赛，洽洽就送出2米高超级"大瓜子"，每袋"大瓜子"中装有88袋洽洽香瓜子、巴西队球衣及世界杯正版足球。活动前期，洽洽发布网感十足的搞笑海报和视频对活动进行宣传造势，然后在微博上发起比赛预测，号召网友猜比分赢"大瓜子"。与此同时，线下促销活动中专门设计了巨型世界杯"大瓜子"，并放在各大商场展示。活动中，中奖网友在网上晒出巨型"战利品"，为品牌贡献了二次曝光。

**活动三：洽洽扒西队**

调查数据显示，世界杯球迷中54%是伪球迷，女性球迷数量超过球迷总数的一半，占到

55%。而且比起足球比赛，女性球迷对帅哥、场外花边及与世界杯相关的奇闻趣事要感兴趣得多。这些兴趣点可以被统称为"世界杯八卦"。说到八卦，恐怕没有哪个品牌像洽洽一样，与八卦有着天然不可分的密切关系。

洽洽推出的"洽洽扒西队"活动正是以世界杯八卦为切入点，以洽洽官方微博为主要发布平台，32天比赛每天发布一张漫画海报（见图3-1），连续深挖世界杯趣闻。这些海报采用了巴西队球服的黄绿两色，让3名萌版巴西队球员化身洽洽解说员，每天与粉丝进行互动，调侃当天的世界杯八卦。

图3-1 "洽洽扒西队"漫画海报

**2018年世界杯，新三大活动再创辉煌**

**活动一：世界杯战报&有奖竞猜**

2018年世界杯，洽洽瓜子的一系列红蓝圆珠笔风格的世界杯系列海报格外惊艳，如图3-2所示。"战报"形式的质感海报和"瓜子拼图"有奖竞猜板块，吸引了一众球迷朋友的关注。

通过这种巧思新奇的玩法，微博话题"场场好球嗨一夏 洽洽好吃停不下""猜猜世界杯 洽洽来助威""场场好球洽洽好吃"的阅读量总计高达1.2亿次。

**活动二：创意瓜子晒图**

洽洽推出"瓜子拼图"竞猜活动后，粉丝们纷纷效仿，有的粉丝用瓜子拼出偶像画像，还有粉丝用独创的瓜子书法为世界杯助威。这波创意瓜子晒图热潮刚出现苗头，洽洽官方微博就快速抓住时机，在微博上发起一轮创意瓜子晒图活动，引发众多网友晒图参与。

图3-2 洽洽的世界杯战报

**活动三：给瓜子穿上球衣**

2018年世界杯期间，洽洽最成功的营销创意是：给山核桃、咖啡、焦糖等6种口味的瓜子分别穿上6支热门球队的球衣（见图3-3），助力球迷为偶像呐喊助威，将球迷变身为"吃瓜子群众"。

图3-3 六种球衣瓜子包装

给瓜子穿上球衣后，在世界杯主办城市莫斯科的街头，随处可见拿着洽洽限量球衣版瓜子呐喊助威、拍照留影的狂热球迷。在球场外，人手一袋洽洽瓜子成了球迷的新标配，球场内也处处弥漫着洽洽瓜子的味道。最受欢迎的山核桃瓜子，甚至成为表白球星的必选神器。来自现场的球迷们纷纷在微博上晒图并感叹"洽洽瓜子救了我的中国胃""吃洽洽才能静静"。粉丝的疯狂晒图为洽洽产出了海量 UGC（用户生成内容），实现了多渠道、不同用户、多层次的内容转化。

资料来源：新浪网、搜狐网.

思考：洽洽主要运用了哪些网络营销方法？

在众多网络营销方法中，事件营销和跨界营销能够在短时间内让品牌或产品成为消费者谈论的话题，从而达到快速引爆的营销效果，对于提升品牌或产品的曝光度和知名度有较强的推动作用。本章将对这两种网络营销方法进行介绍。

# 第一节　事件营销

事件营销是近年来国内外十分流行的一种公关传播与市场推广手段，它集新闻效应、广告效应、公共关系、形象传播、客户关系于一体，是一种快速提升品牌或产品的知名度与美誉度的营销手段。

## 一、事件营销的概念

1915年，在国际巴拿马博览会上，各国送展的产品可谓琳琅满目、美不胜收。可是中国送展的茅台酒，却被挤在一个角落，久久无人问津。中国工作人员心里很不服气。他眉头一皱，计上心来，便提着一瓶茅台酒，走到展览大厅最热闹的地方，故作不慎把这瓶茅台酒摔在地上。酒瓶落地，浓香四溢，招来不少看客。人们被茅台酒的奇香吸引住了……从此，那些只饮什么"香槟""白兰地"的外国人，才知道中国茅台酒的魅力。这一摔，茅台酒出了名，被评为世界名酒之一，并得了奖。

以上是中国最早的事件营销案例。70年后，海尔集团首席执行官张瑞敏下令将76台有缺陷的冰箱全部砸毁，而当时一台冰箱的价格相当于一名职工两年的工资。海尔损失惨重，但这件事却强有力地传递出了海尔的品牌价值观，给人们留下了"重质量、诚信经营"的深刻印象。2011年，小米创始人雷军效仿前人的做法，在接受记者采访时故意把小米手机摔在地上，完好无损的手机让人们见识了小米的品质。

所谓事件营销，是指企业通过策划、组织和利用具有新闻价值、社会影响及名人效应的人物或事件，吸引媒体、社会团体和消费者的兴趣与关注，以求提高企业或产品的知名度、美誉度，树立良好的品牌形象，并最终促成产品或服务的销售手段和方式。事件营销有时候又被称作新闻营销，从这个角度来说，事件营销就是通过把握新闻的规律，利用或制造具有新闻价值的事件，并通过媒体投放和传播操作，让这一新闻事件得以传播甚至成为"热点"，从而达到营销的目的。

事件营销具有影响面广、见效快、投入少、产出大等特点，能够在短时间内使信息达到最大、最优的传播效果，是一种快速提升品牌知名度和美誉度的营销手段。近年来，随着互联网的飞速发展，事件营销迎来了新的契机。通过网络，一个事件或话题能够更迅速、更广泛地传播和引起关注，事件营销也因此被越来越多地应用于公关传播与市场推广。

## 二、事件的类型

开展事件营销的关键是选择或策划具有新闻价值的事件。那么什么样的事件具有新闻价值、能够成为热门话题呢？常见的话题性事件包括以下几种类型。

1. 名人事件

无论是影视明星还是体坛健将或知名企业家，只要具有一定的知名度，就具有新闻价值，就容易引起用户的关注和传播。因此，很多企业都喜欢借助名人效应来开展事件营销，常用手段包括借名人轶事发表观点、请名人代言或邀请名人参加活动等。名人效应不仅可以迎合大多数人的心理，提高产品的附加值，还可以培养用户对产品的感情和忠诚度，如广为人知的刘强东和奶茶妹妹的爱情故事就为京东带去了大量的流量和销量。

2. 体育事件

公众如果对体育竞赛或运动员感兴趣，通常也会关注参与其中的企业品牌。同时，公众对于自己支持的体育队或运动员很容易表现出比较一致的情感。企业一旦抓住这种情感，并且参与其中，就很容易争取到这部分公众的支持。因此，体育事件是企业开展营销活动的一个很重要的切入点。企业可以通过赞助或冠名、联合运动员举办公益活动、利用比赛结果的未知性举办竞猜活动等各种手段制造新闻事件。

比如，2008年北京奥运会期间，很多华人反映在海外很难买到中国国旗。在海外较有影响力的中文论坛——天涯社区了解到这一情况后，发起"捐赠国旗、助威奥运"的活动。圆通速递得知这个消息后立即表示：支持爱国行动，愿意无偿把全部国旗快递到韩国、日本、澳大利亚、马来西亚等地。再如，2018年世界杯期间，华帝策划了"法国队夺冠就退款"事件，制造了一个极具争议性的热点话题，在极大范围内吸引了球迷和普通用户的关注，让华帝从众多赞助商中脱颖而出。

3. 公益事件

随着社会的进步，人们对公益事件越来越关注，因此，企业可以通过对公益活动的支持引起人们的广泛注意，树立良好的企业形象，增强消费者对企业品牌的认知度和美誉度。

比如，2008年汶川地震后，王老吉（现已改名为"加多宝"）"捐款一个亿"成为当时的热门话题，为王老吉带来了良好的社会形象。再如，2021年1月，河南发生特大暴雨，鸿星尔克捐款5000万元，被央视点名表扬。此后，消费者通过网络直播间和实体店疯狂抢购鸿星尔克的产品，导致鸿星尔克多款产品卖断货。

4. 热点事件

在事件营销中，热点事件一直是重要的借力对象。热点事件是消费者广泛关注的事件，通常具有受众面广、突发性强、传播速度快等特点，合理利用热点事件可以为企业节约大量的宣传成本，同时带来爆炸性的营销效果。

比如，在中国载人飞船成功返航的同时，印有"中国航天员专用牛奶"标志的蒙牛牛奶就即刻出现在全国的各大卖场中，配合着身穿宇航服的人物模型和其他各种醒目的航天宣传标志,"航天员专用牛奶"引起了众多消费者的关注。

5. 突发事件

突发事件就是突然发生、具有广泛社会影响力的事件,包括政治事件、自然事件、社会事件等。突发事件通常很容易成为热门话题,但持续时间可能较短,因此需要企业具备快速反应的能力,否则可能错失良机。

比如,在 2003 年 SARS 早期,威露士就成立专门应急小组,其投放的"防止病从手入,请用威露士洗手液"系列广告与广州各大媒体的疫情报道同步出街。而在连续增加自身曝光率之后,威露士率先在广州、深圳无偿捐赠 6 万瓶洗手液,一举奠定了其在消毒市场的霸主地位,更在公众心中留下了良好的形象。再如,2021 年 3 月,"H&M 抵制新疆棉花"事件爆发后,安踏马上官方宣布退出 BCI(Better Cotlon Initiative,良好棉花发展协会),并承诺全力支持新疆棉,在第一时间抢占了新闻头条。

6. 危机事件

当企业面临危机事件时,如果能够进行有效的危机公关,那么就有可能转"危"为"机",非但不会让这些危机事件危害企业,反而可能带来意想不到的广告效果。

比如,2013 年,加多宝在与广药集团的商标争夺战中输掉了官司,法院判决加多宝停止使用"王老吉"而改名"加多宝"。不久后,加多宝官方微博开始"泪流满面",连发三条哭诉微博,以"对不起"表明自己的立场,如图 3-4 所示。这三幅"对不起"图片,调侃对手,正话反说,表面上是道歉、自嘲,实际上是喊冤、抗议,这种向公众示弱、向对手示强,笑着自揭伤疤示人的风度,立刻博得了大众的同情。"对不起"系列图片获得了超过四万次的转发量,而王老吉在这次事件中则是哑巴吃黄连——有苦说不出,被加多宝打得一败涂地。

当竞争对手遭遇危机事件时,如果能够抓住机会因势利导,借事件之热度宣传自身的优势和卖点,那么就有可能收到事半功倍的效果。

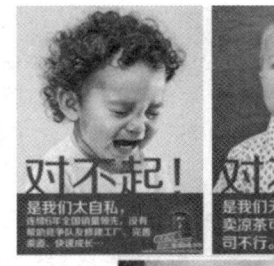

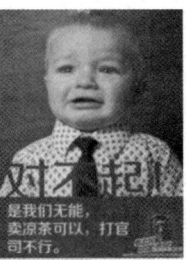

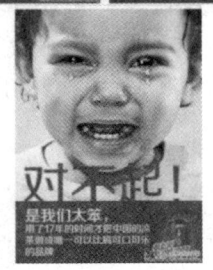

图 3-4 加多宝"对不起"系列微博

比如,2015 年 6 月,Uber"黑专车"事件爆发后,神州专车策划了一起"BeatU,我怕黑专车"公益活动,邀请了一些明星代言,从消费者痛点切入,以消费者的口吻向"黑车"说不,引起了大量消费者的情感共鸣,并为神州专车带来了大量的用户和订单。

7. 活动事件

与其他类型的事件相比,通过策划和组织各种活动来制造"新闻热点"是较为容易实现的。常见的活动包括新闻及新品发布会、新颖有趣的营销活动、领导视察活动、慈善活动等。

比如,小米每次召开新品发布会都会吸引媒体和"米粉"们的关注,而其每年都会在全国各地举办上百场营销活动,这些活动也在不同程度上成为当时的热门话题。

### 三、事件营销的模式

事件营销的关键在于合理利用具有新闻价值的事件，包括借势和造势两种模式。

1. 借势营销——没事"找"事

借势营销就是将品牌与社会热点事件进行关联，从而引导公众将关注点从热门事件转向企业品牌的营销策略。借势营销通过选择已经发生或即将发生的社会热点、新闻事件等人们关注的焦点顺势搭车，以此来传播品牌、推广产品。俗称的"蹭热点"就是一种借势营销。借势营销可以让企业花费最少的人力、物力成本，将产品或品牌推进目标用户的视野，甚至引起裂变式的"病毒"传播效应。

2020年11月，一位摄影师为康巴少年丁真拍了一段不足10秒的笑脸视频，让丁真意外走红网络，一跃成为现象级"网红"。四川理塘文旅火速签下丁真，让其担任理塘县旅游形象大使，并开通"理塘丁真"微博，拍摄宣传片《丁真的世界》。不仅如此，以西藏为代表的全国各地都来抢丁真，邀请他过去玩。"丁真现象"被列入2020年十大旅游热门事件。

（1）"势"的类型。

在借势营销中，"势"可以被分为两类：一类是可预期的，另一类是不可预期的。

① 可预期的势。节假日活动、重大体育赛事、热门电影上映、热门剧播放等能提前预知的事件带来的势属于可预期势。这种势很多，同时参与营销的对手也多，因此，营销策划人员应该预留一个较为充足的策划周期，提前准备素材，以便更好地开展营销策划。尤其是在"势"到来之前，要提前几天进行营销预热，以吸引更多用户的关注。

② 不可预期的势。娱乐新闻、实时热点、爆红事物等具有突发性特点的事件属于不可预期的势。这种势的起势非常快，大众参与度也很高，但时效较短，非常考验营销策划人员的临时应变能力和策划能力。营销策划人员要在事件发生的第一时间快速反应，否则，一旦热度下降，效果就会大打折扣。

当然，如果企业能把握热门事件的特征和规律，前瞻性地预见事情的舆论走向，在事情刚发生时就做好准备，那么在事件爆发后就可以抢占先机，成为第一个借势的企业。

（2）借势营销的操作要点。

借势进行事件营销策划时，需要注意两点：一是把握借势时机，二是找准借势点。

① 把握借势时机。借势营销的关键在于发现和挖掘与产品或品牌相关联的事件，并对时机进行精准把握。机会可能稍纵即逝，对势的把握是否及时将直接影响最终的势能。

比如"双十一"电商大战时，标有苏宁Logo的车队在京东大楼下转悠，一时成为热门话题。而放到平时，这个事件必然没有这样的引人关注。再如，《舌尖上的中国》（第三季）（以下简称《舌尖3》）上映时，西贝发起了一个投票活动：《舌尖3》里，你觉得哪一道菜适合西贝？投票结果是"水盆羊肉"。于是，西贝研发了这道菜，并且在全国11个城市推出了"水盆羊肉"品鉴会。

② 找准借势点。借势开展营销需要找准营销内容与借势事件的关联点，以此切入产品或品牌，实现关联营销。具体来说，就是要将事件的核心点、产品或品牌诉求点、用户关注点三者结合起来，让借助的"势"与产品或品牌所倡导的价值导向或文化相融合，并得到用户的认可，以此激发用户的自主传播行为，为营销信息的广泛传播提供基础。

在借势的过程中，营销策划人员可以通过能引起用户共鸣的内容来进行深层次的关联，让用户认同企业的营销内容，突破用户的心理防线，使其自发、自愿地传播营销信息，从而提高企业品牌的知名度。

在借势点的挖掘和解读方面，"另一个地球"的发现为我们贡献了经典案例。

2015年7月24日凌晨，NASA（美国国家航空航天局）宣布发现了"另一个地球"。这个星球名叫"开普勒-452b"，位于天鹅座，与地球相似指数达0.98，被称为地球的"孪生星球"。这个新闻一出，各大公司纷纷推出借势文案。

**天猫**：把两个星球巧妙地P成了天猫的眼睛部分，创意绝妙，并指出"卖家与买家之间的距离只相差一个'包邮'"，如图3-5所示。

**美团**：着眼于这次事件中的最大功臣——Kepler望远镜，表明"美团要做和Kepler一样牛的团购"，如图3-6所示。

图3-5　天猫借势"另一个地球"　　　　图3-6　美团借势"另一个地球"

**微信**：延续以往的情怀路线，用一句深奥的手写话语，引发文艺青年的思考，如图3-7所示。

**《港囧》**：采用自黑的方式将开普勒-452b与徐峥的光头进行了比对，如图3-8所示。

图3-7　微信借势"另一个地球"　　　　图3-8　《港囧》借势"另一个地球"

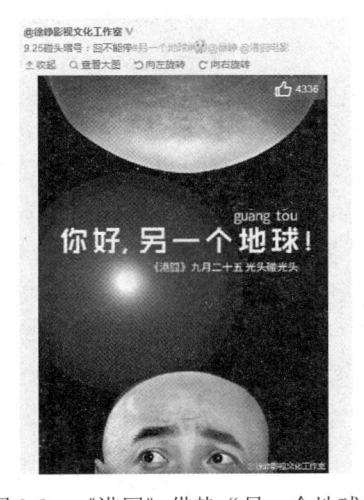

**支付宝**：将开普勒-452b放在"附近"的位置，暗示了支付宝的战略转型：社交+场景

支付，也强调了"附近"对支付宝以后发展的重要性，如图3-9所示。

百度：与其他公司相比，素以"重技术"著称的百度，创意就没那么明显了，不过还是很自然地将百度与开普勒-452b结合起来了，如图3-10所示。

图3-9　支付宝借势"另一个地球"　　　　图3-10　百度借势"另一个地球"

2. 造势营销——没事"造"事

如果没有合适的"势"可借，营销策划人员也可以主动策划并制造新闻事件，以吸引媒体注意，并通过媒体传播达到预期的宣传目的。这种方法被称作"造势营销"。

蒙牛在1999年刚成立时，面对伊利这个强大的竞争对手，在资金和市场上都非常艰难。为了打响品牌，蒙牛煞费苦心地在一条街上投放了48块广告牌，但仅仅是一条街的广告牌明显难以起到很好的营销效果。就在此时，一个意外事件竟让这条街的广告牌和蒙牛成为人们热议的话题。原来，蒙牛投放的广告牌突然在一夜之间全被砸了，这一"奇案"马上就引发了大众的好奇和关注，一时间"受害者"品牌蒙牛也因此成为舆论关注的焦点，人们纷纷猜测广告牌被砸的原因：蒙牛这个初出茅庐的品牌究竟得罪了谁？面对这些议论，蒙牛也并没有去追究到底是谁砸了广告牌，而是又在呼和浩特市的400多块广告牌上全部投放了广告，广告词为：向伊利学习，为民族工业争气，争取成为内蒙古乳业第二品牌。这样的广告语一度让大众摸不着头脑，于是猜测和议论又起，蒙牛再一次成为舆论的中心，并且很多人将这句广告语和之前广告牌被砸事件联系起来，对蒙牛产生了极大的兴趣、同情和好感。而随着两次事件的增温，蒙牛也在短短几个月内迅速在全国范围内打响了名气。

蒙牛的事件营销借助人们对新闻时事的兴趣和好奇心理，不断放大和制造悬疑，吸引人们的注意，使蒙牛品牌成为大众关注的焦点，以极低的成本获得了巨大的成功。

（1）造势营销的原则。

造势进行事件营销策划时，需要遵循三个原则：一是创新性原则，二是公共性原则，三是接近性原则。

① 创新性原则。创新性是指企业策划的事件或设置的话题必须有亮点，最好是做别人没有做过的，说别人没有说过的，只有这样才能获得公众的关注。正所谓狗咬人不是新闻，

人咬狗或人狗互咬才是新闻。大多数人都有猎奇心理，新奇、反常、有趣的事件更容易引起用户关注。比如，黄太吉煎饼让帅哥服务员开宝马给用户送外卖，引发了网友疯传。

2018年"双十一"前，京东官方微博宣称要花100万元寻找名叫"王元"的人做代言人。该活动规则非常简单，只要真实姓名叫"王元"即可报名参选，报名成功后即可平分100万元人民币；不叫"王元"的人也可通过发布找"王元"的微博赢得京东11.11元优惠券。除了微博官宣，京东还在各大城市的地铁站投放巨幅广告，引得不少人围观甚至参与。最后，京东一共找到了1008个名叫王元的人，另有95万个转发微博的京东用户领取了11.11元的优惠券，而网友们纷纷表示："现在改名还来得及吗？"

② 公共性原则。公共性是指企业不要自说自话，设置的话题必须是公众关注的，否则得不到公众的参与，事件营销也就失去了意义。常见的具备公共性的话题包括：节假日活动、特殊天气、大型赛事、娱乐活动、民生热点、新科技、新发现、名人轶事等。

③ 贴近性原则。人们往往会对远离自己生活的事件淡然处之，即便事件本身具有很高的新闻价值，但因为和自己的实际生活关系不大，也有可能不会关注或很快就淡忘了，如伊拉克战争、外国的自然灾害等。但如果事件就发生在我们身边，或我们身临其境、亲身参与时，则会难以忘却，甚至刻骨铭心。因此，越是与受众接近或相关的事件，新闻价值越大。这种贴近可以是利益相关，也可以是地理相关或心理相关。

（2）造势营销的策略。

企业主动造"势"开展营销时，除了策划并制造前面介绍的各种事件，还可以考虑以下几种策略。

① 造名人。借名人的"势"来开展营销活动是很多企业惯常的做法，但名人的"势"却不好借。一来收费高、条件多，二来名人与企业的连接度不够高，未必能为企业带来高质量的流量，而且借来的东西毕竟不是自己的。因此，在条件许可的情况下，企业可考虑打造出属于自己的名人。比如，很多企业将创始人或老总打造成名人，然后通过创始人或老总来发挥名人效应。这类企业有很多，如格力的董明珠、小米的雷军等。除了创始人或老总，也可以从普通员工中挖掘潜力"明星"。

② 造概念。在互联网时代，各种新名词、新说法不断丰富着人们的语言环境，刷新着人们的认知。企业为自己的产品或服务创造"新概念""新理念"成为一种潮流。比如，多年前脑白金公司将人脑分泌的褪黑素（又称松果体素）包装成了全新的概念"脑白金"，让消费者觉得神秘又珍贵；后来在推广过程中，又强调和打造了"送礼送健康"等送礼新概念。再如，农夫山泉宣布停止生产纯净水，只出品天然水，大玩"水营养"概念，从而引发了一场天然水与纯净水在全国范围之内的"口水战"，招致同行们的同仇敌忾，但农夫山泉却借此树立了自己倡导健康的专业品牌形象。

③ 造争议。有争议的事物总是能够引起大众的关注和讨论。一般情况下，争议越大，传播越广，讨论越热烈。因此，在不违背道德伦理和公众利益的前提下，可以通过制造一些具有争议的事件或物品来引起媒体及大众的关注。比如，因"老板喝涂料"而一炮走红的富亚涂料，最早就是因为要拿小动物做实验而备受争议，从而被媒体和公众关注到的；卖痔疮膏的马应龙推出唇膏口红，一时之间网上热议不断；恒源祥推出简单重复12遍的电视广告、招聘员工时要求是左撇子等，虽遭到大量网民炮轰，却让自己的品牌知名度空前高涨。

④ 造价格。价格是人们普遍关注的一个问题，尤其是偏离正常价格的东西，总是能够吸引人们关注。因此，在理由充分、时机成熟的情况下，可通过"天价"或"超低价"的商品来制造新闻事件。比如，2021年"新疆棉"事件后，李宁的某款运动鞋被炒出万元的价格，一时成为热门话题。

### 四、事件营销的操作步骤

成功的事件营销需要经过精密的策划和严格的执行，不能盲目地进行。一般情况下，可按照以下几个步骤实施。

（1）选择或策划事件。

选择或策划具有传播价值的事件是事件营销的第一步，也是最核心的工作。无论是被动选择事件，还是主动制造事件，都要求事件具有新奇、独特、有趣等特点，而且切入事件的角度或事件传递的内容要与自身的品牌、产品或服务相关。

（2）选择平台。

选择传播平台是事件营销的第二步。微博、微信、今日头条等都可以作为事件营销的发布平台，选择的关键是目标人群是否会聚集在该平台。需要注意的是，这个目标人群不一定是企业的直接用户群，也可以是愿意关注这起事件，且通过传播可以影响到企业目标用户的人群。一般情况下，企业可以在多个媒体平台上发布信息，以此增加事件的影响力和覆盖范围。

（3）预热。

事件信息发布后，在大范围传播之前可先在小范围内进行预热，如在自己的官方媒体上发布，或以普通用户的身份发布到社交媒体上，或与种子用户和核心粉丝分享、沟通，通过他们将信息传播出去。预热的目的在于测试用户的反应及营销的效果，如果事件发布后的结果不在企业预料之内，那么还可以及时做出调整甚至终止此次活动。

（4）传播。

事件营销不是孤立存在的，通常需要论坛、微博、软文、新闻等营销手段的辅助和配合。具体操作时，需要通过各种手段吸引知名人士、主流媒体或平台的关注，让信息在更大范围内传播，让更多人知道。

（5）效果评估。

将事件信息发布和传播出去后，还要对事件营销的实施效果进行评估。事件营销效果的评估主要分为两个阶段：第一阶段是从事件的熟知率、认知渠道和对具体内容的评价等方面对事件的短期影响进行评估；第二阶段是通过用户对品牌的认知、情感和意愿等方面对事件的长期影响进行评估。

### 五、事件营销的操作要点

（1）不能盲目跟风。

事件营销的核心在于创新，只有让公众耳目一新的营销事件才会获得较好的效果。拾人牙慧、步人后尘的做法可能不会引起人们的关注。比如，蒙牛赞助神五飞天、超级女声等，让蒙牛的名声大振，终端销量得到大幅度提升。看到蒙牛大赚的效果后，很多企业跟风而进，如科龙赞助神六飞天、青岛啤酒赞助央视《梦想中国》节目等，但与蒙牛相比，市场效果却大打折扣。由此可见，网络事件营销的创意策划，需要结合企业优势资源，提出适合企业品牌形象的创新性"点子"才可能获得公众的广泛关注。

（2）事件与品牌关联。

事件营销无论怎么策划，一定要与品牌有关联，最后一定要能起到品牌宣传的作用。"事件关联"中事件内容与产品的关联要自然，不能强行关联，不然很容易让用户产生反感情绪。比如，北京某互联网餐饮公司策划了一场斯巴达勇士活动，寻找了几百位身材健美的外国男模，穿着电影《斯巴达300勇士》的装束送沙拉，衣着裸露，引发路人骚动，更是引得北京警方出动疏散人群并逮捕相关人员。但事后围观群众却连策划这起事件的公司名称都没注意，更谈不上记住了。

（3）重视传播。

企业进行事件营销的最终目的是要推销企业产品，提升企业品牌知名度，因此，在事件营销过程中，企业应充分利用网络的特性和优势，利用各种媒体和渠道向社会公众进行立体化信息传播，如调动资源或者花钱请段子手、KOL进行转发，以此引导大众关注和讨论。

（4）控制好风险，把握好尺度。

事件营销本身是一把"双刃剑"，虽然可以用短、平、快的方式为企业带来巨大的关注度，但也可能起到反作用，如企业或产品的知名度扩大了，但收获的却不是赞誉而是负面的评价。因此，我们在利用或策划一个新闻事件时，要仔细斟酌、反复研究，从网民的角度去审视事件内容，确保该事件新闻发布后能为品牌带来正面影响，而不是负面评价。

首先，事件营销中的"事"必须是真实存在的，企业不能为了出名而捏造事件、伪造新闻。比如，曾经有媒体报道，有"苹果之乡"美誉的某县，因经济不景气、苹果销路不畅，农民用市价六七元一斤的苹果喂猪。这条新闻发布后，在社会上引起了极大的反响。但后来经有关方面查实，这个消息是假的，是该县为了促销而伪造的。结果此次事件不但没有达到宣传的效果，反而带来了不良影响。

此外，"博人眼球"需要把握尺度，违禁内容或敏感话题不能轻易触碰，低俗、违背道德伦理或损害公众利益的内容也不能尝试。比如，政治、安全、伦理、自然灾害等方面的热点事件，因为与法制和道德相关，不宜用作事件营销。

（5）引发二次传播。

事件营销具有时效性，一般情况下作用时间较短，但如果在事件快要平息的时候制造"二次事件""子事件"或使事件发生"反转"，那么就有可能引发新一轮的讨论热潮或形成新的话题。这样通过反复多次"炒作"，借助同一事件引发的多个话题或连续相关的多个事件，企业将能够延长事件营销的作用时间、扩大其影响范围。在这一点上，事件营销与小说一样，需要层层推进、一波三折地展现故事剧情。

比如，很多企业都热衷于通过公益事件制造新闻，但如果一次报道之后就没了下文，未免可惜。这时如果能"再接再厉"，围绕该事件策划新的事件或新闻，通过连续报道形成"新闻轰炸"，将会进一步扩大事件的营销效果。比如，企业捐钱捐物之后，继续报道这些钱或物资在何时、以何种方式被送到灾民手中，灾民收到后是什么反应，网民对此如何评价等。在这方面，王老吉（现已改名"加多宝"）就做得很好。在为汶川地震捐款1个亿后，王老吉迅速走红。为了巩固并延续这波热度，王老吉在"捐款一个亿"这个大事件下，又制造了"封杀王老吉"这个小话题，采用正话反说的方式，鼓动大家去买光超市里的王老吉产品。如此操作不仅强化了王老吉积极正面的形象，而且直接拉动了销售。

## 六、事件营销成功的标准

（1）初级境界，变亮点为焦点。

事件营销的本质是通过某个事件将企业在品牌或产品方面的亮点传播出去。要实现这一目标，首先就要将这件事变成新闻热点，使其成为阶段性的新闻事件，借此将企业的亮点变成万众瞩目的焦点。比如，本节开头提到的"砸茅台"的例子，正是通过"砸"这一行为将茅台"香"这一亮点变成了众人关注的焦点。

（2）中级境界，变焦点为卖点。

任何事件营销都有其商业目的，都带有销售任务。如果只是成为新闻焦点而没有为企业贡献销量，那么算不得是成功的事件营销。成功的事件营销应该能够将新闻焦点变成企业的卖点，即成为消费者购买的理由。比如，在"砸茅台"的例子中，"香"让茅台成为焦点，获得了大奖，一举打响了中国茅台的知名度，后面拿到订单也是顺理成章的事了。

因此，只要操作得当，把产品卖点和新闻焦点巧妙地结合，那么事件营销是能够有效促进销售的，而且比一般的广告推广更含蓄、更深入。当然，如果可以把广告推广和事件营销整合在一起，相互推动，效果将会更好。

（3）高级境界，变卖点为记忆点。

一般情况下，事件营销的作用时间较短。如果想要获得长久的效果，就需要将事件的热点变成消费的记忆点。在"砸茅台"的例子中，相信在场的很多人都对茅台酒的"香"留下了深刻的印象，而通过口口相传以及媒体的报道，没到场的普通人应该也记住了中国茅台"香"这一特点。

在实践中，通过某些新闻事件，在提升销量的同时，让媒体和公众对企业和产品产生良好的印象，从而提高企业或产品的知名度、美誉度，树立良好的品牌形象，以此获得消费者的长期认可，这才是事件营销的最高境界。前文提到的海尔"砸冰箱"的案例就达到了这一境界，让人们对海尔"重品质"的企业价值观产生了深刻印象。

总而言之，企业要想做好事件营销，需要把自己当成媒体，想方设法从企业中挖掘和制造新闻事件，并且将其当成一件长期和系统的工程来进行，这样才能获得丰厚的回报。

## 七、事件营销经典案例

**巨型 UFO 和机器人惊现帝都上空！看天猫如何玩转教科书式事件营销**

2018年1月12日晚7点左右，北京城郊八达岭长城上空，出现巨型 UFO 和机器人，如图 3-11 所示。这些 UFO 和机器人采用 3D 全息投影技术，总高度达到 4 米以上，效果逼真，现场令人震撼。几乎同一时间，北京市中心的工人体育馆上空，同样出现了巨型 UFO 和机器人。八达岭长城和工人体育馆附近的目击者，纷纷拍照和录制视频，上传至网络后引起轩然大波。微博端话题"疑似机器人事件"2小时内上热搜，3小时内冲上新浪微博热门话题互联网总榜第一名。1月13日，事件开始进行广泛的发酵和扩散，不少媒体纷纷进行报道，事件视频的总观看量突破1000万次，微博话题阅读量突破3000万次，并持续维持在新浪微博热门话题互联网总榜前列。

正当人们认为这场新闻不过是个有趣的闹剧时，1月14日清晨，天刚刚亮，一个占地面积260平方米的巨型UFO建筑突然出现在北京的另一个地标——世贸天阶。UFO内陈列了包括扫地机器人、擦窗机器人、烹饪机器人、空气净化机器人、管家机器人、教育机器人、通讯机器人等十余种各色各样的机器人。UFO内外各种天猫的元素及UFO上刻制的名称——天猫未来科技号，将这两天的悬念和疑问揭开。天猫首个全机器人无人商店落户北京世贸天阶，"天猫机器人节"正式揭开序幕。

图3-11 "天猫机器人节"事件营销

天猫全机器人无人商店内没有一个人类导购员。由天猫精灵和科沃斯服务机器人担任导购员和讲解员，用机器人卖机器人。得益于前两天线上UFO事件所积聚的新闻势能，1月14日当天，超过10个国家的22 000人到访北京世贸天阶天猫全机器人无人商店，进行深度的产品互动和体验。其中大量消费者通过扫描二维码登录"天猫机器人节"活动官方页面，将机器人产品加入购物车。包括网易、搜狐、新浪、凤凰等在内的30余家新闻媒体来到活动现场进行报道。

为将热度提升到新的高度，天猫还在现场策划了"程序员带领12个机器人向女友进行求婚"的子事件，引发大量围观和热议，并成为当天今日头条的热门新闻，"天猫机器人节"得到极佳的软性植入。

与此同时，天猫与20余个机器人品牌组成的"蓝V矩阵"，搭配各大KOL，采用双话题互动策略，将话题热度推上顶峰。事件话题"疑似机器人事件"阅读量突破5000万次，稳居新浪微博热门话题互联网总榜第一名，成为当时全网最热的话题之一。而活动话题"天猫机器人节"阅读量也突破5000万次。仅仅48小时，双话题总阅读量即突破1亿次。此外，1月16日，微信账号"涨姿势"发布活动悬念软文，7小时内阅读量即突破10万次，成为当期热文。

点评：

1. 极致的话题选择 & 极致的地标借势

UFO和机器人都是极具争议的话题，而将UFO和机器人与北京乃至全球的超级地标——长城、工人体育馆进行嫁接时，四者合力所产生的化学反应，让话题短期内达到了爆炸性的效果。天猫的项目策划者对话题的极致选择、对地标的极致借势，以及对不同元素的组合嫁接，非常值得借鉴。

2. 线上事件 & 线下活动无缝衔接

先在全球知名地标上制造话题事件，再将势能引至线下活动，接着在现场活动中策划子事件（程序员携机器人求婚），最后通过各类媒体将线下活动的热度放大，发酵至全网。"天猫机器人节"从铺垫、悬念产生、发酵、阶段高潮、二次传播、解密，到最终销售爆发的一整套教科书式的打法，堪称2018年开年最佳事件营销案例。这套线上—线下—线上的打法，值得一帧一帧拆开来学习。"天猫机器人节"的项目负责人华波也认为，这套从线上到线下再到线上的闭环逻辑，是这次项目成功的关键。

## 第二节 跨界营销

美国营销专家菲利普·科特勒在一次演讲时说:"未来品牌只有三种生存方式:统领主流市场的独立品牌、另类派别的小品牌、两个非竞争关系的独立品牌组成的混合品牌。"品牌混搭标志着一元文化向多元文化的演变,跨界合作也由此产生。

### 一、跨界营销的内涵

跨界合作,指的是两个不同领域的合作,在更多的时候代表了一种新锐的生活态度和审美方式。跨界营销一般会根据不同行业、不同产品、不同偏好的消费者之间所拥有的共性和联系,把一些原本毫不相干的元素进行融合、渗透,目的是赢得目标消费者的好感,使跨界合作的品牌能够实现双赢。

### 二、跨界营销的优势

在经济形势严峻的环境下,品牌间的市场争夺进一步加剧,行业之间不再是铜墙铁壁,而是通过抱团取暖的方式,互相借势,跨界合作,以此来降低成本,放大品牌的营销效果。具体来说,跨界营销可以帮助企业实现以下几点。

(1)借用其他品牌元素,改变品牌形象。通过跨界营销,品牌之间可以互相借用对方累积的品牌资源,为自己的品牌调性带来新的元素,发挥不同类别品牌的协同效应。比如,老品牌找年轻品牌合作可以为品牌注入年轻元素,科技企业找文化企业合作可以为品牌植入文化内涵,传统企业找互联网企业合作可以为品牌带来网络基因。

(2)扩大渠道覆盖范围。由于渠道的不同,每个品牌所能够覆盖的群体都不相同,跨界营销可以让合作品牌借用对方的渠道资源覆盖到更多的目标人群。比如,网易云音乐与农夫山泉进行跨界合作,将精彩乐评印在农夫山泉的外包装上。网易云音乐属于线上渠道,而农夫山泉属于传统的线下渠道,跨界营销就能让两个品牌触及到以前难以触及的用户。

(3)满足年轻消费群体对新锐生活方式的追求。随着经济发展和社会进步,新型消费群体崛起。他们的消费不再只为功能上的基本需求,而是渴望体现一种生活方式或自身品位。企业要想为年轻用户提供"惊艳"的产品或体验,跨领域进行元素"混搭"无疑是一种既简单又新潮的选择。事实上,跨界营销常常是品牌年轻化的一种有效手段,能够帮企业找到新的营销突破口,带来新的活力、新的增长。

(4)引爆热门话题,制造营销噱头。跨界营销对于品牌的一个重要益处是让原本毫不相干甚至矛盾、对立的元素,相互渗透、相互融合,从而产生新的亮点。过去几年出现过许多内容新奇有趣的跨界营销案例,因领域跨度大,反差明显,因此提供了足够的噱头供大众讨论。从这种角度看,跨界营销本身就自带话题属性,可作为事件营销的操作素材。

(5)拓展或强化用户使用场景。用户使用场景在移动互联网语境下显得尤其重要,而跨界营销能有效为用户设计新的使用场景或对现有场景进行强化。比如,网易云音乐联合亚朵酒店开设了"睡音乐"主题酒店,使人们住亚朵酒店时就想起云音乐,听音乐时就想起亚朵酒店。再如,因为很多人喜欢在用餐时看剧,腾讯视频洞察到这一用户习惯后,就与吉野家进行了跨界合作，在 300 多家吉野家线下门店，打造"在吉野家，看腾讯视频"的场景记忆点，并提供"嗨乐季专属手机支架"服务用户。

### 三、跨界营销的操作要点

自从"跨界"一词流行起来以后，很多企业都进行了跨界尝试。有一些企业获得了巨大的成功，也有一些企业以失败而告终。有些品牌误认为跨界联合就是制造个噱头，推出个联名款产品，以此来吸引消费者的注意力，结果并没有将合作双方的优势发挥到最大化。因此，企业在开展跨界营销前要慎重考虑、精心谋划。一般来说，要想成功开展跨界营销，需要注意以下几点。

（1）跨界双方反差要大。

跨界营销的优势是由不同品牌之间的"混搭"和反差带来的，这个反差可以是渠道上的，也可以是产品形态上的，还可以是产品调性上的或者使用场景上的，否则难以形成话题传播。领域跨度越大，带给用户的新鲜感就越强，效果就越好。如果合作的产品存在关联或是功能互补，如化妆品和服装，开展跨界营销的效果可能不会太理想。

常见的品牌跨界形式有：传统产品与现代产品的跨界、国产品牌与国外品牌的跨界、线上品牌与线下品牌的跨界、时尚品牌与大众消费品牌的跨界等。

（2）跨界双方要有一定的契合点。

合作的前提是资源互补、目标一致。想开展跨界营销的企业在寻找合作伙伴时要注意，合作双方必须存在一定的共性或结合点。这个结合点可以是品牌内涵一致或产品属性相似，也可以是使用场景存在交叉，或者是用户体验互补。当然，最重要的是，合作企业的目标用户必须具有较高的重合度，且不存在竞争关系。除此之外，双方的品牌理念和消费者需求要趋同，即品牌调性要一致，这样才能最大程度减少"违和感"。

（3）跨界双方要"门当户对"。

两个跨界合作的企业在品牌、实力、营销思路和能力、企业战略、消费群体、市场地位等方面应该相匹配，只有合作双方匹配度高，跨界营销才能发挥协同效应。不然对于实力强的一方来说，会拉低自己在公众心目中的品牌形象；对于实力弱的一方来说，很容易就沦为别人的嫁衣。

（4）跨界形式要新颖。

跨界营销之所以常常能成为网络上的热门话题，主要是因为跨领域所带来的冲击和碰撞。但是当跨界成为企业惯常的营销手法时，跨界本身给用户带来的意外和新鲜感将大大降低。此时如果没有新颖有趣的营销形式，将很难吸引用户注意。

### 四、跨界营销的模式

跨界营销包括产品跨界、渠道跨界和传播跨界三种模式。

（1）产品跨界。

产品跨界是指企业独立或与其他品牌合作推出原有产品之外的新品类、新产品或新包装，目前主要有三种应用形式。

一是某品牌单独推出非主营业务产品。比如，丁香医生推出"噗嗤脱口秀"；麦当劳推出 Throwback 的系列单品；旺旺食品推出洗面奶、二锅头、芥末糖；肯德基推出番茄色口红；马应龙推出口红；泸州老窖推出香水等。

二是两种品牌联名推出非双方主营业务的新产品。比如，王者荣耀与稻香村联名推出"峡谷月明"中秋礼盒；星巴克联合喜马拉雅推出星巴克星怡杯；脑白金跨界潮牌熊猫商店推出联名服饰系列等。

三是将另一品牌的元素嫁接到自身的产品或包装中，丰富产品属性。比如，RIO 鸡尾酒与六神合作推出花露水鸡尾酒，与英雄墨水合作推出墨水鸡尾酒；冷酸灵和小龙坎老火锅联合推出各种辣度的火锅牙膏；肯德基携手六神推出六神味咖啡和咖啡味六神；周黑鸭和御泥坊联名推出小辣吻咬唇膏；苹果手表与耐克合作推出耐克+手表；安踏联合可口可乐推出定制运动鞋，如图 3-12 所示；春纪化妆品联合洽洽瓜子推出"瓜子脸面膜"，如图 3-13 所示；拉面说联合 999 感冒灵推出包装酷似感冒药的"暖心鸡汤"拉面；百雀羚联合故宫推出典雅风格彩妆等。

图 3-12　安踏的"可乐鞋"　　　图 3-13　春纪化妆品联合洽洽瓜子推出"瓜子脸面膜"

产品跨界目前主要体现在产品设计方面，包括联合设计包装、联合设计产品外形等。最容易实现、也最常见的产品跨界形式为联名定制产品，而且这种定制款通常是限量发售或赠送的。

（2）渠道跨界。

渠道跨界是指两个品牌互相借助对方的渠道优势实现渠道共享和合作。其实现形式包括共用营业场所、共用服务体系、渠道捆绑、联销网络等。比如，咪咕阅读与可口可乐、王老吉等快消品公司合作，通过读书券、流量福利等买赠形式，借助合作方渠道优势扩大品牌影响力；网易云音乐与华为携手打造原创电台节目"华为 G7 自在时刻"，联合网易云音乐社交平台和华为手机终端进行推广；工商银行通过 papi 酱、陆金所通过逻辑思维进行推广等。再如，在美容院卖咖啡、在宠物商店卖健身套

图 3-14　人民日报携手奈雪打造"有为青年看报喝茶"快闪店
图片来源：网易.

餐，用其他品牌元素装修门店以打造各种主题店等，如图 3-14 所示。这些都是近年来非常流行的跨界营销手法。

（3）传播跨界。

传播跨界是综合性更强的跨界营销模式，是指合作双方借助独特的事件、体验、内容、话题等，联合进行活动策划与品牌宣传推广。其实现形式包括联合开展公益活动、联合进行事件传播、联合开展体验活动、联合进行终端推广、联合举办户外路演等。比如，奥利奥跨

界美剧《权力的游戏》，用 2750 块饼干拍了一部奥利奥版片头，视频最后还出现了四款饼干及《权力的游戏》特制包装，展示了跨界产品的文化内涵。卖便携式相机的 GoPro 和卖能量饮料的红牛一起策划了一场大胆的活动——Stratos（太空跳）。活动邀请极限达人 Felix Baumgartner 从距离地面 24 英里的太空舱内带着 GoPro 相机纵身跳下，并在红牛的 YouTube 频道进行了直播。卡地亚与故宫联合策划了"卡地亚—故宫博物院 工艺与修复特展"，将卡地亚尊贵、气派的品牌内涵与故宫进行了衔接。

### 五、跨界营销经典案例

#### 故宫：跨界玩出"最火爆文创 IP"

在开发文创产品和文化传播内容方面，故宫除了依靠自身力量，还与众多企业开展了形式多样的跨界营销。

1. 故宫×农夫山泉

2018 年 8 月，故宫与农夫山泉合作推出 9 款限量版"农夫山泉故宫瓶"，如图 3-15 所示，让消费者领略古画的现代演绎。

图 3-15　农夫山泉故宫瓶

2. 故宫×抖音

2018 年 8 月，在中秋节营销节点，故宫联合抖音推出"斗转星移"宫廷月饼礼盒，并限量发售。通过抖音将故事人物"实体化"，并借助抖音的热度增加话题度。

3. 故宫×QQ 音乐

2018 年 7 月，故宫携手腾讯 Next Idea 和 QQ 音乐合作举办"古画会唱歌"音乐创新大赛。邀请易烊千玺唱响主题曲《丹青千里》，首次用音乐"解锁"了故宫典藏的《千里江山图》《清明上河图》等十幅古画。此外，故宫还鼓励年轻人为故宫博物院典藏的十幅古画谱写新词曲，在推广故宫藏品的同时，也增加了故宫自身的影响力。

4. 故宫×卡地亚

2018 年 1 月，故宫联合卡地亚推出纪录片《唤醒时间的技艺》；2019 年 5 月，再次与卡地亚合作，在故宫博物院五门展厅前举办"有界之外：卡地亚—故宫博物院 工艺与修复特展"。卡地亚是法国珠宝及腕表业先锋，工艺精湛，得到一代代皇室和名流推崇；故宫作为明清两代皇家宫殿，是中国古代宫廷建筑精华，更是文化的象征。双方的合作，不仅充满了悠久的历史气息，还能看到匠人们呕心沥血的杰作；既传播了文化，无形中也宣传了品牌及故宫藏品的"匠人精神"。

5. 故宫食品×网易新闻

在 2018 年世界杯期间，故宫联合网易新闻推出"奉旨看球"的 H5，一方面迎合受众的看球心理，另一方面也促进了销售。

6. 故宫×kindle

2018年10月，故宫联合kindle推出2019新年限量版礼盒、保护套和日历，向kindle的目标用户和潜在用户展示故宫的文化，进行精准营销。

7. 故宫×奥利奥

2019年世界博物馆日，故宫联合奥利奥趁热推出"宫廷御点·中华六味"限定饼干，用绝美古风插画勾起品牌粉丝兴趣，吸引大批国风爱好者。除此之外，还推出了一些很震撼、很有深度的玩法。震撼在于用10 600块奥利奥饼干搭建故宫，引爆话题热议；深度在于"一饼融进天下味"H5互动视频，深度还原故宫元素，趣味讲述"奥利奥进宫"的故事，如图3-16所示。

图3-16 用奥利奥饼干搭建的故宫

总之，故宫彻底放下了高高在上的身段，开始与年轻人喜爱的品牌"玩在一起"，此举不仅增加了故宫自身在年轻人中的影响力，而且顺势推广了故宫藏品。

## 案例讨论

**麦当劳&百度地图：跑酷疯抢樱花甜筒**

2014年9月24日，麦当劳推出樱花口味甜筒冰激凌，并且与百度地图独家合作，通过为其量身定制的"樱花甜筒跑酷0元抢"活动，在全国135个城市的近千家麦当劳甜品店，以新潮互动的方式送出100万份免费樱花甜筒，完成了一次基于LBS精准定位和推送技术的O2O营销。

在活动期间，百度地图会利用LBS大数据分析和智能推送技术，对麦当劳甜品站周边三千米内的用户进行识别和匹配，挑选部分用户推送"樱花甜筒跑酷0元抢"的优惠活动信息，用户点击信息即可参与活动。此外，当用户处于活动区域并打开百度地图App时，无论点击"附近"，还是搜索"麦当劳""0元疯抢麦当劳甜筒"的活动字样都会跃然屏幕，点击后同样可以参与活动。

进入活动页面后，百度地图会基于用户的地理位置，显示最近麦当劳甜品店的距离和导航路线，并根据用户与最近麦当劳甜品店的距离远近分配任务时间。用户只要根据百度地图导航，在规定时间内抵达最近的麦当劳甜品店，就可以免费享用一个樱花甜筒。而在用户跑酷的过程中，手机页面上的樱花甜筒会不断融化，如果用户抵达门店之前樱花甜筒完全融化了，就无法领取免费樱花甜筒了，活动流程如图3-17所示。

在这次活动中，麦当劳新品的话题性和优惠性、跑酷活动创意的新奇性和有趣性、百度LBS定位及推送的精准性和移动性，为活动赋予了诸多"引爆点"，充分调动了用户的参与热情。

在宣传上，此次活动也不走寻常路，主要通过广场舞大妈、美少女战士或滑板少年等话题人物跑酷抢夺樱花甜筒的"病毒短视频",激发用户对活动趣味性的无限想象,也为活动持续打造热度。

图 3-17 "樱花甜筒跑酷 0 元抢"活动流程

图片来源:百家号@汽车一客栈.

从活动推出到十月底,在无广告投入、不搞街头试吃的情况下,百度地图和麦当劳新品樱花甜筒如一夜春风,在微博、微信上吹起了一股"满城开跑抢樱花"的风潮。传播数据显示,此次活动页面访问量高达 2000 多万次,分享超 50 万次,社交媒体上的阅读量合计超 7000 万次,并且荣登新浪微博热搜榜。在微博上随便一搜"百度+麦当劳甜筒",除了业内好评,更多的是消费者的自发分享:"饭后用百度地图的麦当劳活动消食儿~走了 20 多分钟找到地图上的麦当劳~免费领了 1 支樱花甜筒""下午闲逛时,随手打开百度地图,麦当劳新品樱花甜筒随时到手"。新浪微博上"樱花甜筒"的讨论超过 15 万条,一个个樱花甜筒在不同背景下被网友晒出来,绝对是"口碑营销"的最佳典范。通过此次活动,麦当劳樱花甜筒一炮走红;而百度地图也收获了一批新用户,并让用户在参与活动的过程中对百度地图 App 的使用更为熟悉。

资料来源:央广网、环球网.

讨论:上述案例中用到了哪些网络营销方法?有哪些可供其他企业借鉴之处?

### 思考与练习

1. 可用作营销的"事件"应具备什么特征?满足什么要求?
2. 事件营销与话题营销有什么区别和联系?
3. 借势营销和造势营销各有什么优缺点?如何选择和运用?
4. 俗话说"蹭热点"中的"热点"包括哪些?
5. 如何开展事件营销?主要包括哪些步骤?
6. 开展事件营销时,需要注意哪些方面?
7. 近年来,跨界合作案例频出,你知道这些企业为何纷纷选择这种营销方式吗?
8. 跨界营销包括哪些具体形式?在实施时需要注意什么?

### 技能实训

情人节将至,请为某珠宝企业策划一次事件营销活动和跨界营销活动。要求将操作思路、步骤和要点用思维导图表示出来。

# 第四章　渗透型网络营销方法

**学习目标**

◇ 通过本章的学习，掌握内容营销、IP 营销的概念、模式、操作步骤及要点等，理解两种方法的适用场景和优缺点。

**引导案例**

持续吸睛的网红故宫

近年来，故宫以文创产品和文化传播内容作为突破口，借助网络媒体的优势将自身打造成超级 IP，有效促进了故宫旅游的升级，提高了故宫在年轻群体中的关注度。

- 2013 年 5 月，故宫推出了首个 iPad 应用《胤禛美人图》，获得绝佳的口碑和下载量。
- 2013 年 8 月，故宫举办"把故宫文化带回家"文创设计大赛，第一次面向公众征集文化创意，并接连推出"奉旨旅行"行李牌、"朕就是这样汉子"折扇等多款产品。
- 2014 年 8 月，故宫淘宝公众号发布了一篇名为《雍正：感觉自己萌萌哒》的推文，在 48 小时内获得了 86 万次的阅读量，传遍了朋友圈。自此，故宫淘宝开始了"萌化"之路，为各种历史人物注入了"萌"元素。比如，古画中卖萌的皇帝、竖剪刀手的宫女，还有 Q 版的"皇帝狩猎"盆栽，活灵活现，妙趣横生。
- 2015 年 2 月，《每日故宫》App 上线，采用日历形式每日推出一款故宫展品。
- 2016 年 1 月，纪录片《我在故宫修文物》播出，记录故宫书画、青铜器、宫廷钟表等领域的稀世珍奇文物的修复过程和修复者的生活故事，豆瓣网友给出了 9.4 的评分。
- 2016 年 7 月，故宫与腾讯 TGideas 团队共同推出了 H5 作品《穿越故宫来看你》，作品中明朝皇帝朱棣随着 Hip-Hop 音乐跳现代舞、玩自拍、发朋友圈，引发各类人群分享，为"腾讯创新大赛 NEXT IDEA"造势。
- 2018 年 12 月，故宫 12 款彩妆在淘宝上线，其中销量最高的一款口红两天内卖出 97 000 多支。

故宫通过各种接地气的语言、年轻化的表达，让更多年轻人了解、喜欢故宫，让紫禁城文化飞入了"寻常百姓家"。

资料来源：百家号@深响.

**思考**：故宫主要运用了哪些网络营销方法？

上一章介绍了事件营销和跨界营销，这两种方法能够在短时间内让品牌或产品成为用户谈论的话题，从而达到快速引爆的营销效果，主要用于提升品牌或产品的曝光度和知名度。本章将对另外两种营销方法进行介绍：内容营销和 IP 营销。这两种方法见效较慢，需要长期坚持才能获得好的效果；但如果运用得当，将会深度影响用户心智，将普通用户转化为忠实粉丝。

# 第一节　内容营销

近年来,"内容为王""内容营销"成为互联网上的高频词汇。腾讯公司董事长马化腾就曾在回答《财经》记者关于"互联网是否正在从流量战争转向内容战争"的提问时表达了以下观点:"未来内容的价值、IP 的价值会越来越重要。流量和内容的比例将会从原来的八二,变成五五。同时,流量和内容,一个是入口,一个是制高点。"

从某种角度来说,内容即流量,内容即营销。今天的企业都应该具备一种核心竞争力,即内容力,这是对用户眼球和心智的争夺,是性价比最高的流量,是获取新客、留存老客、提升品牌、建立渠道等多种功能的集合。

## 一、内容营销的概念

内容营销并非互联网时代的产物。早在先秦时代,孔子就通过传播自己的语录招来了三千弟子,这其实就是一个早期的、非常成功的内容营销的案例。而米其林轮胎为了让大家在驾车外出时更加方便,制作了《米其林指南》。该指南里收录了大量实用信息,包括更换及维修轮胎的小知识、城市地图、加油站位置、酒店地址等。至今,该指南发行时长已超过1个世纪,是全球历史最悠久的观光旅游与美食餐饮指南。

随着互联网的发展,人们获取及发布信息更加便捷,各种形式的信息内容在人们的生活当中扮演了越来越重要的角色。"内容营销"这一概念也应运而生。关于这个概念的含义,存在多种观点,有"内容营销之父"之称的乔·普利兹就曾经下过 6 次定义。之所以存在分歧,主要原因在于"内容"这一概念太过抽象和宽泛,不同的人有不同的理解。本书较为认同乔·普利兹这一版本的定义:内容营销是创建和传递有价值和引人注目的内容,以吸引现实或潜在的目标用户的商业营销过程,目的是促使用户做出能为企业带来利润的行动。

从该定义中可以看出,内容营销中最重要的是"内容",而"内容"应具备两个关键属性:第一,对用户来说是有价值的;第二,要能吸引用户主动关注与获取。第一点容易理解,也得到了普遍认可。第二点却被很多人忽视了,但第二点恰恰是理解内容营销的关键。因为如果不加上"主动关注"这一限制条件,我们日常接触到的多数信息都可以归入"内容"的范畴,包括广告、产品说明、促销信息等,这显然扩大了内容营销的外延。因此,只有能吸引用户"主动"关注或传播的信息才是"内容"。这正是内容营销与传统广告的本质区别。从这个角度来看,传统广告采用的是主动营销,以产品推广、品牌传播为中心,以宣传自己为主;而内容营销采用的是被动营销,以提供有用信息、吸引用户关注为中心,以服务用户为主。

为了加深理解,我们可以借助下面的故事来说明。

小丽心仪小刚,想让他成为自己的男朋友,于是主动向小刚表白,告诉他自己有多优秀,但小刚却不为所动;小芳也心仪小刚,但她从不主动找小刚说话,而是让自己的好友经常在小刚面前装作无意地提到自己的优点,久而久之,小刚对小芳产生了兴趣;除了小丽和小芳,小柔也心仪小刚,但她既不主动表白,也不托朋友说项,而是每天在微博和朋友圈上发自己的生活动态、对时事的看法、读书心得等,然后小刚发现小柔的兴趣爱好和价值观与自己的很一致，于是选择了小柔。

上面这个故事中，小丽采用的方法类似于"广告"，小芳采用的方法类似于"口碑营销"，而小柔采用的方法就体现了"内容营销"的真谛：用有价值的内容满足用户的需求，同时传递品牌或产品的价值，之后获得用户的价值认同、情感共鸣，最终实现转化。这就要求企业发布的内容要具有吸引力，要让用户主动关注内容，而不是像广告一样硬性、单向地灌输。

当然，内容营销的目的仍是为了推广产品，实现销售转化，并没有脱离广告的本质，只不过实现手段不同于以往的广告，不是直接宣传品牌和产品，而是向用户传递有价值的信息，通过潜移默化的方式影响用户的决策。

如果说传统广告是"射箭"，那么内容营销便是"养鱼"，内容是对鱼有吸引力的"鱼饵"。在合适的时间，提供能打动用户的内容，用户被吸引过来以后，持续不断地输出好内容，使用户对企业产生"信任"和"好感"，再到"忠诚"，一步一步推动用户走向购买旅程。这就是内容营销的实现路径。

## 二、内容的分类

内容营销的关键是"内容"，那么"内容"到底是指什么呢？具体包括哪些类型？事实上，内容是一个极其抽象和宽泛的概念，不同的人有不同的理解，分类标准也是不统一的。本书参考国外内容产业的划分，按照媒体形式将内容分为4大类：图文、音频、视频、游戏。

### 1. 图文内容

图文内容可以是印刷版的，也可以是电子版的，主要包括书籍、研究报告、文章、段子、表情包等主要类型。

（1）书籍。书籍被很多品牌用来进行内容营销，这种深度的内容形式，不仅能扩大品牌影响力，还能深化品牌内涵。比如，京东数据创新组（京东商城营销研发部专注于数据化运营的团队）编写出版的"赢在京东"系列电商教程，在教导电商从业者经营网店的同时也顺势推广了京东品牌。

（2）研究报告。研究报告是针对行业问题所编写的深度内容，一般篇幅较长，数据较多，可以展示企业的领导者地位，将企业定位为行业领袖。比如，今日头条发布的数据报告，直接引导到了头条指数的使用。再如，餐饮行业的知名公众号"餐饮老板内参"，联合国际排名第一的策略研究机构尼尔森，成立了国内首家餐饮消费数据研究机构"舌尖数据研究院"，并牵手美团点评，通过2年的沉淀、4个月的研究分析，出版了《中国餐饮报告》，对中国餐饮业的消费数据进行了全面系统的分析，进一步奠定了品牌在行业的龙头地位。

（3）文章。文章是最常见的内容形式，包括纯文字、图文结合两种类型，可以在企业官网、博客、自媒体等诸多渠道中发布。为了达到更好的营销效果，企业最好规划系列文章以提高影响力。比如，方太官网下的"厨FUN研究所"就围绕方太旗下的各种厨房电器创造了系列推文。

（4）段子。段子是最容易形成病毒式传播效果的内容，包括纯文字、图文结合等多种类型，一般都比较搞笑，能够在很短时间内被广泛传播。比如，卫龙辣条通过论坛上脑洞大开的段子收获了大量关注。

（5）表情包。表情包是网友表达个人情绪和喜好的常用工具，具有直观、生动、短小等特点，深受年轻人喜欢。表情包一般会通过截取部分经典、搞笑的图片或视频等，配以不同的文案，来表达不同的含义。比如，除了论坛上的各种经典段子，微博上让人捧腹大笑的表情包也为卫龙辣条带来了大量粉丝，如图4-1所示。

图4-1　2023年"双十一"期间卫龙官方旗舰店发布的运营小哥组合表情包

2. 音频内容

在线音频是指除完整的音乐、歌曲或专辑外，还包括通过网络流媒体播放、下载的音频内容，目前主要是指网络电台，内容上涵盖了新闻播报、有声小说、综艺娱乐、相声评书、情感生活、教育培训等类型。

声音传递信息的直观程度弱于视频和图文，但却有一个明显的优势，即可"解放双眼"。随着语音控制技术的迅速发展，这种优势会被迅速放大。同时，在视频及图文的长期轰炸下，用户出现视觉疲劳，转而投向音频内容的动机也会明显增强。

作为内容营销人员，及早发现并利用这一趋势，将是一个极好的弯道超车机会。比如，2014年杜蕾斯入驻喜马拉雅FM开办官方电台《杜杜电台》，在不到一年的时间里发展了近10万个粉丝，成功打造了一档热门电台节目，杜蕾斯也因此得到了超乎想象的品牌宣传效果。再如，36氪在喜马拉雅FM上推出了《8点1氪》节目，推送科技、创投领域的早报和晚评，在很大程度上提升了36氪的知名度。

3. 视频内容

视频的类型较多，按照投放渠道终端差异进行分类，可以分为传统视频和网络视频。网络视频，按照后期合成和播出是否分开进行分类，可以分为直播和非直播；非直播视频，按照播放时长进行分类，可以分为短视频和长视频，如表4-1所示。

人们通常所说的视频主要是指网络视频，它包括三种类型：长视频、短视频和直播。其中，短视频是近年来成长最快的内容类型，也是目前主流的内容形式。

（1）长视频。利用长视频进行内容营销的历史非常悠久。早在1992年，海尔集团就投资拍摄了长篇动漫《海尔兄弟》，取得了非常不错的市场反应。此后，大量企业参与投拍与品牌相关的电视剧、电影、动漫等。比如，江小白投拍的网络动画作品《我是江小白》，在爱奇艺、芒果 TV、腾讯、优酷等多个网络平台同步播出后，获得了相当不错的收视效果。

表 4-1　视频分类

| 分　类 || 概念界定 ||
| --- | --- | --- | --- |
| 传统视频 || 基于电视等传统渠道终端进行传播的视频内容形式 ||
| 网络视频 | 短视频 | 基于 PC 端和移动端进行传播的视频内容形式 | 后期合成和播出分开进行的播出方式 | 播放时长小于 5 分钟 |
|  | 长视频 |  | 播放时长大于 5 分钟 |
|  | 直播 |  | 后期合成和播出同时进行的播出方式 | 播放时长不受限制 |

参考资料来源：《广播电视词典》。

（2）短视频。从 2004 年开始，定位为用户视频分享网站的土豆网、56 网和激动网催生了国内最早的短视频。

2006 年，作为"百度，更懂中文"品牌活动的一部分，百度曾经通过三个视频短片（《唐伯虎篇》《孟姜女篇》《刀客篇》），分别向公众传递了百度"中文""第一""搜索"三个关键词，从而将百度是中文第一搜索引擎的概念完整表现出来，为百度的品牌价值建设提供了丰富的沟通体验，也创造了病毒性内容营销的奇迹。

从 2012 年开始，伴随着移动互联网的普及，移动短视频开始萌芽，微信、微博、今日头条等头部自媒体平台纷纷投入巨资，扶持短视频的发展，促使短视频行业迅速升温。在此背景下，许多品牌也开始尝试制作短视频内容。

比如，苹果将自己 2016 年 9 月的秋季新品发布会浓缩整理成了仅仅 107 秒的快闪短视频，引发了非常广泛的传播和讨论，好评如潮，模仿者众多；方太制作的《方太有问必答》短视频系列，通过时长不足 1 分钟的短视频，针对性地解决厨房相关疑难杂症，帮助用户从小白迅速升级为厨房达人。

目前，常见的短视频类型包括：记录生活类的视频博客；知识或经验分享类的教学视频；情景表演类的视频短剧；故事讲述类的微电影；恶搞逗趣类的"鬼畜"视频等。

（3）直播。直播最开始主要应用在电子竞技领域，近几年，随着移动互联网的发展，直播行业迅速发展，开始在营销行业大展身手。和普通视频相比，直播不仅具有内容属性，还自带社交属性。通过直播，企业可以与用户进行实时沟通交流，这有助于提高用户的参与度和积极性。

比如，2016 年 4 月，美宝莲纽约在上海的品牌发布会邀请了一位明星和多位网红在化妆间开启直播，多位网红从多个视角直击化妆师为模特化妆的全过程。直播吸引了 500 万人同时在线收看，在短短 2 小时内卖出了 1 万支口红，转化实际销售额 142 万元。2016 年 10 月，美宝莲纽约打造的国内首档美妆类直播综艺节目《拜托了！美宝莲》首次在天猫及优酷直播平台亮相。该节目每月两期，周四放送。不同于传统的纯粹卖货的直播，《拜托了！美宝莲》每期设置不同的内容主题，邀请各行业大咖或明星参与互动，以综艺的呈现形式，来帮助大家解决彩妆难题。

再如，小米曾以直播形式召开过小米无人机发布会。直播的主题是"创始人雷军亲自做直播"。在直播中，雷军介绍了小米无人机产品的功能与特点，并对网友的提问进行了回答，一时间小米无人机引起无数人关注。这是国内第一次纯在线直播的新品发布会，给业内人士起了很好的示范作用，开启了直播营销的新思路。小米的发布会之所以能够引起空前关注，关键在于发布会以"雷军本人"作为直播主题，将宣传重心放在了雷军本人身上，借助雷军自带的巨大流量成功掀起了小米无人机话题。当然，举办这样一个由企业创始人本人主持的直播，对于创始人的临场应变能力提出了很高的要求。

需要注意的是，采用直播这种营销方式，企业也是需要承担一定风险的。比如，小米发布会上的无人机在直播试飞过程中就发生了突然下跌摔毁的事件。

### 4. 游戏内容

游戏营销是品牌触达年轻人群的有效途径。游戏营销可以分为游戏内置广告和游戏内容营销两种。游戏内置广告是一种典型的传统营销思维，即在游戏中植入品牌广告。游戏内容营销符合内容营销思维，是一种品牌为自己量身定做游戏，以推广品牌或产品的营销方式。

比如，谷歌为了推广"谷歌 AI"，开发了一款叫作《猜画小歌》的人工智能小游戏。在游戏过程中，玩家可以通过相应的语音提示，画出相应的物体，人工智能会在限定的时间内猜这个物体是什么，猜对了就可以进入下一轮游戏。这款小游戏玩法简单，网民参与度极高。

再如，汉堡王推出首创的视频互动线上游戏《听话的小鸡》，游戏非常简单：用户在输入栏输入相应的英文单词指令，视频窗口里的小鸡会马上做出相应的动作，如输入"SIT"后，小鸡就会马上收起翅膀坐下，然后恢复初始画面。这款游戏虽然操作简单，却给用户带来了极大的满足感，也让汉堡王的新产品——鸡块汉堡快餐获得了巨大的成功。

利用游戏内容进行营销在国外已经发展得非常成熟。近年来，国内游戏内容营销发展得也非常迅速，特别是移动端利用 H5、AR 等技术进行游戏内容营销，尤为火爆。比如，支付宝玩了好几年的《AR 扫福》，集齐五福拼手气抢红包的跨年小游戏，年年火爆。近年来，刷屏的 H5 小游戏更是层出不穷，如各种测试类 H5、换装类 H5、投票类 H5 等。

前几年，网易推出了一系列人格测试类 H5 互动页面，几乎每次都能刷爆朋友圈。比如，基于"荣格心理学"的人格测试 H5，点击进去后，以聊天的模式开始，通过回答几个简单有趣的题目，就能测试出被测者的外在人格和内在人格是什么，然后输入姓名就可以根据测试结果，生成专属的人格卡片，如图 4-2 所示。

2017 年建军节前，人民日报为庆祝建军 90 周年，官方出品了一款换脸军装照 H5《快看呐！这是我的军装照》。用户上传自己的照片，就可以生成帅气的军装照。这款 H5 从 7 月 29 日晚发布到 7 月 31 日下午 6 时，页面总浏览量超过 2 亿次，独立访客累计 3832 万人。

饿了么曾经设计了一个 H5《除了吃你还会干啥？》，内容是妈妈叫男主去相亲，随后出现一些选项，选错了就会被打。经过几次挨打，选对了就能和女孩约会看电影。在这个 H5 中，饿了么通过一系列选项告诉消费者，饿了么不仅可以订餐，还可以看电影、订酒店等。

综上所述，内容的形式是多样的，可以是文章、图片、视频、直播、音频、动画、游戏、段子、H5 等。只要能传递用户需要的信息，任何一种形式都可以用作内容营销。

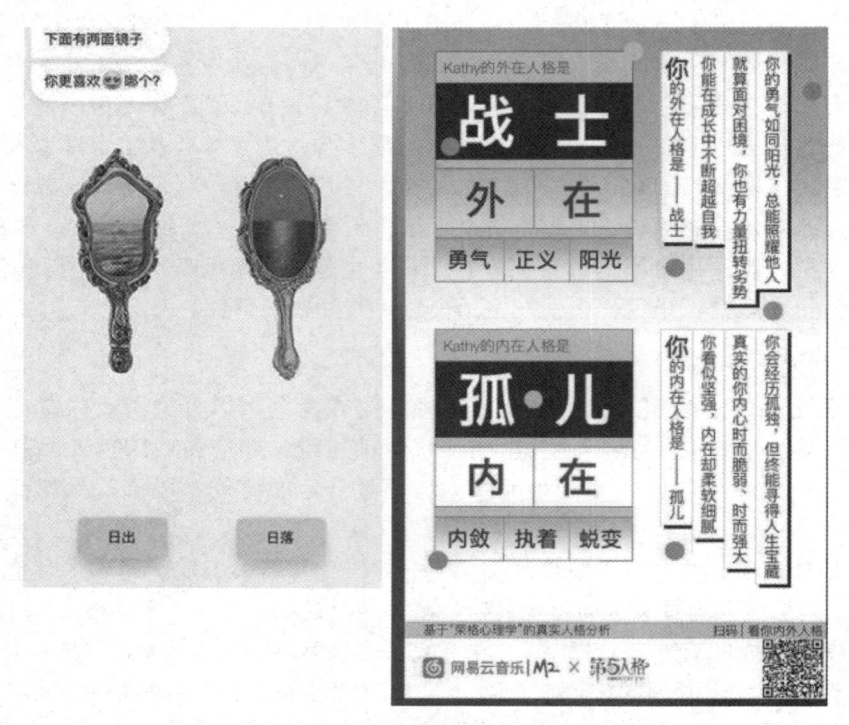

图 4-2　网易人格测试类 H5 互动页面

需要注意的是，内容的载体也是多样的，不局限于网络信息，还可以是产品包装、公司装修等实物。比如，在日常生活中，我们碰到特别美好、新颖或有趣的产品外观、包装或店面装修时总会忍不住分享朋友圈。这就体现了内容营销在实物载体上的运用效果。

2017 年，新兴白酒品牌江小白火遍大江南北，销售额达到 10 亿元，一时之间让很多人惊叹不已。那么江小白是如何火起来的呢？江小白的走红靠的是一则则"瓶身文案"。这些或走心或扎心的文案被印在酒瓶及外包装上，击中了无数人的内心，引发了很多人的追捧和分享，如图 4-3 所示。

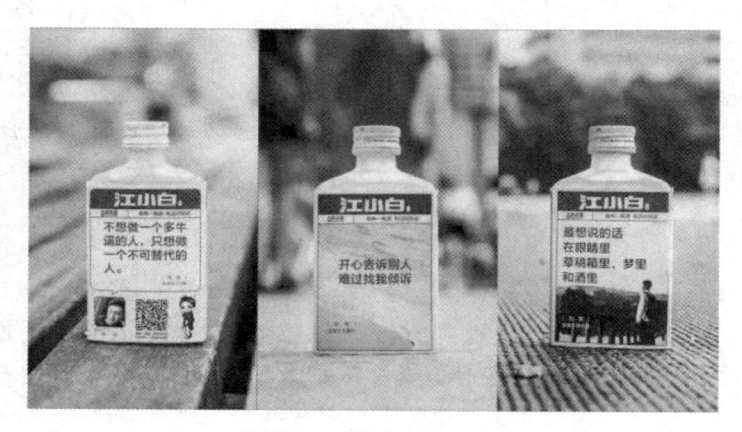

图 4-3　江小白的表达瓶

## 三、内容营销的优势

在"流量越来越贵"的背景下,内容营销的优势越来越凸显出来。归纳起来,好的内容对企业而言相当于实现了以下几点。

(1)产品价值的柔性输出。2018年《舌尖3》上映,里面没有捧红某个餐馆和佳肴,而是带火了一口锅——章丘铁锅。火到什么程度呢?《舌尖3》播出后,淘宝上的章丘铁锅一度断货,视频里面王玉海师傅锻打的铁锅,3天内的订单就排到了2021年……

这口锅之所以被无数家庭主妇种草,是因为它的诞生居然要历经"12道工序,18遍火候,1000度高温冶炼,36 000次捶打……"。但制造工艺真地是造成消费者疯狂抢购的理由吗?如果把推广方式换成15秒的中插广告,同样把"12道工序,18遍火候,1000度高温冶炼,36 000次捶打……"的卖点口述一遍,效果会如何呢?虽然没有数据佐证,但根据经验,肯定不会引发章丘铁锅的抢购潮。

同样的卖点宣传、同样的曝光量,为什么只有《舌尖3》的"内容营销"可以引发抢购潮?而TVC(Television Commercial,电视商业)广告却无法达到同样的效果?原因在于,通过内容编织的故事、刻画的人物,人们被带入了一个情境世界里,产生了"共情",愿意相信这个世界里发生的事。比如,通过《舌尖3》这个充满匠心、情怀的故事,章丘铁锅成了"匠心""手工情怀""时间积淀"的代名词,产品价值也变得可视化、可触摸。

好内容会深度影响用户对品牌和产品的认知,让用户在不知不觉中被"种草",并为产品的"感性价值"买单。因此,做内容营销要学会用"讲故事"的方式将产品价值柔和地传递给潜在用户,以此来提高用户的认同感和黏性,唤醒用户的非理性决策。

(2)无限增长的流量入口。人们在网上的绝大部分时间不是在搜寻内容,就是在消费内容。好的内容就像好的导购一样,会为产品带去流量。导购是有限的,但内容却可以无限增长。因此,内容营销是一种没有天花板的流量入口。无论是没钱采买流量的初创企业,还是流量增长到瓶颈的成熟企业,只要拥有产出优质内容的能力,就可以获得无限增长的流量。

(3)专业形象的有效载体。长期持续输出与产品及行业相关的知识能够为企业带来好口碑,帮助企业树立"专业"的品牌形象,增强顾客的信任感。比如,欧莱雅就自建了内容工厂,为美妆爱好者不断推送"干货"视频和美妆教程,因此获得了一大群美妆粉;耐克、UA等运动品牌甚至拥有自己的App,并通过免费开放运动教学,让这些App成为很多人运动的必备工具。此外,越来越多品牌决定入驻"知乎机构号",也是为了借助高质量平台来普及知识,构筑权威形象。

(4)隐性的竞争壁垒。能产出好内容是一种很强的竞争壁垒,因为内容这个东西毕竟有艺术的成分在,没有统一的生产标准,并不是每个企业都能做好的。这种能力是靠多年来一点点渗透内容产业、不断完善团队架构、不断进行试错堆叠出来的,无法用资本的力量快速复制,也无法用创意的实力去弥补,所以是一种隐性的竞争壁垒。

## 四、内容的评价标准与要求

随着网络的发展和技术的进步,内容的形态越来越多样化,进入门槛和生产难度也越来越低,但想要从海量内容中脱颖而出却越来越难。一方面,用户的需求在不断升级,另一方面，内容的供给却越来越过剩。因此，只有真正满足用户需求的"好内容"才能俘获用户的"芳心"。那么什么样的内容才是"好内容"呢？

我们认为可以通过下面的三个标准和四个要求来评价和衡量内容的质量。

1. 优秀内容的三个标准

一般情况下，优秀的内容应满足以下三个标准。

（1）可参与。好的内容要能够吸引用户参与互动。互动性内容能够给用户带来一种传统静态文字所没有的参与感与娱乐性，因而能够更好地吸引用户。这也是近年来各种 H5 小测试、小游戏火爆的原因。此外，用户的评论、再创作、转发也都是参与的一部分，企业应加强这方面的引导和激励。

（2）可传播。好的内容要能够引发用户传播。只有引发人们主动传播，才能扩大信息的传播范围，才能让内容真正产生营销价值。这就对内容本身提出了质量要求，只有向用户提供有价值、能共鸣的内容，才有可能被传播。

要促进用户转发分享，内容的传播方式也要尽可能便捷。一方面要提醒用户转发分享，另一方面还要为用户提供"一键分享"功能，不能让用户找不到分享的路径或分享步骤太多、太复杂。此外，如果内容不便直接或全部分享，如 H5、小游戏、长文等，可以设计简洁直观的图片供用户分享，就像支付宝年度账单、网易人格卡片那样，既方便用户分享，又有一定的趣味性，还能附上二维码进一步推广内容。

（3）可转化。有很多企业认为内容营销就是病毒营销，因而非常重视传播环节的设计，但我们也经常看到很多引爆网络的文案或创意，最终只让大家记住了创意而不知道是什么品牌。品牌做内容最终是为了销售，所以在内容中要设置清晰简单的转化路径，如提供购买链接或 App 下载链接等。如果不便直接转化，至少也要确保内容与产品是强关联的。

2. 优秀内容的四个要求

前面说过，内容营销中的"内容"要有价值，那么什么样的内容才算有价值呢？从用户角度来看，有价值的内容至少应满足以下四个要求中的一个。

（1）有用。每个人都有知识和技能的盲区，如果在网上看到的内容正好是用户自己不太了解的，用户就会觉得这个内容为他打开了一个新世界，让他有所收获，这样的内容就是"有用"的内容。哪怕是一个普通人所掌握的普通知识或技能，都可以为他人提供指导和帮助，成为他人的"有用"内容。

比如，一个学习能力很强的人，他自己有一套独特的复习功课的好方法，他在网上分享自己的学习方法，帮助他人高效学习，这个内容就是"有用"的内容。

再如，一个工作多年的职场老人，深谙职场的生存之道，他在网上分享一些初入职场时要避的坑，帮助很多应届毕业生顺利过渡到职场，这也是"有用"的内容。

又如，一个家庭主妇非常擅长整理房间和收纳物品，她提供的居家整理方法同样是一种非常有用的内容，会受到很多刚开始独自生活的年轻人的喜爱，可以帮助这些年轻人快速提升家务能力。

对于企业来说，可以结合自己的产品，为用户提供有实用价值的知识和信息，从而提升用户的体验，建立品牌的口碑，并最终成为该领域的 KOL。比如，美妆品牌可以发布化妆教程、美肤方法；运动品牌可以指导用户科学健身；宠物品牌可以传播宠物知识等。总之，通过内容营销,每个品牌都可以成长为其所在领域的"首席知识官"。

(2)有趣。现代人工作忙碌、压力大,很多人业余时间希望通过网络放松一下,在这种情况下,轻松有趣的内容就更容易吸引到这类人群。对于企业来说,可以把产品信息和有趣的内容软性结合,通过有趣的内容吸引用户的注意力,然后在不经意间进行营销宣传。比如,卫龙辣条发布的各种搞笑段子和表情包成为很多人认识卫龙的媒介。再如,某出版公司免费向公众提供各种笑话和幽默电子书,并通过在笑话后面及电子书中加入公司网站链接的方式获得了大量流量。

(3)有料。每个人都有猎奇心和窥探欲,如果能在内容中增加一些逸闻趣事、闲话杂谈等能调剂人们生活的素材,那么内容就有了"料",就能成为人们的谈资,并随着社交网络的扩大被传播出去。实践证明,好的内容不需要"高大上",生活化的素材更受欢迎。

(4)有情。饱含情感的内容往往能触动人心,让读者产生共鸣。在这种情况下,读者会更认可内容,更愿意去传播内容,也会更容易被内容激起消费欲望。因此,通过制作有情感的内容,可以吸引拥有同样价值观的人成为粉丝或忠实客户。比如,江小白通过各种走心的文案让很多人对江小白产生了一种特别的亲近感和认同感。

### 五、内容生产模式

内容生产模式主要包括三种。

1. BGC

BGC(Brand Generated Content,品牌生产内容)是指企业以自身团队为核心输出内容,主要包括两种方式:一是通过向用户提供有价值的信息,让自己成为某个领域的权威专家;二是通过传递企业"调性"的方式与用户达成情感共鸣,从而获得用户的青睐。

比如,前面提到的欧莱雅,2015年就创建了内容工厂,结合其美容产品制作了许多美妆教程视频,并发布在YouTube上,为欧莱雅带去了大量流量。再如,花西子在App上做了全国最大的美甲社区,内容涉及培训教程、产品筛选、如何开美甲店等,积累了上千万名用户,月活用户量达百万级。

品牌方自己负责内容制作,能够更全面、更准确地传递产品或品牌的相关信息,也不需要向第三方支付内容生产费用,长期来看性价比较高。但品牌方在内容创作方面毕竟不是专业的,生产的内容可能并不受用户青睐,而且仅仅依靠自身团队,生产能力也是有限的,难以满足企业在内容数量上的需求。

一般情况下,除非企业自身就是KOL,或者拥有较强的内容生产能力,否则不建议选择BGC模式,毕竟经营产品和经营媒体是完全不同的,做好自媒体也并非易事。

2. PGC

PGC(Professionally Generated Content,专业生产内容)是指企业借助专业人士生产的外部内容开展"植入"营销,主要包括两种方式:一是向专业人士定制内容,类似于"命题作文";二是在专业人士生产的内容中搭载相关产品或品牌的信息。

专业人士定制内容的常见做法包括:分享产品使用感受或产品测评结果;发布探店笔记或深度体验报告;记录品牌发布会的现场体验等。

比如,OPPO推出R17 Pro时,发起了"发现夜的美"主题活动,引导十余位达人根据个人特色在该主题下创作多个 OPPO 品牌的短视频。这些达人们在东京、纽约和香港三个城市通过使用这款 OPPO 手机拍摄城市中的美景，将主题"发现夜的美"完美体现出来。这些短视频极具个人特色，让用户在欣赏美景的过程中深刻感受 OPPO 手机的夜景拍摄效果。

再如，2018 年 11 月，在纽约布鲁克林音乐学院举办的苹果品牌发布会上，博主"深夜徐老师"的团队也到达现场，制作了一条名为"纽约 72 小时"的短视频。该视频除了让用户感受到发布会现场的氛围，体验新品 iPad Pro 及 Apple Pencil 的磁吸等功能，还将纽约日常吃喝玩乐的元素融入其中，以更接地气的方式将广告内容呈现出来，更具真实感，也更容易引起大家的关注。

专业人士在内容中搭载营销信息的常见做法包括：将某产品加入产品推荐合集中；在需要举例说明的时候，将企业信息以案例的形式呈现出来；让企业人员以故事讲述人或文中角色的方式出现；让企业产品作为故事中的场景或道具出现等。具体做法可以借鉴影视剧中的植入广告，最终以不影响用户阅读，不显得突兀为准。

专业人士一般是指某个垂直领域的 KOL，这些人或者专业知识丰富、内容生产能力出众，或者拥有一定的粉丝群、引流能力出众。他们发布的内容往往能大大提升粉丝的购买欲望和消费决策效率。目前，PGC 的"P"更聚焦于话题性人物，主要包括三类：明星、网红、名人（非娱乐圈的）。"90 后""00 后"用户对 KOL 种草的信赖度极高，偶像同款、大咖推荐往往很容易获得这类用户的追捧。

比如，完美日记与小红书、抖音上的美妆博主合作，通过超过 1.5 万名 KOL，32 万+篇小红书笔记和 B 站/抖音短视频迅速爆红。这些笔记和短视频大多是"口红试色""眼妆教程"等。完美日记将产品的基础内容提供给博主后，由博主自己进行内容再创造。创造的内容要么投放在博主的账号上，要么发布在完美日记的官方账号上。

再如，欧莱雅除了自建内容工厂，还打造了一个名为 Fab Beauty 的时尚网络平台，汇集了众多时尚美妆界的 KOL。他们在平台上分享一些短片、采访及走秀后台解密等内容，让用户更近距离地了解世界各地的前沿时尚，使品牌和用户保持长久的互动关系。

企业采用专业人士生产的内容，一方面能够减轻内容生产方面的负担，另一方面，因为质量高、粉丝多等优点，内容也更容易触达用户、触动用户，营销效果较好。因此，PGC 模式近年来受到越来越多企业的重视。但利用专业人士生产的内容，需要支付一定的费用，长期大量使用的话成本较高。

企业选择 PGC 模式的话，一定要选择目标用户重合度高、品牌调性一致的 KOL，否则不仅无法触达目标用户，而且有可能影响用户对品牌的认知，甚至危及品牌形象。比如，近几年时有网红因不当言论或行为被全网抵制甚至封杀，连带其推荐过的产品也受到波及。此外，在构建 KOL 内容分发矩阵的过程中，质量和数量都是要考虑与平衡的要素，不能迷信头部 KOL，也不能一味追求 KOL 的数量。

在具体操作思路上，企业可以根据自身情况选择不同的 PGC 策略，构建适合自己的内容矩阵。

（1）在品牌预算充裕的情况下，可以先通过"明星+头部 KOL"制造话题，进行产品内容曝光；后续通过"中部+底部 KOL"进一步扩散。因为用户关注的 KOL 通常重合度不高，因此通过多样化的 KOL 种草，能从各个角度对用户进行交叉触达。另外，通过反复强化产品认知，更容易促成用户购买。

理想的内容分发矩阵一般为金字塔形：头部明星（1～2个）+ 头部与中部 KOL（50～100个）+ 底部 KOL（300个），如图 4-4 所示。

（2）在品牌预算有限的情况下，对于一个新锐品牌来说，出于投资回报比的考虑，最理想的选择是与那些处于中部、有内容制作能力和发展潜力的中小 KOL 合作。

如果预算不够，只有产品，则可以考虑通过赠送产品的方式与中部及以下的 KOL 建立联系，邀请 KOL 体验产品，并配合 KOL 的内容选题进行植入，降低整体的支出成本。如果 KOL 非常喜欢这个产品，甚至有可能帮助品牌免费种草消费者。如果预算再充裕一些，可以直接联系中部 KOL，邀请撰写体验笔记，当然费用会比多品牌内容合集更高一些。

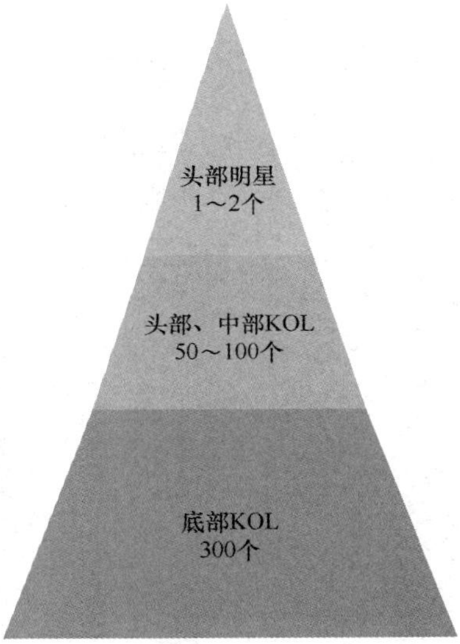

3. UGC

图 4-4 金字塔形内容分发矩阵

UGC（User Generated Content，用户生产内容）是指企业通过采取有效的激励措施，调动普通用户的积极性，让用户参与内容的生产和传播。

比如，2016 年江小白推出"文案定制"功能，用户扫描二维码，就可以制作自己专属的江小白文案。通过这种方式，江小白和用户之间的互动加强，用户不仅仅是江小白的消费者，同时也是内容提供者。

再如，蜜雪冰城通过发布品牌主题曲，并以线下门店唱主题曲送饮品为诱饵，引发抖音用户争相改编品牌曲。一时之间，包括方言版、英语版、粤语版等各种版本的蜜雪冰城品牌主题曲铺天盖地地出现在抖音平台，为蜜雪冰城带去了大量流量，使企业完成了从线下到线上的品牌营销。

还有，2021 年 3 月，淘宝开展了一次"大浪淘沙，百万寻雕"的活动，如图 4-5 所示。活动中，淘宝拿出 100 万元征集发生在淘宝上的"沙雕"（即搞笑）故事。开展这次活动，一方面增强了用户与淘宝之间的互动，另一方面为淘宝贡献了大量"内容"，增强了用户黏性。

用户更了解用户，用户生产的内容对消费者来说更亲切、更可信。而且，让用户参与内容生产能够增强用户的互动性和参与度，发挥其数量优势和流量优势，弥补企业生产能力及传播能力不足的缺陷。但用户创作的内容质量参差不齐、可控性差，难以保证营销效果，且对于一般企业而言，让用户参与内容创作本身也是一件难度较高的事情。

因此，企业想要利用 UGC 做营销，首先，需要采取有效的激励措施调动用户的积极性，吸引用户主动创作内容；其次，要注意控制内容的主题和方向，引导用户生产对企业有利的内容，而不是任由用户发挥，一定要避免"搬起石头砸自己的脚"。

在激发用户的创作欲方面，可以考虑以下手段。

① 提供惊喜体验。让用户在使用产品或者与品牌互动的过程中产生"超出预期"的体验，从而主动传播。

② 指派任务。可以设置各种挑战赛，也可以设置互动话题，吸引用户自发加入相关内容的讨论、再生产和人际传播中。

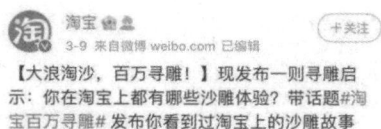

图 4-5 淘宝"沙雕"故事征集活动

③ 设置奖励。用实用性的礼品激发用户的参与热情。

在具体实施过程中，企业可用一些优质的品牌原生内容"抛砖引玉"，为用户提供话题，然后鼓励用户参与互动交流，促进内容再生产。这个过程被称为"品牌与用户的内容共创"。目前，已经有很多企业将"内容共创"纳入营销计划。

多年前，一封《吃垮必胜客》的邮件曾经火遍全网。邮件里面介绍了盛取自助沙拉的好办法，可一次盛到七盘的沙拉，同时还配有真实照片。这封邮件吸引了很多人到必胜客试验邮件里的方法，也有不少人另想办法，发起挑战。这些参与试验或挑战的用户纷纷拍照上传，一时之间，如何"吃垮必胜客"成为网上热议话题，同时必胜客也收获了大量用户。

再如，年度 GMV（Gross Merchandise Volume，商品交易总额）超过 50 亿的母婴"独角兽"Babycare 在公众号上征集"妈妈的故事"，打造《亲爱的博物馆》栏目，与用户共创公众号。在这个栏目下，有的用户分享自己养育兔唇宝宝的经历，有的用户记录自己生产时孩子脐带绕颈但最终转危为安的过程……这些用户在 Babycare 的公众号上分享自己的故事，帮助品牌收获了超高浏览量。

上述三种模式可以单独使用，也可以结合起来使用。比如，将 PGC 和 UGC 相结合就产生了一种新的内容生产模式 PUGC（PGC + UGC）。前面提到的人民日报发布的军装照 H5 小游戏《快看呐！这是我的军装照》就是一个典型的 PUGC 型内容；品牌提供模板，用户提供自己的照片，最后生成用户专属的军装照。PUGC 模式能够同时保证用户参与度和内容质量，未来应该会有更多品牌尝试 PUGC 型的内容。

## 六、内容营销的操作要点

### 1. 产品的内容化改造

内容营销要从产品这个源头抓起，当产品还在酝酿的时候，就应为其注入内容基因，打造内容性产品，为产品提供文化附加值和话题附着力，让用户可以通过产品进行互动。这样的话，产品就成了一种实体化的社交工具，能够借助植入的内容形成自营销。

比如，印有明星头像的T恤、江小白的酒、星巴克咖啡的精美拉花等，都是人们分享朋友圈的好素材。再如，"悟道""重燃""烈骏""行"等产品让李宁成为新"国潮"的代表，引发了很多人追捧。还有西贝的水盆羊肉、黄馍馍、张爷爷手工挂面等极具西北特色的美食，它们既是产品也是内容，已经成为人们体验中国地域美食文化的口舌通道。

事实上，产品、内容与广告之间的界限越来越模糊，产品即内容，内容即广告，内容营销也因此被认为是最具有长期营销价值的战略工具。

2. 内容的产品化运营

企业要用产品思维来设计内容，把内容当成一种产品来经营，不断地迭代，不断地更新，不断地推广，从而使内容可以不断地积累粉丝用户和品牌无形资产。

内容产品化运营的关键在于：第一，满足目标用户的核心需求，给予目标用户最好的价值体验；第二，辨识度高，如独特的风格呈现、易记易识别的包装等。

3. 绝不偏离企业调性

每家企业都拥有自己独一无二的价值观，也可称为企业调性。这是品牌经过漫长的时间和经历沉淀下来的文化，也是用户忠于产品的关键所在。做内容营销的同时，必须要紧扣企业调性，延续企业的风格和理念，让内容成为企业品牌战略的一部分。

4. 持续输出内容，形成内容IP

企业在做内容营销时，要专注于某个内容领域，在这个领域不断精耕，形成系列内容，直至成为这个领域的KOL，这样才能最大程度地影响用户的认知。要想办法积累、沉淀内容营销的成果，甚至形成一种IP化的资产，这样才能向用户展示企业的专业性价值，打造企业的人格化标识。

比如，新氧App是一家医美服务平台，其内容主要是关于"娱乐八卦"的，尤其是从专业角度分析明星整容事件的文章。由于明星整容这种事本身就是爆点新闻，再加上一些专业的分析内容，这些文章很容易引发女孩的传播热情。目前，新氧的微信公众号已经是娱乐类头部大号，头条广告报价大约在30万/条左右。再如，River Pools and Spas是一家游泳池安装公司，它把自己定位为"世界上最好的玻璃纤维池专家"，在官网上解答用户的各种问题，通过专业度赢得了很多用户的信赖。

5. 打造爆款内容

内容产业的"二八法则"极为明显，大到电影、综艺、剧集、游戏，小到KOL、表情包，出名的只有20%，80%的内容都是20%的陪衬。因此，企业不仅要长期持续输出专业内容，发挥长尾效应，而且要着力打造爆款内容，发挥爆点效应。要总结爆款内容的特点，将点和面相结合，从广度和深度两个方向全方位地打造品牌的专业形象，提升品牌的知名度和美誉度。

6. 内容与营销信息自然融合

用户是聪明的，他们完全能够识别广告内容和营销内容。因此，开展内容营销时，既不能只专注于产品本身，那样就变成了自卖自夸的广告；又不能与品牌及产品无关，那样则无法给用户带来消费联想。要将内容和营销信息进行自然融合，在以品牌目标为导向的商业需求和以用户价值为导向的用户需求之间取得平衡，通过自然贴合品牌特质的内容影响用户的品牌认知，通过真材实料的内容打动用户。

比如，蘑菇街为了解决"95后"女生的穿搭灵感难题，特意打造了一家"买手解忧店"，邀请明星作为"买手"店主，根据"95后"女生最喜爱的题材打造系列网剧，巧妙地将穿搭烦恼场景化。神奇的穿搭灵感引发了"迷妹"们的热议，她们可以边看边买，因为每个故事里的"解忧穿搭"都可以在蘑菇街找到。

与蘑菇街的成功做法形成鲜明对比的是自然堂在新冠疫情期间的一次内容营销。2020年，自然堂以"木兰"为名拍摄了一个国漫风格的动画视频，致敬在新冠疫情中英勇奉献的女性，把她们比作当代木兰。这段视频虽立意高、借势准，却很难让人产生品牌联想，很多人看完了视频，并不会因为动画联想到自然堂。

### 7. 用情感与消费者对话

企业的营销手段不能再是简单地给用户灌输思想，强行让用户去认同产品了，这种生硬洗脑式营销会让用户反感，要知道现在用户对于产品的关注点早已经从生活需求升级到了价值需求。

内容营销需要企业认真揣摩用户心理，从细节出发，专注品质和服务，围绕产品和服务提炼出内容，再通过营销手段让内容具有故事性、情感和生命力，这样才能打动用户。

### 8. 提供转化途径，缩短购买链路

内容营销，是内容为营销服务，而不是营销为内容服务。在传统营销时代，内容的传播和转化是割裂开的，试错的资金投入大，风险比较高；而在如今的互联网营销时代，各个平台都在完善产品的购买链路，构建从传播到转化的商业闭环，因此，用户可以通过内容直接完成购买行为，真正地实现"品效合一"。

内容营销产生实效的根基就是：引导用户的消费行为，优化行为路径，缩短购买链路。只有路径更短、行为更快，才能真正让"内容"产生"营销"。

2017年5月，百雀羚发布了名为《一九三一》的推文，该推文采用"一镜到底"超长图片的形式，讲述了一则发生在老上海的女特务的故事。图片的最后是百雀羚于母亲节推出的"月光宝盒"系列产品的广告。创意、电影剧情般的代入感、关于老上海的知识点和一些细节安排，以及与百雀羚这个老上海时期就存在的品牌的契合感，都让人拍案叫绝。这篇推文创造了营销"爆款"，获得了3000万+次的传播效果，但其转化率却不到0.08‰，可谓是"有声量无销量"。为什么会出现这种情况呢？最大的问题在于"种草"和"拔草"没有一体化。在"月光宝盒"的商品图下面有一段话：回到过去找到"百雀香粉"的广告牌，凭截图可向百雀羚天猫旗舰店的客服妹妹兑换优惠券。

转化流程之烦琐，让人头晕。在看完长图之后，拉回上面找到广告牌，截图，打开淘宝，找到旗舰店，找到客服，发送截图，领取优惠券，下单。从阅读结束，到下单购买，总共要经历8个步骤。按照最低标准计算流量损耗，假设每次损失10%的流量，基本上就会损失掉70%的流量，而实际上损耗的流量只会更多。

### 9. 内容生产标准化

内容营销是一场持久战，如果仅仅靠创意吃饭，会给营销效果带来极大的不稳定性。企

业必须想办法让整个内容的产出"标准化""可复制"。首先，要取消一些"重工业"式的生产，也就是说，尽量废除一些投入大、产出小的内容营销模式。其次，要拆解内容营销的生产环节，让生产模式可复制。

在具体操作上，包括：①构建文字、图片甚至视频类的素材库和案例库；②总结最佳内容的生产套路；③充分利用内容生产辅助工具，必要的话可借助 AI 工具进行智能化内容生产。

10. 重视用户评论

发布内容后还要对内容进行运营维护，包括回复评论留言、收集问题反馈等。有时候为了激发用户的互动积极性，还需要准备精彩评论进行"自评"。因此，平时可多收集一些相关领域的精彩评论。

### 七、内容营销经典案例

#### Growing IO 的全方位内容营销

Growing IO 是一个基于用户行为、无需埋点的数据分析产品，主要面向企业的产品经理及数据运营人员。作为一种知识性产品，Growing IO 自带内容基因，其内容营销也做得非常到位、非常全面。

Growing IO 的内容营销形式主要包括以下几种。

干货文章：如给产品经理推荐书目、为营销者提供经营策略等，在用户看完了一篇干货文章之后，还会趁热让用户填表申请免费试用。

电子书：如 Growing IO 推出的电子书需要注册才能下载，这实际上是半强制性地引流。

H5 页面：如 Growing IO 发布了一个"互联网数据分析期中考试"的 H5 页面，这种形式和内容不仅切中了数据分析用户的关注点，而且连不懂数据分析的吃瓜群众也会觉得很有趣。

线上公开课：如在网易云课堂这类平台开设产品经理的数据分析公开课。

公开课笔记：Growing IO 不光发布线上公开课，还提供公开课笔记，并顺势在笔记末尾放上公开课注册链接，很多人正是看完笔记之后才决定上公开课的。

另外，Growing IO 还会举办数据分析方面的沙龙和会议，邀请行业大佬进行分享，与会者享受了这种福利，当然会更愿意使用产品。

Growing IO 的内容营销向我们展示了"向用户推送有价值的免费内容以促进商业转化"的正确姿势。

资料来源：半撇私塾网站.

# 第二节　IP 营销

在粉丝经济环境下，IP 已形成新的流量争夺入口。IP 将人群以个性化的方式重构，不再按年龄、性别、收入或职业分类，而是按共同的 IP 爱好聚合。在此情形下，品牌 IP 化成为下一个重要的营销手段。

## 一、IP 营销的概念

### 1. IP 的概念

美国迪士尼公司是全世界最成功的 IP 运营商，依靠米老鼠、唐老鸭、冰雪女王、大白等众多深入人心的动画形象，不但出版图书、拍摄电影、开发游戏，还创造了史上最成功的主题乐园。印有米老鼠等形象的玩具、服饰等衍生品所创造的利润甚至远远超过电影本身的产值。

IP（Intellectual Property），最初是一个法律范畴的概念，指的是凝聚了原创作者心智的"知识财产"，如文学、影视、音乐、设计等作品。而在网络语境中，IP 的含义得到了进一步的泛化，其表现形式更加多样化，它可以是一本小说、一部动漫、一款游戏、一首歌、一档综艺节目、一部电影或电视剧，也可以是一个故事、一个人、一个角色、一个形象、一个品牌、一种产品、一个名字、一个表情包，甚至是一句话。

比如，"春风十里不如你"这句话，最早出自冯唐的诗作《春》，原是一句诗文，后来因为特别走心，就成了一句脍炙人口的网络用语。随后优酷把它制成了青春爱情剧，由当红小生和花旦主演；而歌手李建以同名歌曲献唱电视剧时，它又成了一首歌，如图 4-6 所示。

图 4-6 "春风十里不如你" IP 改编
图片来源：搜狐网.

从一句话，衍生出了一首歌，一部剧，从文本形式变成了影视形式和音乐形式，跨越了书本、网络及电台。它早已突破了常规认知中以出版为主来体现版权的 IP 形式和外延。

虽然近年来 IP 的外延越来越广，包容性越来越强，但无论如何泛化，其本质仍然是"智力劳动成果"，或者说是"内容"，而且是具有吸引力、延续性和穿透性的内容。因此，也可以将 IP 理解为能够仅凭自身的吸引力，挣脱单一平台的束缚，在多个平台上获得流量、进行分发的内容。也就是说，知识财产本身还不能叫 IP，只是潜藏了成为 IP 的能量，只有当其被形象化、人格化，并且引爆流行之后才能算是真正意义上的 IP。就好比金庸的武侠小说，刚面世的时候还不能叫 IP，当小说从文学衍生到影视、游戏、动漫的时候，才成为 IP，如果越来越流行，就会演变成超级 IP。从这个角度来说，我们可以将 IP 理解为"引爆流行的知识财产"。

### 2. IP 的特点

从 IP 的概念解析中可以看出，IP 应具备以下三个特点。

（1）有内容。IP 承载的是信息内容，而信息是一种虚拟的事物，可以随时随地变化。因此，IP 具有很强的衍生能力，可以变换形态通过不同的媒体平台传播。IP 的形成正是因为源源不断的内容输出带来了强大的流量效应。因此，IP 本质上是通过持续不断地输出人格化的相关内容，维持其传播力和影响力的。

（2）有粉丝群。IP 提供给用户的不是产品的功能属性，而是一种情感寄托或价值认同。可以这样说，用户喜欢一个品牌往往是出于理性考虑，而喜欢一个 IP 则单纯地因为"入心"。因此，IP 就像"宝藏"，通过不断输出内容获得用户的情感共鸣和文化认同，逐步形成自己的粉丝群。

（3）有商业变现价值。一个成功的 IP 应该具备商业变现价值，比如，漫威的漫画可以改编成电影、电视剧或游戏，也可以衍生出服饰、玩具等周边产品。企业打造 IP 时应该充分考虑后续的内容开发和变现空间。

3. IP 营销的概念

IP 营销是指企业利用 IP 为品牌或产品赋予更多的"内容"，使品牌或产品人格化，再通过人格化来输出价值观，通过价值观来聚拢粉丝，让粉丝在认可其价值观的同时实现身份认同和角色认同，进而信任其产品或服务的一种营销策略。

IP 营销利用的是人们"爱屋及乌"的消费心理，用户喜欢某个 IP，就喜欢与这个 IP 有关的所有东西。比如，某个喜欢钢铁侠的漫威迷可能会看所有关于钢铁侠的漫画、电影，会穿印有钢铁侠的 T 恤，会买钢铁侠的玩具等。无论是漫画、电影，还是 T 恤、玩具，都因为与钢铁侠这个超级 IP 产生了连接而变得与众不同，对钢铁侠迷来说，它们具备了精神属性和情感属性，不再是没有生命的普通物品，而是具有特殊意义的 IP 化产品。因此，IP 营销的本质是通过 IP 和用户形成独特的情感联系、达成独特的文化共识。

## 二、IP 营销的模式

IP 营销的模式主要包括两种：打造 IP 和捆绑 IP。

1. 打造 IP

这种模式适用于那些自身实力比较强大、粉丝基础较好的企业。企业通过对消费者和市场环境的洞察，围绕品牌或产品设计丰富的衍生内容，将品牌或产品打造为人格化、符号化或精神化的 IP。比如，褚橙的策划团队用了一系列关于其创始人褚时健的报道来完成产品的 IP 化转变，最终把"褚橙"演绎成精神符号；江小白通过各种"走心"的瓶身文案让江小白成为都市普通青年的代言人。

企业打造 IP 主要是为了达成以下目的。

（1）品牌人格化。塑造品牌 IP，可以降低品牌的"物"性，提升其"人"性，让品牌对于消费者来说不再是一个抽象的名字，而是一个有血有肉、可以互动交流的真实存在。比如，印在杯子上的美人鱼是星巴克最独特的标志，众多星巴克粉丝都把收藏星巴克杯子当成爱好；米其林轮胎上的卡通标志，让堆在一起的轮胎，看起来就像一个又憨又萌的人，而这个 IP 形象也帮助米其林成为全球最大的轮胎品牌之一。

（2）用户粉丝化。每个品牌都有其特定的价值主张和情感内涵，通过 IP 可以将企业的价值主张和情感内涵注入到产品或品牌中，赋予产品温度和态度，同时通过价值观和文化的输出，获得用户的身份认同和角色认同，实现粉丝经济。

（3）业务多元化。一个成功的 IP 不仅要能够跨平台、跨媒介传播，还要具有很强的产品衍生能力。企业打造 IP 有助于实现业务多元化，在现有主营业务之外开发新产品、开拓新业务。

2. 捆绑 IP

这种模式是最常见的 IP 营销模式，适用于所有企业。企业通过与知名 IP 跨界合作，以较低成本吸引 IP 自带粉丝的关注和互动，并采用有效的捆绑和经营策略，将 IP 的粉丝逐步转化为品牌、产品自身的粉丝。

2018 年春节期间，电影《捉妖记 2》即将上映，麦当劳深度携手《捉妖记》知名 IP 胡巴，开启了一波"妖你团圆，更有滋味"的营销活动，用推广电影的方式来推广两个新产品——幸胡堡和团圆堡。

自 2018 年 1 月 24 日起，麦当劳全国各店就陆续化身清水镇"妖界"餐厅，让消费者在麦当劳里体验了一把"妖界"新年。其中最大的亮点是餐盘纸，上面印着许多只形态各异的萌物胡巴，消费者只需要数清楚胡巴的数目，并发送到麦当劳官方微信公众号，就会得到"妖界"新年祝福。此次活动形成了一波社交传播热潮，也再一次引发了人们对于即将上映的《捉妖记 2》的期待与关注。

捆绑 IP 的方式目前主要包括两种：开发定制产品和打造 IP 主题店。

（1）开发定制产品。开发定制产品是 IP 捆绑营销的主要应用形式。比如，优衣库与 KAWS（纽约当代艺术大师）联名推出定制款印花 T 恤，开售不久即刷爆朋友圈，一衣难求，售价仅 99 元的 T 恤被炒到了上千元。再如，泸州老窖为了在热门 IP《三生三世十里桃花》中进行植入推广，专门为片中出现的"桃花醉"酒进行注册销售。

（2）打造 IP 主题店。在门店中融合 IP 元素以打造主题店也是 IP 捆绑营销的常见形式。比如，亚朵酒店一口气联合 9 大国内知名 IP——QQ 超级会员、果壳网、同道大叔、虎扑、日食记、差评、穷游、花加、网易漫画，在上海虹桥枢纽国展中心的亚朵酒店打造了 9 间风格迥异的主题房。这些房间严格按照合作 IP 的风格进行布置，这些饱含个性化、文化属性的房间吸引了大批合作 IP 粉丝的关注。

企业捆绑 IP 主要是为了达成以下目的。

（1）传播广泛化。综艺、动漫、电视或电影作品等 IP 本身都具有话题性和传播性，都有庞大的粉丝基础和用户规模。品牌通过捆绑 IP 可以将 IP 自带的粉丝和流量导向品牌本身，并且能通过粉丝的自发传播有效地扩大营销效果，从而形成裂变传播。

（2）产品差异化。IP 能帮助企业实现产品差异化，因为产品差异化不只是品质差异，和消费者的连接方式越特别、越多，产品的差异化越明显。IP 能够为消费者提供情感寄托，满足其精神诉求。品牌捆绑 IP 后即可借助 IP 的文化魅力与消费者建立信任关系，为消费者提供产品功能以外的购买理由。

### 三、IP 营销的类型

IP 营销主要包括以下六种类型。

1. 品牌 IP 化

提起品牌 IP 化，很多人的第一反应就是"Logo 动物化"或者"品牌拟人化"，以至于我们手机屏幕上简直成了"动物园"，点击一个个 App 进去都是各种亲切可爱的卡通形象。

其实早在几十年前，老干妈就通过接地气的品牌名和真人版的商标而成为品牌 IP 化的先行者。由此可见，品牌 IP 化已经成为很多企业的共识，且已经付诸实践。

目前，品牌 IP 化主要是指品牌名称和品牌形象的人格化。

（1）品牌名称人格化。IP 营销可以从品牌或核心产品的名称开始，这是最省钱又高效、最简易又可行的方式。人格化的名称是指带有人或动物属性的名称，如三只松鼠、江小白、张君雅小妹妹、小茗同学、旺旺、酒鬼酒、天猫、猫眼、樊登读书等。有人统计过，三只松鼠正因为叫三只松鼠，在发展早期才比其他非人格化名称的淘品牌高出至少 30%的流量转化率；江小白如果不叫江小白，那么早期低成本、不打广告的营销就会极其费力，自发传播的效果也不会这么好。对于新品牌、新产品来说，一个人格化的、生动的名称，会让营销推广事半功倍，尤其是对高频次复购的消费品而言。

（2）品牌形象人格化。品牌形象人格化就是把抽象的品牌打造成一个具体的、人格化的形象，可以是人，也可以是动物，还可以是机器人。比如，QQ 就是一只小企鹅；天猫就是一只小黑猫；京东就是一只小白狗；三只松鼠就是名为小美、小酷、小贱的三只松鼠；江小白就是一个"都市平凡青年"。需要注意的是，人格化的形象不一定要很萌，也可以很酷、很拽、很骚、很丧，其身份、个性、社会属性才是最重要的。比如，创意美食类的短视频账号"办公室小野"就打造了一个普通白领的人设；儿童教育类的微信公众号"常青藤爸爸"则打造了一个美国常青藤大学毕业的精英爸爸形象。

人格化的品牌形象更容易被人记住，也更容易让人亲近，有利于缩短品牌与用户之间的距离，促进品牌与用户之间的互动。

2. 产品 IP 化

产品 IP 化是对品牌 IP 化的扩展和深化，也是最容易实现的 IP 营销方式。产品 IP 化主要在于对产品及包装进行价值挖掘，以此实现和用户的情感连接和价值共振。常见的做法包括以下两种。

（1）产品内容化。如前所述，产品本身也可以成为内容的载体，如故宫皇帝杯（见图 4-7）、可口可乐的弧身瓶（见图 4-8）、江小白的表达瓶、M&M 的卡通造型巧克力豆（见图 4-9）、优衣库与各种 IP 联名推出的 T 恤等。将品牌的情感及价值内核通过产品或包装展现出来，能够给用户带来惊喜，引发用户自发传播，这样不仅能节省推广费用，还能与用户产生互动，获得用户的文化认同和情感共鸣。因此，今天的产品设计需要故事化、人格化等。

图 4-7　故宫皇帝杯

图 4-8 可口可乐的弧身瓶

图 4-9 M&M 的卡通造型巧克力豆

产品内容化不仅是指将产品设计得更有故事性、更人格化,还包括为产品赋予有魅力的内容。比如,企业可以围绕自己的经典产品开发文创作品,提升产品的文化附加值。最具代表性的案例是奥利奥饼干和可口可乐。奥利奥将经典的黑加白夹心饼干变成 IP 元素,堆砌了故宫和《权力的游戏》的奥利奥版片头;可口可乐与艺术家合作,将自己的弧身瓶做成了各种艺术品,在全球展览,并开设了 IP 化产品主题店。

(2)产品联名化。IP 联名产品近几年非常流行,各种跨界合作层出不穷。但由于越来越多的企业跟风,话题效应正在不断下降,企业若想取得成功需不断创新应用形式并长期坚持。

3. 服务 IP 化

企业可以对服务进行形象化、场景化的设计,使之更具亲和力、更人性化,给用户带去情感化体验。比如,各大 App 都为其智能客服起了一个人性化的名字,如"淘宝小蜜""百度小度"等。再如,三只松鼠的客服以松鼠宠物的口吻与用户进行交流,用户成了"主人",客服成了"宠物"。客服可以撒娇,可以通过独特的语言体系在用户大脑中形成更加生动的形象。又如,前几年比较火的"熊猫不走"蛋糕,在用户的生日宴会上提供免费跳舞服务,为用户提供了更好的生日服务。

4. 个人 IP 化

个人 IP 化与企业找代言人是类似的逻辑。个人是真正人格化、形象化、故事化的,而这些都是 IP 属性。因此,将与企业相关的个人打造成 IP 相对来说更为容易。

目前,企业家个人 IP 化是最常见的方式,如格力的董明珠、小米的雷军、特斯拉的马斯克等。在新媒体时代,企业家个人往往比企业广告还能发挥更好的传播作用,甚至能直接带动销售(企业家直播带货),因为企业家都是有故事的人,而这些故事会比广告更容易引起用户共情。此外,公司高管、技术专家、合作伙伴或其他与公司有特殊渊源的人都可以进行 IP 化打造。

5. 渠道 IP 化

渠道 IP 化目前主要体现在两个方面。

（1）店面 IP 化。店面 IP 化的方法也包括两种：一是如前文所述，在门店装修时融入其他知名 IP 元素打造 IP 主题店；二是创新店面设计，在店面中注入情感元素和文化属性，让店面本身成为 IP，如近年来涌现的各种网红店，在装修风格上都各具特色。

（2）通过虚拟主播 IP 来直播带货。虚拟主播可以是品牌自身的动漫形象，如京东小狗 Joy，也可以是知名 IP 形象，如美国队长或白雪公主。

6. 活动 IP 化

企业可以举办或赞助一些富有魅力的活动来输出企业的价值观，以此获得用户的情感共鸣和文化认同。比如，淘宝的"双十一"、京东的"6·18"；再如，得到创始人罗振宇的"跨年演讲"，江小白赞助的 YOLO 嘻哈音乐节等。无论是商业活动，还是文化活动，无论是长期活动，还是短期活动，只要能与用户建立独特的情感连接和价值共振，都有成为 IP 的可能。

总而言之，企业开展 IP 营销可以从品牌、产品、服务、个人、渠道及活动等多个方面入手，不同类型的企业应根据自身情况选择不同的切入点和侧重点。而在上述六种类型的 IP 营销方法中，品牌 IP、产品 IP 及个人 IP 是企业 IP 的主要构成部分，其中产品 IP 是底座，品牌 IP 是核心，而个人 IP 则是助推器。

### 四、打造 IP 的基本路径

IP 营销包括打造 IP 和捆绑 IP 两种模式，捆绑 IP 的做法与跨界营销类似，因此本节不再赘述，本节主要介绍如何打造 IP。

商业品牌打造一个 IP，需要将这个 IP 当作一个人来看待。首先，要对这个 IP 进行开发设计，包括角色定位、形象设计、精神内核设计等；其次，需要通过各种有趣、有料、有情的故事或内容来演绎推广这个 IP；最后，还需要通过各种商业衍生行为进行价值变现。

1. IP 开发设计

如前所述，开发一个 IP 就如同设计一个角色，而衡量一个角色成功与否的指标分"外在"和"内在"两部分：外在，指的是 IP 的"辨识度"，也就是这个 IP 角色能否让用户"一见钟情"；内在，指的是 IP 的"精神契合度"，也就是这个 IP 角色能否让用户"一见如故"。因此，企业开发一个 IP，就是对这个角色进行从内到外的设计。设计内容主要包括以下三个方面。

（1）角色定位。每个 IP 角色都要个性鲜明、定位明确，这样才能与用户产生情感共振，才能在用户心目中留下深刻的印象。比如，加菲猫的"懒"定位，超人的"英雄"定位，蜡笔小新的"贱"定位，机器猫的"解决童年苦恼"定位，大白的"呵护"定位，Hello Kitty 的"萌"定位等，如图 4-10 所示。这些强大而持久的 IP 无不具有清晰且独特的角色定位。

IP 的角色定位决定着品牌情感的丰富度，也影响着后续故事内容的创作。好的角色定位可以锁住用户的注意力，影响用户的情感，便于后续传播。

（2）形象设计。好角色一定是可以让用户"一见钟情"的，这就要求 IP 角色的形象要有辨识度。如果 IP 辨识度本身就有问题，那么 IP 的人格定位、故事及价值观都无从谈起了。前面提到的经典IP角色，如加菲猫、超人、蜡笔小新、机器猫、大白、Hello Kitty、小猪佩奇、皮卡丘、米老鼠、唐老鸭、小黄人等，都具有很高的辨识度。这些IP形象除了都带有人的属性，还有一个共同点："是而不像"。是某一种动物，却又不像这种动物；是一个人，却又不像普通人。"是"才能让人认识，"不像"才能让人记住。因此，企业在设计IP形象时要充分发挥创造性，对IP原型进行不拘一格地再设计，以提升其辨识度。

图4-10　知名IP的角色定位示例

（3）精神内核设计。好的IP不仅会让人"一见钟情"，还能让人"一见如故"。一切伟大的IP角色，都寄托了人类内心深处的某种精神追求。比如，大白代表了人类对无条件关怀的期盼；超人代表了人类对超自然力量的幻想；蜡笔小新代表了人类对童言无忌的渴望。企业塑造IP角色，不仅要设计独特的外在形象，还要赋予其丰富的精神内核。

IP的精神内核包括人格、文化、情感、价值观等多方面的内容。一个成功的IP角色至少应在某一个方面具有突出的表现。比如，人鱼公主具有舍己救人的品质；复仇者联盟成员具有拯救世界的追求；大白贴心，是个情感细腻的暖男；柯南聪明，是个知识渊博的天才。而在近年来崛起的品牌IP中，KAWS代表了一种流行文化；江小白表达了当代年轻人的内心情感；苹果诠释了追求极致、不断创新的价值追求。

每个企业都有其要传递的价值观，IP角色所承载的精神内核正是品牌价值观的直接体现。品牌通过IP精神内核的输出感染用户，吸引用户，让用户由需要转变为热爱，由热爱转变为痴迷。

2. IP运营推广

开发一个IP角色后，还要运用一系列营销推广手段让它成为知名的IP。推广的主要步骤如下。

（1）持续输出故事内容。企业打造IP，只设计一个IP形象是远远不够的，没有故事，这个形象就没有"生命"，就不会有用户与其共情。很多品牌IP化失败的原因就在于故事的缺失。喜欢听故事是人类的共性，没有故事的支撑，IP形象便缺少了话题传播的介质，而失去谈资的IP是很难成功的。因此，企业设计一个角色后，还要通过故事内容演绎这个角色，让这个角色"活"起来。可以说，故事是角色的载体，是IP的血与肉。

这里所说的"故事"不局限于常规意义上的故事，它具有更为宽泛的含义，可以是文章、视频或动画，也可以是海报、话题，甚至可以是行为艺术或表情包等。比如，布朗熊的故事就是Line上的一个个表情包；大黄鸭的故事就是跨城市的行为艺术；熊本熊的故事就是一个个新闻事件及话题。简单地说，故事就是这个角色做了什么，说了什么，经历了什么。

打造IP的过程实际上就是输出故事的过程，要想让IP具有持久的生命力，就需要持续不断地输出有魅力的故事内容。因此，在IP开发的初始阶段，就应该预留足够的空间，确保未来可以源源不断地生产内容。比如，好莱坞大片的开放式结局就为续集的拍摄预留了空间。

（2）多平台、全方位传播。角色需要通过故事来演绎，而故事也需要通过舞台来呈现。对于企业IP来说，这个舞台一方面是指IP的载体，包括产品、服务、个人、渠道、活动等；另一方面也是指IP的传播渠道。只有多平台、全方位地展现IP内容，才能提升IP的知名度，扩大IP的粉丝群。

比如，阅文集团对旗下热门小说《全职高手》中的虚拟人物以"IP+idol"的模式进行开发。《全职高手》的主角叶修生日当天，阅文集团联合旗下元气阅读App号召粉丝参与线上应援，将叶修"送上"上海花旗大厦的电子大屏，闪耀黄浦江，成为国漫领域红极一时的虚拟明星。

（3）保持互动。商业品牌在创造一个IP的时候，一定要设定可以与粉丝互动交流的平台，如果只有单向的倾诉，是无法让粉丝进入角色的；而粉丝只有进入角色，才会具有参与感和归属感，才会成为IP的铁杆粉丝。此外，粉丝与品牌进行互动交流的过程实际上也是内容共创的过程，能够弥补品牌内容生产能力的不足。

3. IP变现

企业打造IP不仅能够为现有品牌和产品赋予人格和情感，促进品牌传播和产品销售，还能帮助企业开发新产品、开拓新业务，丰富盈利渠道。

作为全世界最著名的IP制造商，迪士尼的盈利模式被许多企业借鉴和参考。数据显示，在迪士尼的利润中，票房只占了很小的一部分，其余大部分的利润都来自IP衍生品、IP授权和相关产业，如迪士尼主题乐园等。

迪士尼的成功得益于其独特的盈利模式——轮次收入模式（见图4-11）：首先，通过像《疯狂动物城》这样的超级IP让全世界影迷尖叫；其次，凭借旗下密集的媒体渠道，对IP进行铺天盖地的宣传推广，并获得版权营业收入和用户订阅费；再次，通过主题乐园让用户与IP互动，线下体验虚拟童话世界，诱发餐饮、住宿、购物等一系列消费行为；最后，用品牌授权和周边衍生品收割IP的死忠粉。

一个IP要想通过商业变现获得长久发展，必须有不断开展跨界合作、提供衍生周边产品和服务的能力。常见的商业变现方式有：衍生品开发、影视漫画改编、出版、展览活动、IP授权等。

IP授权即IP所有者将版权授予其他主体使用。IP授权不仅能够为IP所有者带来版权收入，而且有助于IP曝光率和知名度的提升，而知名度的提升又能进一步促进IP转化和变现。如此循环递进，IP版权方和使用方都能从中受益。

目前，IP授权主要包括以下10种模式。

① 衍生品授权。衍生品授权就是将IP元素直接用于实物商品上。衍生品授权是最普遍也是最简单的授权方式，常见的衍生品包括服饰、玩具、礼品、摆件等。比如，《哪吒之魔童降世》大火，版权方就对歪瓜出品进行了手绘角色立牌、金属滴胶挂件、Q版亚克力牌、钥匙扣等一系列的周边授权。

② 外包装授权。外包装授权就是仅将IP元素用于礼盒外包装或物流外包装上，而产品

本身并没有使用 IP 元素。外包装授权常常出现在食品、化妆品等包装上,很多品牌的联名款采用的就是此种授权方式,如 LINE FRIENDS 与谜尚的彩妆联名。

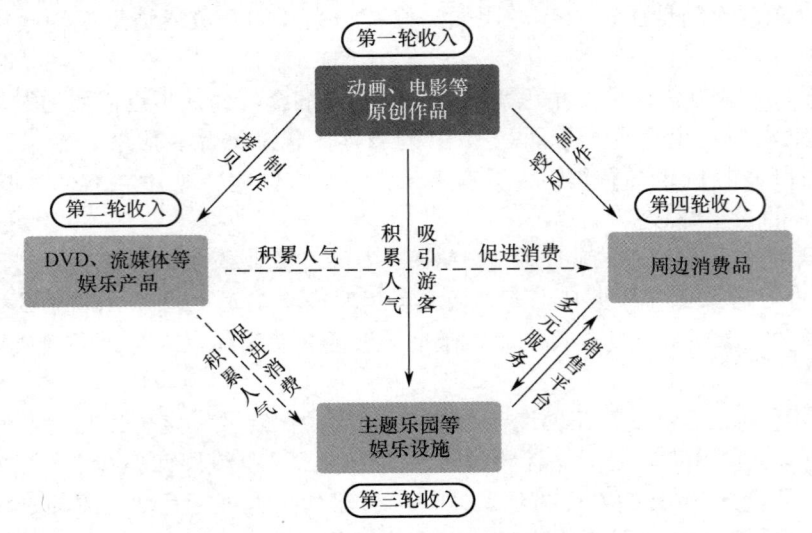

图 4-11　迪士尼的"轮次收入模式"

图片来源:新浪网.

③ 礼赠品授权。礼赠品授权就是将 IP 元素用于"非卖品"上,如麦当劳、肯德基的儿童套餐里赠送的玩具、购物袋、小挂件等。

④ 营销授权。营销授权就是将 IP 元素用于营销推广上,如营销海报、推广软文、网店装修等。

⑤ 数字虚拟授权。常见的数字虚拟授权包括表情包授权、壁纸授权、输入法皮肤授权等。

⑥ IP 改编授权。IP 改编授权就是将 IP 内容改编为影视、动画、游戏等,授权方式主要适用于文学类 IP、名人类 IP 等。对于拥有 IP 的企业而言,把 IP 转变为另一种媒介形式呈现给用户,实现"一鱼多吃",可以将 IP 内容的价值最大化。比如,像漫威一样,把漫画改编成电影,再把电影改编成游戏;或者是像江小白这样,凭借各种触动人心的文案走红后,将文案故事化,制作成动画作品《我是江小白》。

⑦ 线下实体店授权。线下实体店授权就是将 IP 元素用于实体店装修,如各种主题餐厅、主题咖啡厅、主题商城等。

⑧ 主题乐园授权。主题乐园授权就是运用 IP 元素打造主题公园。比如,华强方特借势《熊出没》开发了《熊出没》主题乐园设施,从而让方特当年的营业收入创新高。

⑨ 公共交通授权。公共交通授权就是将 IP 元素用于公交车、地铁、飞机的外部涂装以及内部装饰等。

⑩ 植入冠名。影视植入、综艺冠名等也是一种常见的与 IP 产权方合作模式。植入冠名包括影视或动画植入、综艺节目或活动冠名等。

目前,IP 授权的形式越来越多,应用越来越广泛。但需要注意的是,IP 授权并不是越多越好,要结合品牌发展战略量力而为,太过透支品牌 IP 资产,可能会削弱 IP 的影响力,反而得不偿失。

## 五、IP 营销经典案例

### 熊本熊的走红之路

熊本熊，最初只是一个日本九州熊本县政府的地区吉祥物，设计这个吉祥物的初衷是在九州新干线通车后推动经济。但熊本熊推出不到三年，认知度已经是全日本第一，甚至超越了米老鼠和 Hello Kitty。

熊本熊的成功与其幕后团队在 IP 设计和 IP 运营方面的精心投入密不可分。

首先，在 IP 设计方面，熊本熊的形象充分结合了当地特色。两位设计者小山薰堂和水野学把吉祥物命名为"Kumamon"。这个名字结合了"熊本"（Kumamoto）与熊本县方言"人"（Mon）的发音，意为"熊本人"，明确了熊本熊出自熊本县的概念。此外，为了突出本县特色，水野学还以熊本县的主色调黑色与萌系形象经常采用的两颊腮红（红色也蕴含了熊本县"火之国"的称号）为基础，创作出了数千种形象组合，最后在其中选出了如今看到的呆萌的熊本熊形象。

其次，在 IP 运营方面，熊本熊的幕后团队把"熊本熊"当成明星一样去推广，专门为它策划了一个又一个新奇的活动，掀起了一波又一波舆论热潮，如图 4-12 所示。

| 主题展览 | 时装秀 | 工艺活动 |
| --- | --- | --- |
| 拉面馆 | 汽车 | 日常 |

图 4-12　熊本熊的 IP 运营活动

图片来源：公众号@4A 营销广告圈.

1. 变身公务员派发名片

在 2010 年，县政府聘任熊本熊为临时公务员，县知事蒲岛郁夫把"在大阪分发一万张名片，提升熊本县知名度"的任务交给了它。

2. 玩失踪

在大阪出差途中，贪玩的熊本熊被大阪繁华的都市景色迷住，到处去浪，最终下落不明。蒲岛知事为此大张旗鼓地召开紧急新闻发布会，号召看到熊本熊的人发 Twitter 消息告诉县政府。很快，寻找熊本熊的任务成功引起了大阪人的好奇和关注，全城上下都在留意有没有一头熊出现。终于，在全城大搜寻中，有人找到了这只熊。至此，熊本熊在全日本一炮而红。

3. 找腮红

2012 年，熊本熊遗失了自己两颊的腮红。没了腮红，熊本熊就只是普通的熊，也无法拥有"火之国"的内涵。县政府认为此事件非常严重,蒲岛知事再次紧急召开新闻发布会,表示县政府已成立调查组专门调查此事,并号召大家帮熊本熊找回腮红,熊本熊也跑到东京警视厅报了案。县政府还在各地张贴"寻腮红启事",甚至通过电视台发出。后来,腮红终于在县内的番茄田和草莓田中找到,重新回到熊本熊的脸上。

其实,熊本县政府是希望通过这一事件,让外界了解"红色"对于熊本县的重要性。因为它不仅代表了熊本县的火山地理,更代表了当地众多美味的红色食物。事后有日本媒体表示,这次事件达成了价值 6 亿日元(约合 3360 万元人民币)的广告营销成果。

4. 参加冰桶挑战

当冰桶挑战火遍全球时,熊本熊也没有放过这次机会。营销团队还为此设计了一系列符合人设的标志性动作,被泼水的经典片段至今仍是很多日本人的表情包。熊本熊参加冰桶挑战,极大地增加了知名度和影响力。

5. 减肥失败被降职

2015 年,熊本熊还由于偷吃巧克力导致为期半年的减肥计划宣告失败,从营业部部长被降职为代理营业部部长。发布会上,熊本熊则借机告诫所有减肥者应当以自己为戒,并强调加强运动及多摄入熊本县本地蔬菜的重要性。

6. 拍摄生活视频

营销团队还为熊本熊拍摄了一系列让人捧腹的生活视频,如从新干线列车上摔下、烧菜起火受惊吓、掀女生裙子、玩蹦极、与千叶县吉祥物当众开撕等。这一连串举动让熊本熊成为无数"熊式"吉祥物和卡通形象中最会"作"的那只。

7. 收集卡片,召唤神龙

熊本熊名片有 32 种,正面相似,反面分 8 个不同底色和 32 句不同的话。它每天只给同一个人发一张名片,如果想要不同种类,必须改天再去网上查找它可能的出没地去堵截。这些名片后来被熊本公务员汇集成一套完整版藏品,一个日本人以 4.5 万日元价格拍下。

值得一提的是,根据规定,熊本熊 IP 的使用不需授权费,只要通过县政府审核,证明商品有助于熊本县的宣传就可以使用。这就导致许多公司为了博得熊本熊粉丝的好感,都主动注册使用熊本熊的形象。如同滚雪球一般,熊本熊的曝光率越来越高,很快就被打造成一位全国明星,吸引了来自全日本的游客赴熊本县观光。

据日本银行估计,自 2011 年推出此 IP 后的两年,熊本熊就已经为熊本县带来超过 1000 亿日元的商品销售和额外旅游收益,而熊本熊在 2018 年的周边产品销售额更是达到 1500 亿日元以上。

资料来源:百家号@深响.

思考:熊本熊的案例给旅游业的发展带来了哪些启示?

## 案例讨论

**可爱多和《魔道祖师》的跨次元营销**

可爱多是和路雪旗下的一个冰激凌品牌,深受年轻人喜爱。《魔道祖师》是由腾讯动漫推出的动画节目,改编自同名网络小说,该动画节目在播放到第 8 集时播放量已经超过 10.8

亿次，豆瓣评分曾达 8.9 分。可爱多为了推广其品牌和产品，与腾讯动漫合作，围绕《魔道祖师》开展了一次成功的跨界 IP 营销。

可爱多之所以选择《魔道祖师》，是通过腾讯大数据对自身与《魔道祖师》的消费人群进行洞察匹配后做出的选择。腾讯大数据显示，可爱多的核心消费人群对二次元文化内容具有高度偏好。也就是说，其核心消费人群与国内动漫受众人群高度重叠。此外，冰激凌消费易受用户情感影响，而文创 IP 在调动用户情感方面具有独特的价值。于是，可爱多特意联合国漫大 IP《魔道祖师》，借助圈层文化，为品牌俘获了更多的二次元消费群体。

可爱多与《魔道祖师》的合作主要包括以下内容。

1. 定制产品

《魔道祖师》于 2018 年 7 月播出，可爱多则从 3 月起就在微博上开始宣传预热，并推出了"五大男神，五种口味冰激凌"，将动画中的五位人气角色分别与可爱多冰激凌的五款口味相对应，还设计了角色专属包装，如图 4-14 所示。特别包装的冰激凌一经推出就受到粉丝们的疯狂抢购和热烈追捧，粉丝们纷纷在微博上晒出自己收集的冰激凌包装并讨论完整保留包装纸的"撕包装大法"。甚至有粉丝表示，为了收集一套完整的包装纸跑遍了城里的大小便利店。

鉴于网友的热捧，可爱多在微博上开展了话题讨论、转发微博和平台抽奖等活动，使"可爱多&魔道祖师"话题的阅读量接近 9000 万次，讨论量 11 万次。截至 2018 年 7 月底，可爱多冰激凌的销量已达 2.4 亿支。

2. 定制广告与剧情软植入

在动画开播前，可爱多先发布了一组"可爱多&魔道祖师"的定制广告，如图 4-15 所示。动画片两位主角魏无羡、蓝忘机在广告中亮相，成为可爱多新的代言人。这组广告的内容为剧中两位主角拿着可爱多冰激凌喊出口号"简单一点，可爱多了"。2019 年 5 月 20 日，可爱多又借势"告白日"热点，推出了 520 蓝忘机的"霸气宣言"和魏无羡的"率真出击"表白广告片。由于广告是专为角色量身打造的，广告词设计也符合角色人设，因此粉丝接受度很高。而且广告制作精良，即便被放在《魔道祖师》动画片片头播出，也没有引起观众的不满，甚至有观众感叹广告和动画一样好看。

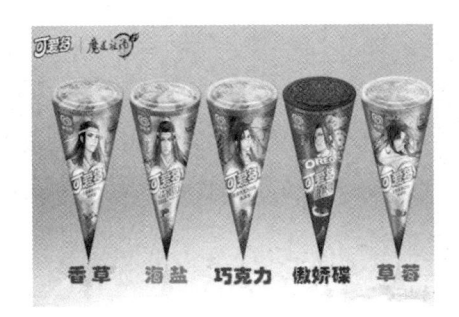

图 4-14 魔道祖师版可爱多冰激凌　　图 4-15 可爱多&魔道祖师定制广告

除了"硬广"，可爱多与《魔道祖师》还有"软广"的合作，主要表现为动画片剧情的软植入。可爱多把广告植入动画的场景、道具和情节，如主角感叹"真美慕吃可爱多长大的人啊"，引起了热烈的弹幕讨论。

### 3. 线上线下联动促销

可爱多和《魔道祖师》的合作还延展至线下。2019年5月20日，可爱多联手喜士多、华润万家等2万家零售店，开启了"1元抢购可爱多"活动。品牌通过朋友圈选择卡片广告，让用户近距离接触《魔道祖师》两大代表人物——魏无羡和蓝忘机，进行"率真出击"和"霸气宣言"两种不同表白方式的选择互动。如果用户点击"一键领走表白神器"选项，小程序会为用户推荐附近门店，让其领取可爱多优惠券并通过微信支付平台完成自动核销，原价4元的可爱多只需1元。用户在线下购买可爱多之后，扫描二维码还将获得腾讯视频福利，如VIP观影特权。

该活动打通了线下门店和线上小程序的数据，实现了线上带动线下销量，线下又反哺线上热度，最终形成了完整营销闭环。

### 4. 线下主题活动与主题店

在第十四届中国国际动漫展——《魔道祖师》动画配音演员见面会上，官方限量发放纯净版可爱多包装纸，并允许粉丝与虚拟人物拍照合影。2019年7月20日，"可爱多&魔道祖师"快闪店在上海开业，当天，魏无羡和蓝忘机的配音演员阿杰和边江作为嘉宾出席快闪店揭幕仪式，并和现场粉丝进行了深入互动。而快闪店的餐点也和动画内容深度融合，创造了天子笑、水墨云梦、卷云抹额、随便等独创魔道餐点，让慕名而来的粉丝惊喜不断，大有冲破次元壁之感。

可爱多和《魔道祖师》的这波营销手法，通过线上线下联动打破次元壁，实现了全场景IP深度合作。在线上，通过定制产品、虚拟人物代言、剧情软植入等手段，为品牌造势，引发话题讨论；在线下，借助魔道款可爱多铺货上市、粉丝与虚拟动漫人物互动、快闪店等模式，打破次元壁，让品牌获得二次曝光。如此一来，不仅能够放大品牌声量，还帮助可爱多触达更多的消费者群体。

资料来源：搜狐网.

讨论：1. 可爱多和《魔道祖师》的合作运用了哪几种营销方法？
2. 可爱多和《魔道祖师》合作成功的原因有哪些？
3. 快消品品牌和动漫IP的合作还可以从哪几个方面继续深入？

## 思考与练习

1. 在广告越来越内容化的背景下，你认为内容营销与网络广告的根本区别是什么？
2. 内容营销中的内容指的是什么？包括哪些类型？
3. 如何评价一则内容的好坏优劣？
4. 开展内容营销时，内容供给问题如何解决？有几种供给方式？各有什么优缺点？
5. 在开展内容营销时，需要注意哪些事项？
6. 你如何理解IP？你认为IP的本质是什么？有什么特点？
7. 什么是IP营销？包括几种模式和类型？
8. 如何打造IP？难点在哪儿？对于普通企业来说，成功率如何？

## 技能实训

A 公司是一家生产创意小家电的企业,最近推出了两款个人护理系列产品:蒸脸器和补水仪。请采用内容营销、IP 营销等方法帮助其推广这两款产品。

1. 设计内容营销方案

从 BGC、PGC、UGC 中选择一种或多种模式开展内容营销。如果选择 BGC 模式,要求确定内容的形式、主题、风格、发布渠道等;如果选择 PGC 模式,要求确定与哪些 KOL 合作、如何合作等;如果选择 UGC 模式,要求确定内容主题和方向、激励用户创作的手段、用户发布内容的渠道等。

2. 设计 IP 营销方案

选择某一个 IP 开展 IP 捆绑营销。要求确定 IP 名称、合作方式等。

# 第五章 常规型网络营销方法

**学习目标**

◇ 通过本章的学习,掌握口碑营销、软文营销、饥饿营销的概念、模式、操作步骤及技巧等,理解三种方法的适用场景和优缺点。

**引导案例**

### 茶颜悦色是如何出圈的

在竞争日益激烈的行业环境下,茶颜悦色,这个于 2013 年创立、起源于长沙的奶茶品牌,却能快速出圈,甚至成为长沙的城市名片,其营销策略究竟有何特别之处?

**产品定位**

茶颜悦色锚定"中国风"市场空白,将自己定位为"新中式茶饮",并提出了"中茶西做"的新理念,在中国传统茶饮中融入西式做法,由此受到了追求国风和新潮生活方式的 Z 世代消费群体的青睐。

**文化营销**

茶颜悦色最直观的特点是"中国风",在产品名称、字体选择、装修设计、杯子画风、海报宣传甚至门店室内摆设上,处处透露着一股文雅风和古典风,如"声声乌龙""人间烟火""绿肥红瘦""凤栖绿桂"等饮品名称,印制在杯子上的故宫名画,适合拍照打卡的主题概念店"桃花源""竹林煮茶""别有洞天""活字印刷"等。

在国潮盛行的当下,这些将传统文化元素融入产品及视觉设计中的做法,提升了整个品牌的形象,也满足了消费者的分享欲和优越感。

**饥饿营销**

奶茶是非常容易进行饥饿营销的产品,因为一杯奶茶放置太久可能就过了最佳饮用时间,这在无形之中让更多消费者宁愿排队堂食,也不愿选择外卖。而茶颜悦色创立十年,门店仅有 500 多家,除湖南省内各大城市外,仅在武汉、南京、无锡、重庆等地设有门店,且全部直营,与其他茶饮品牌动辄"万店"的规模相比,实在"寒碜"。在此背景下,茶颜悦色"一杯难求":很多门店前大排长龙,一杯奶茶甚至被黄牛炒到几百元,小红书上的拼手速抢号攻略也异常火爆。

**口碑营销**

茶颜悦色的"特色服务",颇具新意又暖人心脾,常常为人所称道。比如,"丽蓉伞"服务,是指在门店中会常备一些雨伞,用于借给没带伞的顾客;"勇福杯"服务,是指店员会用品尝杯装一些奶油,用来哄顾客带来的小朋友;"娇娇再来一杯"服务,则是指顾客将饮品打翻后,店员会帮忙重做一杯。从创立开始,茶颜悦色便提出了"永久求偿权",只要觉得口味有异，可以在任何时间走进任何一家门店要求免费重做。此外，茶颜悦色还在自媒体平台设置了"投诉专线"和"我要表扬"专区，推文下面各种不满意的留言都会被放出来，并进行跟踪回访。在产品命名方面，茶颜悦色也会集思广益，如"筝筝纸鸢"这款产品的名字就是这样征集而来的，让用户深度参与到品牌中去。

资料来源：长沙晚报网.

思考：茶颜悦色主要运用了哪些网络营销方法？

# 第一节 口碑营销

口碑传播，一种最古老的传播方式，也是传播的一种未来式。因为社交媒体的发展让消费者与消费者之间的互动沟通更加便捷、高效，口碑传播的效果已经远远大于厂商对消费者的影响。未来，谁的消费者最会说故事，谁就拥有最强健的品牌。

## 一、口碑营销的概念

### 1. 口碑的内涵及作用

所谓口碑，即众人对品牌、产品或服务的评论。与广告、公关等商业目的明显的传播不同，口碑传播是非商业性的、非正式的、用户主动的。心理学研究表明，影响消费者态度的基本要素有四个：家庭和朋友的影响、消费者的直接使用体验、大众媒体的宣传推广和企业的市场营销活动。其中口碑往往起到至关重要的作用，所谓"酒香不怕巷子深""金杯银杯不如老百姓的口碑，金奖银奖不如老百姓的夸奖"。鉴于口碑传播在市场中的强大控制力，以及在影响消费者态度和行为中所起的重要作用，口碑被誉为"零号媒体"。事实上，口碑已经成为当今世界上最廉价的信息传播工具和最具可信度的宣传媒体。

需要注意的是，口碑是一把双刃剑，在口碑传播的过程中，正面的口碑影响力要小于负面的，所谓"好事不出门，坏事传千里""好的口碑引起8次销售，坏的口碑丧失25个客户"。

### 2. 网络口碑的产生机制

在网络环境下，填鸭式灌输与自我标榜式传播不再奏效，口碑传播的主角不再是企业和品牌机构，而是消费者。每个消费主体在企业营销中的地位已逐渐由被动转为主动，消费者拥有了更多的发言权。往往是广告内容说得再天花乱坠，广告画面再美轮美奂，也敌不过网友的一句真实评价有说服力。在互联网这个公开平台上，无论是正面的还是负面的信息都会以几何级指数的速度快速传播，即便是静悄悄地开始，也可能引起狂风暴雨式的最终结果。正如亚马逊的创始人贝索斯所说："在现实世界，如果你惹顾客不高兴，每个顾客都会告诉六位朋友；在互联网时代，如果你惹顾客不高兴，每个顾客都会告诉6000个人。"因此，网络口碑的传染力、影响力更大，同时可监测性、可控制性也比线下更强。

网络口碑的产生机制如图5-1所示，从中我们可以看到口碑传播的几个关键点：

① 优质的产品和服务是口碑传播的基础；

② 让用户对产品及服务产生良好体验的途径除了实际购买以外，还包括线上线下的各种活动，如试用或体验活动；

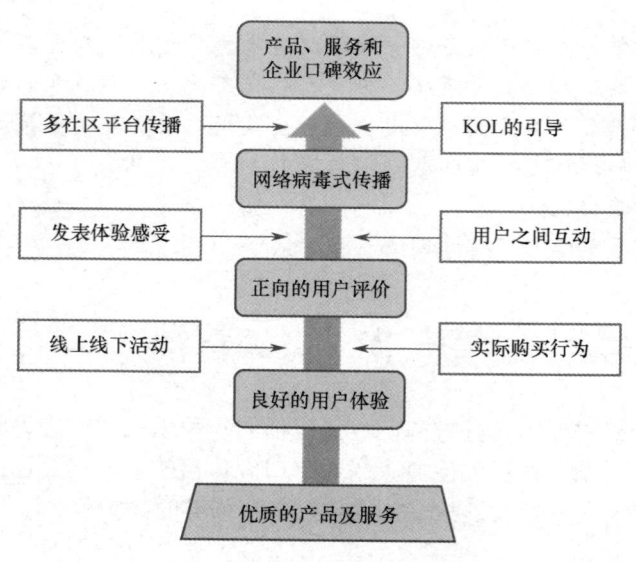

图 5-1 网络口碑的产生机制

③ 制造正向的用户评价除了良好的用户体验外，最重要的是需要有发表体验感受的平台及用户之间的互动；

④ 网络病毒式传播的关键，除了上面说过的基础，还需要多社区平台传播和 KOL 的引导。

3. 口碑营销的内涵

口碑营销大师马克·休斯曾提出，最具威力的营销手法，便是"把大众与媒体一起拖下水，借由口耳相传，一传十、十传百，才能让你的品牌与产品讯息传遍全世界"。另一位口碑营销大师安迪·塞诺威兹对口碑营销的理解是："创造一个理由，让人们谈论你的产品，同时，还要创造机会，让人们谈论时更加轻松自如。"

口碑营销是指企业运用各种有效的手段，引导用户对产品、服务或品牌进行交流和讨论，并鼓励用户向周边人群进行介绍和推荐的一种营销方式。这是一种以口碑传播为途径的营销方式，具有成本低、可信度高等特点。而网络口碑营销就是口碑营销与网络宣传渠道的有机结合。

口碑营销常常与病毒营销相提并论，甚至有些人直接将两者混为一谈，虽然两者都具有病毒那样"一传十、十传百"的传播效果，但病毒营销与口碑营销还是存在一定的区别：第一，病毒营销传播的核心是对用户来说有价值的"内容"，如一个段子、一张图片、一篇文章或一段视频等，而口碑营销传播的核心是用户对产品、服务或品牌的看法和观点；第二，病毒营销的传播动机通常是有趣、有料或有用，而口碑营销的传播动机通常是利他或炫耀；第三，病毒营销为企业带来的主要是知名度的提升，而口碑营销为企业带来的主要是美誉度的改变。两者从传播内容、传播动机到传播效果都存在一定的差异。

## 二、口碑营销的模式

1. 企业引导互动模式

企业引导互动模式是指企业在口碑平台以第三方的身份与用户进行互动，以此来传播企业的价值观、产品或服务的优势等。常见的操作方式有以下两种。

（1）问答。企业以问答的形式，在问答平台（360问答、百度知道、知乎等）、论坛、贴吧等平台上发声。通过"回答现有问题"或"自问自答"的方式，营造用户、专家及企业官方互动讨论的氛围，在平等的交流互动中，无形地将产品或品牌信息输出。

（2）评论。企业以评论的形式，在百度口碑、大众点评及论坛、贴吧、自媒体等多渠道发声。通过短评、文章的形式对品牌或产品进行评论，在用户阅读评论的过程中，将品牌或产品信息传播出去。

企业引导用户参与口碑互动虽然通常无法获得"爆发式"的传播效果，但在用户主动搜索口碑信息的时候却能在一定程度上影响用户的选择，而用户一般只有在已经产生明确的购物需求时才会主动搜索相关信息，因此，企业占领各大口碑平台无疑会让用户离最终的购买更近一步。此外，研究表明，用户接触产品、品牌的时间越长，参与互动的积极性就越高，传播正面口碑的概率就越大。因此，企业如果重视与用户的沟通交流，及时回应用户的问题和意见，将会极大地提升用户参与网络口碑传播的热情。不仅如此，企业多与用户进行互动，多倾听用户之间的谈话，还可以及时察觉负面口碑，及时处理问题；而且企业与用户公开的互动沟通还能引起其他人的注意，深化在用户心目中的品牌形象。

需要强调的是，企业应尽量选择以用户身份参与讨论互动，发表观点时也不宜"一边倒"地赞扬品牌或产品，适度指出企业或产品的小问题有助于提升信息的可信度。此外，在表达措辞上应尽量通俗化、生活化，这样才能让用户看懂并产生共鸣。

2. KOL参与模式

KOL，即意见领袖，又称舆论领袖，是一个源于传播学的概念，是指在人际传播网络中经常为他人提供信息，同时对他人施加影响的"活跃分子"。他们在大众传播效果的形成过程中起着重要作用，通常由他们将信息扩散给普通受众，形成信息传递的二级传播。通俗地说，KOL是一个圈子内的权威，他的观点在拥趸中会被广为接受，他的消费行为能被粉丝狂热模仿，如明星、行业专家都是传统意义上的KOL。但KOL未必都是名人，事实上，在网络时代，每个人都有可能是一个小圈子里的KOL。随着Web 2.0的发展，各大社交媒体、自媒体上诞生了很多垂直领域的网红，这些网红都或多或少能影响甚至左右粉丝的消费观念和购物意愿，可以说都是各自领域内的KOL。

KOL参与模式是指企业让KOL参与产品的生产设计或邀请KOL试用样品，并鼓励他们将产品评论发表在合适的传播平台上，以此来影响追随他们的用户群。

比如，小米公司早期做MIUI系统的时候，就通过"人肉"方式在各大论坛找到了1000名"种子用户"，让这些种子用户参与系统测试甚至系统开发，并通过这批种子用户的反馈来优化产品，然后再通过这批用户来宣传产品，吸引更多的用户。通过这种方式，小米迅速扩大了知名度、建立了良好的口碑。再如，国产化妆品牌完美日记向小红书、抖音等平台上的大小网红发放试用装，然后通过数以万计的KOL发表的产品评测笔记迅速走红。而很多企业推出的"走进生产车间""探访原料基地"等活动也是基于同样的考虑。

参与进去，获得亲身体验总是让人印象深刻的，也容易让人产生亲近感和认同感。在这种情况下，分享的欲望会更强，分享的内容也会更加真实可信，最后达到的口碑传播效果也会更好。

### 3. 用户推荐分享模式

用户推荐分享模式是指企业采取一定的手段，鼓励或激励用户向周边人群推荐产品或服务，以此来形成"口碑链"，发挥用户群体的数量优势。

采用用户推荐分享模式时需考虑用户传播口碑的动机或驱动因素，根据企业自身的情况，设计合适的推荐机制。一般来说，用户进行口碑传播的驱动力主要有以下三种。

（1）产品驱动。这就要求产品或服务具有明显优势或特色鲜明。比如，近年来崛起的网红品牌喜茶、茶颜悦色等无不因外观优美、设计独特、口感出众而引发用户的自动分享传播。

（2）精神驱动。这就要求品牌、产品或服务能满足用户的某种心理需求。比如，鸿星尔克在河南洪灾过后捐款 5000 万元，引发舆论热潮，一时之间很多人都以穿鸿星尔克为荣，并纷纷拍照转发朋友圈。再如，多年前 Google 在全球率先推出 1G 的免费邮箱，然后通过"邀请制"发放注册权限。已注册用户每人会获得为数不多的邀请资格，而其他人只有得到已注册用户的邀请才能注册。因此，每个人都以获得邀请为荣，很多人甚至想方设法寻找邀请资格。通过这种方式，Gmail 不费吹灰之力就迅速传播开来。

（3）利益驱动。这就要求企业为参与推荐分享的用户提供物质激励。比如，我们常见的"朋友圈集赞""分享即送优惠券"等都是属于这种情况。近年来，由于被众多企业大量使用，通过物质激励触发用户进行推荐分享已经难以达到理想的效果，因此需要考虑创新推荐方式。比如，少儿英语线上教育机构 VIPKID 采用了"双向激励"的用户推荐机制，如果现有用户向亲友推荐 VIPKID 的课程后成功促成交易，那么不仅推荐人能获得赠送课时，被推荐人也能获得赠送课时，这样不仅激发了推荐者的传播积极性，而且使推荐不再是"剃头挑子一头热"的事情，让被推荐者也乐意接收信息，并且消费的意愿将会更强。再如，2017 年 2 月，星巴克和腾讯合作推出了全新社交礼品体验"用星说"，微信用户可以通过这个社交礼品平台送朋友一杯咖啡，并附上定制祝福语，对方凭收到的微信卡券，就可以在门店扫码得到咖啡，让消费者可以随时随地表达情感和祝福。

## 三、口碑传播点的类型

用户不会无缘无故谈论某产品或品牌，我们需要给用户一个谈论的理由，这个理由就是口碑传播点。口碑传播点可以是关于产品的，也可以是关于服务的，或是关于企业活动的，选择的依据在于：第一，有助于用户对产品、服务或品牌产生正面评价；第二，具有话题性，易于引发用户传播和分享。口碑传播点可以自发形成，但好的口碑传播点却需要企业主动创造并培育。常见的口碑传播点主要包括以下几种。

### 1. 超出预期的产品或服务

开展口碑传播，最重要也是最有效的方法就是为用户提供超出预期的产品或服务。无论是产品的外观、性能、价格还是配套服务，只要能让用户获得意料之外的体验，那么就能让用户兴奋、激动，甚至是"尖叫"，进而产生强烈的传播欲和分享欲。

那么什么样的产品容易超出用户预期，让用户"尖叫"呢？一言蔽之：新奇特、高精尖。产品在某一方面做到极致，自然就能得到用户追捧。比如，小米手机从诞生起就一直追求高性价比；而苹果手机之所以被无数苹果粉钟爱，与它个性化的设计、各种新科技的应用甚至昂贵的价格都是密不可分的。当然，限量供应、一机难求也是小米和苹果手机备受追捧的重要原因。由此可见，只要产品性能突出、个性鲜明，就会有人喜欢，就有可能引发口碑风暴。

打造一款让用户"喜出望外"的产品固然是每个企业的追求，但并非每个企业都能实现这个追求，因为产品的研发设计是一项长期而艰巨的任务。对于普通企业而言，如果产品性能无法超出用户预期，那么可以在产品外观及包装、店铺环境及附加值上下功夫。而在对这些方面进行设计时，应着重考虑用户在精神和情感上的需求。比如，近年来新晋的网红品牌奈雪的茶、完美日记、花西子等，在外观设计上都非常独特，且融入了很多文化元素。再如，以年轻群体为目标用户的白酒品牌江小白，正是因为印在瓶身上的"走心"文案才迅速走红的。

除了产品，为用户提供超出预期的服务也是一个容易引发口碑效应的传播点。超出预期的服务是指在提供最周到的基本服务以外，还要用增值服务、差异化服务和创新式服务为用户创造"惊喜"。比如，因为考虑到用户购买坚果后一般会需要借助工具将坚果敲碎，吃完的果壳也需要处理，三只松鼠就在包裹中放置了一个垃圾袋和敲碎坚果的工具。这虽然增加了额外的成本，但是用户会被三只松鼠的细心和体贴所感动，从而告知身边的人。再如，有一次，一位女用户来到苏州小米之家维修手机，她当天的心情不太好，小米的店员现场送了她一个手绘彩壳——在她的手机后壳上手绘了一棵绿树。这位用户看到后心情大好，当即表示回家以后要将这个手绘彩壳当作工艺品裱起来。这些或贴心或有趣的服务方式为用户提供了"非同寻常"的体验，因此很容易被用户传播分享出去。

在提供细致周到的服务方面，海底捞可谓做到了极致，也因此成为口碑营销方面的标杆企业。接下来我们一起来看看海底捞到底提供了哪些超出预期的服务。

在海底捞，客人在等待就餐时，可以免费吃水果、喝饮料、擦皮鞋；如果等待时间超过半小时，餐费还可以打九折；有的年轻女孩甚至为了享受免费美甲服务而专门去海底捞就餐。待客人坐定点餐时，服务员会细心地为长发的女士递上皮筋和发卡；戴眼镜的客人则会得到擦镜布……每隔 15 分钟，服务员就会主动更换客人面前的热毛巾；如果客人带了小孩子，服务员会给小朋友送一些小礼物，还会帮客人喂孩子吃饭，陪孩子们在儿童天地做游戏，餐后，服务员会马上送上口香糖；客人临走时，擦身而过的服务员都会向他们微笑道别；如果某位客人特别喜欢店内的免费食物，服务员也会单独打包一份让其带走。

所有这些都成为年轻人在互联网上的谈资，而且他们会乐此不疲地将在海底捞就餐的经历和感受发布到互联网上，越来越多的人被吸引到海底捞去体验，以至于形成了"海底捞现象"。

2. 提升企业美誉度的事件

前面在介绍事件营销时提到的各种事件，只要有助于提升企业的美誉度，也可以作为口碑传播点。尤其是公益事件，对于树立企业的良好形象、打造企业的正面口碑具有重要的意义，而公益事件的受益者往往会成为企业口碑的积极传播者。比如，2015 年春运期间，飞鹤乳业联合中国移动、中国电信在全国多个城市的机场、火车站及重要商圈为返乡人群送手机流量，一时之间获得全民盛赞，并引发了用户的传播热潮。

### 3. 品牌故事

一个积极向上、打动人心的品牌故事很容易让用户因为情感因素选择该品牌，也很容易成为用户茶余饭后的谈资，从而引发口碑效应。比如，"褚橙"就是因为褚时健跌宕起伏的人生经历和古稀之年再创业的励志故事而走红的。

### 4. 免费资源

免费的东西人人喜欢，如果能为用户免费提供他们需要的资源，那么用户出于"投桃报李"及"有好处要跟大家分享"的心理，多半会主动向身边的人传播分享。免费的资源包括免费样品或礼品、免费信息、免费软件、免费虚拟产品、免费服务等。

比如，宝岛眼镜会免费为所有需要的人清洗眼镜，只要提出需求，不管是不是从宝岛眼镜店里购买的眼镜，都能享受该服务。这一举措深入人心，很多享受过这一服务的人都会告知他人，进而一传十，十传百，成为宝岛眼镜的品牌"扩音器"。再如，某健身房每天会免费向用户推送一条附有健身房 Logo 的健身小贴士，这些小贴士常常会被用户转发给亲朋好友。

与实物形式的免费资源相比，非实物形式的资源成本低廉，企业较容易承受。尤其是网络环境下出现的各种虚拟产品，如免费表情包、免费游戏道具、免费 PPT 模板、免费软件工具等，既不需要企业花费太多成本，又能被用户主动转发分享，能够充分发挥口碑营销"以小博大"的杠杆效应。

### 5. 互动活动

一些互动性强、趣味性强的活动很容易成为人们在社交平台上分享的素材，并诱发传播者的参与热情和转发积极性。比如，知乎曾经在北京三里屯举办了一场"不知道诊所，专治各种不懂"的线下互动活动，活动会把有不同问题的提问人划分到不同"门诊"，由"坐诊大神"当场解答，十分有趣，引发了很多人拍照转发。再如，滴滴专车曾经针对白领们共同的两个痛点"加班"和"深夜叫车难"，策划了一起投票活动——"北上广深吸血加班楼大PK"，吸引了大量白领参与，并导致那段时间微信朋友圈被该活动的 H5 页面刷屏。

## 四、口碑营销的步骤

好的用户体验才会激发用户评论的意愿，这是口碑营销的基石。开展口碑营销，首先要做的就是为用户提供好的产品与服务。在此基础上，营销人员需要考虑如何实施口碑营销。根据传播学理论，信息传播主要包括以下关键要素：传播理由、传播内容、传播者、传播渠道、传播反馈等。因此，企业营销人员可以根据上述要素构建口碑营销的实施框架，通过一系列操作激励用户发表评论、传播口碑，充分发挥口碑对销售的促进作用。具体来说，口碑营销可以按照以下五个步骤来进行，如图 5-2 所示。

| 传播理由 | 传播内容 | 传播者 | 传播渠道 | 传播反馈 |
| --- | --- | --- | --- | --- |
| • 1.打造口碑传播点 | • 2.输出故事或话题 | • 3.选择发声身份 | • 4.选择传播平台 | • 5.跟踪监听 |

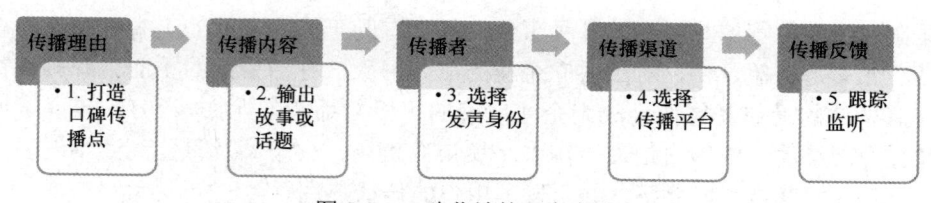

图 5-2　口碑营销的五个步骤

1. 打造口碑传播点——传播理由

一个企业的优势和特点是多种多样的，不同身份的用户关注的点是不一样的。比如，手机这一产品，老年人重视价格，年轻人重视外观，中年人重视质量。因此，打造口碑传播点时需要具备用户思维，应站在用户的角度，而不是企业的角度去考虑，要选择目标用户最需要、最关注、最想要的内容来进行切入，而且针对不同人群的侧重点也应有所不同。此外，如果不确定口碑传播点的方向，可以先选择多个方向，经过小范围测试后再重点培养。

2. 输出故事或话题——传播内容

企业打造好了口碑传播点之后，还要懂得把传播点输出成精彩的故事或话题，也就是说，要对传播点进行巧妙的包装，采用适合谈论和分享的方式进行表达。比如，小米的体重秤在传播时选择了"精准"作为口碑传播点，但"精准"过于概念化、过于抽象，不适合作为谈论素材，于是小米将"精准"这一传播点重新表述为"喝一杯水后体重就变了"，这样就变得具体、现实，不仅更能展现小米体重秤的"精准"优势，而且更通俗易懂、更具有话题感，也更适合被"口口相传"，因为传播者不需要思考如何表达，只需要将现成的内容复述一遍即可。

3. 选择发声身份——传播者

用户在进行购物决策时一般会多方了解或搜索产品的评价信息，但不同来源的信息对用户的影响却是不同的。一般来说，亲戚朋友的推荐更能让用户信服，其次是专家，然后才是大众媒体。因此，在互联网上开展口碑营销，发声身份的选择十分重要。因为不同的发声身份，会给用户带去不同的感受，在不同场景下所起的效果也不同。可供选择的发声身份主要包括以下几种。

（1）相关用户。当用户在互联网上搜索一个产品的信息时，十分重视其他使用过该产品的用户的评价。因为他们与搜索者处于相同的位置，能够从用户的角度分析评价一个产品，所以更容易切中搜索者的痛点，使搜索者信赖接受。

（2）行业专家。如果产品在整个行业处于领先水平，那么可以考虑邀请专家为产品提供证言。专家代表着权威和专业，如果行业内的专家认可某一款产品，那么就意味着这款产品的品质应该是经得起考验的。需要注意的是，现在各行各业的专家有很多，但有一些可能只是"伪专家"，因此，企业在选择时应进行调查和筛选，以免日后被"伪专家"拖累。

（3）KOL。严格来说，行业专家也是KOL，但此处主要是指非专业的、来自民间的意见领袖。这些KOL兼具"相关用户"和"行业专家"的优点，他们虽然也是普通用户，但却比普通用户懂得更多的专业知识。也就是说，他们既了解用户的需求，又了解产品，因此，在对产品进行分析和评价时，往往不仅言之有物而且能说到用户的心坎里去。KOL可以是论坛的版主、知名博客的博主、社区中的活跃人物或其他知名人士等。

（4）媒体。媒体的报道也是用户十分重视的，尤其是权威媒体的报道，往往反映了品牌或产品的知名度及企业实力。因此，从媒体角度发声，能凸显企业的市场地位和品牌形象。

4. 选择传播平台——传播渠道

不同产品针对不同的人群，而不同人群的活跃平台往往是不同的。所以不同的口碑内容需选择不同的发布平台，才能获得更好的营销效果。

比如，专业性的测评可以发布在专业的论坛或社区，如小红书、汽车之家等；技术性的文章可以发布在微信公众号、百家号等内容创作平台；普通的短评可以发布在大众点评、美团等生活服务类网站；常规的问答式内容可发布在百度知道、知乎等问答平台；而以多媒体形式展现的口碑信息则可选择抖音、快手、视频号等短视频平台。

5. 追踪监测——传播反馈

在口碑传播的过程中，营销人员要注意对传播内容进行追踪监测。这样做的目的在于以下几点。

（1）对口碑营销的效果进行评估。比如，在利用微博进行口碑宣传的情况下，可通过微博的转发数、评论数、点赞数、话题排行榜等数据来衡量口碑营销的实施效果。

（2）了解用户的需求和偏好。通过对用户评论及观点的监控和收集，企业可以了解用户对品牌或产品的态度、想法和意见，用于指导产品及优化服务。

（3）及时发现负面口碑，实施有效的负面口碑管理。通过追踪监测，企业可以及时回答用户的问题，处理用户的投诉，降低用户的抱怨，引导用户口碑向好的方向转化。

对口碑信息进行追踪监测需要借助软件工具。目前，市面上已经有很多公司提供舆情监测服务，也有一些相关软件出售，企业可以根据需要进行选择。

## 五、口碑营销的技巧

1. 关注产品的每个细节

影响用户口碑的，有时不是产品的主件，而是一些不太引人注目的"零部件"，如衣服的纽扣、家电的按钮、维修服务的一句话等。专业市场研究公司调查得出的结论显示，只有4%的不满用户会对企业提出他们的抱怨，但是却有80%的不满用户会对自己的朋友和亲属谈起某次不愉快的经历。因此，"细节决定成败"，企业应关注产品的每个细节，要让用户看到企业的态度和用心。

2. 提供细致周到的服务

赢得知名度，只需要投入大量资金，进行密集性广告轰炸，短期内就能形成；而赢得口碑，却需要对各项基础工作做得非常细致、到位并持之以恒。只有产品和服务水平超过用户的期望，才能得到他们的推荐和宣传。而那些领先于竞争对手或别出心裁的服务和举措，更会让用户一边体验消费的快乐，一边绘声绘色地传播。

3. 引导用户进行体验式消费

体验式消费就是让用户参与生产制造的全过程，或是让用户切实享受消费的乐趣。体验式消费所带来的感受是深刻难忘的，正因为这样，一些好的体验才能迅速形成口碑并被广泛传播。企业可通过开设体验店或发放试用装的方式引导用户进行体验式消费，并鼓励用户进行口碑宣传。

4. 提供物质激励

由于以文字等表达方式发布口碑信息也需要一定的表达能力和时间、精力资源，因此用户按照企业的意愿或请求传播正面口碑信息的动力不大；相反，倒是心中的"不满"更可能成为他们传播负面口碑信息的内驱力。因此，可提供适当的物质激励来推动用户进行转发和分享。比如，给用户提供优惠券、代金券、折扣等各种各样的消费奖励，让用户告诉用户，他们就会不由自主地成为商家的宣传员和口碑传播者。

5. 学会利用第三方品牌进行推荐

让优秀的品牌推荐一些尚未建立良好声誉的品牌，会收到意想不到的效果。对于一个新产品来说，知名品牌的推荐，无疑会帮助用户消除心中的疑虑。可以设想，如果某一品牌的汽车发动机，被奔驰、奥迪、宝马等品牌联合推荐，那么几乎可以断言：全世界的用户都会放心大胆地使用。

6. 和用户交朋友

社交网络的建立是基于人与人之间的信任关系，口碑信息的流动是信任关系的传递。企业建立的用户关系信任度越高，口碑传播就越广，而朋友是信任度最强的用户关系。因此，做企业就像做人一样，要把用户当作朋友，这样用户才会真心帮企业传播和维护口碑。

### 六、口碑营销经典案例

《流浪地球》口碑营销

2019 年，电影《流浪地球》累计票房突破 40 亿元，不仅成了 2019 年春节档票房冠军，更成了现象级爆款大片。

我们一起来探讨一下，《流浪地球》是怎么通过口碑营销把观众的胃口撩起来的。

1. 大规模提前观影，口碑发酵

第一步，邀请众多明星、编剧、导演、微博大 V 参加大规模首映。在 2019 年 1 月 30 日的北京场，陈坤、徐峥、姚晨等明星都发表了自己的看法，进一步向外输出口碑。

第二步，组织各种观影团，在影迷圈层进行传播。

第三步，通过观众视角击破圈层，引导更多的人去电影院观看电影。

2. 引发话题热议，口碑爆发

随着影片的正式上映，短时间内，豆瓣、微信、微博都出现了关于《流浪地球》的大量话题和讨论，包括各种制作花絮、背后内幕等，一时之间成为网络热点，进一步推动了网友的关注和好评，成功引爆口碑。

资料来源：搜狐网.

## 第二节　软文营销

软文营销由来已久，在印刷媒体时代就十分盛行，互联网崛起以后，依然是一种非常重要的营销推广手段。这不仅是因为它效果出众，更重要的是，它是微博营销、公众号及朋友圈营销、论坛炒作、小红书笔记营销等网络营销方法的基础。因此，会写软文，是一名优秀的网络营销人员必须掌握的技能。

### 一、软文的概念

说到软文，有一个人必须要提，他就是非常具有传奇色彩的人物史玉柱。史玉柱以区区 50 万元人民币，在短短的 3 年时间里就使脑白金的年销售额超过了 10 亿元，并成了家喻户晓的品牌。

在脑白金傲人业绩的背后，软文功不可没。这是脑白金在市场导入阶段最主要的营销手段，也是史玉柱在营销方法上的一大创新。在脑白金之前，人们从来没有想过文章可以这么用。在脑白金巨大成功的背后，人们找到了软文营销的秘密。所以从很大程度上说，软文是由史玉柱发明的。

接下来我们一起来看看脑白金是如何通过软文进行营销的。

在上市之初，脑白金主要通过《人类可以长生不老吗》《两颗生物原子弹》《两场科学盛宴》等新闻性软文大肆渲染人体中一种叫作"脑白金体"的神秘器官，并将其与当时的科技热门"克隆技术"并列。这些软文被换着名字在不同的报纸、杂志的科技版发表，文中毫无广告痕迹，看起来与真正的科技新闻别无二致，因此引起了很多人的关注和好奇。

当第一阶段的新闻性软文成功引起人们关注之后，脑白金又推出了一系列科普性软文，如《不睡觉，人只能活五天》《一天不大便有问题吗》《宇航员如何睡觉》等。这些文章主要介绍睡眠不足和肠道不通的危害，并适时将脑白金体的通便、改善睡眠等功能融入其中。这些科普性软文与之前的新闻性软文一样，毫无广告痕迹，而且写得有理有据，因此让很多人信以为真。

炒完一轮软文之后，脑白金又以报社名义郑重其事地刊登了一则启事，内容如下。

启事（样本）

敬告读者：

近段时间，自本报刊登脑白金的科学知识以来，收到大量读者来电，咨询有关脑白金方面的知识，为了能更直接、更全面回答消费者所提的问题，特增设一部热线：××，希望以后读者咨询脑白金知识打此热线。谢谢！

××报社<br>××年××月××日

启事中的热线电话其实是脑白金公司的销售电话，但却让读者以为是报社的电话。在毫无戒心的情况下，源源不断的潜在用户主动送上门，脑白金也因此赚得盆满钵盈。

从上面的例子可以看出，软文是相对于"硬性广告"而言的"软性文字广告"。与硬性广告相比，软文之所以叫作软文，精妙之处就在于"软"字，即把广告很含蓄地植入文章里面，从表面上看不出这是广告，但是却能够潜移默化地感染用户，从而引发用户的购买欲望。软文的本质是广告，却不同于一般的广告，它能够以较低的成本获取用户的关注和信任。

软文追求的是一种春风化雨、润物无声的传播效果，因此撰写软文的关键是文章内容和广告的巧妙融合，要让用户看不出广告痕迹，这样才能发挥软文的营销作用。要做到这一点，就要求文章必须提供对用户有价值的内容，如帮助用户解决了问题、学到了东西等。此外，软文内容一定要真实、真诚，要经得起推敲，不能让用户觉得受到了糊弄或是欺骗。

## 二、软文的类型

根据内容的不同，软文可分为以下几种类型。

### 1. 新闻报道型

新闻报道型软文是指将企业产品、服务、品牌价值等信息从第三方媒体角度进行报道。

该类软文一般以记者身份发出，以官方口吻报道，通过主流媒体传播，因此具备真实性和权威性，能够有力提升品牌形象。撰写新闻报道型软文的关键和难点就是寻找新闻点。事实上，与企业相关的任何有意义、有新闻价值的内容都可以成为新闻点，包括独特的产品和服务、创新的技术和工艺、先进的经营理念和管理方法、杰出的人物、重要的活动和事件等。

2. 知识分享型

知识分享型软文以传播与品牌或产品相关的知识为主，如各种养生类、育儿类、投资理财类、化妆类文章等。此种做法有三大好处：第一，吸引用户的关注；第二，教育用户，让用户深入了解产品的价值；第三，树立专业的品牌形象，增强用户信任。

3. 经验分享型

经验分享型软文与知识分享型软文类似，只不过传播的是与品牌或产品相关的实用经验，而非专业知识。经验是一种非常有价值的信息，因其稀缺性和实用性，对用户来说具有很强的吸引力，因此是最能打动用户和影响用户的软文类型，而且极容易引起用户的自发传播。

4. 资源分享型

如果能将用户迫切需要的好资源进行汇总并传播，那么资源分享型软文不但不会被人认为是广告，而且还会大受欢迎，甚至会引发其他媒体转载和用户自动传播。对于面向企业用户的品牌而言，可以提供一些行业研究报告、统计调查数据等；对于面向普通消费者的品牌而言，可以提供一些实用资源，比如《××城市最有格调的餐厅》《最适合遛娃的 10 个去处》《地铁 5 号线站点大公开，看看你家离哪个站最近》《"五一"假期看什么电影》《今年最流行的 6 款女鞋》等。

5. 用户体验型

用户体验型软文主要是以一般用户或者第三方的身份发布个人的真实使用体验，展现产品的优点或服务的质量，如手机论坛、汽车之家或小红书上的各种评测文章。这种方法能悄无声息地对潜在客户产生影响，是一种非常有杀伤力的软文。

6. 故事讲述型

相较于单纯的产品介绍，人们往往对于附加在产品之上的故事等内容更感兴趣，所以将故事作为产品的附加值融入需求场景中，更容易让用户建立情感联系，从而产生购买欲望。

像品牌故事一样，软文创作也可以通过讲故事的方式来吸引用户、打动用户，如围绕产品来历、用户经历等撰写产品故事或用户故事。

7. 人物访谈型

如果企业创始人或员工中有具备广泛影响力的人物，可以对其进行访谈，并将访谈记录整理成软文。这样，一方面避免了繁重的文案撰写工作，另一方面也能充分利用行业名人的影响力和号召力为品牌增光添彩，并向用户展示企业的价值观和文化等。

8. 有趣段子型

很多人上网就是为了娱乐放松，如果能把软文写得有趣好玩，那么肯定会被很多人喜欢并传播。比如，卫龙的辣条段子：

@剑神葡萄：我愿做一只小羊，跟她去放羊，我愿她拿着细细的辣条，不断轻轻打在我身上；

@不是每个宅男都叫范绍强：干得漂亮，外教动不动就带我们去吃肯德基，让他们吃吃辣条挺好的~（学生在课上请外教吃辣条）；

@西子和夏：我用亲身经历证实辣条在国外绝对有市场，广告词我都想好了：你是我的小呀小辣条，怎么爱你都不嫌多。

9. 第三方评论型

邀请第三方人士对本企业进行评论也是一个不着痕迹宣传推广品牌的好办法。邀请的对象最好是具有一定知名度和影响力的名人，这样传播范围更广，也更有说服力。当然，如果实在邀请不到这样的人，也可以借普通第三方人士的名义发布软文。评论以正面或者争议评论为主，但如果不涉及根本性问题，而且事后能圆回来，负面评论也可以。事实上，负面评论会显得更真实，而且传播效果更好，毕竟"好事不出门，坏事传千里"，负面评论更能吸引人们的关注和讨论。这时，如果企业能引导正反两方进行辩论，那么效果将会更好。

10. 观点型

有深度、见解独到的观点在互联网上很受欢迎。如果企业需要向用户传递自己的立场、态度或价值观，那么发表一些观点型或评论型的软文也是一种不错的选择，如对新闻事件的解读、对热门电影的评论、对商业经济的看法等。

观点型软文如果结合热点会更容易引起用户讨论和传播，而追热点的最常见方式也是从不同角度发表观点，因此写作观点型软文时建议结合热点。

11. 揭秘型

很多人都有偷窥欲，都渴望了解一些别人不知道的东西。比如，微信公众号上那些标题中顶着"曝光""揭秘"字眼的文章，往往点击率都非常高。所以，如果软文能爆出一些内幕或黑料，也会比较受关注。再如，某篇文章讲述了一个被"托儿"忽悠买电脑的故事，这篇文章看上去是在描写"托儿"是如何忽悠人的，实际上却是为了推广某品牌的显示器。但读者并未察觉，因而取得了非常不错的效果，很多人参与评论甚至转发。在此情形下，应该也有不少人记住了这个品牌的显示器。

12. 热帖加工型

在进行软文创作时，可以对网络热文进行加工，把品牌或产品信息巧妙地融入进去，然后进行二次传播。

13. 促销型

上述几种软文见效后，可以发布促销式软文跟进，如"北京人抢购×××""×××，在香港卖疯了""一天断货三次，西单某厂家告急"等，这样的软文或者是直接配合促销使用，或者就是为了营造产品供不应求的氛围，实施饥饿营销。

软文的形式和写法很多，上述 13 种只是常见的类型。在创作软文时可以参考这些写法，但不能教条式照搬，要根据自身的情况灵活应用，只要能引起用户关注，为用户提供价值，形式可以不拘一格。

### 三、软文营销技巧

1. 巧妙植入广告

软文的最重要特征就是"软",要看起来不像广告。但想做到这一点并不容易,毕竟现在的用户是越来越精明了,稍不注意就会被看出端倪。要将广告巧妙植入文章内容,让广告和内容有机融合,最基本的原则是:先忘掉广告,像写普通文章一样来写,成文后再回过来看如何将广告信息不着痕迹地植入进去。换句话说,在99%的内容中植入1%的广告,保证即使把广告去掉,仍然是一篇完整的好文章。

常见的做法包括:在需要举例说明的时候,将企业信息以案例的形式呈现出来;让企业人员以故事讲述人或文中角色的方式出现;让企业产品作为故事中的场景或道具出现;让产品或品牌在台词或对白中出现等。具体做法可以借鉴影视剧中的植入广告,最终以不影响用户阅读,不显得突兀为准。

当然,如果内容足够有用或有趣,广告与内容关联度高,且表达自然流畅,即便是直白地引出广告,用户通常也会买账。比如,很多大V或网红都会把广告做成彩蛋,放在内容的后面。这样当读者发现是广告时,已经把内容看完了,同时由于前面的内容确实精彩有用,因此不会产生反感情绪,有些读者甚至会对广告形成期待,猜测是否有广告,是什么广告。

2. 制订计划,长期执行

想通过一两篇软文就带来很高的流量或销量是不太现实的。正如硬广需要不断重复播放一样,软文营销也需要长期、有计划、有节奏地执行才能达到理想的效果。因此,开展软文营销要事先做好计划,并按计划长期执行,如策划出系列文章,让用户反复多次地接触品牌或产品,加深对品牌或产品的印象。

### 四、软文营销经典案例

#### 某明星的段子式广告植入

某明星在迎来自己的歌手生涯的"第二春"之前,是靠在微博上写段子而走红的,并在当时被很多微博网友称为"段王爷",一时间成了微博段子手中的网红。而随着其名气的扩大和粉丝的增长,他也开始和一些品牌进行广告合作,将广告很好地植入段子中,形成了非常具有个人特色的"防不胜防"的反差式广告植入效果。这些植入广告与他幽默、无厘头的段子风格非常契合,令很多粉丝买账。其广告类长图文微博的转评点赞量总和经常能突破20万次,阅读量高达千万次。接下来我们来欣赏几篇这位明星的段子式广告,如图5-3、图5-4、图5-5所示。

图5-3 休闲场所"澳门巴黎人"广告植入

图 5-4 "iPhone 7"广告植入

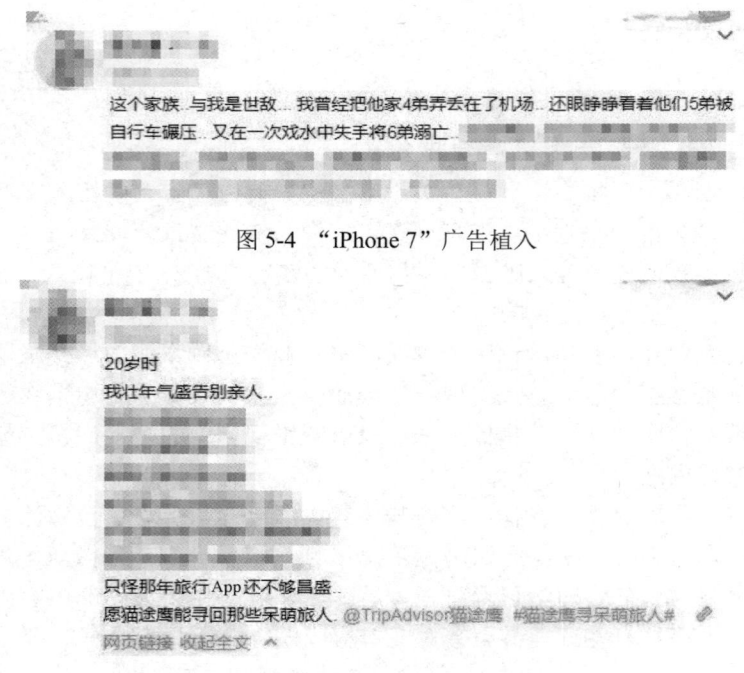

图 5-5 旅行 App"猫途鹰"广告植入

资料来源：微博.

## 第三节　饥饿营销

从苹果到小米，从喜茶到星巴克，饥饿营销被越来越多的行业和企业用来推广其产品和服务。有些企业因此一夜爆红，有些企业却因为运用不当而陷入泥潭。由此可见，饥饿营销远没有想象的那么简单。

### 一、饥饿营销的概念

传说，古代有一位君王，不但吃尽了人间的山珍海味，而且从来都不知道什么叫作饿。因此，他变得越来越没有胃口，每天都很郁闷。有一天，御厨提议说，有一种天下至为美味的食物，它的名字叫作"饿"，但无法轻易得到，非付出艰辛的努力不可。君王当即决定与他的御厨微服出宫，寻此美味。君臣二人跋山涉水找了一整天，于月黑风高之夜，饥寒交迫地来到一处荒郊野岭。此刻，御厨不失时机地把事先藏在树洞之中的一个馒头呈上："功夫不负有心人，终于找到了，这就是叫作'饿'的那种食物。"已饿得死去活来的君王大喜过望，二话没说，当即把这个又硬又冷的粗面馒头狼吞虎咽地吃下去，并且将其封为"世上第一美味"。

俗话说"物以稀为贵"，数量稀缺会让人们产生"心理偏误"，对一些稀少的事物赋予更高的价值，这就是"稀缺效应"。所谓"得不到的永远在骚动"，人们都倾向于喜欢那些更难得到的东西。因此，当产品限量供应后，能让消费者提高对产品的价值感知，从而增加产品的吸引力。

在市场营销学中，饥饿营销是指商品提供者有意调低产量，以期达到调控供求关系、制造供不应求假象、维持商品较高售价和利润率的目的，并最终实现提高商品附加值、维护企业品牌形象目标的营销策略。具体表现为：具有一定客户基础和口碑的商家先进行大量的广告宣传，引起消费者的注意和购买欲望，在消费者望眼欲穿等待发售时，限制供货量以造成供不应求的假象，再趁机提高价格，增加利润，并让自己的品牌因此产生更多的附加值。

饥饿营销并不是个新鲜事物，这种营销手段是从线下开始的，被广泛应用于汽车、房地产、奢侈品等行业。在日常生活中，我们常常碰到这样一些现象：买新车要交定金排队等候、买房要先登记交诚意金、买"限量版"商品要托关系等，这些耳熟能详的现象其实就是饥饿营销。随着互联网的发展，饥饿营销的应用更加广泛，形式也更加多样，"预售""秒杀""限时抢购""限量发售""授权消费"等营销手段层出不穷。但万变不离其宗，饥饿营销的本质并没有发生改变，即通过"限量供应"让消费者产生商品"稀缺"的印象，从而引发消费者争夺。因此，商品是否真的数量有限并不重要，重要的是要让消费者感觉到数量有限且争夺很激烈。换句话说，饥饿营销的关键不是真的"饥饿"，而是让消费者产生"饥饿感"。

## 二、饥饿营销下的消费心理

企业的饥饿营销策略会影响消费者的心理，消费者的心理及其变化又会影响企业饥饿营销策略的实施。企业要想更好地实施饥饿营销，了解消费者的心理及其变化至关重要。饥饿营销的实施前提是消费者不够理性的消费心理，具体如下。

1. 好奇心理

好奇心理是指消费者在购买商品时，追求新奇商品，注重所购商品的与众不同之处，对构造奇特、来头神秘的商品有好奇感。在饥饿营销实施过程中，企业有计划和有节奏地释放商品信息、进行大量的广告宣传而商品却迟迟不面市、人们排队抢购等，会给商品披上神秘的面纱，激发消费者的好奇心。为了解开心中的疑团和揭开商品的神秘面纱，很多消费者会主动搜寻商品信息并产生购买欲望。

2. 攀比心理

攀比心理是一种以争强好胜或者向别人看齐甚至胜过对方为主要目的的消费心理。在购买商品时，消费者考虑的不是商品本身的实际价值和自己的需要，而是虚荣心和嫉妒心是否能得到满足。企业实施饥饿营销的商品多为限量版、供货紧张、高价、高档次的商品。某些消费者看到周围有人拥有这类商品时，他们的攀比心理就会被激发，驱使他们产生消费行为。一旦得到这些商品，他们会因为拥有这些商品而产生无比的自豪感与满足感。

3. 从众心理

从众心理在各个年龄段和各个阶层消费者的消费过程中都很常见。比如，送礼热、汽车购买热、抢购手机等消费现象，都是消费者从众心理的体现。企业实施饥饿营销，通过制造商品供不应求的现象吸引一些消费者抢购，进而激发更多消费者的从众心理，引起消费热潮。

#### 4. 逆反心理

逆反心理是个体心理抗拒的一种特殊形式,在消费过程中也普遍存在。企业实施饥饿营销时制造的产品供不应求、迟迟不面市等现象,会让消费者产生"越是很难得到的东西,我就越希望得到它;越是不想让我知道的事情,我就越想知道"的逆反心理。

### 三、饥饿营销的优缺点

#### 1. 饥饿营销的优点

(1) 有利于强化消费者的购买欲望。消费者都有一种好奇和逆反心理,越是得不到的东西越想得到。饥饿营销通过实施欲擒故纵的策略,制造供不应求的假象。这种假象会对消费者的购买欲望进行强化,而这种强化又会反过来加剧供不应求的抢购气氛,使饥饿营销呈现出更强烈的戏剧性和煽动性。

(2) 有利于扩大产品及品牌的号召力。当消费者看到周围的人整天在排队抢购、在谈论某商品"一物难求"的时候,这种宣传的影响力是不可估量的。一方面,消费者会被周围的人所感染,进而采取和他们一致的行动;另一方面,饥饿营销可以通过制造话题,激发消费者的自发传播,帮助企业扩大产品及品牌的号召力和影响力。

(3) 有利于企业获得稳定的收益。一般产品从上市到退市,基本都是价格越卖越低,而饥饿营销通过调控市场供求关系将产品分批分期投放市场,以保证市场适度的饥饿状态,并通过维护客户关系将购买欲望持续地转化为产品生命周期内的购买力。这样就使企业可以保持产品价格的稳定,牢牢控制产品价格,维持产品较高的售价和利润率。

(4) 有利于维护品牌形象。饥饿营销中出现的供不应求假象会给消费者错觉:这种产品供不应求,那必定是因为产品的性价比高、质量好。而传统的消费意识认为品牌形象与高性价比、高质量有着密切联系,于是供不应求假象带给消费者的错觉在无形中提升了品牌形象。

#### 2. 饥饿营销的缺点

饥饿营销是把双刃剑,如果运用得当,可以产生巨大的效益;如果运用不当,反而会给企业带来巨大的负面影响。饥饿营销的缺点主要体现在以下几个方面。

(1) 会损害企业的诚信形象。诚然,饥饿营销运用得当,可以在一定程度上体现品牌高价值形象,但本质上这是企业对市场供求的一种故意操控,售前造势、售中销控,这与现代营销观念相违背。偶尔为之或许尚可,但如果企业总是重复这种手段,消费者会逐渐醒悟,进而对企业产生厌恶,这对企业的长远发展不利。

(2) 会消耗消费者的品牌忠诚度。饥饿营销属于短期策略,而品牌是长期战略。如果每次都让消费者历经千辛万苦才能买到梦寐以求的产品,他们就会对品牌进行消极评价。饥饿营销之所以能运作下去,虽然一部分原因是消费者对品牌有认同、有忠诚,但更多的是一种无奈和忍受,这种无奈和忍受会慢慢消耗弥足珍贵的品牌忠诚度。当消费者有了更多选择的时候,他们会毫不犹豫地选择离开,这时候饥饿营销的副作用就会集中体现出来。

(3) 会拉长产品的销售周期。饥饿营销通过分批次销售来拉长销售周期的做法充满风险。一方面,会延长企业收回投资的时间;另一方面,把原本属于自己的市场机会留给别人，从而失去主动权。另外，拉长的周期也可能给予竞争对手喘息和模仿的时间，从而加快产品失去优势的速度。

### 四、饥饿营销的模式

目前，饥饿营销的模式主要包括以下三种。

1. 限时饥饿营销

"秒杀""限时抢购"等营销手段是限时饥饿营销的常见形式。通过设置截止时间可以制造一种紧迫感，并让消费者产生"再不出手就会错过"的遗憾预期，因此能极大地调动消费者的冲动消费情绪。

限时饥饿营销的实施重点在于明确截止日期，并进行倒计时显示。此外，已经售完的产品也可以显示在界面上，展示给错过机会的消费者看，以此进一步烘托竞争激烈的销售氛围。

2. 限量饥饿营销

与限制购买时间相比，限制产品的供应量更为有效，因为真正影响需求量的是供应量而不是时间。实施"限量"销售要注意以下三点：

① 明确告知消费者具体的发售数量，不要含糊其词；

② 显示已售数量比例，这样能够让消费者更有紧迫感；

③ 提供一个合理的限量理由，不能让消费者觉得企业是"故意为之"。限量理由可以是原料很难得；也可以是纯手工制作，人力有限；甚至也可以像小米那样说，因为生产方遭遇水灾，没法量产。总之一定要为限量找个理由。另外，即使消费者心知肚明企业在故意实施饥饿营销，企业也不能挑明，以免引起消费者的反感和抗议。

3. 限权饥饿营销

研究表明，权限审查和限制会让消费者对于自己所获取的产品或服务赋予更高的价值，因为这种排他性会让他们感到自己很特别。限权饥饿营销就是限制消费者对产品或服务的消费权限。

比如，劳斯莱斯汽车一直标榜手工制作，每年只生产 3000 多辆，想购买它不但要有钱，还会被调查身份，身份不够还买不到。再如，Gmail 是 Google 在全球率先推出的 1G 免费邮箱，推出时曾引起互联网界"地震"。因为测试中的 Gmail 不接受公开申请，而是采用"邀请注册制"，即必须获得已注册用户的邀请才能注册邮箱。由于每个已注册用户的邀请资格数量有限，很多人为了获得邀请四处托关系，甚至花高价购买。类似的做法在网络游戏行业更为常见。众所周知，一款网络游戏正式上线前，往往要经过封测、内测和公测。游戏公司之所以内测，最早是出于测试的需要，由于游戏研发得不够完善，需要一批高质量的玩家来帮助改进游戏。在内测阶段，游戏不对外公开运营，只会发放少量的测试账号给玩家。于是就出现了这样一种情况：一方面玩家看到铺天盖地的游戏宣传广告；另一方面却抢不到内测账号。于是一些狂热的玩家，为了早点玩到游戏，便花钱从其他人手上买账号，导致内测账号的价格一路飙升。后来，一些游戏公司干脆以此作为盈利手段，亲自炒作账号。有些游戏公司甚至通过这种方式在内测期间就收回了全部研发成本并实现了盈利。

### 五、饥饿营销的适用条件

并非所有的企业都可以运用饥饿营销策略。如果企业运用饥饿营销策略时条件不成熟，不但不会为企业带来大量利润，还会得不偿失。因此，企业开展饥饿营销必须满足以下条件。

1. 优质的产品是前提

产品在同类产品中具有独到的优势而且短期内无法被模仿，这是企业实施饥饿营销的前提条件。消费者再冲动也不会为了一个没有实际用处或无明显优势的产品去等待、去抢购。事实上，如果产品本身没有吸引力，限量不仅没有效果，还会适得其反，令消费者转向其他可替代的产品。因此，企业实施饥饿营销的产品多为新款和时尚流行产品，只有这样的产品才能吸引消费者购买。

2. 强大的品牌是基础

成功应用饥饿营销的企业都具有很强的品牌影响力。因为知名品牌的消费者认可度和品牌忠诚度高，企业制造供不应求的抢购气氛容易被消费者接受、信赖并响应。

3. 消费者的心理因素是关键

饥饿营销能否成功关键在于消费者是否配合。实施饥饿营销的企业希望消费者能够被人为造势影响，这就要求消费者的购买动机是不理性的。企业要善于利用消费者的求新、求名、攀比、从众等心理，诱导或刺激消费者产生购买欲望，为饥饿营销的有效实施提供动力。

4. 有效的宣传造势是保障

如果说有效把握消费者心理是饥饿营销成功实施的关键，那么持续的宣传造势就是维持饥饿营销效果的保障。新产品上市前，企业可以利用线上线下媒体组合进行强势宣传，结合消费者心理打造卖点，适量地提供信息，却不透露关键内容，吊足消费者的胃口；新产品上市后，企业应利用媒体实时传播消费者的排队抢购情况，烘托新产品供不应求的气氛，刺激消费者的购买欲望。

需要强调的是，企业在宣传造势时要特别注意信息传播的度，过多，产品无秘密可言；过少，无法让媒体与消费者兴奋。

总而言之，饥饿营销的适用条件多，对产品、品牌、整合营销等方面的要求很高，实施起来难度也较大。因此，企业在决定是否开展饥饿营销时要慎之又慎，在实施过程中也要注意把握尺度，不能让消费者"饿"过头。控制好销量的表面数字、让消费者适度等待是可以的，但如果直接浇灭消费者的希望，那将会得不偿失。此外，还要根据市场环境的变化及时做出调整，量力而行。

### 六、饥饿营销的实施步骤

虽然饥饿营销的适用条件苛刻，实施难度大，但如果掌握了正确的方法和步骤，策划一场成功的饥饿营销活动也并非不可能。在具体的操作思路上，古人诸葛亮已经为我们贡献了范本，接下来我们就以刘备"三顾茅庐"的故事为例，看看如何一步一步地实施饥饿营销。

1. 提前造势，引起消费者关注

想实施饥饿营销，首先要通过提前造势，引起消费者的关注。如果消费者对产品一无所知，自然无法产生"饥饿感"。因此，企业在推出新品或时尚流行产品时，可以通过线上线下的多维度曝光为产品提前造势。

在遇到刘备之前，诸葛亮为了出名、为了能够遇到明主，做了很多自我营销式的铺垫。首先，他没有选择在大城市里生活，而是选在卧龙岗。因为卧龙岗周围全是农民，对于一个每天弹琴作诗、不种地的人肯定会感到好奇，于是大家一传十，十传百，很快让诸葛亮成了远近闻名的奇人。

诸葛亮自比管仲、乐毅一样的大贤，不仅引起了农民的关注，还得到了徐庶、崔州平、司马徽等人的认可，这些名流都纷纷帮他打广告：卧龙凤雏得一人而安天下。求贤若渴的刘备听说后自然激动不已，觉得这正是自己需要的那个人，于是满怀欣喜地前往拜访。

2. 制造悬念，帮助消费者建立产品需求

引起消费者广泛关注后，企业要通过制造悬念让消费者发现自己对产品有需求。在产品上市前，可以通过前期各类宣传，如内幕消息、黑科技传闻等，透露产品的部分信息，勾起消费者对产品的兴趣；或者举办一个隆重的产品发布会，通过产品性能介绍、独特功能展示、新科技揭秘等，让消费者对产品产生一定的期待，帮助其建立产品需求。

刘备在前往卧龙岗的途中，发现周围的农民都在唱诸葛亮创作的歌、传颂诸葛亮的事迹，于是对诸葛亮越发好奇和向往。不仅如此，他在路上接连碰到几个谈吐和气质都十分不凡的人，每次都以为是诸葛亮，结果都不是，这无疑又给诸葛亮蒙上了一层面纱，让其充满了神秘感。

3. 烘托气氛，促使消费者产生购买欲望

当消费者对产品产生需求后，企业还要再加一把火，利用媒体实时传播消费者排队抢购或库存紧张的消息，烘托产品供不应求的气氛，刺激消费者的购买欲望。

刘备在路上碰到的几个人都是当时的名士，而这些人无一例外都对诸葛亮推崇备至，这让刘备更加迫切地想将诸葛亮揽至麾下，甚至产生了一种紧迫感：这样优秀的人才，我要不快下手，就被别人抢走了。

4. 设立购买条件，限量发售

人为制造产品供不应求的假象后，企业还要控制产品的供应量并设立购买条件，让消费者处于缺货等待之中。适度的等待能强化消费者的"饥饿感"，提升他们对产品的价值感知。当消费者的"饥饿感"达到顶峰时，企业适时限量发售，就很容易引发消费者的疯抢。

在农民、当地名士、诸葛亮家人等各方人士的称颂和烘托中，诸葛亮在刘备心目中的形象更加高深莫测，这让刘备恨不得马上见到他。但接连去了两次，刘备都没有见到诸葛亮，这让他更加心痒难耐。到了第三次，诸葛亮终于见了刘备，却也没有马上答应辅佐他，先是一番推辞，最后在刘备的再三恳求下才顺水推舟答应出山。

诸葛亮可谓是将饥饿营销运用到了极致。他的这些做法放到今天依然有效，很多企业正是沿用了这一套做法才取得了惊人的营销效果。如果用一句通俗的话来形容饥饿营销，那就是"吸引你，吊着你，不给饱，还要说它好"。

## 七、饥饿营销经典案例

### iPhone 和小米的饥饿营销

1. iPhone 的饥饿营销

饥饿营销的兴起得益于苹果在 iPhone 中的成功运用。曾经，每当 iPhone 上新时，苹果专卖店门口就排起长龙。很多人会觉得奇怪：为什么 iPhone 这么贵，还有那么多人买？产品本身性能好、科技含量高自然是一方面原因，但饥饿营销也功不可没。苹果可以说是世界上最擅长饥饿营销的公司之一，这一点在 iPhone 4 的发售过程中得到了集中体现。

iPhone 4 饥饿营销的"饥饿"更多体现在对新产品信息的"可控泄露"上，即有计划、有目的地放出未发布新产品的信息。苹果将 iPhone 4 的所有细节保密了长达 30 个月之久。产品发布会之前，外界只知道苹果在筹备一款手机产品，而苹果自己却闭口不谈，任何与 iPhone 4 有关的资料都被刻意隐藏起来。直到苹果正式发布的那一刻，几乎所有有关这款手机的信息都是全新且从未被泄露过的，甚至许多苹果高管也是在发布会上才第一次看到 iPhone 4。事实上，苹果在 iPhone 4 的开发过程中与运营商 Cingular、互联网服务提供商 Yahoo 和 Google 都进行了合作，但作为销售方的 Cingular 却在几周以前才看到 iPhone 4 原型机的真身。这种严密的信息保密制度为 iPhone 4 营造了一种神秘感，使消费者和媒体迫切渴望得到其相关信息；而这种神秘感又激起了消费者的饥饿感，让他们产生了强烈的购买欲望。于是，iPhone 4 在 2010 年 6 月开始销售一周之内，就售出了 100 万部，实现了原定计划中半年才能完成的销售目标。

事实上，从 2010 年的 iPhone 4 开始，到 iPad 2 再到 iPhone 4s，苹果产品全球上市呈现出独特的传播曲线：信息控制→发布会→上市日期公布→等待→全方位新闻报道→消费者通宵排队→正式开卖→全线缺货→热卖→"黄牛"涨价。iPhone 的整个产品推出过程极其有序，让消费者从渴望了解到渴望拥有再到疯狂追捧，一步步将消费者变为品牌忠诚者。

2. 小米的饥饿营销

小米第 1 代手机 M1 定位于"发烧友"手机和入门级手机，核心卖点是"高配置+低价格"。装配了双核处理器的第 1 代小米手机以 1999 元的价格出售，在当时堪称"性价比之王"。小米以此作为宣传点，在产品上市之前就借助微博、MIUI 论坛等载体，利用公司领导人在社交媒体上的影响力宣传造势，将小米手机"发烧"的理念炒得火热。发布会上，雷军当众摔手机，又为小米手机加上了一层承重抗摔的高品质形象。这些举动不仅引起了手机发烧友的好奇，还吸引了媒体的关注，于是小米手机还没上市就成了舆论焦点。很多追求性价比的中低收入的人群及学生都对其正式发售翘首以盼。

2011 年 9 月，小米手机终于开放购买，官方网站是唯一的购买通道，而且需要预订按照排队顺序购买。开放购买后，两天内预订量就超过了 30 万台，此后小米网站立刻宣布停止预订并关闭了购买通道。当时，在小米论坛上出现了很多求预订号的帖子。

在停止销售的两个月时间里，小米也没有闲着，而是在各大网络媒体上推出各种活动，礼品则是小米手机 F 码。所谓 F 码就是能够提前购买的优先码，这是小米饥饿营销的创新手段。在此情形下，连 F 码的价值都被炒了起来，甚至有很多人花钱去购买。

2011 年 12 月，小米手机恢复开放购买。3 小时后，小米网站称 12 月在线销售的 10 万台库存全部售罄。于是"米粉"们只能再次陷入焦急等待中。

综上所述，小米饥饿营销的轨迹大致为：宣传造势→产品发布→等待→销售抢购→全线缺货……小米的饥饿营销体现在整个产品发售过程中，产品分时段限量供给，频繁出现产品瞬间被抢空现象，从而引发消费者更高的抢购热情。从结果来看，通过对手机本身和购买难度的渲染，小米品牌价值的提升已经远远大于其手机销售利润。

资料来源：作者根据网上资料整理而成.

**思考**：苹果与小米的饥饿营销有什么区别？为什么苹果采用"信息控制"策略，而小米却采用"信息公开"策略？

## 案例讨论

### 床褥公司的招聘广告

全球高端床垫制造商丝涟（Sealy）旗下的 Sleepy's 品牌为了推广其产品，在官网及 Facebook 主页上发布了一则招聘广告。广告内容是：以时薪 10 美元的价格聘请兼职"打盹儿总监"。要求：申请人必须能在白天随时随地沉睡，而且要在自己的博客、Twitter 和 Facebook 上发表自己的睡觉感受及 Sleepy's 床垫带给他的感觉。

很明显，很多人都觉得自己是适合的人选，有舒适的床垫，还可以拿工资，这份工作实在是太好了。于是，这个特别的点子得到了大量转发和媒体关注。结果，超过 1000 人申请这份工作，每天都有人在不同的门店试睡，这样 Sleepy's 品牌每天花费不足 100 美元就换来了每天超过 1000 次的口碑传播。

资料来源：96 新媒体网站.

**讨论**：该案例用到了哪些网络营销方法？这些方法是如何结合在一起的？

## 思考与练习

1．有人说，口碑营销就是"付费买好评"？你认可这种说法吗？为什么？
2．口碑营销的模式包括哪几种？企业应如何选择？
3．常见的口碑传播点包括哪些类型？
4．如何开展口碑营销？包括哪些步骤？需要注意什么？
5．软文是越"软"越好吗？为什么？
6．如何巧妙地在软文中植入广告？有哪些技巧？
7．在现实生活中，很多人会排长队、等候几个小时只为买一杯奶茶，花几千元买一件原价几十元的限量版 T 恤，这些听起来匪夷所思的行为背后反映了什么消费心理？
8．饥饿营销有什么优缺点？是否适合所有企业和产品？
9．如何让消费者产生"饥饿感"？饥饿营销的实施方式有哪些？
10．如何开展饥饿营销？包括哪些步骤？如何控制消费者的"饥饿度"？

## 技能实训

A 公司是一家生产创意小家电的企业，最近推出了两款个人护理系列产品：蒸脸器和补水仪。请围绕其中一种产品，写一篇小红书风格的软文，并发布到自己的小红书账号上。

# 第三篇　平台篇

# 第六章　网络广告营销与运营

**学习目标**

◇ 了解网络广告的特点、常见形式，理解网络广告的计费方式和效果评估指标。
◇ 掌握网络广告的投放步骤及每个步骤的投放要点。
◇ 理解品牌广告与效果广告在投放管理上的差异，了解程序化广告投放的相关术语。

**引导案例**

"明星××即将入伍" H5 广告

2015 年，一则"明星××即将入伍"的 H5 广告不仅一夜之间刷爆了朋友圈，而且开启了 H5 页面动态视频与静态页面相结合的时代。

整个广告一共五个页面：3 个带有视频的页面和 2 个过渡页面，如图 6-1 所示。

图 6-1　"明星××即将入伍" H5 广告

页面 1（带有视频）：模拟腾讯娱乐新闻，展示极具话题性的"新闻"内容"明星××即将入伍"。一开始所有人都以为这是一篇真实的娱乐新闻。

页面 2（全屏视频）：画风突变，××居然动了起来，这时候观众发现不对劲，注意力都被吸引过来。

页面 3：屏幕中突然出现××的视频通话邀请，非常逼真，观众几乎信以为真。

页面 4（全屏视频）：模拟××与观众进行视频通话的画面。

页面 5：谜底揭晓，出现"全民突击"游戏的广告页面。观众如果点击"加入亦起战"，就会跳转到软件市场进行下载，或直接跳转到游戏。

五个页面，五个接触点，每个都自带极强的吸引力，带着观众一个个场景走下来，让观众叹为观止。

资料来源：知乎．

思考：移动互联网时代的网络广告呈现出什么特点？有什么优势？

网络广告是互联网作为市场推广媒体最先被开发和利用的营销方式，也是主要的网络营销方法之一，在网络营销方法体系中具有举足轻重的地位。

# 第一节　网络广告基本认知

网络广告，是指通过网站、网页、应用程序等互联网媒介，以文字、图片、音频、视频或其他形式，直接或者间接地向互联网用户传递营销信息的商业广告。简单地说，网络广告就是通过互联网平台推广品牌、产品或服务的商业广告。

## 一、网络广告的优点

与传统的四大传播媒体（报纸、杂志、电视、广播）广告及备受垂青的户外广告相比，互联网广告具有得天独厚的优势。

（1）感官性强。网络广告，尤其是移动互联网广告，不仅能将文字、图像、声音有机地组合在一起，而且还能利用麦克风、重力感应、摇一摇、触摸、手势、VR等更深层次的人机交互技术，实现更加精彩、更加丰富的视听效果和感官体验。这不仅能让用户从广告中获得乐趣，降低用户对广告的排斥感，还能让用户身临其境般地感受商品或服务。

（2）交互性强。交互性是网络媒体的最大优势，不同于传统媒体的信息单向传播，互联网能够实现信息的双向互动传播。用户只需点击广告链接，就可以从广告主的相关站点中得到更多、更详尽的信息。另外，用户还可以通过广告位直接填写并提交在线表单信息，广告主可以随时得到宝贵的用户反馈信息，进一步缩短了用户和厂商之间的距离。

（3）投放更加精准、更具针对性。利用大数据技术，媒体平台或广告投放平台一般都能建立相对完整的用户数据库，包括用户的地域分布、年龄、性别、收入、职业、婚姻状况、需求、喜好、行为习惯等。掌握了这些用户信息，媒体平台或广告投放平台便有机会按照每个用户的需求、特点、兴趣爱好等挑选最匹配的广告信息，使广告的设定不再千篇一律。比如，一个旅游爱好者与一个汽车爱好者，在访问同一个网页时，看到的广告并不相同。当然，广告主也可以指定对某类专门人群进行定向投放，而不必为与此广告无关的人付钱。

（4）广告效果可跟踪、可衡量。利用传统媒体投放广告，很难精确地知道有多少人接收到广告信息，而在互联网上可通过访客流量统计系统，实时监控并精确统计出每个广告的浏览量、点击率等指标，从而明了有多少人看到了广告，其中又有多少人对广告感兴趣并进一步了解了广告的详细信息。这样有助于广告主正确评估广告效果，优化广告投放策略。

（5）能够形成营销闭环。在传统媒体广告的营销场景中，营销信息的传递与交易的达成是割裂开的，广告无法引导用户直接下单购买。但在网络环境下，只要在广告中放置电商平台的地址链接，用户点击后即可进入电商平台进行交易，这将极大地增强网络广告的时效性。

（6）灵活、便捷、成本低。在传统媒体上投放广告，发布后很难更改，即使可改动也往往需要付出很大的经济代价。而在互联网上投放广告能按照需要及时变更广告内容，这就使经营决策的变化可以及时地实施和推广。此外，网络广告的收费方式也更加灵活多样，广告主有更多的选择权，而且总体成本也远低于传统媒体广告。

## 二、网络广告的常见形式

网络广告从制作形式的角度来看，可分为文字广告、图形广告、视频广告、音频广告、富媒体广告、H5 广告、VR 广告等；从硬件设备的角度来看，可分为 PC 端广告和移动广告。

随着移动互联网的发展，移动广告已经成为网络广告的主流。所谓移动广告，就是通过移动设备（手机、平板电脑等）访问移动网页（Wap）或移动应用（App）时显示的广告。其中移动网页端的广告占比较少，而展示在移动应用里面的广告占绝大多数。因此本章在介绍网络广告的形式时，将以移动端的 App 广告为主。

按照网络广告的发展历程，从 PC 端到移动端，目前仍然活跃在互联网上的广告形式主要包括以下几种。

1. 横幅广告

横幅广告，又称旗帜广告，是最早且最常见的广告形式，一直从 PC 端沿用至移动端，有图片、滚动图片、GIF 图及文字链等表现形式，一般固定在网页或 App 中用来表现广告内容，如图 6-2、图 6-3 所示。有些横幅广告还会使用脚本语言使其产生交互性，或用一些插件工具增强表现力。因此，根据视觉效果的不同，横幅广告包括静态、动态和交互式三种形态。

图 6-2 腾讯网横幅广告　　　　图 6-3 亚马逊横幅广告

相对于开屏广告（详见第 6 点），横幅广告在移动端设计上有着尺寸小、位置偏（照顾用户体验、避免误触）、支持轮播（动态展示不同广告主的文字链/图片）的特点，基于此，横幅广告难以吸引移动端用户的注意力，广告可见性和广告效果都较差。

2. 电子邮件广告

电子邮件广告是指通过发送电子邮件的方式向目标用户传递推广信息的一种网络营销手段，一般采用文本格式或 HTML（Hyper Text Markup Language，超文本标记语言）格式。电子邮件广告具有针对性强、费用低廉且广告内容不受限制的特点。电子邮件广告可以针对用户发送定制广告，其效果是其他网络广告形式达不到的。但值得注意的是，电子邮件广告也非常容易被用户当成垃圾邮件而清理掉。

3. 弹出式广告

弹出式广告又叫插页式广告，是指在用户上网时突然弹出的广告页面或广告窗口，可依托网页而生，也可依托软件而生，如图 6-4、图 6-5 所示。弹出式广告有不同的出现方式，有的出现在两个网页切换的间隙，有的直接出现在当前页面中；有的出现在浏览器主窗口，有的则以新建小窗口的形式出现。弹出式广告的尺寸和互动程度也不同，有的是全屏的，有的是小窗口的；有的是静态的，有的是动态的。

图 6-4　网页弹出式广告　　　　　　　　图 6-5　软件弹出式广告

由于弹出式广告很容易被用户看到，具有很强的广告效应，因而曾经很受广告主青睐；但弹出式广告可能会对用户浏览页面造成干扰，很容易引起用户的反感，因此近年来已经比较少见。

4. 搜索广告

搜索广告是一种通过关键词搜索和数据库技术，把用户输入的关键词和商家的广告信息进行匹配的网络广告形式。用户搜索商家投放的关键词时，广告便会展现在搜索结果页面中。展现的位置一般是搜索结果中，但也可能是搜索结果的一侧或者是搜索联想中。这种广告与用户查询的信息具有较高的相关度，容易被用户接受，而且因为是用户主动搜索的，所以广告效果显著。

搜索广告与其他广告类型的最大区别是触发机制上的差异。其他广告都是信息找人，网站或 App 根据用户画像猜测用户的需求及喜好，从而进行广告投放；而搜索广告是人找信息时产生的广告，用户主动检索，广告由关键词触发。

搜索广告主要包括搜索引擎竞价广告、电商搜索广告、应用商店搜索广告三大类，如图 6-6、图 6-7、图 6-8 所示。搜索引擎竞价广告是互联网上较早出现的广告形式之一，常见于各大搜索引擎，如百度、搜狗、谷歌、必应等。电商搜索广告是电商平台的进驻商家在平台上投放的广告，常见于大型的电商平台，如天猫、淘宝、京东、亚马逊等，像淘宝直通车、京东快车的广告都属于这种类型。应用商店搜索广告是 App 开发者为了推广其应用而投放的广告，常见于各大应用商店，如 App Store、安卓应用商店等。当然，严格来说，各大垂直网站、其他各类 App 的站内搜索广告也属于这一类型，只不过数量较少，因此略过不提。其实无论是哪种搜索广告，其原理基本一致，都是由用户搜索关键词触发的，因此投放思路和策略也差不多。

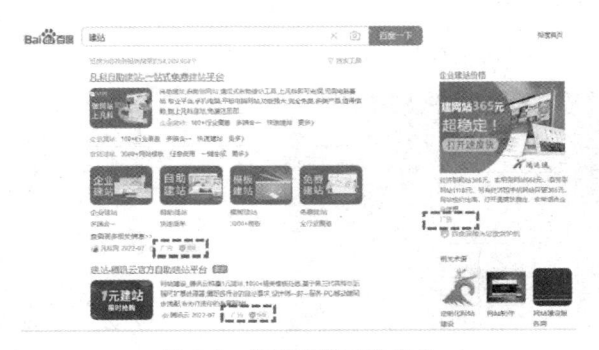

图 6-6　搜索引擎竞价广告

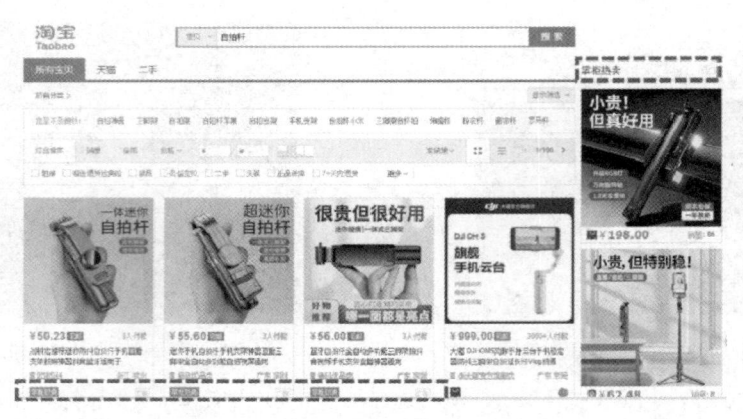

图 6-7 电商搜索广告

图 6-8 应用商店搜索广告

5. 植入广告

植入广告就是以台词、道具、背景等形式植入视频、游戏、文学作品等传播载体中的广告，如图 6-9、图 6-10 所示。与传统硬性广告相比，植入广告的最大优势就是隐蔽性强、触达率高。以影视剧植入广告为例，因为与剧情有机融合，所以品牌及产品的露出不显得突兀违和，能够潜移默化地影响受众；此外，观众无须付出额外的时间成本，也无法选择跳过广告，因此广告的触达率很高。但植入广告也存在一定的局限性。首先，信息容量有限，一般只能用于形象宣传，而不能像传统广告那样，详细地介绍产品的功能、利益诉求点等。其次，曝光程度取决于影视作品等传播载体的受欢迎程度，且由于是前期植入，不像创可贴广告那样可以灵活修改调整，因此具有一定的风险性。此外，如果植入不当，如广告与剧情不能无缝融合，往往会适得其反，遭到用户厌弃。

图 6-9 影视剧中植入的广告　　图 6-10 游戏中植入的广告

6. 开屏广告

开屏广告又称启动页广告，是用户启动加载 App 时以全屏（或近乎全屏）方式显示的广告，如图 6-11 所示。广告展示时间一般在 3～5 秒，形态可以是静态图片、动态图片、Flash 或视频，用户可以选择跳过广告直接进入 App。开屏广告基本上是移动端尺寸最大的广告形式，且处在 App 入口位置，因此可见性高、广告效果较好，但价格相对较高，素材审核也更严格。

7. 插屏广告

插屏广告是用户在 App 上做出相应的场景切换操作（如暂停、过关、跳转、退出）后，弹出的以静态图片、动态图片、视频等为表现形式的半屏或全屏广告，如图 6-12 所示，常见于视频、工具和游戏类应用。插屏广告与传统的弹出式广告比较相似，但插屏广告是一种触发式广告，只有在用户进行相应操作后才会出现，而且用户可选择关闭，因此一般不会影响用户的正常操作。相较于横幅广告，插屏广告曝光性强，很容易吸引用户的注意力，但容易造成误点击，浪费广告预算。

图 6-11 开屏广告　　　　图 6-12 视频暂停插屏广告

8. 视频贴片广告

视频贴片广告就是贴入视频之中的广告。根据贴入位置的不同，视频贴片广告又可以分为前贴片、后贴片、中插等类型，分别是指在视频播放前、播放结束后、播放过程中贴入的广告。视频贴片广告的创意及效果类似于传统的电视广告，且与电视广告一样，也是一种强迫用户观看的广告形式，但相对于前者要友好得多。尤其是近年来，广告形式不断创新，广告的趣味性不断增强，用户对一些新型视频贴片广告的接受度也越来越高。目前最流行的新型视频贴片广告主要包括两种：小剧场中插广告和创可贴广告。

近年来，小剧场中插广告在网剧中颇为流行，它指的是在电视剧播放的过程中，随时插播一段 30～60 秒的带剧情的广告，广告一般会与电视剧剧情有关，且由电视剧演员出演。有些小剧场广告因为与剧情结合度高，且比较诙谐有趣，受到了一部分观众的喜欢；但有些小剧场广告却因为与剧情不搭而显得很突兀，不仅没有收到良好的营销效果，反而引发了观众的抵触和吐槽。

还有一种创可贴广告，其全名为"视频情境内创意贴入式广告"，是一种以弹窗形式直接贴入视频画面的文案广告，如图 6-13 所示。这种广告会选取最为恰当的时机，以完美贴合剧情的"弹幕贴"或"弹幕文案"的形式，实现产品和品牌的巧妙曝光。创可贴广告是爱奇艺首创并命名的,这种广告在腾讯视频平台被称作"如意贴",在优酷平台被称作"创意压屏条"(以下将统称为"创可贴广告")。目前,这种新型广告形式已经吸引大量广告主投放,因为它特别适合互联网这种媒体语境,相比硬性广告和普通贴片广告,效果更好。

图 6-13　创可贴广告

创可贴广告主要有以下三大优势。

① 用户接受度高。创可贴广告是一种基于场景匹配的精准广告,能够将广告无缝融入剧情场景,实现广告与内容的紧密贴合,且尺寸小,不影响观众观看视频,因此不容易引发观众反感。

② 制作周期短、成本低、灵活度高、风险小。创可贴广告基本就是一段短小的文案,制作成本低、周期短,而且还能根据观众反应随时调整文案内容,灵活性强、风险小。

③ VIP 会员可见,能触达所有用户。现今的 VIP 会员可以跳过前后贴片广告,中插广告也可以快进,但创可贴广告却能让所有用户看到,曝光量远高于其他广告类型。

9. 信息流广告

信息流广告是以原生广告的形式嵌入信息流(资讯、社交动态、图片、视频等内容)中的广告形式,近年来十分流行,常见于内容型 App,如图 6-14 所示。不同于传统硬性广告,信息流广告是很自然地将广告融入普通内容中,其内容、形式与周围的信息流几乎完全一致,基本上不会影响用户阅读,如果没有旁边的"广告""推广"字样,可能根本就不会被发现是广告;而且信息流广告一般是根据用户画像精准投放的,内容多与用户相关,因而点击率比较高。此外,信息流广告也可以通过点赞、评论、分享或关注等方式与网友进行互动,不仅用户体验较好,而且有助于广告的二次传播。总体来看,信息流广告是目前最流行的广告形式之一,且广告效果优于大多数广告形式,但在创意设计上要求较高,需要具备一定的内容价值,且要与周围的场景高度融合。

10. 激励广告

激励广告是一种利用激励让用户接受广告或做出指定行为的广告形式,可以分为积分墙和激励视频两种形式。

(1)积分墙。从形式上来看,积分墙就是一个在应用内展示各种积分任务(如下载安装 App、注册、填表、试用等),以供用户完成任务获得积分的页面,如图 6-15 所示。从本质上来看,积分墙其实是一种嵌入 App 之中的第三方移动广告平台。应用开发者可以在这类平台上发布任务，用户完成相应任务就可以获得积分，这些积分可用来兑换奖励。积分墙是 ASO（App Store Optimization，应用商店优化）中最常用的一种人工干预手段，应用开发者通过这种方式可以冲榜、刷量等，从而在应用商店中获得好的排名。因而积分墙主要是一种针对 App 运营的广告形式。对于广告主 App 而言，积分墙是一种推广平台；对于经营积分墙的媒体平台 App 而言，积分墙则是一种流量变现方式。

信息流小图模式　　信息流组图模式　　信息流大图模式　　信息流视频模式

图 6-14　信息流广告

图 6-15　积分墙

早期，积分墙多被嵌入其他 App 中，但如今积分墙模式逐渐成熟，已经发展为独立的 App，如应用试客、钱咖、米赚等网赚类应用。这类应用甚至可以接入微信公众号，只要在公众号内嵌入积分墙代码，用户便可通过公众号获取任务，不必先下载嵌有积分墙的 App，这就大大降低了用户获得积分的门槛，对用户来说很好地提升了使用的便捷性。

（2）激励视频。激励视频就是让用户观看广告视频以获取某些权益，如图 6-16 所示。激励视频源于游戏行业，玩家观看一段广告视频即可获得游戏复活、关卡解锁、线索求助、道具获取等奖励（用户也可以选择不看视频，但视同放弃奖励）。目前，激励视频已经成为轻游戏的主要收入来源，在中、重度游戏的收入中也占有相当大的比重。

图 6-16　激励视频

　　虽然激励视频在游戏行业最为常见、最为成熟，但其应用领域其实非常广泛。满足用户刚需的工具型、教育型、内容型、娱乐型 App 都能成为激励视频广告的应用平台。比如，对于工具型 App 来说，激励视频就有很多应用场景，如换取 App 内货币、获得额外的空间或特权、解锁素材等，都可以引导用户去观看激励广告获得奖励，如有道云笔记，就在签到界面设置了激励视频，并鼓励用户观看视频获得更多存储空间。

　　激励视频发展至今，已经成为一种主流广告形式，受到众多广告主的青睐，也因此成为时下最流行的 App（包括小程序）流量变现方式之一。

　　那么为什么激励视频如此受青睐呢？从用户角度看，通过看完一段小视频而获得奖励或权益是一个没有负担的"轻行为"，用户会有"占便宜"的感觉，甚至会非常期待通过这种行为获得原本需要付费或花费更长时间代价才能拥有的特权。此外，这种广告不强制用户观看，给予了用户选择权和被尊重感。简而言之，激励视频提供了一种"奖励+可选择"的机制，而这种机制能够提高用户对广告的接受度，从而获得更多的用户关注时长。有了足够的关注时长，而且是主动关注时长，用户就能通过视频充分了解广告内容，从而也就更容易产生点击行为及后续的转化行为。因此，激励视频的转化效果远远高于其他广告形式的转化效果。

　　在这一点上，积分墙就存在明显劣势。虽然同样都是以奖励的形式诱导用户转化，但积分墙是以"非常强制"的方式让用户完成下载、注册等很"重"的行为。在这种情况下，用户即便因为奖励下载了，也会很快卸载，实际转化效果是比较差的。因此，近年来积分墙已经渐渐没落了。

　　需要说明的是，激励广告之所以发展如此迅速，主要原因在于，激励广告能够让广告主、流量平台、用户三方都受益：广告主能获得精准有效的推广渠道；用户能通过观看视频或做任务获得奖励；流量平台不仅能获得广告收入，还能通过积分墙或激励视频提升用户活跃度、留存率及在线时长等指标。

　　从 PC 端到移动端，从网页端到 App 端，网络广告的形式在不断创新迭代，一些传统的广告形式已经逐渐没落甚至已退出历史舞台，而一些新型的广告形式正在慢慢崛起。比如，可玩式广告、互动广告、H5 广告、AR/VR 广告等，可以让用户不只是看广告，而是"玩"

广告、参与广告。或许在不久的将来，这些新型的广告形式会成为网络广告的主流。此外，广告与内容之间的界限逐渐模糊，广告内容化成为大势所趋。

### 三、网络广告计费方式

目前，网络广告的计费方式主要有以下五种。

1. CPM

CPM（Cost Per Mille，千次展现成本），即广告展现一千次，广告主应该支付的费用。这种方式以广告展现次数（即广告所在页面的曝光次数）为依据计算广告费用。需要说明的是，CPM 中的 M 指的是 Mille，在希腊文中表示"千"。由于每次展现的费用很低，因此业内约定以展现 1000 次为单位来计费。

CPM 是目前最主流的网络广告定价方式，通常以广告所在页面的访问量为依据，即默认用户访问页面一次，广告就被展现一次（用户有没有看到广告不加考虑）。这种计价方法源于传统媒体广告定价方法，其计算公式为：

广告定价 = CPM × 媒体接触人数（收视率或发行量或页面访问量）/1000

目前很多平台都提供 CPM 计费方式，采用这种方式的多为品牌宣传类广告，如视频贴片、横幅广告等。

2. CPC

CPC（Cost Per Click，每次点击成本），即广告被点击一次，广告主应该支付的费用。这种方式以广告被用户点击的次数为依据计算广告费用，其计算公式为：

广告定价 = CPC × 点击次数

CPC 计费方式最早源于搜索引擎，关键词广告一般采用这种定价方式，如百度竞价广告及淘宝直通车广告都是如此。现在则是多运用在效果类广告上，如信息流广告就多采用这种定价方式。

CPC 与 CPM 相比，更能体现广告的实际效果；但 CPC 也存在一些弊端，一是由于竞价原因，广告费用逐年增高，二是由于广告的点击非常容易作弊，因此存在一些恶意点击和误点击，这导致了一部分广告费的浪费。不过，目前多数媒体方都会采取一些技术手段来识别并排除这些无效点击，如利用算法自动过滤人为连续多次的点击及竞争对手利用作弊软件产生的点击，因此这一情况已得到缓解。

3. CPA

CPA（Cost Per Action，每次行动成本），即用户在广告的引导下每采取一次指定行为，广告主应该支付的费用。这种方式以用户采取的行动次数为依据计算广告费用，其计算公式为：

广告定价 = CPA × 行动次数

这里的行动不是固定的，通常可以是填写问卷或表单、咨询、注册、下载、加入购物车、下单等。这个需要在投放广告前与媒体或者代理商协商好，只有在用户发生指定的行动时，才会支付广告费用。

在 CPA 计费方式下，广告主可以最大限度地规避风险，因为 CPA 可直接与实际转化效果挂钩，对广告主而言是有利的。但并非每个媒体或者服务商都接受 CPA 计费方式，因为 CPA 广告的最终效果其实不可控，而且有时不一定是媒体的流量不好，还可能是广告落地页的质量原因，所以媒体一般不太认可 CPA 计费方式。

4. CPS

CPS（Cost Per Sale，每次销售成本），即用户在广告的引导下每贡献一笔订单，广告主应该支付的费用。这种方式以实际订单金额或数量为依据计算广告费用，简单来说就是一种销售佣金模式。目前有两种计算方法：

① 按照订单额的比例计算：广告定价=订单额×佣金比例；

② 按照订单数量计算（每笔订单有固定佣金）：广告定价=订单数量×每单佣金。

CPS 方式是 CPA 方式的一种特定形式，在国内常用作电商广告投放时的计费方式。

5. CPT

CPT（Cost Per Time，单位时长费用），即广告被展示单位时长，广告主应该支付的费用。单位时长可以是 1 天、1 周或 1 月。这种方式以广告被展示的时间长短为依据计算广告费用，其计算公式为：

$$广告定价 = CPT \times 广告展示时长$$

此种方式完全参考电视广告的计费方式，以一个固定价格去买断一段时间内的广告位展示，可以从根本上杜绝刷量、作弊等行为，被称作最省心的投放方式。但采用此种计费方式的媒体必须有强大的用户群体支撑，而且必须具有很高的知名度及美誉度，否则广告主不会买账。因此也只有少数头部媒体采用这种计费方式，而大量的垂直类媒体及广告网络一般都采用 CPM 计费方式。

以上为目前国内网络广告市场主流的计费方式，除了这些方式，还有一些小众的计费方式，因为不是主流且更难理解，此处就不展开叙述了。

6. 上述五种计费方式比较分析

（1）利益分配方面。用户与广告的互动基本遵循以下流程：

第一步：浏览广告；

第二步：点击广告；

第三步：采取行动。

在上述流程中，用户每前进一步，离最终的转化就更进一步，营销效果也就更好一些。因此，可用用户的行动深度来衡量网络广告的效果。

基于上述分析，我们可以清楚地看到：CPT 和 CPM 处于第一步；CPC 处于第二步；CPA 和 CPS 处于第三步。

从利益分配角度来看，CPT 和 CPM 较为保护媒体的利益，CPA 和 CPS 则倾向于保护广告主的利益，而 CPC 在所有计费方式中居中。

（2）广告价格方面。从广告价格上来看，CPT 和 CPM 的表面价格相对较为低廉，CPA 和 CPS 的价格则似乎要高很多，而 CPC 居中。需要指出的是，这里说的价格只是表面价格，不等于性价比。一般情况下，CPA 和 CPS 的性价比相对固定，而 CPC、CPT 和 CPM 则根据媒体对用户的黏性不同而有所区别。

综上所述，五种计费方式各有利弊，广告主可以根据自己的推广目的来选择合适的广告形式和计费方式，如品牌类广告可以选择 CPM 计费方式，效果类广告可以选择 CPC、CPA 计费方式等。

### 四、网络广告的效果评估

在传统媒体上做广告，很难准确知道有多少人接收到广告信息，更无从知晓有多少人因受广告影响而采取了实际行动；而网络广告则不同，它可以追踪并监测用户的行为，记录用户对广告的反应，进而准确统计广告被浏览的次数、被点击的次数，甚至是用户注册、购买的次数等。这些数据可以指导广告主对广告效果做出客观准确的评估，也可以帮助广告主分析媒体质量和用户特点，进而有针对性地投放广告。

网络广告效果主要包括传播效果和销售效果，因此网络广告的效果评估也包括传播效果评估和销售效果评估。

1. 网络广告的传播效果评估

衡量网络广告传播效果的指标主要有以下几种。

（1）广告展现次数。广告展现次数是指网络广告所在页面被访问的次数，是 CPM 付费的基础，反映了广告所在页面的访问热度。一般来说，广告所在页面被访问的次数越多，该广告被看到的次数就越多，获得的注意力也越多。但需要注意的是，广告展现次数并不等于实际浏览过广告的人数，通常情况下是大于实际浏览人数的（很多人并没有注意到广告）。因此，广告展现次数只是对用户注意程度的大致反映。

（2）广告点击次数与点击率。广告点击次数就是用户点击网络广告的次数，是 CPC 付费的基础。广告点击次数可以客观准确地反映广告效果，因为一旦浏览者点击了某个广告，就说明他已经对广告中的产品产生了兴趣。因此，与展现次数相比，点击次数对广告主的意义更大。但点击次数也并不能完全准确地反映出广告的真实效果，因为很多时候浏览者已经注意到了广告，并对该广告留下了一定印象，但由于各种原因并没有点击。此外，广告点击次数与产生点击的用户数（多以 Cookie 或 IP 为统计依据）之比，可以初步反映广告是否含有虚假点击。

广告点击率（Click Through Rate，CTR）就是点击广告的用户所占的比例，其计算公式为：

$$广告点击率 = 广告点击次数 \div 广告展现总数$$

比如，如果刊登某则广告的网页的展现次数是 1000 次，而网页上的广告被点击的次数为 100 次，那么该广告的点击率就是 10%。点击率也可以用来评估网络广告的效果，是衡量广告吸引力的一个有力指标，能够反映用户的精准度及广告创意的质量。

（3）广告到达次数与到达率。广告所链接的目标页面就是这个广告的落地页，也称着陆页。广告到达次数是指用户通过点击广告进入落地页的次数。

广告到达率（Reach Rate，RR）就是用户通过点击广告进入落地页的比例，其计算公式为：

$$广告到达率 = 广告到达次数 \div 广告点击次数$$

比如，如果某则广告的点击次数为 100 次，其中有 80 次进入了广告落地页，那么该广告的到达率就是 80%。广告到达率通常反映了广告点击的质量，是判断广告是否存在虚假点击的指标之一，也能在一定程度上反映广告落地页的加载速度。

（4）广告二跳率、跳出率与停留时长。广告带来的用户在落地页上产生的第一次有效点击称为"二跳"。广告二跳率就是指通过点击广告进入落地页的用户在落地页上产生了有效点击的比例，其计算公式为：

$$广告二跳率 = 广告二跳次数 \div 广告到达次数$$

比如，如果进入落地页的次数为 80 次，其中有 40 次产生了有效点击，那么该广告的二跳率就是 50%。广告二跳率通常能够反映广告带来的流量是否精准有效，此外也能反映落地页对广告用户的吸引程度，甚至能通过热图工具分析出广告页面的哪些内容是用户感兴趣的，进而根据用户的访问路径，来优化广告落地页，提高转化率。

除了二跳率，跳出率和停留时长也能发挥同样的作用。所谓跳出率，就是到达落地页之后马上退出的次数与到达总次数的比值；而停留时长则是用户在落地页上停留的时间长度。这三个指标需要通过追踪监测广告点击的后继行为来获得，主要用于分析广告带来的用户质量及广告落地页的吸引力。

（5）广告转化次数与转化率。转化是指用户受广告的影响而采取的更进一步的行动。目前对转化没有固定的定义，如果推广的是普通商品或服务，一般是指咨询、填写表单、购买等行为；如果推广的是网站或 App，一般是指下载、注册、激活、内购等行为。

广告转化次数就是指定转化行为被实施的次数，是 CPA、CPS 付费的基础，通常反映了广告的直接收益。转化的标志一般是指某些特定页面，如注册成功页、购买成功页、下载成功页等被用户浏览。也就是说，这些页面被浏览 1 次就视为产生了 1 次转化。因此，广告转化次数一般就是指这些页面被浏览的次数。

广告转化率（Conversion Rate，CVR）就是指通过点击广告进入落地页的用户形成转化的比例，其计算公式为：

$$广告转化率 = 广告转化次数 \div 广告到达次数$$

比如，如果某则广告的到达次数为 80 次，其中有 20 次完成了转化，那么该广告的转化率就是 25%。需要说明的是，广告转化率还有另外一种统计方法：

$$广告转化率 = 广告转化次数 \div 广告点击次数$$

两种统计方法都有一定的市场，只不过前一种方法排除了一部分无效点击，更能反映产品的吸引力。

广告效果不佳有可能是推广渠道目标人群匹配度低，也有可能是广告创意不够吸引人，或者是落地页设计不佳等。以上指标，部分用于分析推广渠道的质量，部分用于分析广告创意本身及广告落地页的质量。对这些指标进行追踪监测，能够及时发现广告投放过程中的问题，并帮助广告主根据问题调整投放策略，提升广告投放效果；此外，监测所得的数据还可以为下次广告投放提供参考。

需要注意的是，网络广告效果监测需要用到第三方数据监测系统，目前比较主流的第三方数据监测系统有友盟+、秒针、ADMaster、热云数据、百度统计、Talking Data、Growing IO 等。

2. 网络广告的销售效果评估

对于企业来说，投放广告的最终目的是获得销售效果，因此，通过合适的指标来衡量广告的销售效果也是十分必要的。目前，衡量广告销售效果的常用指标有获客成本、投入产出比等。

（1）获客成本。获客成本（也称流量成本）是指通过广告获得一个客户的平均成本，用广告投放费用除以带来的用户数即可得到具体数值，也就是 CPA、CPS。获客成本不仅可用来衡量广告带来的经济效果，也可用于评估广告媒体的优劣。

（2）投入产出比。投入产出比（Return on investment，ROI）是指一定周期内，广告主通过广告投放收回的价值占广告投入的百分比，数值大于 1 为盈利。如果推广的是普通商品或服务，用广告带来的销售收入除以广告费用，就是广告的投入产出比；如果推广的是网站或 App，用注册用户的平均付费金额除以获客成本，就是广告的投入产出比。

## 第二节　网络广告的投放管理

网络广告投放需要遵循科学的流程和步骤，也需要考虑不同类型的广告在投放管理上的差异，这样才能保证广告的投放效率和效果。此外，随着大数据和人工智能技术在网络广告领域的应用，程序化广告投放成为主流模式，所有广告主都需要对此有所了解。

### 一、网络广告投放步骤

1. 确立广告目标

想要有效地投放广告，首先要确定广告的目标。比如，是新品上市要曝光，还是"双十一"促销活动宣传，又或者是要推广一个新的 App、希望有更多下载量等。从大方向上来看，投放广告的目的主要有两种：第一，品牌宣传；第二，销售转化。其中销售转化又可细分为直接销售和引导用户访问网站、填写问卷或表单、咨询、注册、下载等。无论是哪种，为了更好地指导后续的广告投放过程，都应该将目的量化，具体到多长时间内将数据指标提升多少，如 1 个月内将销售额提升 10 万元，半个月内获得 1000 个注册用户，一周内获得 1 万次品牌曝光等。量化后的广告目的就是广告的投放目标。确定广告目标是投放广告的第一步，也是最重要的一步，因为广告的目标不同，投放策略和考核指标也会有所不同。

2. 确定广告的目标受众及其行为习惯

确定了广告目标，接下来就要确定网络广告的目标受众，也就是网络广告是给哪些人看的。这取决于产品的目标用户，根据之前绘制的产品用户画像，就能明确广告的目标受众是谁、具备什么特征、有什么偏好和习惯、喜欢访问哪些网络媒体等。掌握了这些情况才能正确选择与之相符的媒体进行广告投放，才能对广告进行精准定向，让广告出现在正确的用户面前。比如，如果产品的目标用户是妈妈人群，通过调查发现这些人经常上"宝宝树""辣妈帮"等网站或 App，那么后面在选择媒体的时候就可以考虑这些平台。此外，调查结果还显示，这些妈妈人群一般只有晚上 10 点后才有时间上网，那么后续选择广告投放时间时就可以指定这个时间段。

3. 确定广告预算

严格来说，广告预算应该涵盖所有的支出项目，如创意设计费用、广告代理费用、媒体投放费用等，但其中最主要的还是媒体投放费用。

媒体投放费用不是盲目确定的，需要根据广告目标和单目标成本进行测算。比如，广告目标是开发 1000 个用户，而每开发一个用户的合理成本是 60 元，那么广告预算就应该是60 000 元。那么单目标成本是如何得来的呢？可以参考过往经验数据或行业平均数据，也可以先进行小范围测试，然后根据广告效果算出平均成本，以此作为正式投放的依据。

4. 媒体资源选择

媒体资源选择包括媒体平台的选择和广告位置的选择两个方面。比如，企业是选择今日头条开屏广告还是选择微博信息流广告等。从决策方向上来看，主要有两种选择：第一，选择固定媒体固定位置；第二，通过程序化购买系统自动选择合适的媒体和位置（媒体和位置不固定）。知名企业在优质媒体上投放广告时一般会选择第一种方式；而众多中小企业则更有可能选择第二种方式。

广告投放人员在选择媒体资源时，首先要考虑媒体受众与产品目标用户的重合度；其次要对媒体的流量数据进行调查，包括整体流量、分时段流量、分地区流量等，这些数据可以借助易观千帆、艾瑞 App 指数等工具获得。当然，媒体是否拥有科学完备的广告投放平台、是否可以进行定向投放、收费是否合理等，也是需要重点考虑的因素。

一般情况下，企业投放网络广告时不会只选择一个媒体，而是采用媒体组合投放方案，这时就要根据媒体的质量和价格进行预算分配，力争让每一分广告费用都产出最大的价值。

5. 广告物料制作

广告物料主要包括广告创意和广告落地页。在广告创意和广告落地页的制作过程中，需要注意以下几点。

① 广告内容要遵循《中华人民共和国广告法》及其他相关法律法规，不得含有禁用词汇，不得进行虚假宣传。

② 广告创意要有足够的冲击力，能够引起用户注意。

③ 广告标题要明确有力。最好用一句话，就能让用户知道我们能给他们带去什么，帮他们解决什么问题，或者用一句话就能体现出产品卖点。这样才能增加广告的精准度，特别是对于按点击付费的广告，如果广告标题写得不明确，则会增加无效点击，造成资金的浪费。

④ 广告内容要简洁清晰，要让用户快速抓住重点。如果广告是动态格式的，则要注意控制广告时间，过长的广告会让用户失去观看的兴趣。

⑤ 多准备几套创意。如果是长期投放广告，则应该准备几套不同的创意，不要一个广告一投到底，这样容易让用户产生审美疲劳，使广告效果大打折扣。

⑥ 落地页中要有转化路径，如联系方式、咨询按钮、试用方式、购买链接等。需要注意的是，上述转化路径最好不要通过弹窗来呈现，那样会降低用户的体验，只需要放置在醒目位置即可。

⑦ 要避开一些雷区。比如，投放微信朋友圈广告，广告画面上绝对不可以出现天猫/淘宝的 Logo 或者信息。

6. 广告投放策略选择

（1）网络广告投放时间策略。网络广告的投放时间策略主要包括网络广告发布的时机、时段、时序、时限等内容。

① 网络广告时机策略。网络广告时机策略就是抓住有利时机发起网络广告攻势的策略。比如，节假日、重大文娱体育活动期间、社会热点爆发等都是发起网络广告攻势的良机。当然，投放网络广告也要尽量避开竞争对手的投放时间，尤其是对手势头正盛的时候，要避其锋芒，提前几天或延后几天投放比较好。

② 网络广告时段策略。网络广告时段策略就是选择在合适的时间段投放网络广告的策略。为了吸引更多的目标受众浏览或点击网络广告，应该选择在目标用户习惯上网的时间段播放网络广告，这样才能达到预期效果。

③ 网络广告时序策略。网络广告时序策略就是决定网络广告发布与商品上市谁先谁后的策略，包括提前策略、即时策略、置后策略三种。提前策略就是在商品上市之前投放网络广告，引起目标用户的注意，为商品进入市场做好舆论准备或需求引导。即时策略就是网络广告投放和商品上市同步，这是最常采用的策略。置后策略就是把投放网络广告放在商品上市以后，根据商品上市初期的市场反应，及时调整事先拟定的某些不合适的网络广告策略，使网络广告宣传的诉求重点、诉求方式、目标市场更准确，且更符合实际。

④ 网络广告时限策略。网络广告时限策略是指在一次网络广告中，确定网络广告持续时间长短和播放频率的策略，可分为集中速决型和持续均衡型两种。集中速决型策略是指在相对较短的时间里，利用各种媒体向目标市场发起强大的广告攻势，使网络广告的刊播频率高、信息密集，对目标用户的刺激性强。这种策略既适用于新商品投入期或流行商品引入市场期，也适用于一些季节性很强的商品。持续均衡型策略是指在相对较长的时间里，持续不断地用广告信息刺激用户，使用户对商品保持持久记忆。这种策略适用于商品成长期、成熟期。

如果广告播放太密集，不仅花费巨大，久而久之还会引起用户的逆反心理；如果播放频率太低，又可能让用户遗忘企业品牌。因此，根据人们的遗忘规律，科学合理地安排网络广告的总体持续时长、播放频率及各次网络广告之间的时间间隔，成为网络广告投放中的重要工作。

在具体策划网络广告时，广告人员常常把集中速决型策略和持续均衡型策略综合运用或交替运用。因此，网络广告时限策略又可分为集中式、周期式、闪光式、连续式和脉冲式等。

（2）网络广告定向投放策略。所谓定向投放，就是根据广告内容和广告主的需求，选择特定的目标用户进行精准的广告投放，包括地理定向、时间定向、人群定向、关键词定向等。如今绝大多数媒体平台都提供定向投放功能，广告人员要做的就是根据自身的需求选择合适的人群标签和时空限制条件等。

7. 广告投放测试

经过前面的步骤，广告投放前的准备工作就基本完成了，接下来就要开始正式投放前的测试工作了。测试工作主要测试两方面内容。

（1）测试不同媒体及广告位的效果。虽然投放媒体及广告位已经初步筛选完毕，但是毕竟还只是理论上的，具体效果如何，并不知晓，所以需要对所选媒体及广告位进行一次效果测试，用事实说话，并从中找出最佳选择。

不同媒体及广告位的测试方法很简单：在不同媒体、不同广告位上投放相同的广告创意,广告落地页也用相同的内容,然后对效果数据进行对比,并据此重新分配广告预算。

(2)测试广告创意和落地页的效果。广告创意和落地页也是需要通过测试不断调整优化的。测试方法与媒体及广告位测试刚好相反,需要在同一媒体的相同广告位展示不同的广告创意和落地页,然后对效果数据进行对比,从中找出最优组合。

8. 广告效果监测和评价

测试工作完成后就可以正式投放广告了。在广告的投放过程中要不断地监测投放效果,并根据数据结果随时调整投放方式。

广告投放结束后还要进行总结复盘,撰写评估报告,包括哪些广告渠道的转化效果好,哪些位置的点击率高,哪套广告创意的效果好、为什么好等。这些信息对于下一次投放广告会有很好的借鉴意义。

综上所述,网络广告的投放就是要让广告在合适的时间,通过合适的载体,以合适的方式,投放给合适的人。

## 二、品牌广告和效果广告在投放管理上的差异

前面说过,投放广告的目的无非两种:品牌宣传和销售转化。其中以品牌宣传为目的的广告被称作品牌广告;以销售转化为目的的广告被称为效果广告。前者是为了树立企业或产品的品牌形象,提高品牌知名度和美誉度,其作用过程相对"长久慢",但品牌一旦建立就能持续发挥作用;后者是为了促进销售或其他转化行为,其作用过程相对"短平快",但效果无法持久。

因为投放目的和作用过程都不同,品牌广告和效果广告在投放管理上也存在较大差异。

1. 创意内容不同

品牌广告:强调企业的品牌形象,因此比较注重广告创意,对广告视觉制作的要求较高。

效果广告:能促进用户产生转化行为的创意即可,一般会用很多创意去测试,选出最优组合方案。

2. 媒介选择不同

品牌广告:投放品牌广告的多是实力较强的大中型企业,它们对广告的曝光环境有较高的要求,一般会选择优质媒体资源,如门户网站的首页横幅广告、App 的开屏广告等。

效果广告:一般对曝光环境没有特殊要求,有效果即可,如信息流广告、搜索广告等。

3. 投放策略不同

品牌广告:注重对投放全过程进行把控,通常会从前期的比稿、方案策划、投放时间、预估覆盖人数等多维度进行规划,确保获得好的品牌传播效果。一般需要投入大量资金,通过反复的广告曝光,帮助消费者形成记忆。

效果广告:一般会先进行测试,用多个创意、多个定向维度去做 AB 测试,并从中得出最佳组合方案。也就是说,效果广告投放是一个不断迭代、持续优化的过程。

4. 投放时间不同

品牌广告：一般以营销节点为主，如春节、情人节、"双十一"等，采取排期式投放。

效果广告：具有持续性，一般是常年持续投放的，没有时间的界限。

5. 考核指标不同

品牌广告：距离最终的销售转化还有很长路径，因此往往不会直接考核销售转化效果，而是通过 CPM、曝光量、覆盖人群、互动情况等指标来衡量广告效果。有些企业还会将百度指数、微信指数、微博指数等舆情监测指标作为参考。

效果广告：可以准确衡量流量获取成本和效果，因此考核的指标更为直观，包括 CPC、CTR、CPA、CPS、CVR、ROI 等。更多时候在乎的是转化效果、带来的销量及投入产出比。

通过上面的分析对比，我们可以看到，品牌广告和效果广告各有优缺点，不能因为看不到效果，就不投品牌广告；也不能因为没有持续性，就放弃效果广告。因此，要想获得好的广告效果，需要将两种广告配合起来进行投放，可以同时投放，也可以交替投放。

需要注意的是，随着广告技术的不断发展和营销工具的不断完善，品牌广告和效果广告的界限会越来越模糊，"品效合一"的广告将成为大势所趋。

### 三、程序化广告投放

目前，绝大多数的广告投放都是通过程序化广告平台完成的。程序化广告是指利用技术手段自动进行广告交易和管理的一种广告形态。广告主可以程序化采购媒体资源，并利用算法和技术实现自动定位目标受众，只把广告投放给对的人。媒体可以程序化售卖跨媒体、跨终端的媒体资源，并利用技术实现广告流量的分级，进行差异化定价等。程序化广告简化了交易流程，减少了人工参与环节，缩短了交易时间，提高了交易效率。

为了实现程序化广告投放，市场上已经出现了许多为广告主、媒体服务的中介平台。这些为程序化广告投放过程提供服务的中介平台主要有：广告网络（ADN）、广告交易平台（ADX）、需求方平台（DSP）、供应方平台（SSP）、数据管理平台（DMP）等。接下来我们按照程序化广告的发展脉络简单介绍一下每种平台。

1. 广告网络

在互联网广告发展初期，广告投放只有大型媒体和大型广告主能够参与。对于中小广告主而言，因为预算有限，无法在大型媒体上投放广告，只能选择更便宜的中小媒体，但是却很难找到这些中小媒体，即便找到了，也要一家一家谈判、采买，这个过程会十分耗时费力。与此同时，对于中小媒体而言，虽然有一些优质广告位和流量，但却因为没有"门路"难以售卖出去。也就是说，一边是大量中小企业买不到广告位，另一边是大量中小媒体找不到广告主。在此情形下，广告网络诞生了。

广告网络（Ad Network，ADN）实际上是一个在线广告联盟，把众多媒体的长尾广告位聚合起来，统一定价后再分别售卖给广告主，并从这个过程中抽取佣金。对于媒体而言，可以通过 ADN 售卖广告位；对于广告主而言，可以直接找 ADN 采买广告位，而不用再分别对接各个媒体。因此 ADN 提升了长尾广告位的售卖和购买效率。

ADN 的业务流程如图 6-17 所示。

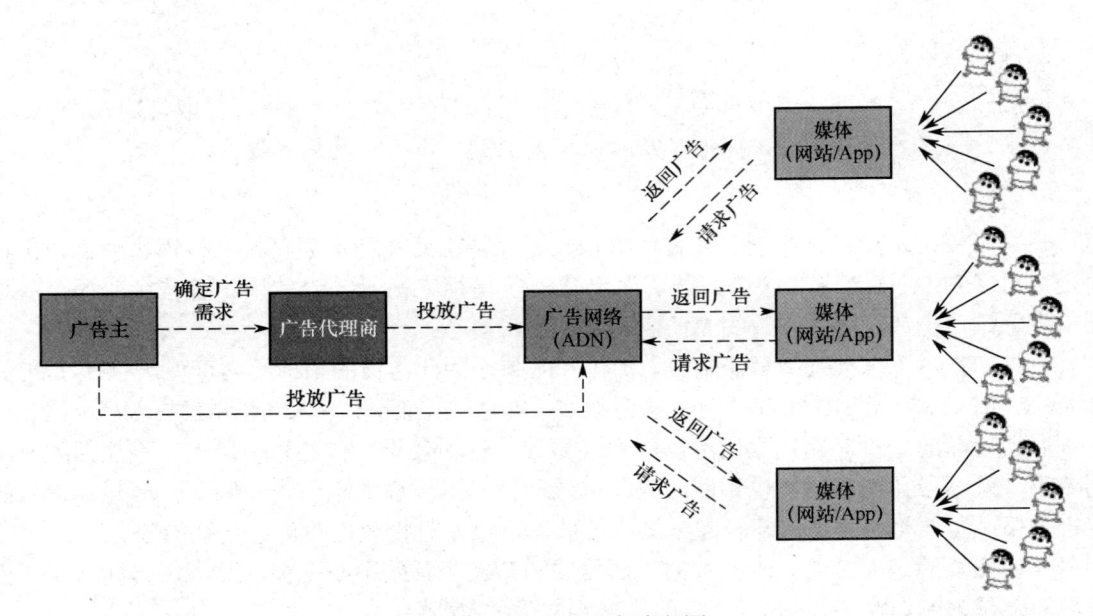

图 6-17　AND 的业务流程图

图片来源：公众号@PMCoder 之路.

ADN 的出现广受欢迎，乃至于一些大型媒体和大型广告主也会加入 ADN。原因在于：大型广告主有时也会对一些中小媒体上的长尾流量感兴趣，而大型媒体也有一些边边角角的长尾广告位难以售卖。

比较大型的 ADN 有百度联盟、Google Adsence（面向网站）、Google Amob（面向 App）、淘宝联盟、快手联盟等。

2. 广告交易平台

在 ADN 诞生的初期，它确实代表了中小型媒体的利益。但为了赚更多的钱，它一方面压低媒体广告位的价格，另一方面以更高价卖给广告主。因此，中小型媒体觉得自己的广告位不止这个价，而广告主则抱怨不仅不能定价，还拿不到好位置。所以，媒体和广告主都对 ADN 不满意。

不仅如此，随着网络广告的发展，市场上出现了越来越多的 ADN，他们各自拥有自己的一批媒体和广告主，各自数据互不相通。比如，某家 ADN 可能有某类广告主，但是却没有符合这类广告主需求的媒体；另一家 ADN 拥有符合这类广告主需求的媒体，却没有这类广告主。因此，广告主若要投放广告，则需要在多个 ADN 上进行投放，广告物料和数据标准不统一，操作起来也非常麻烦。而对于媒体来说，由于 ADN 过多，则需要对接不同标准的接入代码（接入越多的代码，产品的稳定性越难保证），同时由于不同的 ADN 之间对于同一个广告位的变现效率（收益）不同，媒体还需要在不同的 ADN 间进行切换以达到收益的最大化。

于是，广告交易平台应运而生。广告交易平台（Ad Exchange，ADX）通过一套数据协议，将不同的广告主和 ADN 以及媒体连接起来，实现了 ADN 之间资源的打通和互换。不仅如此，ADX 还提供了实时竞价（Real Time Bidding，RTB）的交易方式，公平公正地撮合广告主与媒体进行交易，避免了广告主和媒体对价格的不满。

ADX 的业务流程如图 6-18 所示。

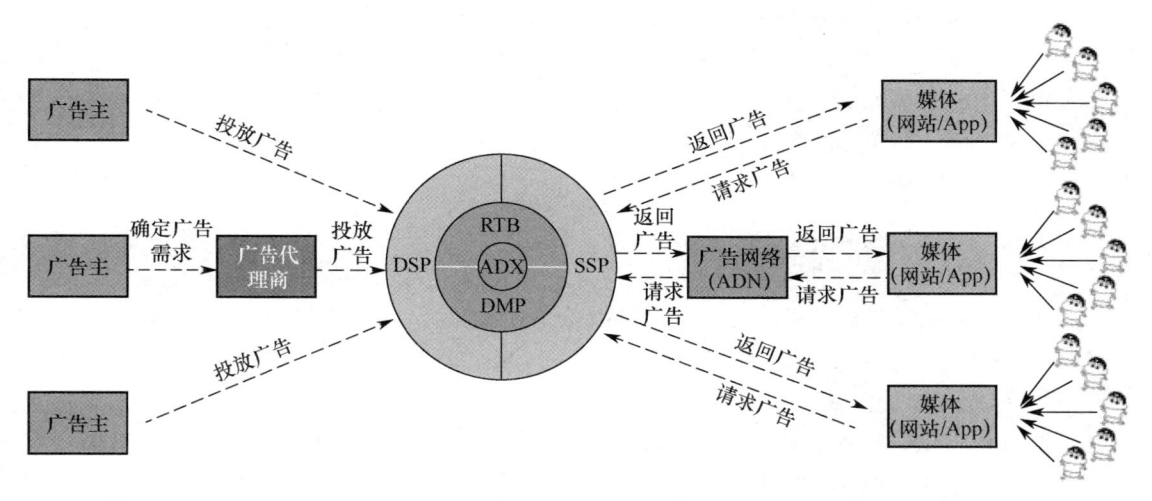

图 6-18　ADX 的业务流程示意图

图片来源：公众号@PMCoder 之路。

简单总结就是，ADX 是一个更高级的广告中介，或者说是一个开放的在线广告交易市场（类似于股票交易所），它整合了不同的广告主、ADN 和媒体，提供 RTB 功能以实现广告投放的精准化和媒体收益的最大化。

由于成功的 ADX 需要大量的媒体流量作为基础，所以它的运营商多为互联网巨头。世界上著名的 ADX 有 Google 收购 DoubleClick 之后推出的 Google AdX、Yahoo 收购 Right Media 之后推出的 Premium Exchange 等。在国内，阿里巴巴、新浪、腾讯等大型媒体也推出了各自的 ADX，但受限于行业技术标准不统一等原因，目前国内 ADX 的媒体资源多仅限于运营商自有资源，因此尚不能称作真正意义上的 ADX。

3. 需求方平台

ADX 虽然为广告主提供了采买流量的平台，但还有以下几个问题没有解决。

第一，广告主没有相关的数据支持，很难判断每个流量的价值及和自己目标用户的匹配程度，因此很难出价。

第二，市场上有很多 ADX、ADN 和媒体，如果广告主想要在多个平台投放广告，是一个非常费时费力的过程，因为每个平台的广告购买系统、操作规则都不同。

为了解决上述问题，需求方平台顺势出现了。需求方平台（Demand Side Platform，DSP）是面向流量需求方（即广告主或代理商）的广告投放服务平台。该平台对接众多媒体资源，包括各种 ADX、ADN、SSP 甚至媒体的库存等，并为广告主或代理商提供统一的实时竞价投放平台，可以使广告主或代理商更简单便捷地对位于多个平台上的广告位进行竞价，并能帮助他们对受众数据进行分析实现精准投放。由于是为广告主解决广告统一投放需求的，因此该平台被称为"需求方平台"，代表的也是需求方的利益。

具体说来，需求方可以在 DSP 上管理广告活动及其投放策略，包括设置目标受众的定向条件、预算、创意、出价、频率上限等；而 DSP 可以通过技术和算法自动优化投放效果并提供数据报告。

目前国内的 DSP 主要包括以下三类。

第一类：大型广告主私有 DSP，如携程、唯品会、京东自有 DSP 等。

第二类：大型媒体私有 DSP，如微博超级粉丝通、腾讯广告（原腾讯广点通）、字节跳动的巨量引擎、百度营销、阿里妈妈等。

第三类：第三方独立 DSP，如舜飞科技的 BiddingX、品友互动等。

4. 供应方平台

供应方平台（SupplySide Platform，SSP）是面向流量供应方（即媒体）的广告位销售服务平台。与 DSP 代表广告主的利益相对应，SSP 代表了媒体的利益。DSP 帮助广告主与 ADX、ADN 等平台对接，那么 SSP 就帮助媒体与 ADX、ADN 等平台对接；DSP 帮助广告主以最高效和最优惠的方式进行流量的采买，那么 SSP 就帮助媒体管理广告位，并以最优越的价格售卖流量。

具体来说，供应方可以通过 SSP 将广告位对接到多个不同的 ADX、DXP 和 ADN 上，让更多潜在买家参与购买。同时，供应方能够在 SSP 上为广告位设置最低价、筛选广告请求等，从而更好地管理自身流量资源，最终提高营业收入。

需要注意的是，在国内，通常都是由媒体、ADN 或 ADX 自己搭建 SSP，几乎没有独立的第三方 SSP。媒体和 ADN 搭建自己的 SSP 主要是方便内部流量和广告位的管理；而 ADX 搭建自己的 SSP 主要是方便直接和各个媒体对接，减少中间环节。

国内常见的 SSP 有腾讯优量汇、字节跳动的穿山甲等。

5. 数据管理平台

在整个程序化广告的过程中，数据起着举足轻重的作用。DSP 和 ADX 之所以能够精准定位目标用户，实现多个维度的定向投放，正是因为接入了数据管理平台。

数据管理平台（Data Management Platform，DMP）能把分散的多方数据进行整合，纳入统一的技术平台，并对这些数据进行标准化和细分，然后推向营销平台；可以帮助所有涉及广告位购买和出售的各方更快捷地管理数据、更方便地使用第三方数据，增强他们对所有数据的理解，以便更好地对用户进行定位。通俗地说，DMP 能够提供用户画像及标签数据，帮助 ADX 或 DSP 匹配目标受众。

目前，市场上的 DMP 整体可以分为第一方 DMP 和第三方 DMP。所谓第一方 DMP，是指广告主的私有 DMP，它收集整合的是广告主自己的数据，广告主拥有系统的唯一控制权和使用权。而所谓第三方 DMP，是由广告主之外的第三方运营的 DMP，它收集整合的数据不属于任何一个广告主，控制权和使用权也归 DMP 运营商所有。初期的 DMP 主要是垂直媒体、BAT 等第三方 DMP，如阿里妈妈的达摩盘；之后一些广告监测公司、数据源公司，如秒针、Admaster 等，也加入了第三方 DMP 阵营。近年来，大量品牌也纷纷建立了自己的第一方 DMP。

综上所述，随着程序化广告的发展，诞生了各种中介平台，包括 ADN 和 ADX。为了使广告主和媒体利益最大化，后来又逐渐发展出代表广告主利益的 DSP 和代表媒体利益的 SSP，并分别为广告主和媒体提供精细化运营服务。与此同时，作为程序化广告不可或缺的一环，DMP 应运而生，负责为各方提供数据服务。至此，整个程序化广告生态及业务流程如图 6-19 所示。

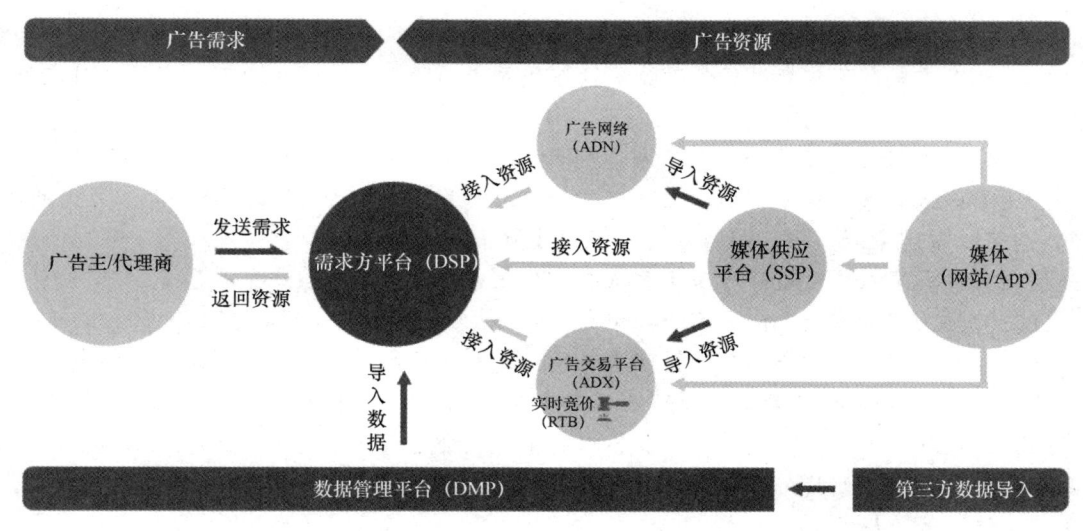

图 6-19 程序化广告生态及其业务流程图

图片来源：知乎@千寻.

在整个程序化广告投放过程中，实时竞价是核心，其业务流程大致如下。

① 用户访问媒体，媒体需要展示广告。

② 媒体向 ADX/SSP 发起广告请求，并传递该用户的信息（如用户 ID 等）。

③ ADX/SSP 将广告竞价请求发给多家 DSP，并传递本次广告竞价的相关信息（如广告位的情况、用户 ID 等）。

④ 多家 DSP 根据本次广告竞价的相关信息，决定是否出价、出价多少。若出价则将广告相关物料一起传递给 ADX/SSP。

⑤ ADX/SSP 根据多家 DSP 的出价决定本次广告的归属，并将胜出的 DSP 的广告相关物料传递给媒体。

⑥ 媒体加载该广告，用户看到广告。

以上是对程序化广告的简单介绍，实际上整个生态体系十分复杂，但篇幅有限，本书就不再展开介绍了。

## 案例讨论

### 六起典型的互联网广告违法案件

2023 年 5 月 1 日，国家市场监督管理总局修订印发的《互联网广告管理办法》正式施行，北京市市场监管系统组织开展互联网广告专项整治行动，查处了一批典型的互联网广告违法案件，有效规范了市场秩序，促进了行业健康有序发展，现选取部分案件予以曝光。

一、北京市海淀区市场监督管理局查处豆丁世纪（北京）网络技术有限公司广告违法案件

经北京市海淀区市场监督管理局调查查明，豆丁世纪（北京）网络技术有限公司在某平台发布"瑶浴"药包广告，宣传该产品对"类风湿性关节炎"有改善作用，并以案例形式虚构产品功效，当事人的上述行为违反了《中华人民共和国广告法》有关规定。

2023年3月，北京市海淀区市场监督管理局依法对当事人作出罚款9万元的行政处罚。

二、北京市朝阳区市场监督管理局查处澳玛星光国际医院管理（北京）有限公司广告违法案件

经北京市朝阳区市场监督管理局调查查明，澳玛星光国际医院管理（北京）有限公司在某平台发布未经审查的医疗器械广告，其中含有"顶级抗衰CP""有效解决面部衰老问题""超声炮可以实现分层抗衰、精准加热，解决皮肤衰老导致的松、垂、皱纹等一系列问题"等违法内容，当事人的上述行为违反了《中华人民共和国广告法》有关规定。

2023年4月，北京市朝阳区市场监督管理局依法对当事人作出罚款21万元的行政处罚。

三、北京市石景山区市场监督管理局查处北京添福寿贸易有限公司广告违法案件

经北京市石景山区市场监督管理局调查查明，北京添福寿贸易有限公司在其网店发布"五色土 五谷粮"商品广告，含有"五谷粮寓意：使逝者有五谷吃，保佑后人家庭富裕，五谷丰登""使用方法：可做风水摆件"等迷信内容，当事人的上述行为违反了《中华人民共和国广告法》有关规定。

2023年4月，北京石景山区市场监督管理局依法对当事人作出罚款2万元的行政处罚。

四、北京市市场监督管理局查处水氪（北京）科技发展有限公司广告违法案件

经北京市市场监督管理局调查查明，水氪（北京）科技发展有限公司在其官网"招商加盟"页面展示的客户案例，其中含有"人民政府""中华人民共和国教育部""发展和改革委员会""卫戍区"等字样，并配有招商热线及食品净化机使用场景图片，存在变相使用国家机关名义发布广告的违法情形，当事人的上述行为违反了《中华人民共和国广告法》有关规定。

2023年6月，北京市市场监督管理局依法对当事人作出罚款5万元的行政处罚。

五、北京市朝阳区市场监督管理局查处北京尚益嘉容医疗美容诊所有限责任公司广告违法案件

经北京市朝阳区市场监督管理局调查查明，北京尚益嘉容医疗美容诊所有限责任公司在某平台上发布含有"医生双眼皮修复4个月对比：宽深假+肉条感+睁眼费力+左右不对称"等未经审查的医疗广告内容，当事人的上述行为违反了《中华人民共和国广告法》《医疗广告管理办法》有关规定。

2023年6月，北京市朝阳区市场监督管理局依法对当事人作出罚款21万元的行政处罚。

六、北京市通州区市场监督管理局查处中扶创新（北京）企业服务有限公司广告违法案件

经北京市通州区市场监督管理局调查查明，中扶创新（北京）企业服务有限公司在网店展示页面中，发布含有"国徽""军徽"等图案及"国务院办公厅""中国人民解放军""中华人民共和国公安部"等文字的产品图片，并配有"中办 国办 中纪委 头层牛皮手提包""军中茅台酒"等广告宣传内容，存在变相使用国徽、军徽、国家机关名义等发布广告的违法情形，当事人的上述行为违反了《中华人民共和国广告法》有关规定。

2023年7月，北京市通州区市场监督管理局依法对当事人作出罚款5万元的行政处罚。

资料来源：中国质量新闻网.

讨论：

1. 你知道网络广告中禁用哪些词汇吗？请举例说明。
2. 你认为企业在投放网络广告时应如何在不进行虚假宣传的同时，突出产品的优势？

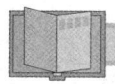

## 思考与练习

1. 网络广告与传统广告相比，有什么特点和优势？
2. 在众多广告形式中，你认为哪些广告形式效果比较好？
3. 你认为品牌广告和产品广告，在评估广告效果时有何差异？
4. 你认为在选择程序化广告投放平台时需要注意哪些事项？

## 技能实训

登录各大主流媒体广告投放平台：今日头条/抖音、快手、百度、阿里妈妈、微博、腾讯、B 站、小红书、知乎平台等，了解其主要广告产品。

# 第七章　搜索引擎营销与运营

### 学习目标

- 了解搜索引擎营销的优势、作用、主要形式及目标层次。
- 理解百度竞价的排名规则、出价模式、关键词质量度计算方法及点击价格计算方法，掌握关键词的主要类型及匹配方式，了解百度竞价的账户结构。
- 掌握百度竞价排名的投放流程及每个环节的操作要点。

### 引导案例

兰蔻的搜索引擎营销

作为化妆品及护肤品行业的领导者，兰蔻一向重视营销创新。早在 2008 年的时候，兰蔻就开始尝试进行搜索引擎营销，利用百度品牌专区为其网上商城进行搜索引擎推广。一般情况下，在百度中搜索某品牌关键词，出现的必定是官方网站及介绍；但是在百度中搜索"兰蔻"，出现的却是兰蔻网上商城，并且季节性促销信息、产品的最新消息等都展示在搜索结果的重要位置。由此可见，兰蔻的搜索引擎营销主要是以销售转化为目的，而不是展示品牌形象。

兰蔻在百度上的关键词投放非常迎合消费者的即时搜索需求。在新产品上市的时候，兰蔻会直接投放与产品相关的关键词，并以图文并茂的形式展现产品的核心信息。这样能够让消费者第一时间接触兰蔻的新产品信息，并为兰蔻官网导入流量，提升产品转化率。此外，兰蔻几乎会在每个重要节日前投放精准广告，如圣诞节前，在百度上搜索"礼物"时，出来的就是兰蔻的相应广告。兰蔻还创新性地将"蹭热点"与搜索引擎营销结合起来，投放与名人、热门节目、热门事件相关的关键词广告，通过这些热点为自己引流。

总而言之，兰蔻在搜索引擎平台广泛撒网、全面围捕，挖掘出了大量潜在消费者。

资料来源：鸟哥笔记网站.

思考：搜索引擎有哪些营销优势？企业如何利用搜索引擎开展营销？

## 第一节　搜索引擎营销基本认知

### 一、搜索引擎营销的概念、优势及作用

简单来说，搜索引擎营销就是基于搜索引擎平台的网络营销，主要利用人们对搜索引擎的依赖和使用习惯，在人们检索信息的时候将营销信息传递给目标用户。搜索引擎营销的基本思想是让用户发现营销信息，并点击链接进入网页，进一步了解所需要的内容。通常情况

下，企业通过搜索引擎付费推广或者免费推广，可以让用户直接与企业客服进行交流，了解企业业务并实现交易。

搜索引擎营销的主要优势在于，能够以关键词为纽带，实现用户与广告内容的精准匹配。如果营销策略应用得当，对于某些搜索用户而言，广告可能不再是干扰，反而刚好是他们正在寻找的结果。

通过开展搜索引擎营销，企业可以在搜索引擎中进行品牌维护和推广。一方面，可以将品牌官网或其他表现品牌正面形象的信息尽可能多地呈现在搜索用户面前，减小品牌负面信息出现在用户面前的概率，从而预防竞争对手在网络上恶意的诬陷；另一方面，还可以进行品牌商业信息的推广，达到宣传品牌或促进产品销售的目的。

## 二、搜索引擎营销的主要形式

搜索引擎营销的形式主要包括两种：竞价排名和搜索引擎优化。前者是付费推广形式，后者是免费推广形式。

### 1. 竞价排名

搜索引擎竞价排名也叫竞价排名广告、关键词广告等，是一种由广告主自行出价并根据出价确定广告展现位置的搜索广告。一般情况下，出价越高，排名越靠前。因此，广告主可以通过调整每次点击付费价格，控制自己的广告在特定关键词搜索结果中的排名；并可以通过设定不同的关键词，捕捉不同类型的目标用户。

### 2. 搜索引擎优化

搜索引擎优化（Search Engine Optimization，SEO）是指针对搜索引擎的排名规则，从结构合理性、内容相关性及外部链接的数量和质量等因素着手，对网站进行优化，以提高网站在搜索引擎自然搜索结果中的排名，从而获得更多曝光量和流量。

与竞价排名相比，SEO 涉及的细节多、技术要求高、实施难度大，而且见效较慢，需要长期坚持才能收获想要的效果。因此，本书不对 SEO 进行展开介绍，感兴趣的读者可以自行上网查询资料。

## 三、搜索引擎营销目标的四个层次

根据实施效果及营销目标的达成程度，可以将搜索引擎营销的目标分为四个层次，如图 7-1 所示。

第一层是存在层，其目标是被主要搜索引擎及分类目录收录，而且要让网站中尽可能多的网页被搜索引擎收录（而不仅仅是网站首页），以此增加网站在搜索引擎中的可见性。这是搜索引擎营销的基础，离开这个层次，搜索引擎营销的其他目标也就不可能实现。搜索引擎登录包括免费登录、付费登录、搜索引擎关键词广告等形式。

第二层是表现层，其目标是在被搜索引擎收录的基础上尽可能获得好的排名，即在搜索结果中有良好的表现。如果利用主要的关键词检索，网站在搜索结果中的排名靠后，那么就要从整体上进行网站优化设计，或者利用关键词广告、竞价排名等形式来实现这一目标。同样，如果在分类目录中的位置不理想，也需要考虑利用付费等方式来获得好的排名。

```
          ┌─────────────────────┐
          │ 将浏览者转化为顾客  │ ← 转化层
          ├─────────────────────┤
          │   提高用户对        │
          │ 检索结果的点击率    │ ← 关注层
          ├─────────────────────┤
          │ 在搜索引擎中获得好的排名 │ ← 表现层
          ├─────────────────────┤
          │ 被主要搜索引擎/分类目录收录 │ ← 存在层
          └─────────────────────┘
```

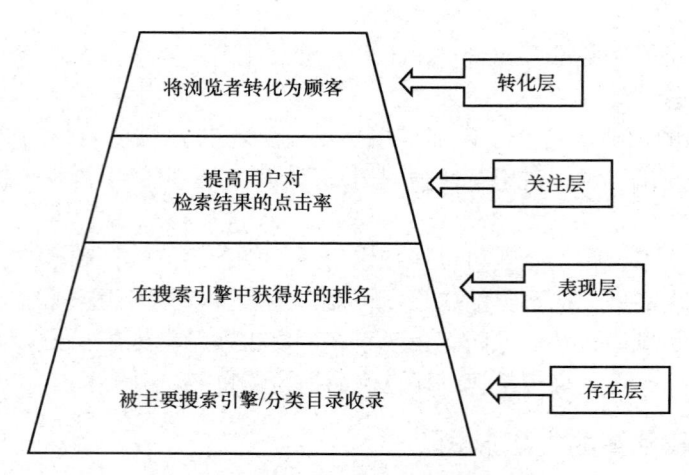

图7-1　搜索引擎营销目标的四个层次

第三层是关注层，其目标是提高用户对相关搜索结果的点击率，增加网站的访问量。从搜索引擎的实际情况来看，仅仅做到被搜索引擎收录并且在搜索结果中排名靠前是不够的，这样并不一定能提高用户的点击率，更不能保证将访问者转化为顾客。要通过搜索引擎营销实现访问量增加的目标，不仅要围绕更精准的关键词对网站进行内容优化或在投放关键词广告时选择更精准的关键词，还要对网页的标题、描述及URL（Uniform Resource Locator，统一资源定位系统）进行精心设计，让其更有表现力和吸引力。

第四层是转化层，其目标是将网站的浏览者转化为顾客，提高企业的收益。转化层是前面三个目标层次的进一步提升，是各种搜索引擎营销策略所实现效果的集中体现，但并不是搜索引擎营销的直接效果。从实施各种搜索引擎营销策略到产生收益，其间的中间效果表现为网站点击率的提高和访问量的增加，而网站访问量的增加是否会转化为企业收益的提高，则是由网站的功能、服务、产品等多种因素共同决定的。因此，第四个目标在搜索引擎营销中属于战略层次的目标；其他三个层次的目标则属于策略范畴的目标，具有可操作和可控制的特征，实现这些基本目标是搜索引擎营销的主要任务。

## 第二节　百度竞价排名

在上一章中，我们已经简单介绍了搜索广告。搜索广告起源于搜索引擎，后来延伸至电商、应用商店等其他领域。这些延伸领域的搜索广告，无论是工作原理，还是投放方式，都与搜索引擎竞价排名大同小异。因此，搜索引擎竞价排名基本可以代表搜索广告，甚至在很多方面也能代表其他类型的广告形式。

相比其他形式的广告，搜索引擎竞价排名投放难度更高、技术性更强，因此本节将以百度搜索推广为例，介绍搜索引擎竞价排名的投放管理。

### 一、百度竞价排名的基本原理

百度竞价排名又称百度搜索推广，其广告内容主要出现在搜索结果的顶部和底部，带有"广告"标识，PC端一页不超过4条广告位，移动端不超过5条广告位。

1. 搜索引擎竞价排名的特点

搜索引擎竞价排名主要有以下几个特点。

（1）用户精准。一般来说，用户有需求才会利用搜索引擎搜索，因此通过搜索引擎竞价排名，企业可以将自己的产品或服务信息直接展现在潜在用户面前，广告投放更加精准、广告效果更好。

（2）按点击付费。搜索引擎竞价排名一般按点击付费，只有用户点击了广告，广告主才需要支付广告费；如果没有用户点击，则不需要支付广告费。

（3）广告主可灵活控制点击价格和推广费用。广告主可以自行设置点击价格、单位时间的预算等，操作空间大、灵活度高，企业可准确掌握和控制广告费用。

2. 百度竞价排名的排名规则

购买同一关键词的广告主可能很多，但排在前列的广告位却是有限的，因此百度制定了一套规则来决定广告的排名。

目前，百度竞价排名的排名主要取决于广告排序竞争力指数，该指数越大，在搜索结果页面的排名也就越高。广告排序竞争力指数的计算公式为：

$$广告排序竞争力 = 关键词出价 \times 关键词质量度$$

其中，关键词出价是广告主愿意为单次点击所支付的最高价格，即封顶价（注意：并非最终点击价格）。关键词质量度是衡量关键词及所关联的创意、落地页质量的综合评估指标，反映了搜索用户对关键词广告的认可程度。在百度推广账户中，每个关键词都会获得一个质量度得分，采用 5 星 10 分的等级分来表示。质量度得分越高，代表系统认为广告创意和落地页对于看到此条广告的用户来说更具有相关性和实用性。

由此可见，仅仅出价高不能等同于排名靠前，竞价排名的排名是由关键词质量度和出价共同决定的。也就是说，质量较高的广告能够以较低的价格获得较为理想的广告排名，而质量不合格的广告可能无法获得广告展现。因此，提高关键词的质量度是竞价排名投放中的重要工作。

那么百度为什么要设置质量度指标呢？主要原因在于，如果广告主单纯用高出价获得了第一位排名，但产品却与搜索词毫不相关，长此以往，搜索者会对广告信息的相关性做出负面判断从而影响用户体验，而搜索引擎也会因为广告点击率低而无法获得理想的广告收入。于是，百度引入了质量度这个指标。

由于竞价排名的排名受多个因素的影响，而这些因素随时都有可能发生变化，因此同一个关键词广告的排名也会随时变化。

3. 百度竞价排名的出价类型与出价模式

出价代表了广告的成本预期，是广告竞争力的决定因素之一。百度竞价排名中出价的总体发展趋势是：从人工出价到自动出价，从点击出价到转化出价。

（1）百度竞价排名的出价类型。

百度竞价排名提供了两种出价类型：人工出价与自动出价。

① 人工出价（固定出价）。人工出价又称点击出价或 CPC 出价，是指竞价人员凭借经验估算每次点击可以承受的最高点击成本，并据此人工设置点击出价。

人工出价可以较为严格地控制关键词的排名及平均点击价格，精细化地控制各维度的出价比例。但需要操作账户的竞价人员有比较丰富的经验，对账户中的关键词词性与转化意向有较为准确的判断，才能对关键词进行合理的出价；此外，流量和用户需求瞬息万变，竞价人员还需要随时监控广告效果并进行频繁调整，而这并不容易做到，因此人工出价较难同时做到控本放量（控制成本并扩大流量）。

② 自动出价（动态出价）。自动出价是指系统根据以往的广告转化数据，预测每个用户每次搜索的转化率，并据此实时动态出价。

在自动出价的情况下，即使用户的搜索词都是一样的，但系统为每个用户每次搜索的出价可能是不同的。系统会利用大数据和 AI 能力，预估用户的转化可能性，并结合当前的流量竞争情况，对高转化用户进行高出价，对低转化用户和不转化用户进行低出价或不出价，以帮助企业精准锁定高转化的用户，完成控本放量的目标。

需要注意的是，如果选择自动出价模式，就应扩大广告展现范围，保证充分的流量供应，否则系统将无法收集到充足的转化数据，也可能错失一些潜在用户。为此，应尽可能使用较宽泛的关键词、较宽泛的匹配方式，并开启自动定向功能，让系统尽可能全面覆盖用户。

（2）百度竞价排名的出价模式。

除了传统的人工出价模式——点击出价（CPC），目前百度竞价还提供了三种自动出价模式，分别是：目标转化成本出价（oCPC）、增强模式（eCPC）、放量模式（CV Max）。下面分别对这四种出价模式进行介绍。

① 点击出价（CPC）。在点击出价模式下，竞价人员需凭借经验估算每次点击可以承受的最高点击成本，并将这个值设置为点击出价，同时可以根据设备、地域、时段、人群等规则设置出价系数。一旦出价后，不管搜索用户的转化预期是怎样的，也不管当前的竞争状态是怎样变动的，只要用户输入的搜索词与账户中的关键词能匹配上，并且符合地域、设备、时段、人群等要求，系统就会严格按照竞价人员设置的出价乘以出价系数，参与竞价排序。

这里重点讲一下出价系数。不同条件/环境下的用户，即便用同样的搜索词进行搜索，对推广信息感兴趣的可能性也不同，如同样搜索"茶叶"，福建人可能对茶叶促销广告兴趣浓厚，而山西人则可能完全无视。在此情形下，用户的转化率明显是不同的，出价也理应不同。但在点击出价模式下，无法针对每次用户搜索进行调价，为了缓解这一矛盾，百度推出了"出价系数"，如表 7-1 所示。竞价人员可以针对不同时段、地域、设备、人群等条件设置出价系数，并利用出价系数调控出价。调控后的点击出价按照以下公式进行计算：

实际点击出价 = 出价 × 出价系数

表 7-1 百度竞价排名出价系数

| 常见系数 | 出价系数范围 |
| --- | --- |
| 地域 | 0.1～10 |
| 时段 | 0.1～10 |
| 设备 | 0.1～10 |
| 人群 | 1～10 |

需要注意的是，出价系数在自动出价投放中不起作用，因为自动出价能根据更多元化的用户特征，实时动态出价。此外，百度搜索推广平台提供了一系列点击出价建议，如参考指导价，可以帮助竞价人员更合理地设置点击出价，提高出价竞争力。

② 目标转化成本出价（optimized-CPC，oCPC）。所谓目标转化成本，又称转化出价，是指产生一次指定的目标转化事件，企业可以承受的最高单次转化成本。

在目标转化成本出价模式下，企业需指定目标转化成本，然后系统会根据市场竞争情况和历史转化数据为当前搜索用户预估广告的转化率，并根据预估转化率和目标转化成本，实时动态设置点击出价，为企业争取符合成本预期的最大转化量。

也就是说，在目标转化成本出价模式下，系统会根据预估转化率，将企业设定的目标转化成本换算成点击出价进行动态竞价，即：

$$点击出价 = 目标转化成本 \times 预估转化率$$

由上述公式可知，企业可承受的目标转化成本越高，系统自动设置的点击出价就越高；系统预估的转化率越高，系统自动设置的点击出价就越高。

在此情形下：

$$广告排序竞争力 = 质量度 \times 出价 = 质量度 \times (目标转化成本 \times 预估转化率)$$

由上述公式可知，系统预估的转化率会直接影响广告排序竞争力，而预估转化率是基于广告的历史转化率推算出来的。因此，提高预估转化率是提高 oCPC 投放中广告排序竞争力的关键手段之一。

③ 增强模式（enhanced-CPC，eCPC）。增强模式是一种参考人工点击出价的自动出价模式，它结合了点击出价和转化出价的优势，可以说是传统点击出价的智能强化版。开启增强模式后，系统会基于人工设定的点击出价，并结合预估转化率，动态微调点击出价，在尽量保持转化成本平稳的情况下，增加转化量。

在增强模式下，转化成本相对稳定，转化量会明显提高，但平均点击成本在短期和局部范围内有可能小幅度超过设定的出价。

④ 放量模式（Maximize Conversion，CV Max）。放量模式通常也被称为"转化最大化"模式。在放量模式下，企业不限制目标转化成本，系统会基于企业所设置的推广计划预算自动竞价，并根据竞争局势的变化为企业争取在预算许可范围内的最大转化量，实现快速放量和尽可能的成本下探。在放量模式下，转化成本可能在一定区间内浮动。

四种出价模式的工作原理、作用、转化量要求及适用场景如表 7-2 所示。

表 7-2 四种出价模式总览

| 出价模式 | 人工出价模式 | 自动出价模式 | | |
|---|---|---|---|---|
| | CPC | 目标转化成本出价 | 增强模式 | 放量模式 |
| 工作原理 | 严格按照人工设定的出价进行竞价 | 企业指定目标转化成本，系统基于指定的目标转化成本自动竞价，为企业争取符合成本预期的最大转化量 | 系统参考人工点击出价，根据预估转化率，智能动态微调，为企业带来更多转化量 | 企业不限制目标转化成本，系统基于企业所设置的推广计划预算，自动为企业竞价，以争取在预算许可范围内的最大转化量 |
| 作用 | 提高点击量并保成本 | 提高转化量并保成本 | 提高转化量的同时尽量保成本 | 快速提高转化量但不保成本 |
| 转化量要求 | 不会使用转化数据 | 转化数据充足时 | 转化数据稀疏时 | 转化数据充足时 |
| 适用场景 | 适合对广告的展现有一定要求，愿意利用较高出价来确保排名的计划；或对点击成本有严格要求的推广计划 | 适合转化数据较为充分，对转化成本有明确而严格的要求，且日预算无严格限制的情况（预算不限制） | 适合转化量相对稀疏，使用目标转化成本出价时转化效果不稳定、转化模型难以学习成功的情况 | 适合定向较为宽泛、期望快速起量、日预算有明确要求但转化成本可以容忍一定幅度波动的推广计划 |

### 4. 百度关键词质量度计算方法

关键词质量度由预估点击率、创意相关性、落地页体验三个子项组成。

（1）预估点击率。预估点击率反映了用户看到关键词广告后，点击竞价排名的可能性。预估点击率是影响质量度的最重要因素，一般根据关键词所关联的广告创意的历史点击数据计算得出。比如同样一个关键词，同样是排在第一位，但 A 网站的点击率是 20%，而 B 网站的点击率却只有 10%，那么 A 网站的关键词的质量度就会高于 B 网站。对于首次添加到账户中的关键词，系统将参考其他广告主提交该关键词以来的点击率数据进行计算。要想提高广告的点击率，除了提高出价以获得好的排名，增强广告创意的吸引力也很重要，关于这一点后面会详细介绍。

（2）创意相关性。创意就是推广信息的呈现形式，主要包括标题、描述、URL 等元素。创意相关性反映了广告创意（标题、描述）与关键词及落地页之间的内容相关性，主要取决于创意标题及描述中关键词出现的次数。一般来说，创意标题及描述中出现 1～3 次关键词较为合理，数量不宜过多，而且不能是简单的重复堆砌，要保证语句自然通顺。此外，创意本身的标题与内容也要相符，上下文内容要贴切，不要出现文不对题的情况。

（3）落地页体验。落地页体验反映了关键词和落地页内容的相关性及用户访问落地页的体验。关键词与落地页内容的相关性主要取决于落地页中关键词的出现次数及出现位置；而用户访问落地页的体验与网页打开速度、服务器稳定性等密切相关。因此，在为关键词设置落地页时，应该选择与关键词高度相关的页面作为落地页，或者针对关键词单独制作落地页。落地页的标题、网页描述、关键词等标签及网页内容中应该包含关键词，且关键词的密度要合理。此外，落地页的内容应该具有一定的可读性，对用户有一定的帮助和吸引力，可以让用户在页面中停留较长时间。最后，落地页所在的服务器的稳定性要好，不能出现访问不了、加载速度太慢等情况。

要特别注意的是，在搜索推广平台上披露的关键词质量度是对广告最近一段时间内在竞价中整体表现的综合评估，并不会直接用于当前竞价中来决定广告排序。每次用户搜索时，系统都会根据关键词出价、预估点击率、创意和落地页的当前设置实时评估关键词广告的排序竞争力。

质量度体现的是关键词的相对水平，是动态变化的，因此需要持续优化。如果关键词质量度某个子项显示"低于平均"，则意味着在最近一段时间内，该关键词广告处于竞争劣势，需要引起关注并及时优化以提高竞争力，避免在竞争中持续处于不利状态，影响投放效果。

质量度体现了百度竞价排名的科学性和公平性，这对于中小企业来说是好事。也就是说，企业并不能仅凭出价高就霸占优质广告位，还可以通过优化质量度让自己获得好的排名。在优化关键词的质量度时，运营人员应将重点放在提高关键词与创意的相关性及创意撰写水平上。

### 5. 百度点击价格计算公式

点击价格是指用户点击一次所产生的实际广告费用，由排名、出价和质量度三个因素共同决定。具体计算时有两种情况：

① 如果关键词排在所有推广结果的最后一名或是唯一一个可以展现的推广结果，点击价格为该关键词的最低展现价格（即起拍价）；

② 在其他情况下，
　　每次点击价格 =（下一名出价 × 下一名质量度）/当前关键词质量度 + 0.01 元

由上述公式可知，关键词的质量度不仅影响广告的排名，而且影响广告的点击价格。关键词的质量度越高，需要支付的点击费用就越低。因此，可以通过优化关键词的质量度来降低最低展现价格及点击费用。

此外，还需要注意以下几点：
① 不同行业、不同关键词的最低展现价格是不同的；
② 关键词的点击价格不会超过出价，往往要远低于出价；
③ 竞争环境随时可能发生变化，即使出价不变，同一个关键词在不同时刻的点击价格也可能不同。

6. 关键词的分类

投放搜索引擎竞价排名，选择合适的关键词是重点，也是难点。在选择关键词之前首先要明确关键词的分类，这样才能根据自身业务的情况全面、准确地挑选关键词。关键词的分类方式有很多种，不同企业会有不同的分类方式，但目前比较通用的分类方式为按照词性进行划分，这种分类方式适用于大多数行业，包容性非常强。

按照词性划分，可将关键词分为以下几类。

（1）品牌词。

品牌词是含有自身品牌名称或专有品牌资产名称的词。自身品牌名称包括企业或产品的名称及拼音、网站域名、公司热线电话等；专有品牌资产名称包括企业拥有的专有技术、专利名称、IP 名称等。

品牌词的搜索量虽然不大，但用户搜索品牌词，往往代表其已知晓该品牌，且带着强烈的消费意向，因此更容易转化；而且品牌词的竞争程度较弱，点击价格相对较低，因此是企业竞价排名投放必不可少的关键词。对于广告主来说，品牌词可以用来维护已有用户或已有品牌倾向的潜在用户，防止竞争对手通过购买自己的品牌词来抢夺用户。

（2）产品词。

产品词是指与企业提供的产品或服务直接相关的词，可以是产品大类，也可以是产品细类，还可以具体到产品的名称、型号等。产品大类如"手机""汽车"等，但这类词搜索量较大，能够覆盖大量的潜在用户，竞争较为激烈，点击价格也较高；产品细类如"国产手机""商务汽车"等，这类词的搜索意图一般较为明确，能够覆盖较为精准的用户；产品型号如"苹果 13""别克 GL8"等，这类词的搜索意图更为明确，能够覆盖更精准的用户，竞争较弱，点击价格也较低。

产品词是竞价排名投放的重点词。这类词搜索量较大，而且用户搜索产品词，代表有需求，因此点击率和转化率也相对较高；但产品词的点击价格相对品牌词略高，因此花费较大。

（3）通俗词。

通俗词又称咨询词，即用户可能使用的一些口语式表达，通常以疑问句或陈述句形式直接表达用户的咨询需求，如"我想开干洗店""哪家英语培训机构好""怎样才能学好英语"等。使用这类搜索词的用户可能以信息获取为主要目的，意向一般不太明确；但通俗词一般为用户口语化表达，最接近潜在用户需求，并容易影响用户消费决策，因此只要关键词设置得当，广告创意及落地页具有足够的吸引力，往往能够取得意想不到的效果。

广告主可以根据自身业务特点选择合适的通俗词。比如：学历培训机构可以选择"×××有没有前途"；经营减肥茶的企业可以选择"身体虚胖怎么办"；电商企业可以选择"×××哪里买""哪个牌子的××好""×××多少钱"等。

（4）人群词。

人群词是指不与产品直接相关，而与潜在用户群相关的词。这类搜索词未直接表达用户对产品或服务的需求，却间接表明搜索用户与企业的潜在用户群可能存在高度重合，主要包括两种情况：第一种情况，搜索词直接表明了搜索用户的身份，如"上班族""新手妈妈""健身爱好者"等；第二种情况，搜索词虽未直接表明搜索用户的身份，却表达了其相关兴趣点，通过该兴趣点可以判断搜索用户可能是企业的潜在用户。比如，搜索"巧克力"的用户非常有可能是"鲜花"的潜在用户；搜索"祛除痘痘"的用户，非常有可能是某款护肤品的潜在用户；搜索"韩国留学"的用户，非常有可能是韩语培训机构的潜在客户。如果企业把推广信息呈现在这些有潜在需求的用户面前，也有可能会吸引他们的关注，激发他们的购买欲望。

人群词的设置需要考虑不同喜好、兴趣之间的联系。可以通过分析目标客户的人群画像，包括他们的特征、兴趣、爱好、搜索用词习惯等，找到跟产品关联的地方，然后据此确定人群词。

人群词一般竞争性弱，出价相对较低。在关键词中加入人群词，可以较为精准地定位潜在用户，但这些用户的消费意向可能不太高，转化率较低，因此人群词不是竞价排名投放的重点，但如果账户需要扩展展现量，也可以使用。

（5）竞品词。

竞品词就是竞争对手的品牌词。这类词适用于名气不大的公司，通过购买竞品词可以截取竞争对手的流量，从而提高转化率；但购买竞品词容易产生纠纷，使用的时候需要特别谨慎。

（6）地域词。

地域词是指限定区域的词，一般会作为限定词与产品词、通俗词等组合在一起来限定覆盖区域，如"北京法语培训班""上海同城速递"等。搜索这类词的用户的商业意图较为明确，一般希望本地消费或购买，因此，如果是只在某一地区销售的产品或服务，就可以在关键词中加上地域词，以体现产品或服务的便利性。

上述各类关键词具有不同的展现效果，熟悉这些特征，能够帮助竞价人员用不同的关键词覆盖不同的搜索意图，捕捉不同类型的目标用户，更好地实现推广目标。

7. 关键词匹配方式

关键词匹配方式是指用户输入的搜索词与广告主提交的关键词以何种方式进行匹配以触发广告。只有当用户使用的搜索词与推广账户里设置的关键词符合匹配条件时，推广信息才有可能被触发并出现在搜索结果页上。关键词匹配方式决定了推广信息何时能得到展现，不同的匹配方式会影响推广信息在搜索结果中的展现概率，从而影响广告的投放效果。因此合理设置关键词匹配方式非常重要，它可以帮助企业更精准地定位潜在用户，为企业带来更多优质流量。目前，百度为广告主提供了三种关键词匹配方式：精确匹配、短语匹配、智能匹配。企业也可以组合使用多种匹配方式。

（1）精确匹配。

精确匹配是指当广告主提交的关键词及关键词的同义变体，与用户的搜索词保持整体精确一致时，竞价排名才会展现。所谓同义变体就是含义相同而形式有所变化的关键词。由此可见，精确匹配并不要求字面上完全一致，只要语义相同即可。具体匹配规则可参考表7-3。

表7-3 百度竞价排名精确匹配的规则

| 匹配规则 | 关键词 | 搜索词（精确同义变体） |
| --- | --- | --- |
| 包含空格及标点符号 | wms 系统 | wms 系统 |
| 错别字 | 怎么戴假发 | 怎么带假发 |
| 译名 | 迪士尼乐园 | Disneyland |
| 顺序变换意思不变 | 红色棒球帽 | 棒球帽红色 |
| 包含不具意义的虚词 | 掉头发去医院挂什么科 | 掉头发去医院应该挂什么科 |
| 包含意思重复的赘词 | Bvlgari | Bvlgari 宝格丽 |
| 含义相同 | 怎么治疗痔疮出血 | 痔疮出血怎么治疗 |
| 地域精确一致 | 上海鲜花 | 鲜花<br>（该搜索用户所在地域为上海） |

精确匹配方式的优势是带来的流量都非常精准，转化率更高；劣势是会降低竞价排名的展现次数，获得潜在用户的范围较窄，带来的流量少。

（2）短语匹配。

短语匹配是指当广告主提交的关键词或关键词的同义变体被整体语义包含在用户搜索词中时，竞价排名即可展现。此外，如果系统识别出广告主提交的关键词的类目可以包含用户搜索词，也能获得展现机会。具体匹配规则可参考表7-4。

表7-4 百度竞价排名短语匹配的规则

| 匹配规则 | 示例 1 | | 示例 2 | |
| --- | --- | --- | --- | --- |
| | 关键词 | 搜索词（短语匹配） | 关键词 | 搜索词（短语匹配） |
| 包含 | 药师证 | 药师证如何补办 | 孕妇钙片 | 孕妇钙片多少钱一瓶 |
| 插入和顺序变换 | 学开花店 | 开花店要学会哪些东西 | 株洲民宿 | 株洲网红民宿 |
| 同义变体包含 | 香港迪士尼乐园 | 香港 Disneyland 门票 | 宝格丽项链 | Bvlgari 项链多少钱 |
| 品类包含 | 二手家具 | 二手沙发哪里买 | 宝马3系 | 宝马320i 维修 |

与精确匹配相比，短语匹配的优势是更为灵活，展现次数更多，因而能获得更多的潜在用户；劣势是流量不够精准，转化率也相对更低。

（3）智能匹配。

智能匹配是指广告主在提交关键词时，可以手动圈选核心词（用"{ }"进行圈选，不长于5个汉字），当核心词或其同义变体被包含在用户搜索词中时，竞价排名即可展现。若广告主未圈选核心词，则由系统智能识别搜索词需求，并确保关键词与搜索词语义相关或核心需求一致，保障流量相关性。具体匹配规则可参考表7-5。

智能匹配的优势是广告展现次数更多，能够更广泛地接触到目标用户，带来更多流量；劣势是这些流量可能不够精准，转化率不如精确匹配和短语匹配的转化率高。

表 7-5　百度竞价排名智能匹配的规则

| 匹配规则 | 示例 1 关键词 | 示例 1 搜索词（智能匹配） | 示例 2 关键词 | 示例 2 搜索词（智能匹配） |
|---|---|---|---|---|
| 手动圈选 | {二手家具}怎么辨别值不值得买 | 二手家具购买注意事项 | {减肥}食谱一周瘦十斤 | 有什么快速有效的减肥方法 |
| 不圈选 | 二手家具怎么辨别值不值得买 | 家具选购不踩坑 | 微商卖什么比较火 | 2019 最火微商 |

三种匹配模式的释义及示例对比如表 7-6 所示。不同匹配方式下广告的展现次数及用户覆盖范围如图 7-2 所示。

表 7-6　三种匹配模式释义及示例对比

| 匹配类型 | 释义 | 关键词 | 匹配的搜索词 |
|---|---|---|---|
| 精确匹配 | 搜索词与该关键词完全相同，或者与该关键词的精确同义变体整体相同 | 法语培训 | 法语培训<br>法文培训 |
| 短语匹配 | 搜索词包含了该关键词整体或是关键词的同义变体 | 法语培训 | 北京法语培训价格<br>成人法语培训<br>法语培训班 |
| 智能匹配 | 搜索词包含了广告主手动圈选或系统自动圈选的核心词或核心词的同义变体 | {法语}培训 | 法语学习班<br>北京学法语哪里好 |
|  |  | 法语培训 | 第二外语培训课程 |

8. 百度竞价排名的账户结构

账户结构是企业在推广平台中对关键词、创意的分类管理。百度竞价排名的账户结构由账户、推广计划、推广单元、关键词与创意 4 个层级构成，如图 7-3 所示。一个账户可以创建多个计划，一个推广计划里可以创建多个推广单元，一个推广单元里可以添加多个关键词和创意，四个层级之间是包含关系，同一个推广单元内的关键词与创意是多对多的关系。

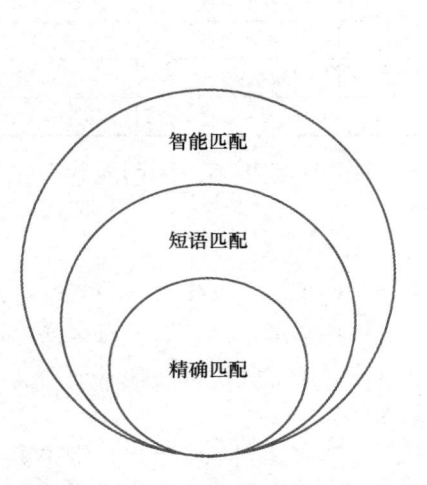

图 7-2　不同匹配方式下广告的展现次数及用户覆盖范围

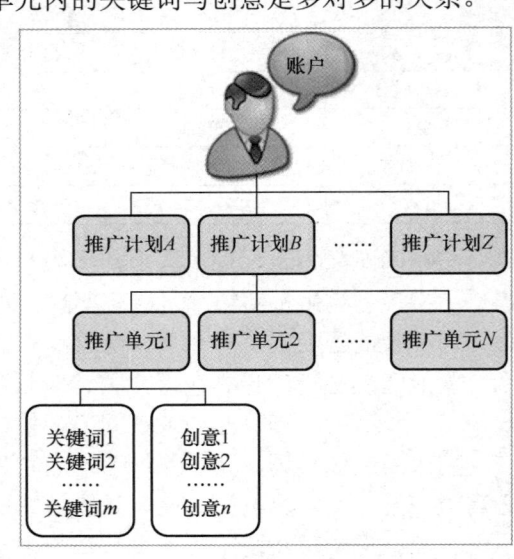

图 7-3　百度竞价排名的账户结构

账户是百度竞价排名投放的最大单位，主要是对推广计划进行管理。在账户级别，可以设置总预算、推广地域等。

推广计划是管理一系列关键词/创意的大单位，主要是对推广单元进行管理。在推广计划级别，可以设置推广地域、每日预算、创意展现方式、广告展现时段、否定关键词和 IP 排除等，并可以选择是否参加网盟推广。

推广单元是管理一系列关键词/创意的小单位，主要是对单元内的关键词与创意进行管理。每个推广单元内多个关键词共享多个创意，形成关键词列表与创意列表的多对多关系。也就是说，在推广结果展现时，同一个关键词可以对应多个创意，同一个创意也可能会被多个关键词使用。在推广单元级别，可以设置出价、否定关键词等。

综上，百度竞价排名的账号结构中，最基本的构成元素就是关键词，推广计划是对关键词分大类，推广单元是对关键词分小类，目的是让账户结构更清晰，以便更好地管理这些关键词，如图 7-4 所示。不仅如此，清晰合理的账户结构及精细的关键词分组，还能提高关键词的质量度，并有助于实现竞价账户的精细化管理和灵活化运营，可以说是竞价排名投放的重中之重。

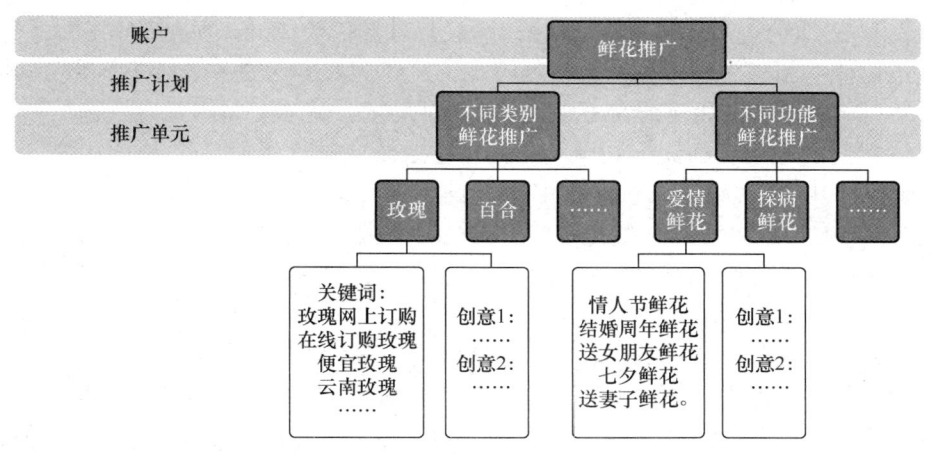

图 7-4　百度竞价排名的账户结构示例

## 二、百度竞价排名投放流程

### （一）落地页制作与优化

在正式投放竞价排名之前，要先根据推广内容和推广目标，制作广告落地页，并在落地页上安装统计代码，用于统计广告投放后的点击数量、咨询数量、转化数量等营销效果数据。

在效果统计方面，一般搜索引擎官方都会提供统计系统，不过也可以通过第三方的广告效果统计系统进行效果统计，这样更能保证数据的准确性和可靠性。

### （二）关键词选择与分类

关键词是连接搜索用户和推广信息的桥梁，决定了哪些用户能看到推广信息。可以说，关键词选择是否恰当决定了用户定位是否精准，关键词选择是否全面决定了用户覆盖面是否广泛。因此，关键词选择是搜索竞价排名的基础和核心，直接影响着广告投放的效果。

在设置百度竞价排名账户前，竞价人员应在充分了解用户画像、需求及搜索习惯的基础上，整理出符合推广需求的所有关键词，并进行分类，为搭建精细化的账号结构做好准备。

1. 关键词选择原则

关键词选择最重要的原则就是精准和全面。具体来说，至少要遵循以下原则。

（1）关键词要与自身的产品或业务相关。关键词要体现产品或服务的所属类别、所属品牌、产品属性或特色、销售区域、目标人群等，要与产品或服务存在某种契合点，否则将无法准确覆盖目标用户，更无法获得或吸引用户点击和消费。

（2）关键词要符合大众搜索习惯，有一定搜索量。要想让推广信息被更多人看到，选择的关键词就要符合大众搜索习惯，具有一定搜索量。有些竞价人员在选择关键词时主要是根据自身的主观想法，这样选择出来的关键词可能会过于专业，并没有多少人使用。因此，选择关键词时应该站在潜在用户的角度考虑问题，设想潜在用户会用什么样的词搜索此类产品或服务，尽量选择用户经常使用的"大众化"词，而不要选择过于生僻、过于专业的词。

（3）关键词不宜太宽泛。选择关键词时应尽量少选那些字数较少、描述较为宽泛的通用词，如"会计培训""运动鞋"等。这些词一般都是热门关键词，虽然搜索量大，但因为竞争激烈，点击价格和推广成本往往也相对较高。另外，太宽泛的关键词并不能明确用户的搜索目标，所以其对应的转化率通常不高，推广效果也不一定很好。

与描述宽泛的通用词相比，长尾关键词往往效果更佳。所谓"长尾关键词"，就是字数较多、描述更具体的关键词，一般由多个关键词组合而成，如"杭州会计培训班多少钱""安踏 2020 新款儿童运动鞋"等。这类关键词搜索量相对较少，但是用户搜索的目的性很强，消费意向很明显，因此转化率很高；而且这类关键词往往竞争难度小，价格低，因而推广成本也相对较低。

比如，对于一家位于成都的宠物医院而言，将"宠物"或"宠物医院"作为关键词就是非常不明智的做法。首先，用户搜索"宠物"可能是想找宠物图片或宠物视频，也可能是想买宠物粮食，总之，搜索这类关键词的用户搜索意图非常不明确；其次，"宠物医院"也比较宽泛，定位不太准确。这种服务范围有明显地域性特点的业务最好在关键词中加上地域标签，比如"成都宠物医院"，这样才能快速与目标用户相匹配，获得更精准的流量。

（4）关键词竞争度不宜过高。有些关键词的含义相同或相似，但却具有不同的搜索量和竞争度，竞价人员在选择时就要尽量选择搜索量较大，而竞争度较小的关键词。

但在实际工作中，这样的关键词并不好找，大部分搜索量大的关键词，往往竞争度也比较大。这时，就可以通过关键词挖掘、扩展工具列出搜索次数及竞争度数据，从中找出搜索次数相对较多、竞争度相对较小的关键词。

（5）关键词要体现用户的购买意图，具有一定商业价值。不同的关键词能够体现用户不同强度的购买意图，因而具有不同的商业价值。比如，搜索"数码相机成像原理"的用户购买数码相机的意图就很低，所以其商业价值也就很低，因为用户很可能只是想了解数码相机的成像原理；而搜索"数码相机购买"或"数码相机促销"的用户购买意图就相当明确，这种关键词的商业价值就非常高。因此，最好选择更具体、购买意图更明确的关键词，这类关键词往往点击率和转化率都较高，具有更高的商业价值。

2. 关键词选择步骤

关键词选择主要包括以下 3 步：确定核心关键词、拓展关键词、关键词分组。

（1）确定核心关键词。

核心关键词是指最能代表企业推广需求的词，也称种子词，通常是企业品牌或者主营业务名称，即前面所说的品牌词和产品词。所有的关键词都是基于核心关键词扩展出来的。确定核心关键词可以参考以下思路。

① 根据企业推广需求获取核心关键词。

A．品牌推广。如果企业是为了推广品牌的话，那么其核心关键词就是品牌词，如天猫、Tmall、天猫商城等。

B．主营业务推广。如果企业是为了推广自身业务、获取订单的话，那么其核心关键词就是主营业务大类及细分类目等，如英语培训、欧洲旅游、iPhone16 等。

C．促销活动推广。如果企业是为了推广促销活动的话，那么其核心词就是活动名称、内容、价格等，如"双十一"、情人节、年终甩卖等。

② 从企业网站中获取核心关键词。其中最直观的就是京东等电商商城了，从商城的商品分类就能找出核心关键词；而其他网站，可以通过产品页找到丰富的核心关键词。

（2）拓展关键词。

① 拓展关键词的思路。确定了核心关键词后，还要围绕核心关键词拓展出尽可能多的关键词，以便获得更多潜在用户的关注。拓展关键词可以参考以下三种思路。

A．六维拓词。所谓"六维拓词"，是指从用户搜索习惯出发，对核心关键词从六个角度做形式上的拓展，如图 7-5 所示。

中国汉字博大精深，一个概念往往有多种不同的叫法，如拼音、同义词、别称、口语、简称、全称等。不同的用户会有不同的搜索习惯，使用不同的叫法，要全面覆盖目标用户，就必须将这些词都拓展为账户的关键词。

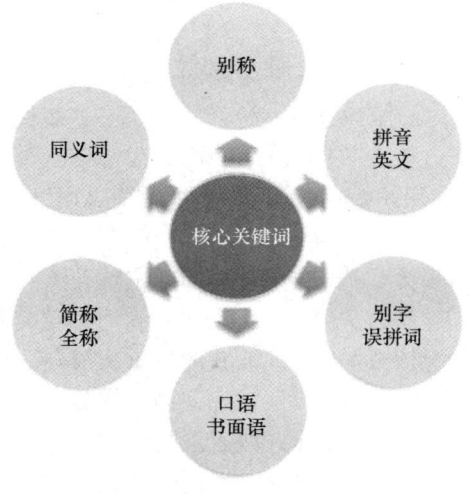

图 7-5　六维拓词

B．八卦拓词。所谓"八卦拓词"，是指从用户关注点出发，将核心关键词向八个方向做广度拓展，如图 7-6 所示。

用户在互联网上搜寻想要的产品或服务时，都有自己的关注点，如商品质量、功能、价格、口碑、优惠活动等。每个用户的关注点不一样，因此这些关注点都可以作为拓词的方向。具体如何应用可参考下面两个例子。

示例一：以"汽车电瓶"为核心关键词进行拓展。

核心关键词+价格词：汽车电瓶的价格、汽车电瓶多少钱等；

核心关键词+厂家词：汽车电瓶厂家、汽车电瓶制造商等；

核心关键词+口碑词：最好的汽车电瓶、哪种汽车电瓶好等；

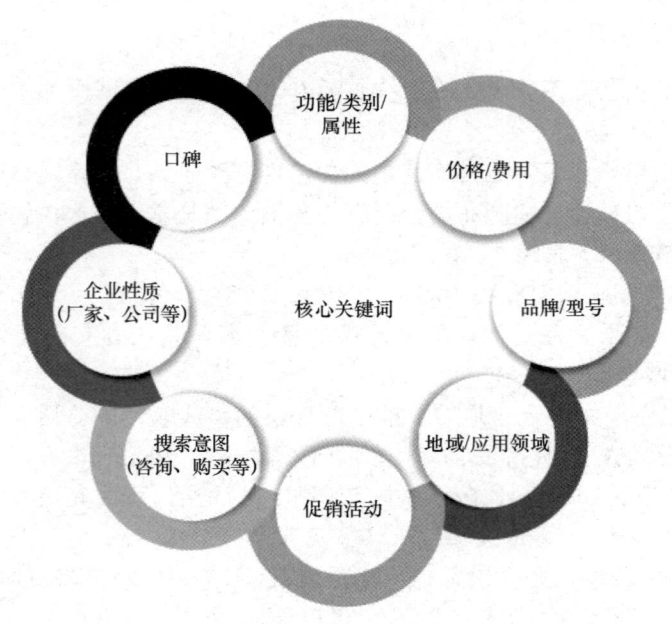

图 7-6 八卦拓词

核心关键词+功能词：启停汽车电瓶、免维修汽车电瓶等；
核心关键词+促销词：汽车电瓶促销、汽车电瓶折扣等；
核心关键词+品牌词：瓦尔塔汽车电瓶、骆驼汽车电瓶等。
示例二：以"鲜花"为核心词进行拓展。
核心关键词+厂家词：鲜花网、鲜花店等；
核心关键词+类别词：玫瑰花鲜花、康乃馨鲜花等；
核心关键词+功能词：爱情鲜花、生日鲜花、问候长辈鲜花等；
核心关键词+地域词：重庆鲜花、重庆实体鲜花店等；
核心关键词+口碑词：重庆哪家鲜花店好、生日送什么鲜花、哪里鲜花便宜等；
核心关键词+搜索意图词：在线预订鲜花、鲜花网上订购等；
核心关键词+促销词：鲜花打折、鲜花降价等。

C. 上下游拓词。所谓"上下游拓词"，是指从网民需求本质出发，将核心关键词分别向上下游做深度拓展。

向上游拓展是寻找业务归属：具体业务→业务归类→行业归类。比如：红玫瑰→玫瑰→鲜花。

向下游拓展是对业务进行细分，常见的细分依据为产品的类别、功能、属性等。比如，就"鞋子"而言，按性别细分：男鞋、女鞋；按材质细分：羊皮鞋、牛皮鞋等；按用途细分：运动鞋、单鞋、凉鞋等。不同行业、不同业务类型的细分依据差别较大，竞价人员可以参考电商网站的商品参数选项进行选择。

② 拓展关键词的工具。在拓展关键词时，还可以借助关键词推荐工具。关键词推荐工具会根据输入的关键词，自动推荐相关的关键词，并提供这些关键词在选定地域的日均搜索量、价格、竞争程度等信息。常用的关键词推荐工具包括：

A. 推广后台自带的关键词推荐工具，如百度关键词规划师，如图 7-7 所示；

B. 百度搜索下拉框；
C. 百度搜索的相关搜索；
D. 百度指数的相关搜索词；
E. 第三方拓词工具，如 5118、站长工具（站长之家旗下产品）、爱站网等提供的关键词挖掘工具。

此外，企业还可以借助搜索词报告，从用户使用的搜索词中，发掘与业务相关但之前并未想到的关键词。

图 7-7 百度关键词规划师

（3）关键词精细分组。

经过前面两步，已经获得了大量关键词，接下来要做的就是对这些关键词进行分组，并分配到不同的推广计划和推广单元。

前面在拓展关键词时，基本是以核心关键词为中心进行发散扩展的，那么此时就可以将包含相同核心关键词的关键词找出来，按照相似词义或结构进行类别划分，保证每个单元的关键词意义相近、结构相同、主题唯一。

3. 关键词选择技巧

在选择关键词时可以参考以下技巧。

（1）根据关键词词性进行选择。前面提过，根据词性可将关键词分为品牌词、产品词、通俗词、人群词、竞品词等。一般来说，上述各类关键词的转化效果为：品牌词>产品词>竞品词>通俗词>人群词。因此，对于广告主来说，品牌词和产品词是必须选择的，其他词视预算而定，当有富余的预算时可逐级向下选取。当然，在实际操作过程中，要具体问题具体分析，尤其是要根据数据反馈结果不断调整优化。

（2）根据预算进行选择。如果预算较多，应尽可能全面地选择关键词；如果预算较少，应优先选择更加精准、转化率更高的长尾关键词，而不要"扎堆"选择热门关键词，尽可能用最少的钱，获取更多的精准流量。

（3）关注、分析竞争对手选择的关键词。常言道"知己知彼，百战不殆"，选择关键词时也要关注、分析竞争对手选择的关键词。如果竞争对手选择了某一关键词，但竞价人员没有选择，这时就要考虑是否需要设置；如果竞价人员选择了某一关键词，但竞争对手没有选择，那就应分析该词是否合理，为什么别人未设置。

竞争对手的关键词可通过竞争对手落地页的网页标题、描述、关键词等获取，也可借助一些关键词查询工具。

（4）随时观察关键词的指数、竞争程度、出价等，及时调整。关键词设置好之后，还要随时查看关键词搜索指数、关键词竞争程度及出价的变化情况，并根据这些变化及时调整关键词，尽可能降低推广成本、扩大推广效果。

### （三）账户搭建

账户搭建实际上就是一个对关键词进行不断细分的过程。一个好的账户结构，应该能覆盖产品或业务的方方面面。

1. 创建推广计划

创建推广计划是设计百度竞价排名账户结构的第一步。在创建时应先细分出一个或多个明确的推广目标，并为不同目标建立不同的推广计划。具体来看，可从产品、地区、时段、购买阶段等维度来划分推广计划。

（1）产品维度。如果企业同时经营多种产品或服务，那么可以根据产品或服务的类型来划分推广计划，为每类产品或服务都设置相对应的推广计划。比如，化妆品行业可能会有眼影、口红、粉底等不同的产品，那么就可以为每种产品单独建立一个计划，然后再细分推广单元。这将有助于后期的预算调整和效果监控。

（2）地区维度。如果企业为不同地区提供的产品或服务不同，或者要面向不同地区进行推广，那么可以按照地区来划分推广计划，如成都推广计划、武汉推广计划等。

（3）时段维度。产品性质和目标人群行为习惯的不同，决定了用户搜索的时段和转化效果好的时段也不同。因此可根据时段来划分推广计划，如上午推广计划、中午推广计划、下午推广计划、傍晚推广计划等；或1月推广计划、2月推广计划等。

由于不同时段的搜索量和转化率不同，按时段划分推广计划后就可以根据推广效果调整各计划的出价比例。比如，某产品上午7点到11点推广效果较好，出价比例就可以调高一些；或10月为行业淡季，就可以把出价比例调低一些。

（4）购买阶段维度。购买阶段维度又称意向维度。每个关键词背后都代表了一个需求或意向，根据需求或意向的强弱可以划分出三个购买阶段。

第一阶段：信息收集阶段。

在这个阶段，用户产生消费需求，但是没有明确的方向，于是会主动去收集与需求相关的信息。比如，用户想要装修房子，可能就会搜索"装修包括哪些方面""装修需要注意什么问题""装修100平方米的房子需要多少钱"等关键词。

第二阶段：寻求方案阶段。

用户获取基本的信息后，就会逐步明确方向，并开始寻找解决方案，如用户在获取装修的基本信息后，可能就会搜索"北欧设计风格""找装修公司还是自行装修""怎样选择装修公司"等关键词。

第三阶段：购买决策阶段。

经过前两个阶段，用户已经做出消费决定，但尚不清楚该选择哪个品牌或产品，因此一般会货比三家，对品牌或产品的口碑、实力进行评估。此时用户可能就会搜索"哪家装修公司性价比高""武汉装修公司有哪些""××装修公司怎么样"等关键词，或者会直接搜索"××装修公司"寻找公司官网及联系方式等。

上述三个阶段，用户关注的信息不同，购买意向也不同，因此不能同等对待。为了合理分配推广预算，竞价人员可针对三个阶段分别创建推广计划。

以上是常见的划分维度，除了这几个维度，竞价人员还可以根据需要按照其他方式对推广计划进行划分。比如，按照前面介绍过的关键词词性将推广计划分为品牌词推广计划、产品词推广计划、通俗词推广计划等；或按照关键词的转化效果将推广计划分为高转化词推广计划、低转化词推广计划等。

事实上，搭建一个竞价账户，一般不会只局限于一个维度，而是以一个维度为主，再以其他一到两个维度为辅。具体如何划分，需要竞价人员根据自身的预算和行业特性来决定，并需要不断调整优化。

在推广计划层级，还需要为每个计划设置"推广地域""推广时段"和"推广预算"。推广地域主要根据业务覆盖范围来设置；推广时段主要根据用户搜索时段和客服在线时间来设置；推广预算的设置相对复杂一点，需要根据总预算及推广的侧重点，合理分配不同推广计划的预算。

2. 创建推广单元

建好推广计划后，还需要为每个推广计划创建推广单元。一个推广计划可以包含多个推广单元，这些推广单元之间应逻辑清晰、覆盖全面，并尽量避免重复。

推广单元的创建与关键词的选择息息相关，一般建议将意义相近、结构相同的关键词划分到同一推广单元，以便更有针对性地撰写创意。意义相近是为了确保同一推广单元内多个关键词与创意均具有较高的相关性；结构相同是为了确保在创意中插入通配符获得飘红时，能同时保证语句通顺，达到更好的推广效果。此外，在一个推广单元内，关键词的数量不宜太多，以 5~15 个为宜。如果关键词数量太多，不同的关键词与创意之间的相关性就会减弱，从而无法起到吸引目标用户的作用。

具体操作时可为每个推广单元设置单独的"主题"。比如，就英语培训而言，可以将"成人英语单元"和"少儿英语单元"设置为两个推广单元。因为"成人"和"少儿"是不同意义的词，而且推广商户为这两类业务撰写创意的角度也会不同，因此需要分为两个不同的单元。

（四）创意撰写

关键词可以帮助覆盖尽可能多的潜在用户，而创意决定了是否能将这些潜在用户吸引到广告主的网站中，并促使其采取转化行动。因此，创意撰写对于竞价排名而言十分重要，创意的好坏在很大程度上会直接影响广告的点击率，并通过质量度进一步影响企业的推广费用和推广效果。

### 1. 创意的组成

创意是指广告内容。对百度竞价排名而言，创意就是用户搜索某个关键词时，展现在搜索用户面前的推广内容，包括标题、描述、访问 URL（Uniform Resource Locator，统一资源定位符）、显示 URL、图片等元素，如图 7-8 所示。其中，标题最多可设置 50 个字符，即 25 个汉字；描述分两行，分别是描述一和描述二，描述一和描述二最多可以各设置 80 个字符，即 40 个汉字。

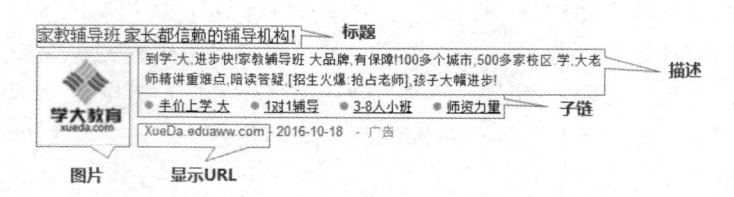

图 7-8 创意的组成

在百度竞价排名推广中有基础创意和高级创意两类创意样式。基础创意的形式较为简单，只包括标题、描述、访问 URL 和显示 URL 等元素；高级创意不仅包含基础创意的所有元素，而且可以通过各种创意组件丰富创意内容，增强创意的吸引力。目前，百度竞价排名提供的创意组件主要包括八类：图片类组件、文字链类组件、文本类组件、视频类组件、营销类组件、商品类组件、应用类组件、本地类组件等。应用这些组件，可以在广告创意中添加图片、超链接、文本内容、视频、营销线索（电话/咨询/表单等）、商品目录、App 下载按钮、门店信息等内容。比如，添加营销类组件的广告创意如图 7-9 所示，添加本地类组件的广告创意如图 7-10 所示。

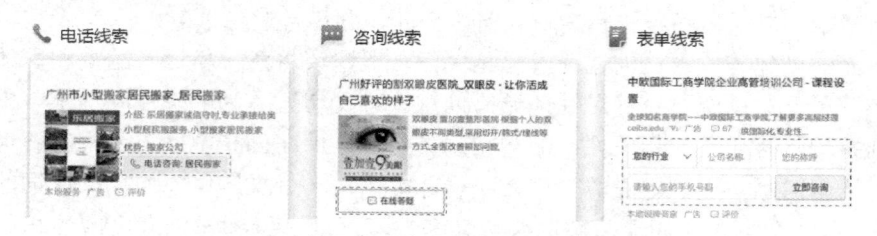

图 7-9 添加营销类组件的广告创意

图 7-10 添加本地类组件的广告创意

2. 创意撰写的要求及技巧

撰写创意时可遵循以下要求和技巧。

（1）突出产品/服务的卖点。撰写创意时，应针对用户最关心的问题或用户痛点，展现自身产品或服务的优势、独特性、专业性等，力争用最简短的内容、在最短的时间内吸引用户的注意力。

（2）围绕单元主题撰写，突出关键词和实际业务之间的关系。应围绕单元主题，也就是所在推广单元的核心关键词来撰写创意。比如，针对厂家词单元，就应突出厂家实力雄厚、技术先进、生产规模大等；针对价格词单元，就应突出价格优势、促销活动等；针对产品词单元，就应突出产品特色、品质等；针对地域词单元，就应突出产品或服务的地域便利性。这样做一方面是为了满足用户的搜索需求，另一方面也是为了增强关键词与创意之间的相关性，进而提高关键词的质量度。从这个角度来说，一般建议一个推广单元至少要有 2 条创意，以 3~5 条为佳。如果创意太少，可能无法保证与多个关键词都具有较高的相关性。

（3）适当添加表示价格、促销或承诺的词汇。用户对价格和促销等信息较为敏感，一般都会关注这类信息，因此可以用数字形式将价格、优惠力度、折扣额度等表示出来，以刺激用户做出购买决策。在撰写此类创意时，包含的信息越多越具体越好，要尽量避免一些无实质意义的形容语句，如质量卓越、质优价廉等。这样做能够给用户提供清楚的信息，帮助他们判断是否应该点击，以免产生过多无效点击。

（4）适当添加能激发用户行动的词汇。在撰写创意时，可以多使用具有行动指导性的词汇，如注册、咨询、预订等。比如，网站提供的服务是雅思培训，如果希望用户能够在网站上进行报名、预约，那么就可以在撰写创意时加入"报名""预约"等具有号召性的词汇。

除了具有号召性的词汇，还可以在创意中加入"立刻""现在""马上""快速"等表现时间紧迫性的词汇，以刺激用户快速采取行动。此外，还可以通过富有感染力的词汇来营造一种氛围，激发用户的潜在欲望，如"成就一个崭新的自己"等宣传口号。

（5）适当使用数字、英文字母和特殊符号等提升吸引力。数字、英文字母和特殊符号等可以吸引用户的关注，对于提升点击率有一定帮助；但注意一定要合理使用，遵照审核标准，确保用户体验。

（6）采用精炼的短句。在撰写创意时，应该多写短句、少用长句，做到言简意赅。这不仅是因为创意具有字符限制，也是为了符合一般用户的阅读习惯。此外，要避免让过长的公司全称或网站全称占用宝贵的字符位置，除非公司或品牌有很强的吸引力。

（7）针对设备撰写创意。建议移动端和 PC 端的创意分开去写。计算机端的创意，可以写长一点；移动端的创意可以写得略短一些。

（8）使用多种创意展示方式。前面说过，百度竞价排名提供了多种创意展示方式，可运用各种创意组件丰富推广内容，增强创意的吸引力。

3. 通配符的使用

当创意文字包含的词语与用户搜索词包含的词语完全一致时，这部分词语在展现时将以红色字体显示，这样的样式称为"飘红"。飘红词语有助于吸引潜在用户的关注，并使潜在用户更容易判断创意是否满足了自己的搜索需求。良好的飘红效果有助于提升创意的点击率和转化率，从而提高投资回报率。

百度竞价排名提供了简单的飘红制作工具——通配符。通配符的使用方法是在大括号"{}"中填写默认关键词（一般为本单元核心关键词），然后插入需要关键词通配符的地方。比如，"同城{鲜花}配送"，"鲜花"就是被设置为通配符的"默认关键词"。如果广告主购买了用户搜索词相关的关键词，插入关键词通配符的创意得到展现时，系统会根据匹配策略，将默认关键词替换为用户搜索的关键词，从而提高创意与用户搜索意图之间的相关性，吸引用户注意力（如果用户搜索词过长，直接替换可能超过字数限制时，系统将以默认关键词来替换并展现）。同时创意中和用户搜索词一致的词汇，会得到飘红展示，从而吸引更多用户关注。比如，广告主在创意中填写了"北京同城{鲜花}配送"，且购买了"玫瑰花"这个关键词，当用户搜索"北京哪里可以送玫瑰花"时，创意可能以"北京同城玫瑰花配送"展示给用户，即默认关键词"鲜花"被替换成用户搜索词中包含的关键词"玫瑰花"。

综上，在创意中设置通配符可以获得飘红，从而吸引用户关注，并带来更高的点击率。此外，使用通配符也有助于增强用户搜索词、关键词和创意之间的相关性，这都意味着关键词质量度的提升，进而意味着推广费用的降低和投资回报率的提高。基于以上两点，通配符的重要性不言而喻。

一条创意中可以插入多个通配符，但以获得 1～3 次飘红为最佳。如使用过多，可能导致创意不能清晰地向用户传达信息，降低创意吸引力。事实上，当在标题或描述中多次重复使用通配符导致信息冗余有损用户体验时，系统有可能忽略其中一个或多个通配符，在展示时不予替换。因此，一般建议采用 1+1 的方式设置通配符，即标题中一个通配符，描述一中一个通配符，描述二中可加可不加。

需要注意的是，在创意中使用关键词通配符是为了提高用户看到广告时的整体体验，因此通配符替换后不能有损语句的通顺度和用户的阅读体验。正是因为这个原因，之前才建议将意义相近、结构相同的关键词放在同一推广单元中，因为只有这样才能将通配符的效果发挥到最佳。

4. 显示 URL 和访问 URL 的设置

显示 URL 是指位于广告创意最后一行的网址。作为创意的一部分，显示 URL 会在用户的搜索结果中展现，这在一定程度上影响了潜在用户对推广信息的关注。显示 URL 一般建议直接使用网站的完整域名或品牌名称。这样可加深用户对品牌的印象，增强用户的信任度。

访问 URL 是指用户点击广告创意后实际进入的网页地址，即落地页的网址。在效果广告中，落地页是促成目标用户发生转化的重要阵地，与用户搜索需求相关性强且整体体验良好的落地页内容，有利于转化效果的提升。因此，应根据关键词和创意的不同选择不同的落地页。落地页最好是与关键词和创意都具有相关性，因为用户在进入落地页后，如果发现自己想要获取的信息与网页呈现的内容大不相同，就有可能马上退出落地页，从而导致企业错失转化机会。

创意的撰写涉及很多技巧和细节，但最重要的是以下四个要求：飘红，相关，通顺，吸引。飘红，即一条创意中要包含 2～3 个通配符；相关，即创意要和关键词高度相关；通顺，即创意要通顺易懂；吸引，即创意要能抓住用户的搜索需求。

## （五）关键词匹配方式设置

不同的关键词匹配方式会影响推广信息在百度搜索结果页面出现的次数，并通过不同的搜索词带来不一样的流量，进而影响广告的投放效果。因此，合理设置关键词匹配方式非常重要。

1. 关键词匹配原则

在设置关键词匹配方式时需要遵循以下原则。

（1）根据目的来设置。如果企业的推广目的是以销售为主，那么匹配方式越精确越好；如果企业的推广目的是以品牌曝光为主，那么匹配方式就可以宽泛一些。

（2）根据账户预算来设置。在预算不足的情况下，匹配方式要以精确匹配为主；在预算充足的情况下，可以适当使用短语匹配和智能匹配。

（3）根据关键词价格来设置。对于点击价格高的关键词，匹配方式要以精确为主；而对于点击价格低的关键词，匹配方式可以偏向宽泛。

（4）根据关键词的搜索量来设置。对于搜索量较大的关键词，如核心关键词，匹配方式应偏向精准；对于搜索量较小的关键词，如长尾关键词，匹配方式可以偏向宽泛。

2. 设置否定关键词

在进行关键词匹配的过程中，除了精确匹配，智能匹配和短语匹配都有可能带来一些不精准的搜索词，导致推广费用的浪费。所以为了进一步提升关键词的精准度，百度竞价排名后台还提供了一个名为"否定关键词"的辅助工具。通过这个工具，可以把不精准、不相关的搜索词屏蔽掉，使流量更加精准。

比如，企业投放了"律师咨询"这个关键词，设置的匹配方式是智能匹配。那么当用户搜索"律师资格"这个词时，企业的竞价排名也会出现。但是实际上"律师资格"这个词，对于企业来说明显是不精准的词。在这种情况下，企业就可以在后台将"资格"这个词设置为否定关键词，这样用户在搜索"律师资格"等包含"资格"的搜索词时，企业的竞价排名就不会出现了。

否定关键词分为"否定关键词"和"精确否定关键词"两种模式，它们的区别与"短语匹配"和"精确匹配"的区别很像："否定关键词"是当用户的搜索词中完全包含否定关键词时，竞价排名将不会展现；"精确否定关键词"是当用户的搜索词与精确否定关键词完全一致时，竞价排名将不会展现。简而言之，前者可以否定多个关键词；后者只否定一个关键词。

仍以前面的"律师咨询"为例，如果企业将"资格"设置为精确否定关键词，那么用户在搜索"律师资格"时仍然有可能触发推广结果；只有在用户搜索"资格"这个词时，广告才不会展现。

如果企业只想针对某些搜索词进行精准的限制，就可以将其设为精确否定关键词，仅让与这些词完全一致的搜索词不触发推广结果。

仍以前面的"律师咨询"为例，如果企业发现用户搜索"咨询"也有可能触发推广结果，此时就可以将"咨询"设为精确否定关键词，这样搜索"咨询"的用户就看不到推广结果了，而搜索"律师咨询"的用户仍可以看到推广结果。

在推广计划和推广单元层级都可以设置否定关键词。只是单元层级的否定关键词仅作用于本单元内的关键词；而计划层级的否定关键词会作用于整个计划，包括该计划下的所有单元。如果计划层级已经添加了否定关键词，就不需要再在单元中添加了。

设置否定关键词一般需要等到后期，从账户或百度统计中的搜索词报告中找出需要排除的搜索词。如果搜索词报告显示，某搜索词触发了广告信息，但广告点击率和转化率都极低，且通过人工查看，发现该搜索词与企业业务无关或与企业推广意图不相符，这时就可以将该搜索词添加到否定关键词列表中来阻止对应推广信息的触发。

综上，每个关键词的短语匹配和广泛匹配都可以视为对一组搜索词的选定，而否定关键词可以通过对搜索词的校正和过滤屏蔽无效展示，从而降低点击费用，实现更精准触达。

3. 关键词匹配策略

在实际设置关键词匹配方式时，可以按照"由宽到窄"的策略来进行。即新提交的关键词尽量设为智能匹配，以获得更多的展现机会和点击率，并保持至少两至三周的时间用以观察效果。在此期间，企业可以通过搜索词报告来查看关键词匹配到了哪些搜索词，如发现不相关的搜索词，或通过百度统计发现某搜索词不能带来转化，就可以将其设置为否定关键词来优化匹配结果；如搜索词报告表现仍然不理想，还可以尝试短语匹配或精确匹配。

## （六）出价

1. 出价模式的选择

前面介绍过百度竞价排名的四种出价模式：点击出价（CPC）、目标转化成本出价（oCPC）、增强模式（eCPC）、放量模式（CV Max）。一个账户内的不同计划，可以根据不同的诉求，采用不同的出价模式。

（1）场景不同，出价模式不同。在不同的场景下，适合的出价模式也不同。比如，如果预算有限，对点击成本有严格要求，那么优先考虑点击出价模式；如果历史转化量不错，现阶段需要进一步增加转化数的话，可以考虑目标转化出价模式或放量模式；如果临近行业旺季，需要快速获得大量转化的话，那么优先考虑放量模式。

四种出价模式各有特色，需要竞价人员不断去尝试和总结，才能找到最适合的搭配和组合。

（2）行业不同，出价模式不同。按照业务属性将所有行业分为 to B 和 to C 两大类。比如：法律、游戏、医疗、金融、教育等行业属于比较典型的 to C 业务；机器设备、电子电工、管理咨询等行业属于比较典型的 to B 业务。

一般情况下，to C 业务采用目标转化成本出价和放量模式居多；to B 业务采用点击出价和增强模式居多。

2. 人工出价的策略

人工出价包括推广单元出价和关键词出价。也就是说，竞价人员可以为整个推广单元设定统一的出价，也可以为某些关键词单独设定出价。如果对某个单元进行出价，而单元内的关键词没有进行出价，则竞价时以单元出价为准；如果关键词有单独设置出价，则以关键词出价为准。当账户规模较大时，常常直接使用单元出价，以便于管理。

设置关键词出价时需要考虑关键词的竞争程度、预期排名目标、预算承受范围和转化成本等因素。一般情况下，关键词竞争越激烈、预期排名越靠前，出价就应越高；但如果预算有限或转化成本太高，就要适当进行调整。具体来说，在设置关键词出价时，需要采用以下策略。

（1）根据账户预算出价。在竞价预算较少时，可以适当降低出价，不去争抢优势排名；

而在竞价预算较多时，可以考虑提高出价，以获取更好的排名。因为同样的关键词，排名靠前，获得的流量更多。

（2）根据关键词的商业价值出价。对于精准度高、转化率高的关键词，可以适当提高出价以获得好的排名，因为虽然出价提高了，但这样的词却能带来更多的转化，可谓"投入虽大但产出也大"；而对于精准度低、转化率低的关键词，可以适当降低出价，因为即使出价提高了，排名靠前了，这样的词也无法带来太多转化，可谓"投入大而产出小"。

（3）根据地域出价。不同地区的关键词竞争程度是不一样的，价格也是不同的。因此，如果要在多个区域进行广告投放，就要根据不同的投放区域设置不同的出价。比如，一线城市的出价一般应高于二线城市的出价。具体操作时，可以通过"出价系数"调整各投放区域的出价。

（4）根据时间段出价。关键词的竞价是随时变化的，所以同样的出价，在不同的时间段获得的排名可能是不同的。比如，在上午时，出价 50 元才能排到第一位，但到了凌晨，可能出价 10 元就能排到第一位。所以竞价人员要根据实际情况，在不同的时间段设置不同的出价，以避免资金的浪费，并获得更高的投入产出比。一般来说，在高峰时段进行投放的话，出价要稍高，否则可能无法获得好的排名；等过了高峰时段后，出价可以相应调低。具体操作时，可以通过"出价系数"调整各投放时间段的出价。

（5）根据人群出价。不同人群的转化意向和商业价值是不同的，因此企业可以针对不同的人群设置不同的出价。具体操作时，可以通过"出价系数"调整不同人群的出价。

（6）根据设备出价。PC 端和移动端的出价应有所不同。具体操作时，可以通过"出价系数"调整不同设备的出价。

3. 人工出价的技巧

人工出价时可以参考以下技巧。

（1）逐步加价。如果不确定某个关键词的推广效果，可以采用"逐步加价"的方法，即在刚开始推广时先出一个较低的价格，然后逐步加价，这样不至于一下子浪费太多推广费用。

（2）不要迷信第一名。投放百度竞价排名，不必追求第一名。原因有三：第一，第一名的误点率很高；第二，从消费者购买心理来看，多数消费者在看到一件心动商品后不会马上下单，而是会进行对比分析，因此第一名的关闭率可能很高；第三，现在百度的公信力不如以前，大家都知道前面的是广告，因此可能会直接略过。

相比第一、二名，第三、四、五名的位置更好。当用户对同类产品或服务有了一定了解后，再来看我们的产品或服务，这时如果有能吸引到他的地方，转化的可能性就会较高；而且第三、四、五名的点击价格也会低很多。

（3）对历史出价进行优化。经过一段时间的投放，可以得到历史监测数据，而分析这些数据能够了解到关键词出价的均价及排名情况，从而对出价进行优化。比如，如果企业的出价比均价高很多，那么在后续的推广中就要适当降低出价，然后监测推广效果，判断是否需要调整出价。

（七）其他设置

1. 预算设置

竞价人员可以在账户层级设置总预算，也可以在推广计划层级设置每日预算。如果设置了每日预算，那么当广告被点击所产生的日消费总额达到设定的预算值时，广告会自动下线；如果不设置每日预算，那么广告就会一直显示，直到账户中的余额用完为止。因此，建议设置每日预算，这样可以保证预算平均分配到每天。此外，应该根据推广的侧重点，合理分配不同推广计划的预算。

### 2. 推广地域设置

设置推广地域后，只有该地域的用户或搜索词中包含相关地域词时，系统才会显示企业广告。投放地域是影响推广效果的一大因素。不同地域的用户需求、搜索习惯存在差异，有针对性地进行地域投放可以更好地定位目标用户，以获得更加优质的流量。

一般来说，企业应根据业务覆盖范围及不同地区用户需求量的大小来选择推广地域。具体操作时，如果企业的所有业务都在相同的区域，那么竞价人员可以在账户层级统一设置推广地域；否则就需要在推广计划层级为每个计划单独设置推广地域。

### 3. 推广时段设置

推广时段设置是指设置广告的展示时间段，即只有在指定时间段上网的用户才能看到广告。投放时间直接影响推广信息的展现次数，进而影响用户点击量和网站流量。因此，竞价人员应该在符合市场需求与用户习惯的基础上，合理安排投放时间，以获得最佳的转化效果。

一般来说，有经验的竞价人员都不会选择一天 24 小时都做百度推广，而是分时段进行操作。如果预算充足，可以选择用户使用网络的高峰时段进行投放，如 9:00—11:00、14:00—16:00、20:00—22:00 等；如果预算有限，可以避开高峰时段，选择错峰推广。此外，有经验的竞价人员也不会一周 7 天同等对待。通常情况下，周末和节假日会适当缩短展示时间；而行业推广旺季时会适当延长展示时间。

需要注意的是，推广时段应与客服值班的时间一致，否则用户联系不到客服就会直接放弃。

### 4. 定向人群设置

在百度竞价排名投放中，部分行业、地域、目标消费人群等属性明显的广告主，往往期望针对某类特定属性的人群进行定向投放，即只让目标人群看到广告，其他不符合要求的非目标人群看不到广告，从而实现广告的精准投放。

为了满足广告主的这一需求，百度竞价排名推出了人群"限定投放"功能。针对同样的搜索词，系统会利用大数据及 AI 技术对用户画像及用户行为特征进行洞察，判断该搜索用户是不是企业所选定的目标人群，然后决定是否展示广告。比如，如果搜索用户已经购买过广告主的产品或服务，那么广告将不再展现。

在设置定向人群的时候，企业可以结合目标人群画像，选择基础属性，通过性别、年龄、兴趣等标签快速定位目标人群；也可以根据商圈地域、设备属性圈定目标人群；如果账户量级不错，还可以使用百度观星盘（百度营销数据平台）设置自定义人群。

除了"限定投放"，百度竞价还提供了"人群排除"功能，其用法与"限定投放"相反，即将某类特定人群排除在外，不向他们展示广告。但从本质上来看，"限定投放"和"人群排除"并无太大区别，都是为了更精准地定位目标人群。

需要补充说明的是，本节介绍的推广地域、时段及人群设置与前面介绍过的地域、时段、人群及设备"出价系数"在功能上有相似之处，都是为了实现更加差异化、精细化的广告投放。但推广地域、时段及人群设置对广告展现条件做出了更为"硬性"的限定，直接收窄了广告展现范围；而"出价系数"并没有限制广告的展现范围，只是通过调整出价，改变了不同条件下广告的展现概率和排序竞争力。

### （八）效果监测并优化

与其他所有广告形式一样，百度竞价排名投放出去后还要实时监测广告效果，并根据系统提供的统计报告，对竞价账户进行优化，如图 7-11 所示。

图 7-11 关键词数据分析示例

竞价账户的优化过程其实就是通过不断分析投放数据，找到投放中的问题并针对性地进行解决的过程。首先，竞价人员要对比日报表。对于一个稳定的老账户来说，数据波动的幅度不会太大，不需要经常性的大调整；对于新账户来说，则需要一步步对比数据并进行优化。

在账户优化过程中，竞价人员需要重点关注两大类数据：第一类是效果数据，包括展现量、点击率、落地页访问率、咨询率、转化率等；第二类是成本数据，包括平均点击价格、平均转化成本等。

基于上述数据，竞价人员可以从以下几个维度来分析广告的成本和效果：关键词和搜索词分析、创意分析、地域分析、时段分析、人群分析、转化线索分析、设备分析、出价分析等。通过数据分析，竞价人员可以发现哪些关键词、创意、时段或地域等的转化效果比较好，然后竞价人员就可以针对这些关键词、创意、时段或地域等增加预算、重点优化；而对于那些转化效果不好的关键词、创意、时段或地域等，就需要分析一下原因，再看看是删除还是修改、是关闭还是调低出价。

除了从微观角度对账户的各种元素进行分析，还可以从宏观角度对整个账户的结构进行分析，看看账户结构是否清晰、关键词分组是否合理。

在账户优化过程中，应重视官方后台给出的各种信息提醒，尤其是关键词质量度。质量度是账户优化的风向标，无论是账户结构的重组、关键词/创意的修改，还是出价和 URL 的设置等，优化的成效很可能都会体现为质量度等级的提高。因此，竞价人员应及时关注质量度的变化。

总而言之，账户优化是一个不断尝试的过程，竞价人员需要持续关注账户表现，在观察、总结的基础上摸索更符合自己推广目标的优化方法。

## 案例讨论

### 某旅游网百度竞价排名投放

某旅游网曾经长期在百度上投放竞价排名广告，其账户的关键词结构如图 7-12 所示，部分搜索结果如图 7-13 所示。

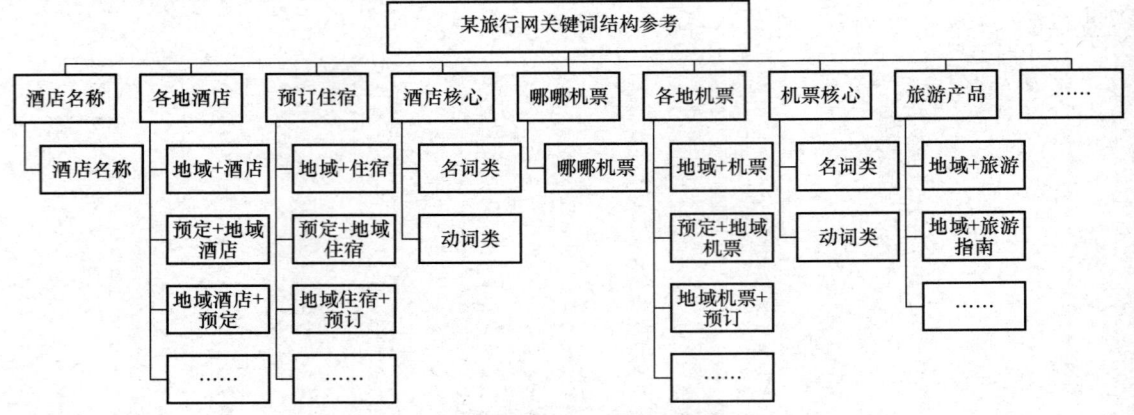

图 7-12 某旅游网百度竞价排名的关键词结构

图 7-13 某旅游网百度竞价排名搜索结果示例

资料来源：百度.

讨论：
1. 你觉得该旅游网百度竞价排名的关键词结构是否清晰合理？
2. 上面第 2 张图 "某旅游网百度竞价排名搜索结果示例" 中展示了该旅游网在投放百度竞价排名时选择的 4 组关键词/创意组合。请问上面的 4 个关键词分别属于哪种类型或哪些类型的组合？
3. 你觉得第 2 张图中的 4 个广告创意与对应的关键词相关性如何？创意的吸引力如何？是否有需要改进的地方？如何改进？

## 思考与练习

1．搜索引擎营销有哪些优势和作用？主要形式有哪些？
2．百度竞价排名的广告排名是否完全由广告主的出价决定？广告点击价格是否就是广告出价？
3．百度竞价排名支持哪些出价模式？如何出价？
4．百度竞价排名中的关键词质量度如何计算？
5．关键词主要包括哪些类型？如何选择和分类？
6．百度竞价排名中的关键词匹配方式包括哪些？如何进行选择？
7．如何创建百度竞价排名的推广计划和推广单元？
8．如何撰写竞价排名的广告创意？

## 技能实训

假设你经营着一家名为 "静好" 的亲子关系心理咨询室，主营业务是为家长和孩子提供亲子教育指导和咨询。为了推广业务，现打算投放百度搜索推广广告。请登录百度营销官网，点击页面右上角的 "免费注册" 按钮，注册一个免费推广账户（百度专门为新手提供的练习账户）；随后根据百度竞价排名投放流程，为该工作室选择关键词，创建推广计划、推广单元，并为每个推广单元添加关键词和创意，完成账户的搭建工作。

# 第八章　微博营销与运营

### 学习目标

- ◇ 了解微博平台的用户画像及用户推荐机制、内容特征及内容分发机制。
- ◇ 了解微博的营销价值及微博提供的广告产品，掌握微博营销的主要方式。
- ◇ 掌握微博账户定位的思路，能够根据自身情况对微博账户进行基础设置；了解微博账户认证的类型，明白如何提升账号权重、如何建立账号矩阵。
- ◇ 掌握微博内容的创作要点及微博更新的注意事项。
- ◇ 了解微博活动的类型及运营技巧。
- ◇ 掌握微博涨粉的常用方法、与粉丝互动的方式及维护粉丝的方法。

### 引导案例

**航空公司的多样化微博营销玩法**

**事件营销**

主题：新航线首发——万米高空演奏会

内容："长沙⇌洛杉矶"新航线首发时，海南航空携手国际航线代言人某位名人举办"万米高空演奏会"直播活动。在直播之前，海南航空便在微博中发布内容，设置悬念，引发粉丝互动猜想，为新航线的正式公布积累关注度。后来，为了达到最大化的营销效果，海南航空官方微博联合各大媒体同时对活动现场进行了直播。同时，为了配合此次直播活动，海南航空还在微博中设置抽奖活动，吸引粉丝为赢取国际机票而积极互动。

效果：有了此前在微博上发起的一波又一波的推广活动的助力，短短 3 个小时，就有近万人互动讨论了新航线话题，阅读量暴涨 500 万次，并且登上了当日微博实时热搜榜第一与热门话题榜第一的位置，最终其话题参与人数超两万人，阅读量近 4000 万次。

分析：名人自带的流量效应＋新奇事件的话题效应＋现场直播的实时互动效应，为海南航空的这次营销活动提供了充足的效果保障。

**KOL 营销**

主题：跟着 KOL 吃遍马来——出发吧美食家

内容：亚洲航空邀请某知名美食旅游达人等组队前往马来西亚体验美食之旅，将他们在各地品尝美食的经历以微博图文、视频、直播的形式呈现给用户，同时发布相关航线的机票促销活动。

效果：投放六天，该话题曝光总量达 320 万+次，互动率高达 11.9%。

分析：多元化内容形式精准覆盖热爱美食、旅行的年轻男女，实在的促销优惠活动，将用户引导至官网或 App 购买机票。

**明星营销**

主题：明星成为"东航机长"

内容：东方航空官方微博采用九宫格博文，发布多张某明星穿着机长制服现身机场的照片，将该明星打造为"东航机长"，并通过微博"粉丝通"精准触达该明星的粉丝。

效果：单条微博获得转发量 1 万多次，评论量达 1320 多条。

分析：制造明星跨界话题，充分利用明星的影响力，调动粉丝参与话题讨论和传播的积极性。

资料来源：新浪微博.

思考：微博有哪些营销优势？企业如何利用微博开展营销？

微博是最早进入人们视野的社交媒体之一。对很多品牌来说，微博已经成为企业网络营销的标配。杜蕾斯、小米、海尔、卫龙、宝马、江小白、支付宝等品牌，更是将微博作为重要的营销阵地，打造了许多业内称赞甚至人人皆知的经典传播案例。那么企业该如何进行微博营销与运营呢？本章将围绕这一主要问题展开介绍。

# 第一节　微博平台介绍

微博是一种通过关注机制分享简短实时信息的广播式社交媒体，具有"媒体+社交"双重属性。通过微博平台，用户可以分享形式多样的内容，也可以通过关注、点赞、评论、转发、@、私信、群聊等功能与其他博主或粉丝进行互动。此外，微博还为需要利用微博平台进行营销推广的个人或企业，提供了包括投票、抽奖、红包、签到等在内的营销工具，以及微博小店、商品橱窗等电商工具。

微博平台用户数量巨大、活跃度高，信息传播速度快、范围广，只要信息内容具有足够的吸引力，甚至可能形成爆炸式的病毒传播效果。统计数据显示，80%的互联网热点新闻都是从微博开始爆料的。因此，无论是企业还是个人，都可以将微博作为主要营销平台。

## 一、微博用户特征

截至 2023 年 6 月，微博的月均活跃用户数为 5.99 亿人，日均活跃用户数为 2.58 亿人。从性别上看，女性用户比男性用户多出近 10%，尤其是一些追星女性，非常喜欢用微博了解明星的动态和八卦；从年龄上看，用户呈现年轻化特征，以"90 后""00 后"为主体，这些年轻用户非常喜欢用微博了解政治、娱乐、游戏等时事新闻。

## 二、微博用户推荐机制

系统会根据用户的兴趣标签、身份标签、位置标签等数据，主动向用户推荐相关领域的微博账号；也可以根据用户输入的关键词，通过搜索发现被动向用户展示的相关微博账号。一般情况下，账号的相关度越高、权重越高，被推荐的概率越大。其中，账号的相关度主要取决于账号昵称、简介、标签，以及其他注册信息中包含的关键词数量，关键词含量越高，相关度越高。

## 三、微博内容特征

### 1. 内容覆盖领域

微博用户在泛娱乐领域的活跃度很高,因此,目前微博内容主要集中在明星、电视剧、综艺、游戏、女装、美妆、时尚、萌宠、教育、旅行等领域。

### 2. 内容形式

微博的发布形式越来越多元化,除了发布文字、图片、表情等构成的短微博,还可以发布头条文章(类似于公众号文章)、问答等长微博,以及视频、音频、(影视及综艺节目)点评、直播等,如图 8-1 所示。

图 8-1　App 端微博发布界面及签到功能

文字微博的内容最多 5000 个汉字,但超过 140 个汉字的内容会被折叠起来,需点击"展开全文"才能全部显示。微博还可以配图,配图包括单图、多图、拼图三种形式。多图和拼图最多为九张图片,即俗称的"九宫格"。微博发布视频可以通过输入视频网站播放页链接地址和直接本地上传视频两种方式实现。

在微博手机客户端,运营人员还可以:①发布商品并通过微博橱窗直接进行售卖,实现闭环社交电商;②利用手机定位功能,引导用户进行位置签到及商家点评,从而达到为线下消费引流的目的;③利用投票、抽奖、红包等功能开展各种各样的营销活动。

### 3. 内容聚合方式

微博通过话题、超级话题(类似百度贴吧)等方式在相关内容之间建立强连接,不仅方便用户进行关联阅读,也方便博主把握内容创作方向。

(1)微博话题。

话题就是能够引起讨论和转发的内容主题。在微博中,用户将要创建的话题词发布微博,然后点击对应话题词即可创建话题。用户创建一个新话题后,系统会自动生成一个话题页面,用户可以进入话题页面,发表微博并参与讨论;也可以在微博私信、评论等文字中插入话题词,这样话题页面也会自动收录含有该话题词的相关微博。

如果某个话题在短时间内参与讨论的人数很多、阅读人数也很多，且话题头像及导语完整、不含商业推广信息及大量不相关信息，那么就有可能进入热门话题榜。一旦进入热门话题榜，就有可能被更多的人看见，从而引起更广泛的讨论。

如果某个话题词在短时间内的搜索量很大、上升趋势很明显，那么这个话题词就有可能成为热搜词，从而进入热搜榜。刚进入热搜榜的话题词会被标记为"新"，而其他热搜词则会根据网友的搜索次数，被标记为"热""沸""爆"等不同等级。

每个微博话题可以有一位话题主持人。话题主持人拥有这个话题页面的相关管理权限，不仅可以为话题设置头像、导语、分类、标签等基础信息，还能够管理话题的高级模块，包括为话题页设置话题版式、管理话题流内容、添加投票和抽奖等。

微博用户如果满足平台要求的条件，就可以申请成为话题主持人。操作方法：进入要申请主持人的话题页面，如果是网页端，直接点击话题词旁边的"申请主持人"；如果是手机端，点击右上角的"…"，在下方弹出的选项中找到"申请主持人"入口，点击进入。

（2）微博超话。

微博超话指的是微博的超级话题。超话是微博的兴趣内容社区，与百度贴吧类似，是拥有共同兴趣的人集合在一起形成的圈子，发布的内容很容易被垂直领域的用户看到。

话题和超话是两个相互独立的产品，在微博任何场景带话题词发布原创微博、转发微博都可参与话题讨论；发布超话则需要进入超话页面发帖参与。代表话题的图标是"#"，代表超话的图标是"◇"。

用户可以申请创建自己的超话。操作方法：在微博 App 页面底部找到超话"◇"图标并点击进入；进入超话页面后，点击左上方的"创建"图标。创建超话需满足以下条件才能通过审核：发起该超话的人数≥5 人；该超话有持续讨论性；与已存在的超话不存在过度重合等。

与普通话题一样，微博超话也可以有主持人，超话主持人拥有对超话基础信息、超话页面、超话内容流及其他高级模块的管理权限。一个超话最多可以申请 3 个大主持人和 10 个小主持人。微博用户如果满足平台要求的条件，就可以申请成为超话主持人或小主持人。操作方法：点击并进入关注的超话页面，点击超话下面的粉丝数量，进入"名人堂"页面，在"主持人团队"下点击申请主持人或小主持人。每个微博用户目前最多可以主持 3 个超话，且微博会针对签到天数、发帖总数及加精条数等对主持人上任后的情况进行考核。

### 四、微博内容分发机制

微博的内容分发主要通过以下三种方式实现。

（1）用户主动关注。用户关注某微博账号后，就会看到该账号的微博内容。

（2）系统推荐。系统根据用户的兴趣标签、位置信息等，主动向用户推荐相关内容，包括热门推荐、榜单推荐、同城推荐、热搜话题、热议话题、热门超话等。

（3）用户搜索发现。系统根据用户的搜索关键词，被动向其展示相关内容，包括博文、话题、超话等。

无论是系统推荐，还是用户搜索发现，微博与用户需求越相关、热度越高、账号权重越高、时间越近，被推荐的概率就越大，排名也会越靠前。其中，与用户需求的相关度主要取决于微博内容中是否含有用户的搜索关键词或兴趣标签等；热度反映了内容的质量，主要取决于单位时间内的阅读量及用户转评赞的数量。

此外，微博平台鼓励多元化的博文形式，因此带多图、音视频、话题及超话的微博内容会获得更高的权重，被推荐的概率会更大，排名也会更靠前。

## 第二节　微博营销基本认知

微博营销是指以微博作为营销平台，通过微博内容、微博活动、微博话题等传递品牌或产品信息，并吸引用户关注、评论和转发微博，从而达到某种商业目的的营销方式。

微博营销是基于粉丝的营销。微博上的每个粉丝不仅是微博内容的分发对象，也是潜在的营销对象。因此，无论是个人账号还是企业账号，都需要在积累大量粉丝的基础上传递营销信息，实现营销目的。

### 一、微博的营销价值

作为一个用户规模巨大且活跃度高的主流社交媒体，微博对企业的营销价值是不言而喻的，主要体现在以下8个方面。

（1）实现品牌传播。品牌传播是微博能为企业提供的一种最基本、最广泛、最有效的传播方式。企业可以通过官方微博进行品牌曝光和传播，也可以通过领导人微博树立行业影响力和号召力，传播企业价值观。

（2）维护客户关系。对于一个企业账号而言，粉丝一般是企业的潜在用户或忠诚用户。微博的评论、转发、话题、私信等功能，能够便捷地连接起用户与企业，为企业提供直接与用户沟通的机会。尤其是与粉丝的日常互动，能拉近企业与用户的心理距离，从而在无形中影响企业在用户心中的地位。

（3）成为宣传出口。除了社交功能，微博的开放式传播特点使其天然具有媒体属性，因此微博不仅可以作为企业的官方信息发布平台，还可以作为企业的"新闻发言人"，成为企业的核心宣传出口。而且微博具有透明、高效的传播特点，能有效降低信息在传播过程中夹带杂质的可能性，因此很多企业在发布重要事项时都会首选微博平台。

（4）进行危机公关。微博是一个用户广泛的开放式社交平台，关于品牌或产品的负面信息很有可能通过微博酿成舆情危机。因此，企业应对微博平台上的舆情进行及时监测与处理。目前，微博平台为企业提供了舆情管理的工具，企业也可以通过关键词搜索及话题管理等方式实现舆情管理。图8-2为微博平台的数据工具——微热点的"微博情绪"截图，在此界面输入企业相关关键词，就可以查看微博平台上相关用户的情绪。

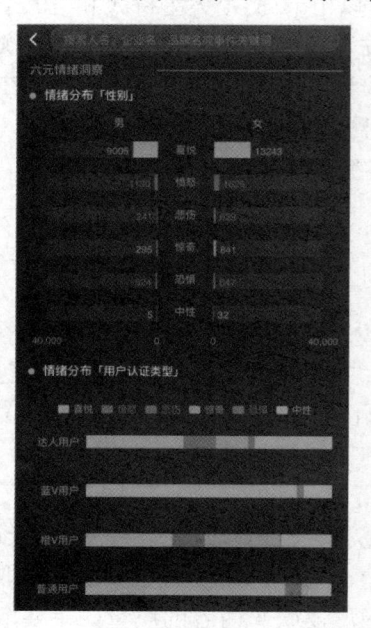

图8-2　微热点的"微博情绪"截图

（5）进行市场调查。有些用户会在微博上发表对品牌或产品的看法，微博也提供了诸如投票之类的市场调查工具。企业可以通过对相关关键词进行搜索或开展市场调查活动，倾听用户对品牌或产品的意见和建议，以便用于产品开发与用户需求洞察。

（6）提供客户服务。微博是连接企业和用户的桥梁。如果用户在企业微博的评论区或自己的微博上发布了与产品有关的问题，企业能通过评论回复、私信等功能主动与用户沟通，解决相关问题，并对产品使用情况进行跟踪。

（7）完成销售转化。企业进行营销的最终目的是实现销售转化。在微博平台上，企业可以通过发布与产品相关的优质内容吸引粉丝（即潜在用户），然后通过微博橱窗、链接到淘宝等方式，便捷地完成销售转化。比如，小米手机的一条新品发布微博就曾直接通过链接实现了销售转化。

（8）实现精准引流。企业可以通过大数据挖掘定位到目标用户，实现精准引流。比如，福州××火锅店，就可以通过微博的搜索功能找到位于福州且想吃火锅的用户，再通过评论、私信等方式与之沟通，提高获客率。

## 二、微博营销方式

每个平台都有自己的特点，根据微博平台的特点，我们总结了以下几种基本的微博营销方式。

（1）自有账号推广。无论是企业还是个人，都可以开通微博账号，利用自己的账号发布博文，并与粉丝进行互动。在此过程中，企业或个人可以通过直接发布营销信息、在博文中植入营销信息、开展互动性的营销活动等方式来推广品牌或产品。

（2）大V/KOL推广。筛选出能强化品牌个性的微博大V或KOL，邀请其为品牌或产品"代言"，通过直发或转发的形式发布"软"广告。这种方式的最大优点是能够实现快速、大量的曝光。为了撮合广告主和大V或KOL，新浪微博平台推出了名为"聚宝盆"的智能工具，有需要的广告主可以利用该工具筛选大V或KOL进行营销推广。

（3）微博广告推广。微博平台提供了两个付费推广工具：一个是超级粉丝通；一个是粉丝头条。企业可以利用这两个推广工具实现相应的营销目的（具体内容参见下文）。

（4）话题炒作。创建与品牌或产品相关的微博话题，并对话题进行推广，使其登上热搜榜或热议话题榜，以此来提升品牌或产品的曝光量，形成相关舆论场。比如，微博上曾经盛行的凡客体、海底捞体、李维体等都是企业主动制造的话题。

（5）事件营销。创造与品牌或产品相关，且具有新闻价值的事件，利用微博平台进行传播。关于事件营销的内容，本书前面已有详细介绍，此处不再赘述。

（6）评论区推广。到热门话题、超话、热门微博、大V的微博下发表精彩评论，在评论中巧妙植入营销信息，这样可以借助热门内容或大V的流量达到营销目的。

以上是微博营销的基本方式。在这些营销方式中，巧妙的话题炒作、事件营销、大V代言等微博营销手法可能会让品牌或产品在短时间内获得大量曝光，但这些做法能否成功具有一定的偶然性，且不能经常使用。对于企业而言，用心运营微博账号，打造属于自己的微博营销阵地才是正道。

在实际应用中，企业可以将多种方式进行组合应用。以新品上市宣传为例，企业可以参考以下思路进行推广。

思路一：先通过官方微博发布相关信息，并以抽奖的方式发放新品购买优惠券，吸引粉丝关注和参与，形成一定的话题热度；同时定制超级话题，聚拢垂直领域用户；然后联合海量 KOL 进行病毒式传播，引爆话题，触达更多用户，并通过优惠券刺激转化。

思路二：先通过开屏广告强势曝光，让用户对产品产生印象；然后借助热门话题榜强化用户记忆；最后官方微博和 KOL 联动转发限定人数的体验活动，利用饥饿营销模式，刺激用户转化并为官方微博吸粉引流。

一般情况下，用户是不会看到一条广告就轻易转化的，从曝光到种草再到转化，需要一个不断强化、不断刺激、不断累积的过程。因此，将各种方式组合起来应用是提升营销效果的明智选择。

### 三、微博广告产品

1. 粉丝头条

（1）粉丝头条是什么。

粉丝头条简称"粉条"，是新浪微博平台推出的轻量级营销产品。当某条微博使用粉丝头条进行推广后，目标粉丝在推广时间内首次刷新微博时，推广博文将会出现在其信息流的头条位置，让粉丝打开微博的第一眼就能看到这条微博。用粉丝头条推广的微博和正常微博形式一样，但左上角会显示"热门"标记。

粉丝头条能够帮助博主提升博文的曝光量，进而提升博文的阅读量、互动量、转化量及账号的粉丝量。

（2）粉丝头条的推广方式。

粉丝头条主要包括三种推广方式，如图 8-3 所示。

图 8-3  粉丝头条的三种推广方式

① 内容加热（推广自己博文）。"内容加热"要求待推广的博文内容不能含营销信息，主要适用于优质博文的原创者，可帮助博主获得海量曝光，实现博文互动，促进粉丝增长。使用"内容加热"，博主将获得三重流量加持：

第一重，个人购买的广告流量；

第二重，平台免费赠送的扶持流量；

第三重，优质博文更有机会获得微博百万热门推荐流量。

② 营销推广（推广自己的博文）。"营销推广"允许博文内容含有营销信息，适用于有营销诉求的用户。营销诉求包括推广小店、粉丝触达、转发抽奖、品牌宣传营销活动等。

③ 帮上头条（推广他人的博文）。"帮上头条"是一款为他人的博文进行流量加热的工具，简单来说就是帮助他人的博文展示在其粉丝关注流的头条位置，提升目标博文在博主粉丝群体中的曝光优先级。此外，如果帮别人上头条时，选择了将"我的昵称置于推荐区"，那么自己的微博昵称将会出现在博文上方，与博文绑定在一起，从而增加自家账号的曝光率。

如果某条其他人发的微博值得推广，那么就可以使用帮上头条功能让这条微博被置顶到对方粉丝关注流的头条位置。比如，许多企业都会借助明星大V来直发或转发自家的广告，这时企业就可以帮明星大V上头条，最大程度增加这条微博的曝光量，进而借助明星大V的影响力实现营销目的。

（3）粉丝头条的推广范围选择。

粉丝头条的三种推广方式，在设定推广范围时都有两种选择：第一种，只推荐给粉丝；第二种，推荐给更多用户。如果设置为"只推荐给粉丝"，那么只有自己的粉丝可以在关注流的头条位置刷到被推广的博文；如果设置为"推荐给更多用户"，那么非粉丝用户也有可能在信息流的靠前位置刷到该博文。

其中"更多用户"的选择又包括三种方式：系统智能定向、自定义定向、指定账户相似粉丝。"系统智能定向"是指系统会自动筛选潜在的用户并将博文推荐给他们。"自定义定向"是指精准投放给指定性别、地域或兴趣的用户。"指定账户相似粉丝"是指投放给与指定账户的粉丝相似的用户，这个相似用户是微博平台运用算法筛选出来的。比如，可以投放给与行业大V、KOL的粉丝相似的用户，也可以投放给与竞争对手或同类企业的粉丝相似的用户。

（4）粉丝头条的价格。

粉丝头条的价格是根据博主粉丝量和活跃度、想提升的曝光量、博文质量、内容中是否有内外链（内链指的是微博站内的链接，如话题、其他人的博文等；外链则为微博以外平台的链接）等实时计算出来的，并没有固定的价格。

（5）粉丝头条怎么用。

内容加热及营销推广的操作方法：在个人主页中找到需要推广的微博，点击微博右上角的"推广"按钮；或在"我"中点击"粉丝头条"（移动端）。

帮上头条的操作方法：选择想帮上头条的博文，点击博文右上方的"˅"，选择"帮上头条"；或者进入博文正文页，点击右上角的"…"，选择"帮上头条"，如图8-4所示。

（6）投放粉丝头条的注意事项。

第一，一次粉丝头条推广的有效期是24小时，即自使用粉丝头条之后的24小时内有置顶效果；此外，一次粉丝头条推广对同一用户只会显示一次，用户看过该微博后，再次刷新时该微博不会继续置顶，而是会随正常信息流滚动。

第二，当博主使用粉丝头条对某条微博进行推广时，原则上，他推广的每条微博，所有关注博主的粉丝在刷新微博信息流的时候都会看到。但实际上，不是每个微博用户都会在这24小时内上网，所以真正能看到被推广微博的粉丝数量会比总关注数量少。

第三，如果被推广的微博是纯广告或者大家不感兴趣的内容，那么该微博可能会被部分用户认为是骚扰信息，最终导致掉粉；但如果内容对粉丝有用，不仅不会掉粉，还会提高粉丝的黏性，带来更多的转发、评论等互动。所以在使用粉丝头条前，应当先判断推广内容是否对粉丝有意义、有价值。

图 8-4 "帮上头条"的操作入口

2. 超级粉丝通

（1）超级粉丝通是什么。

超级粉丝通是新浪微博平台推出的营销产品，它能够根据用户属性、社交关系及内容关联，将营销信息精准投放给定向目标人群，其常见广告样式如图 8-5 所示。超级粉丝通广告具有普通微博的全部功能，如关注、转发、评论、赞等，但左上角有"广告""热推"等标记。

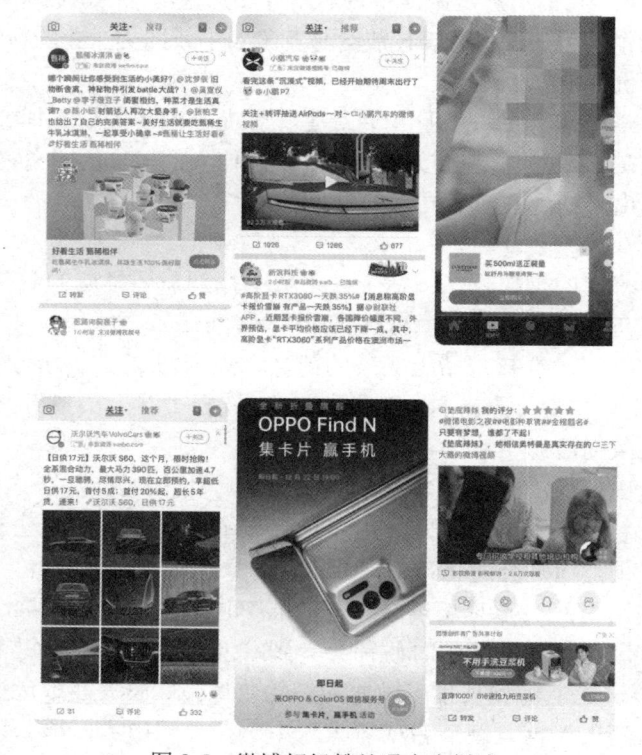

图 8-5 微博超级粉丝通广告样式

超级粉丝通是开展微博营销的重要工具，可用于推广品牌活动、博文、App、电商店铺等，也可用于收集销售线索。与粉丝头条相比，超级粉丝通属于"重量级"营销产品，有独立的后台，需要预存广告费，可设置推广计划进行长期投放，费用可控。

（2）超级粉丝通的展现方式。

超级粉丝通广告一般会出现在微博信息流的顶部或靠近顶部的位置，如关注流第三位、各种推荐流第三位、搜索发现页第三位、搜索结果页第三位，以及各种横幅广告位、评论流靠前位置等。投放超级粉丝通广告后，微博精准广告投放引擎会根据社交关系、相关性、热门程度等条件，来决定广告的展现位置。

与粉丝头条一样，同一条超级粉丝通广告只会对一个用户展现一次，并会随信息流刷新而正常滚动；微博精准广告投放引擎会控制用户每天看到微博超级粉丝通的次数和频率。

（3）超级粉丝通的计费方式。

超级粉丝通采用竞价方式出让广告位，计费模式有以下两种。

① CPM：按照微博在用户信息流中的曝光人次进行计费。

② CPE：按照微博在用户信息流中发生的有效互动次数进行计费（互动包括转发、点击链接、加关注、收藏、点赞等）。

其中，出价不能低于系统起拍价，每次计费不会高于出价，且广告主可通过设置每日预算来控制投放成本。

（4）超级粉丝通的使用建议。

第一，如果没有长期推广的规划，不建议做超级粉丝通；个人博主不建议做超级粉丝通。

第二，新用户推荐使用 CPM 计费方式，先让广告创意曝光出去，再通过数据反馈来调整出价、创意和人群定位。如果一开始就选择 CPE 计费方式，一旦互动率低或者出价低就可能导致曝光不足，那样就没有足够的数据来分析计划，无法指导接下来的广告投放了。

## 第三节　微博账号建设

开展微博营销的前提是注册微博账号。在注册账号之前，首先要明确账号的定位，账号定位清晰后才能注册并设置账号，然后对账号进行认证并想办法提升账号权重。

### 一、账号定位

对于企业或个人而言，要想通过微博实现一定的营销目的，就必须先给账号一个准确、清晰的定位，否则在后期运营过程中将会陷入盲目的境地：运营人员每天只会无目的地乱发内容，有时甚至不知道发什么内容；粉丝不知道账号能提供什么内容，无法确定该账号是否值得关注。

账号定位主要包括四步：确定账号要实现什么目的，确定账号代表谁，确定账号要表达什么内容，确定账号要如何表达。这四步分别对应账号定位的四个方面：功能定位、角色定位、内容定位和形象定位。

1. 功能定位

前面分析过微博营销的价值，但一个微博账号不可能实现所有的价值，因此，运营人员需要根据自身的情况为账号选择合理且现实的主要运营目标，这就是账号的功能定位。常见的功能定位包括品牌传播、提升销量、客户关系管理、市场调研、公共关系、客户服务等。一个微博账号可以选择其中一项作为主要功能，其余若干项作为辅助功能。比如，对于一个企业官方微博而言，定位为品牌传播型或客户关系管理型比较适合；而企业客服部门的微博账号自然应该定位为客户服务型。

2. 角色定位

前面在介绍品牌 IP 化的时候说过，用户不喜欢抽象的、冷冰冰的品牌形象，用户喜欢的是具体的、活生生的人。这一点对于微博运营同样适用。微博账号的每条文字、每张图片或视频都是在塑造品牌形象，因此也要像人一样有感情、有性格，而不只是一个官方发布信息的窗口，如杜蕾斯就自称"小杜杜"、碧浪自称"碧浪姐"。

将账号人格化，确定博主与粉丝之间关系的步骤就是角色定位，也就是俗称的建立"人设"。一个微博账号只有明确了在粉丝生活中所扮演的角色，才能说正确的话、做正确的事，才能更好地与粉丝进行互动，与粉丝建立密切的关系，从而实现账号的功能目标。

对微博账号进行角色定位取决于博主想要与粉丝之间建立什么样的关系。常见的角色定位如下。

（1）朋友。这种角色定位比较常见，适用于大部分企业，能够增进其与粉丝之间的关系，让对话更亲切、互动更自然。

（2）服务员。这种角色定位比较适用于服务性质的企业，粉丝是顾客，那么微博账号就用于为顾客提供服务。比如，星巴克的官方微博"星巴克中国"的角色定位就是"服务员"，其微博给人的感觉就像一位服务员在为顾客提供星巴克上新、口味选择等服务。

（3）专家/顾问。这种角色定位比较适用于认知门槛较高的行业，它们将微博账号作为知识的传播者，为粉丝答疑解惑。比如，艾瑞咨询的官方微博的定位就是"专家"，这与其提供的产品和服务有关。

微博账号的角色定位越清晰，在后期运营过程中，微博内容的策划或者微博活动的开展就会越容易。

3. 内容定位

明确了账号的功能和角色定位，账号上应该发什么内容也就有了大致方向，这就是账号的内容定位。一般来说，账号越垂直、越细分，内容质量度越高，那么账号的权重也会越高，被微博推荐的机会也就越多。

常见的内容定位有以下四类。

（1）知识型。专门发布和自身企业领域相关的知识点。适用于认知门槛较高的行业，比较常见的是教育行业。

（2）答疑型。通过解决问题为用户提供价值，并提高互动性。适用于美容、旅游、母婴、电子产品、生活服务等行业。

（3）资讯型。用微博来帮助用户过滤信息，让用户可以在第一时间看到热点信息。适用于金融、股票、房地产等行业，对时限的要求较高。

（4）段子型。用充满个性的搞笑段子、玩笑或者有意思的图片来进行自我表达。适用于快消、餐饮、传媒等行业。

要对账号内容进行准确定位，除了从企业角度考虑，还需要知道粉丝喜欢什么内容，平时关注哪些话题，想获得什么资讯，喜欢怎样的方式交流……只有充分地了解粉丝，才会明白该发什么内容，该用怎样的方式来推送内容。

前期在没有粉丝的情况下，可以参考品牌或产品的目标用户进行内容定位。当有了一定量的粉丝后，就可以根据粉丝的特征和需求不断地优化内容。微博提供了一些分析工具，此外还有一些第三方的工具，可以利用这些工具对粉丝的所在地区、性别、标签、职业等进行分析。

4. 形象定位

前面确定了账号的角色定位，也根据角色确定了内容输出方向，接下来要考虑的是以什么方式输出内容。所谓"千人千面"，同一个角色，不同的人扮演出来的可能是不同的样子；同样的内容，不同的人可能会选择不同的表达风格。因此，对账号进行人格化（即角色定位）后，还要对这个"人"的具体形象，尤其是个性特征进行细化，这就是账号的形象定位。只有确定了账号的形象，才能确定内容的表达风格。

账号形象可以是幽默搞笑的、卖萌可爱的，也可以是严肃认真的。无论选择什么样的形象，最重要的是要个性鲜明，这样才能吸引用户关注并互动。此外，对账号形象特征的定位，要与品牌形象一致。比如，企业传播的内容本身比较严肃，那么就不能将其定位为幽默搞笑型。在微博上，杜蕾斯应该是营销界的"大神"，其微博的风格就定位为趣味搞笑型，而这一定位与其销售的产品有很大的相关性。

账号形象切忌"多变"。今天是幽默卖萌型，明天又变成了深沉稳重型，这样多变的性格会给粉丝带来怎样的感受呢？也许是"精神分裂"吧。因此，确定了微博账号的形象特征后，就不要轻易去更改。

为了避免微博账号出现"一账号多面孔"的情况，在具体运营时，可以让符合账号定位的员工负责提供微博文案，且尽量不要更换，如果该员工因个人原因而离职了，那么一定要找个性特征相似的运营人员来代替。

5. 实例

比如，一家职业培训机构拥有三个微博账号，三个账号的功能定位、角色定位、内容定位及形象定位如表8-1所示。

表8-1　微博账号定位实例

| 账　号 | 功能定位 | 角色定位 | 内容定位 | 形象定位 |
| --- | --- | --- | --- | --- |
| A | 品牌传播 | 职业规划师 | 职场攻略、行业资讯、课堂精彩瞬间、培训师答疑（让用户留下他最想知道的问题，每周收集出来让培训师答疑解惑，既增加了互动，又体现了培训师的专业度）等 | 专业、成熟、睿智 |
| B | 客户维系 | 培训学员 | 职场经验、行业内幕、实用技能或资源分享、职场故事征集等 | 年轻、有进取心、追求生活品质 |
| C | 销售转化 | 好物推荐师 | 课程优势、优惠券、促销信息、有奖活动/互动等 | 热情开朗、话痨、乐于分享 |

以上是微博账号定位的详细步骤。对于很多企业而言，刚开始的时候，可能定位不太清晰，但是不用着急，慢慢来，一边进行运营，一边寻找自己的微博定位，一旦找到清晰的定位，就可以有目的地、高效地运营微博了。

## 二、账号基础设置

合理的基础设置可以给用户留下良好的第一印象，增强用户的信任感，从而吸引目标用户的关注。

微博账号大致可分为个人账号和企业账号。两种类型的账号在进行基础设置时需要注意的事项是不同的，下面分别进行介绍。

1. 个人微博基础设置

个人微博在微博账号中占绝大多数，包括艺人、专家、名人、大众用户等。个人微博不仅是个人用户的日常表达场所，也是个人或团队的重要营销阵地。比如，很多企业高管都开通了个人微博，并利用个人的影响力来传播品牌及产品信息。个人微博的好处就是，粉丝感觉是在和一个"活人"交朋友聊天，不会觉得关注的是一个冷冰冰的微博账号，因此对宣传的内容也比较容易接受，毕竟感觉更像是接受一个熟人的推荐。

对于个人账号而言，昵称、头像、简介等相关信息要尽量个性化，避免与其他同类微博混淆；而且最好要能体现账号的运营领域及运营方向，让用户一看就知道能获得什么内容；在表达方式上可以通俗化、形象化或口语化一些，不要给人冷冰冰的印象。

（1）昵称。昵称就是博主在微博平台的名字，代表了博主的身份或形象，因此十分重要。个人微博的昵称一般要求易识别、易输入、易记忆，而且最好要能体现账号的定位和价值。当然，如果已经有知名度较高的个人品牌了，取自己一贯的昵称或真名即可。

一般来说，个人微博的命名方式主要有以下几种。

① 品牌标签+真名/昵称。这是很多隶属于某个企业的自媒体或员工常用的命名方式，方便用户对号入座，如"百度李彦宏""小米雷军"等。

② 职业/领域标签+真名/昵称。如果想打造一个体现个人特色的自媒体，那么可用这种方式命名，如"HR××""电商运营××""星座达人××""探店先锋××""红姐小个子穿搭"等。

③ 内容定位。如果账号主要提供垂直领域的内容，那么就可用内容命名，如"冷笑话精选""UI设计大师""欧美范穿搭""天天美食推荐""今天吃什么""省钱攻略"等。

④ 个性化昵称。个人特征比较明显的账号可以选择这种方式，如"同道大叔""papi酱"等。

（2）头像。微博头像会影响用户对博主的直观印象，通过设置头像可以告诉用户微博的风格和定位。对个人微博来说，微博头像的设置比较随意，可以是清晰的真人照片，也可以是个性化的卡通头像、特殊标志等，以易于识别为准。总体来说，微博头像风格应与微博定位一致。比如，萌宠类的微博可以选择宠物照片作为头像，旅游类的微博可以选择风景照作为头像等。

需要注意的是，如果在多个平台都有开通账号的话，最好使用统一的名称和头像。

（3）简介。简介是对微博或个人的简单介绍。常见的简介包括以下三种类型。

① 表明领域，即简明扼要地说明微博提供什么内容。
② 表明身份，即对个人的身份、特长和能力等进行介绍。
③ 表明价值观，即对自己所坚持的主张、生活态度、价值观等进行介绍。

无论是哪种类型的简介，重点是要突出账号的功能和作用，而且要尽量从用户角度说明账号能为用户提供什么价值、解决什么问题，以及自己的特色等。此外，介绍文字最好要有一定个性，或幽默，或犀利，或动情，这样会更容易吸引用户关注。

如果有商业转化需求，还可以在简介的后面加上联系方式、店铺名称等。当然，前提是不违反平台的相关规定。一般情况下，新注册的账号最好不要加上联系方式或引导方式等。

（4）标签。标签与简介一样，可以对自己的个性、特长、爱好等进行展示，也可以突出自己的兴趣领域，便于目标用户进行搜索和关注，也便于系统进行推荐。

（5）封面。封面即账号主页的背景图，是用户进入账号主页后首先看到的内容。从某种角度来说，可以将封面看作是账号简介的视觉化呈现，因此封面应与账号简介相匹配或相呼应，如选择能体现博主身份、领域或价值观的图片等。

2. 企业微博基础设置

企业微博作为官方微博，应该给用户留下正规、专业的良好形象，因此不能像个人微博那样随意。

（1）昵称。一般情况下，官方微博账号的昵称以公司名、品牌名为宜。如果是相关子账号的昵称，可根据微博性质、功能和特色等进行细化或修饰。常见的子账号命名方式如下。

① 品牌/企业+产品，如"小米手机""海尔空调"等。
② 品牌/企业+功能，如"宝洁招聘""小米客服"等。
③ 品牌/企业+地域，如"海底捞福建""新东方武汉"等。

（2）头像。官方微博的头像以品牌或产品 Logo 为宜，而其他相关子账号可根据微博性质、功能和特色等选择不同的头像，如代表性产品、企业卡通形象等，这样可以使企业品牌更加亲民化与人性化。

（3）简介。简介中可以放上企业的背景介绍和主营业务等内容。若有引流需求，应严格遵循平台规则，比如设置专门的客服账号，引导用户在站内与客服沟通，以获取企业官方的、合规的联系方式，杜绝添加个人微信号、QQ 号等，以免出现违规的内容。

（4）标签。标签是用于描述微博账号功能、服务的关键词。可根据公司、产品或人群定位设置标签，这样既便于潜在用户搜索，也便于微博平台基于共同兴趣或共同标签进行内容推荐。

（5）个性域名。个性域名一般以公司、品牌的中英文名为宜（被抢注另当别论）。

（6）封面。对企业微博而言，封面建议使用与企业经营内容、经营理念相匹配的图片，如公司产品图、公司办公大楼照片等，以强化企业的品牌形象。此外，在不违反平台规则的条件下，还可以在封面图片中添加一些营销信息或联系方式，以充分利用其广告价值。

总体来说，在对微博账号进行基础设置时，要注意以下几点。

第一，基础信息要能凸显账号的定位和特色。要让用户一眼就能判断出账号是做什么的，能给用户提供什么有价值的信息，与其他人相比有什么独特之处。

第二，基础信息越完善越好。这样不仅能增加账号的权重，也有助于提高用户对账号的信任感。

第三，基础信息中要适当嵌入领域相关关键词，尤其是目标用户可能会搜索的关键词。

## 三、账号认证

开通微博账号后,最好在第一时间为账号申请加 V 认证。这样一方面可以使账号更具权威性,提高账号的公信力;另一方面也可以增加账号的权重,使账号及其博文获得更多的展示机会。

目前,加 V 认证主要包括两种类型:个人认证和机构认证。

### 1. 个人认证

个人认证也叫"橙 V 认证",通过认证后,微博昵称后会显示一个橙色 V 字标识。个人认证包括身份认证、兴趣认证、超话认证、金 V 认证、视频认证、文章/问答认证等,具体认证类型如图 8-6 所示。不同的认证类型要求的申请条件不同,能享受的特权也不同。下面简单介绍一下身份认证、兴趣认证、金 V 认证这三种常见的类型。

图 8-6 微博个人认证类型

(1)身份认证。身份认证适用于微博个人用户真实身份的确认。申请时需要提供相应的证明材料,认证通过后,微博昵称后就会显示职业或技能标签,如××××公司+职位、演员、模特、教练、医生等。

(2)兴趣认证。兴趣认证即垂直领域知名博主认证,适用于在微博某一领域持续贡献内容的用户。用户提交申请后,如果系统检测到该账号在一段时间内持续发布相关领域内容的微博,就会通过该领域的兴趣认证,然后微博昵称后就会显示该领域标签,如美食博主、时尚博主、情感博主等。兴趣认证支持的领域如表 8-2 所示。

兴趣认证的难度相对较大,除了要持续

表 8-2 兴趣认证支持的领域

| 兴趣认证支持的领域 | | | |
|---|---|---|---|
| 搏击 | 公益 | 教育 | 情感 |
| 财经 | 国画 | 军事 | 三农 |
| 颜值 | 国学 | 历史 | 摄影 |
| 电影 | 旅游 | 时尚 | 心理 |
| 动漫 | 航空 | 美食 | 收藏 |
| 读物 | 婚礼 | 美妆 | 书法 |
| 法律 | 家居 | 萌宠 | 数码 |
| 房产 | 健康 | 汽车 | 武术 |
| 舞蹈 | 运动 | 科学科幻 | 游戏 |
| 校园 | 职场 | 科学科普 | 电视剧 |
| 戏剧 | 综艺 | 星座命理 | 音乐 |
| 互联网科技 | 娱乐 | 母婴育儿 | 相声曲艺 |
| 搞笑幽默 | 体育 | 人文艺术 | 设计美学 |

发布相关领域内容，还需要多关注该兴趣领域的微博账号（关注的账号不要太杂）、超级话题，多与该兴趣领域的博主互动，多在相关超级话题里签到、发帖，并且最好能在个人基本信息中添加想要认证领域的标签。这样不仅可以加快兴趣认证的速度，还可以提高博文的阅读量。总而言之，微博账号上某兴趣领域的内容越多、越垂直、活跃度越高，那么就越容易通过该领域的兴趣认证。

需要说明的是，兴趣认证并不是永久的，认证成功后还要持续更新对应认证的内容，否则可能会被取消认证。

（3）金 V 认证。金 V 作为"大 V"中极具代表性的一类，是个人微博账户中最具影响力的认证账号之一。橙 V 账号如果达到指定的条件，就可升级为金 V 账号。

认证成功的金 V 账户不仅可以享受微博提供的服务，如专属客服、专属标识、专属权益（赠送会员、新功能体验）等，还能获得各渠道的热门推荐，增加账号的曝光率和关注度。

2. 机构认证

机构认证又称"蓝 V 认证"，通过认证后，微博昵称后会显示一个蓝色 V 字标识。机构认证包括企业认证、内容/IP 机构认证、政府认证、媒体认证、校园认证、公益认证等，具体认证类型如图 8-7 所示。

图 8-7　微博机构认证类型

不同认证类型的申请条件不同，能享受的特权也不同，账号运营人员可根据自身情况选择一种或多种认证类型进行申请。一般情况下，个人申请个人认证（即橙 V 认证），企业申请机构认证（即蓝 V 认证）。个人认证中的身份认证相对容易，普通人一般都可以通过，而兴趣认证有助于账号及其博文获得好的搜索排名及推荐机会，因此身份认证和兴趣认证是微博个人认证的主要类型。机构认证则需要根据机构性质进行选择。

进行加 V 认证时，可在 PC 端微博首页右上角点击"设置"按钮，在打开的下拉列表中选择"V 认证"，进入微博认证页面，选择需要认证的类型；也可以在手机 App 上打开"我"，点击"设置"按钮，在设置页面选择"客服中心"选项，然后在打开的页面上选择"申请加 V"选项，进入微博认证页面，选择需要认证的类型。

### 四、提升账号权重

#### 1. 账号权重介绍

微博权重指的是微博官方对微博账号的评分，反映了账号的整体质量。权重会直接影响账号及博文在搜索、推荐、评论中的排序，在同等条件下，权重越高排序越靠前。因此，权重与微博账号的曝光率息息相关，是影响微博引流效果的关键因素。

虽然权重对账号的影响处处可见，但权重却只是微博官方用于评估账号质量的一个隐性指数，权重的计算规则及具体数值并没有对外公开。这一点让很多人苦恼不已：权重看不清，摸不着。那么，有没有方法能够感知到它呢？一般认为，除了使用过程中的直观感受，微博的阳光信用分也能够在一定程度上体现账号的权重。

阳光信用分是微博根据账号在内容贡献、身份特征、社会关系、信用历史、消费偏好这五个维度上的表现对账号的评分，如图 8-8 所示。（查看阳光信用分的方法：微博 App—"我"—点击头像进入个人主页—查看和编辑基本资料—阳光信用。）

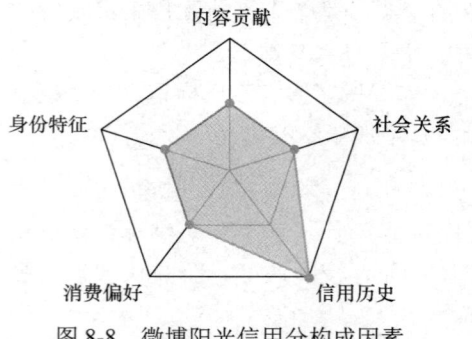

图 8-8 微博阳光信用分构成因素

① 内容贡献：根据发博频率、发博总数及微博内容的传播影响力等，评估博主的内容贡献度。

② 身份特征：根据账号个人信息的真实和完善状况，评估博主的身份可信度。

③ 社会关系：根据博主在微博上的社交人脉情况、关注互粉好友的质量等，评估博主的社会关系健康度。

④ 信用历史：根据博主在微博上的发言历史，评估博主的言论健康度。

⑤ 消费偏好：根据博主在使用微博的过程中表现出的消费行为，评估博主的消费倾向。

阳光信用分反映了微博官方对账号的认可程度，这一点与账户权重是一致的，因此，可通过阳光信用分间接评估账号的权重。

#### 2. 账号权重提升方法

要提升微博账号的权重，需要在平时的运营过程中注意各种细节，尽量避免实施微博反对的事项，多实施微博鼓励的事项。通过多次观察测试，广大运营人员总结了可能让微博官方对账号加权和降权的事项，具体事项及应对方法分别如表 8-3、表 8-4 所示。

表 8-3 微博加权事项及应对方法

| 加 权 事 项 | 应 对 方 法 |
| --- | --- |
| 发原创微博 | 尽量多发原创内容（发之前可在搜索框进行搜索，看是否有相似内容） |
| 发含多图、视频或相关话题（两个话题最佳）的微博 | 尽量发带"9图或视频+双话题"的微博 |
| 发头条文章、问答等长微博 | 尽量多发头条文章、问答等长微博 |
| 提供真实和完善的个人信息 | 填满个人信息、绑定邮箱、手机号、支付宝账号，进行实名认证 |
| 通过认证或开通会员 | 尽量多认证并充值为会员 |

续表

| 加 权 事 项 | 应 对 方 法 |
|---|---|
| 微博活跃度高 | 每天多浏览微博；多更新微博，尽量保证微博发布时间段固定、频率固定；多收藏、转发、评论、点赞其他微博；多与粉丝或其他博主互动；多参与话题讨论 |
| 微博影响力大 | 通过优质内容、有吸引力的活动，以及各种引流手段提升微博的阅读量和转评赞量 |
| 粉丝数量多、质量高 | 采取各种手段涨粉，尤其是与认证用户、会员用户等高权重用户互粉 |
| 在平台上的消费多 | 多使用微博钱包；成为签约自媒体人；成为微电商达人；多用微博橱窗、粉丝头条等官方工具 |
| 微博注册时间久 | 使用微博老账号 |

表8-4　微博降权事项及应对方法

| 降 权 事 项 | 应 对 方 法 |
|---|---|
| 存在违规行为或违规内容 | 不要发谣言，平时在微博上少爆粗口，情绪别过激 |
| 发布营销推广信息 | 不要放二维码、外部链接及微信号、QQ号等，需要时可用微博橱窗 |
| 复制抄袭别人的内容（包括图片、视频） | 不要抄袭复制别人的微博文案，想表达同类观点时换一种说法；也不要直接用别人的图片和视频 |
| 重复发相同或类似的博文 | 不要删除微博后重新发布，不要多次转发同一条微博，也不要连续发布同一话题的相关内容 |
| 频繁或大量带话题（尤其是热门话题），或话题与内容无关 | 不要频繁蹭热点，尤其是不相关热点 |
| 转发抽奖不用官方工具 | 尽量用官方工具发布活动 |
| 用图片发长微博 | 不要用图片发长微博，一定要图文并茂 |
| 短时间内频繁或大量发微博、删除微博、转发/评论/点赞/互粉等 | 在固定时段以固定频率发布微博；尽量不删帖，设为自己可见即可；转发/评论/点赞/互粉要慢慢来 |
| 频繁更换昵称、头像等 | 昵称尽量不要改，头像也不要经常换 |
| 机器粉、僵尸粉过多 | 不要刷数据 |
| 频繁更换登录设备 | 用固定设备登录，不要频繁切换，保证一机一号 |

对于平台而言，保证用户体验是第一位的，维护平台自身的利益是第二位的。因此，提升账号权重的核心工作就是：在提升用户体验的基础上，为平台贡献利益。前文所述各种做法都是围绕这个核心细化出来的。

3．实时号养成

（1）什么是实时号。微博账号分为两种类型：普通号和实时号（又叫热搜号）。普通号发的微博在搜索结果中无法展现，而且上不了首页、精选、热门等，因此只有粉丝和好友能看到，其他用户看不到。实时号发的微博能够在搜索结果中展现，而且可以上首页、精选、热门等，因此其他用户也有机会看到。

（2）实时号的重要性。实时号可以让微博内容最大程度地曝光，从而提高微博的阅读量及互动量。此外，搜索用户一般都具有较强的目的性，因此实时号还有助于博主获得精准的搜索流量，实现高效吸粉。由此可见，拥有一个实时号是开展微博营销的基本前提。

(3)实时号升级的判定依据。微博平台主要根据账号权重来判定账号是否能升级为实时号,当账号权重提升到一定程度时就会成为实时号,而且账号权重不同,实时程度也不同。实时程度就是微博内容被收录的速度,大致可分为秒实时(微博发布后立即被收录)和延迟实时(延迟5分钟以上被收录,有的甚至好几天之后才会被收录)。显然,秒实时才是最优秀的实时号。

(4)实时号的检测方法。如何检测某账号是不是实时号?方法很简单:用待检测账号发布一条博文,过十分钟后用其他账号搜索博文中的内容,看博文是否会出现在搜索结果页的"综合"版块,如果是,那就说明该账户是实时号,否则就是普通号。

(5)实时号养成方法。当账号权重提升到一定程度时就会成为实时号,因此,养实时号与提升账号权重的思路与方法基本一致:首先,要采用一定的方法适当提升账号权重;其次,要避免一切可能导致降权的行为。具体操作参考表8-3、表8-4。

事实上,养号的过程就是模拟真人操作的过程,因此所有行为都要显得"自然",不能急功近利,否则得不偿失。正常情况下,只要1~2周就能养成实时号。

### 五、建立微博矩阵

建立微博矩阵是指在企业官方微博之下,通过开设多个不同功能定位的账号,与各种不同的用户群体进行沟通,达到360度传播企业品牌或产品的目的。要实现上述目的,企业在布局自己的微博矩阵时需要遵循以下两个原则。

(1)分工明确。各个账号在功能上要有明确的分工,这样才能让各个账号各司其职,避免信息混乱、定位不清。

(2)一个核心。微博矩阵中要有一个核心账号,其他账号在发布官方内容时要与核心账号保持一致。一般情况下,核心账号就是企业的官方微博,主要用于发布官方信息。

根据上述原则,企业可以参考以下思路建立微博矩阵,如图8-9所示。

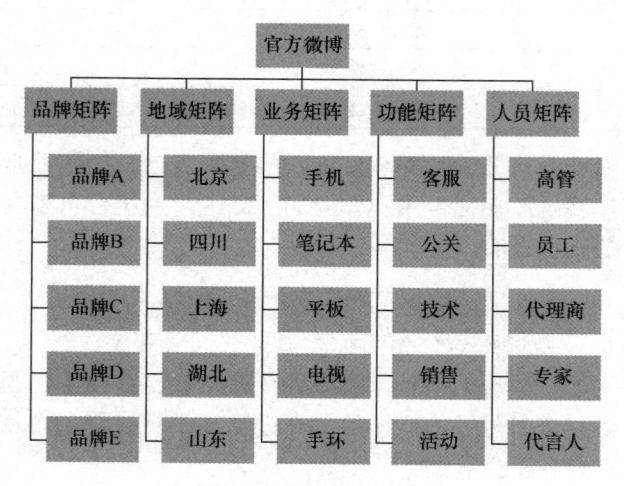

图 8-9 微博矩阵示例

(1)按品牌布局。如果企业品牌多,可以建立品牌矩阵。比如,欧莱雅集团就根据品牌建立了包括兰蔻、碧欧泉、美宝莲等在内的品牌矩阵。

(2)按地域布局。如果企业分公司多,可以建立地域矩阵。这种布局方式常用于银行及生活服务类行业。比如，苏宁就根据地域建立了包括南京苏宁、四川苏宁、山东苏宁等在内的地域矩阵。

（3）按业务布局。如果企业业务类型较多，可以建立业务矩阵。比如，海尔就根据业务类型建立了包括海尔空调、海尔冰箱、海尔电视等在内的业务矩阵。

（4）按功能布局。企业还可以根据账号功能定位的不同，建立不同的子账号，如"××客服""××公关""××销售""××技术"等，这种方式适用于绝大多数企业。

（5）按人员类别布局。除了企业账号，很多企业将个人账号也纳入了矩阵范围。比如，小米公司就根据人员类别建立了包括创始人、高管、专家、普通员工等在内的人员矩阵。创始人或高管可以通过个人魅力影响用户；专家可以通过专业知识让自己乃至企业成为"意见领袖"；而普通员工虽然影响力有限，但汇聚起来也能在一定程度上扩大企业的曝光范围。在网络时代，每个人都拥有一定的传播影响力，因此，建议每个公司都发动所有员工开通微博，让员工多在微博中讨论公司的生活、工作、企业文化等，利用每个员工的力量向公众展示真实、温情、积极向上的企业形象。

总而言之，微博运营人员要根据企业的实际情况和需要来进行矩阵设计，不同企业应该选择不同的布局方式，当然也可以多线并行。事实上，现在绝大多数的企业都会选择建立多维度的立体矩阵。比如，小米就建立了包括公司 CEO、高管、职能部门员工、公司品牌、产品品牌等在内的多维度微博矩阵。

目前，常见的微博矩阵有以下三种模式。

（1）蒲公英式。这种模式由一个核心账号统一管理旗下多个官方账号，每个官方账号又统一管理旗下多个子账号，如图 8-10 所示。这种模式适合拥有多个子品牌或业务线的企业。

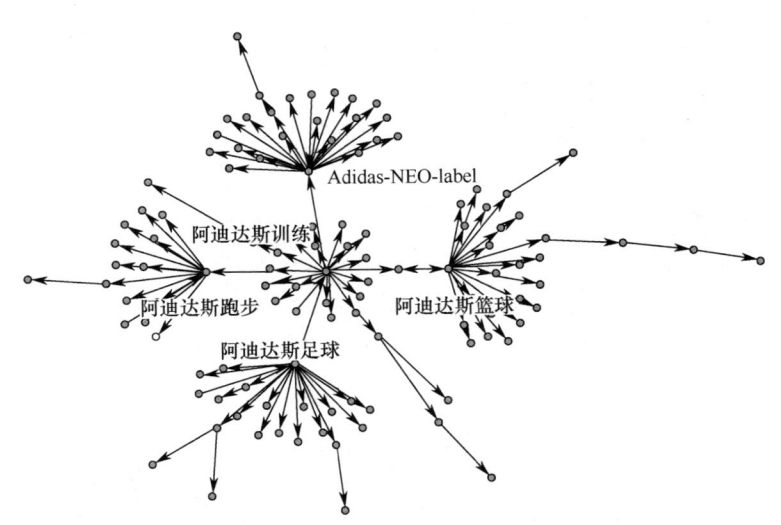

图 8-10　阿迪达斯的"蒲公英式"微博矩阵

图片来源：CSDN 网站.

（2）放射式。这是比较常见的一种模式。这种模式由一个核心账号统领各分属账号，分属账号之间是平等的关系，信息由核心账号放射向分属账号，分属账号之间信息并不进行交互，如图 8-11 所示。这种模式适合地方分公司比较多且为当地服务的企业。

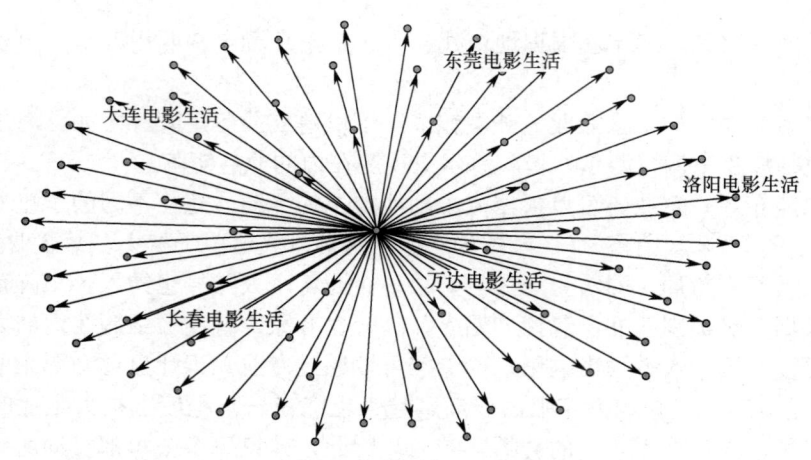

图 8-11 万达电影的"放射式"微博矩阵

图片来源：CSDN 网站.

（3）双子星式。这种模式会有两个核心账号，即企业官方账号和企业领导人账号，如图 8-12 所示。这种模式适合企业高管具有较强社会影响力或行业影响力的企业。

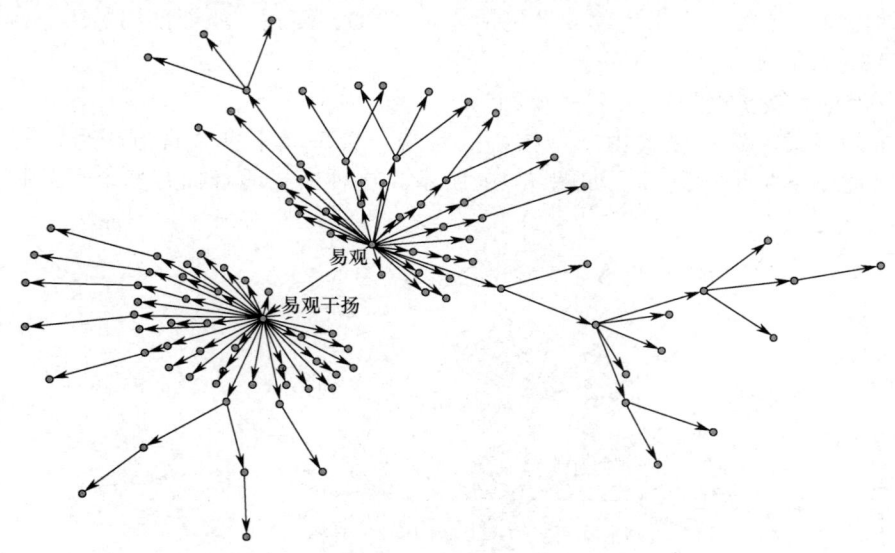

图 8-12 易观的"双子星式"微博矩阵

图片来源：CSDN 网站.

需要注意的是，除了官方账号和各种子账号，企业还需要一些与企业相关但不直接包含企业信息的账号，即所谓的"小号"。比如，调味品企业可以建立诸如@巧媳妇、@厨房达人、@私房菜等的小号，跟粉丝分享烹饪美食的方法。总之，小号要脱离企业，上升到行业、社会或生活的高度，这样才能润物细无声地影响用户。

建立微博矩阵后，企业需要将不同定位的内容发布在不同的账号上，并对多个账号进行统一管理和协同作战。具体来说，如果涉及品牌大事件或促销信息的发布，需提前规划好内容联动链路、时间节点，以及每个账号的转发语等，保证不同功能的账号之间对外口径一致、传播推广节奏统一，最终实现链式传播和联动营销。

## 第四节　微博内容运营

微博的内容运营，不是简单地把内容组织好发出去即可，如果想运营好，就要将它当成一个网站或是媒体来做：围绕用户的需求和喜好，策划相关的话题栏目，创作对用户来说有价值、有吸引力的内容，并有规律地进行更新。

### 一、设计话题栏目

为了保证内容的持续性并形成品牌特色，企业的日常微博运营可以设计固定的话题栏目，与粉丝进行周期性的沟通。比如，杜蕾斯的微博话题"杜绝胡说"，每次发布一个问题与用户互动，形成了良好的粉丝互动话题机制。很多个人微博也根据自己的爱好、专业、擅长领域等设计了专属的个人话题，如"小段看足球""万条微博说民国"等，每天发微博时根据内容带上相应话题名，久而久之也形成了一些个人话题品牌。

在设计话题栏目时需要注意以下两点：第一，话题栏目的设计应该以微博定位为基础，尽量与微博的主要内容保持一致；第二，话题要有吸引力，要能够引发用户的传播和讨论，让用户参与到话题互动中。

总而言之，作为企业微博，话题最好系列化、品牌化，并有自己的发布周期，这样长期经营下去就容易把话题品牌化。

### 二、发布有价值、有吸引力的内容

发布契合微博定位的高质量内容，是微博运营的基础。如果企业发布的内容只是产品介绍，或者只是流水账式的陈述，将难以吸引用户注意，更无法利用关系链实现广泛传播。因此，企业在运用微博进行营销时，要把握目标用户群的喜好，知道目标用户喜欢什么样的微博信息，喜欢什么样的表现形式，然后针对其喜好，发布对其有价值、有吸引力的内容。具体来说，需要注意以下几个要点。

1. 发布原创内容

从平台角度来说，原创内容占比大的账号能获得更高的权重，只有原创的微博才能获得微博平台的推荐；从用户角度来说，原创的内容更能吸引用户的注意力，更易获得用户的认可。因此，微博运营人员应尽量多发原创内容，而且最好是有特色的原创内容，这样才能树立微博品牌，提升账号的影响力。

2. 内容调性要与微博定位相契合

无论发布什么内容，发布前均需有完整的规划，确保内容调性与品牌微博定位相契合，只有这样才能沉淀用户，提升用户对品牌的认知度与好感度。

微博本质上是一种日常社交平台，因此语言表达方式要贴近用户的日常表达方式，不能过于严肃和官方；而且要有自己的特色，幽默、直白、善解人意皆可，最重要的是要形成自己的风格。

### 3. 发布带话题的内容

通过话题聚合信息内容是微博的一大特色，因此撰写微博文案时可适当添加相关话题。如果刚好有热门话题与微博内容相关，那么可以带上该热门话题，参与该话题的讨论，以此来提升微博的曝光度和互动度；如果当前没有合适的热门话题，也可以带上品牌固定的话题或重新创建具有引爆潜力的新话题。在创建新话题的过程中，可以以热门话题、热搜中的内容作为切入点，也可以围绕企业主推关键词、活动或品牌来创建话题。

### 4. 内容表现形式要丰富

同样的微博内容，选择不同的表现形式，传播效果会有很大差异。一般来说，在传播、引导效果上存在"视频>图片>文字"的规律。但这并不是说所有的微博内容都必须以视频形式展现，还需考虑目标用户的需求。总之，要想让微博更加吸引用户关注，内容表现形式就应尽量多样化，最好带有图片、视频等。此外，还可以利用头条文章来发布一些品牌故事、产品介绍、行业动态等短微博无法容纳的长内容。

### 5. 精炼内容

精炼内容有两层含义：一是微博的文字内容要精炼，在充分表达意思的前提下，字数越少越好，尽量控制在 140 个汉字以内，这样既方便用户用更短的时间获取信息，降低用户阅读难度，又符合碎片化阅读的特点；二是宁可内容少而精，也不能为了保持更新频率而发布内容质量不够好的微博，提供精炼的内容才是微博运营的核心。

### 6. 广告信息要软植入，且不宜过多

想要做到完美的广告植入，需要做到以下几点：①每次广告的发布，都需要几十条无广告、高价值的内容来进行弥补；②按照自己账号的基调和特色，撰写广告文案，尽量不要骚扰用户；③赋予广告更高的价值，让用户阅读以后并不觉得这个是广告，而是一种可以从中获取更高价值的内容。

简而言之，广告信息不宜太多，尽量不要超过微博信息量的 10%，最佳比例是 3%～5%；更多的广告信息应该融入用户感兴趣的内容之中。

## 三、有规律地更新微博

微博就像一本随时更新的电子杂志，只有让用户形成准确的预期，用户才能养成固定的阅读习惯。而要做到这一点，就要求定时、定量发布微博内容，形成一定的发布规律。定时指的是发布时间要大致固定，定量指的是每天的发布数量和频率要大致固定。

### 1. 发布时间

一般来说，微博发布时间应与用户使用微博的高峰时段保持一致，这样才能获得更高的关注率和转发率。那么用户一般什么时候使用微博呢？通常情况下，用户在空闲时段使用微博的概率更高，因此应尽量选择用户空闲的时段发布微博。统计数据显示，以下几个时段用户比较空闲，刷微博的人数较多。

① 工作日：7:00—9:00，11:00—13:00，13:00—17:00，17:00—24:00；
② 周末：14:00—17:00，17:00—24:00。

简而言之，工作日的上班路上、午休时、晚饭前、睡前这四个时间段，以及周末的下午和晚上，都是发布微博的好时机。

除了选择正确的时间段，发布微博时还要注意，不同时段用户的关注点是不同的，因此不同的内容应选择不同的发布时间。一般建议：新闻资讯类（重大新闻除外，最好第一时间发，以保证时效性）或励志类的内容尽量早上发，以激发用户的工作热情，让用户迅速进入工作状态；娱乐类的内容可以中午或晚饭前后发，以帮助用户缓解疲劳；互动类、消费类或需要深度阅读的内容最好晚上发，因为这个时间段用户才有充足的时间参与互动、挑选产品或进行长时间阅读；情感类内容最好晚上 10 点以后发，因为夜晚时人的感情会更加丰富，此时发布这类内容会更容易打动用户，引起用户的认同和共鸣。

以上是一般情况下微博的发布时间选择方法，在具体操作时，还要根据行业特点、人群特点和实际情况进行调整。建议在初期可以参考行业微博"大号"，并慢慢在实战中调整，直至找到一个最佳时间点。

在具体发布时刻的选择上，一般认为，整点或整点刚过几分钟发布的微博，阅读量更高，也更容易上热门。在发送方式上，可以通过"定时发布"功能减轻工作量、保证固定的发布频率。

2. 发布频率

除了发布时间，微博的发布频率也是非常重要的。发布频率需要根据自己的微博定位、用户群体及微博内容来确定。比如，新闻资讯类的微博就可以频率高一些，发布时间也不必拘泥于固定时间段；而干货知识类的微博就不宜更新太频繁，以免用户消化不了。一般情况下，建议一天最多发 20 条微博，且每条微博要间隔 1 小时以上，不然容易让用户产生刷屏的感觉。

## 四、实例

以下是某个旅游企业官方微博制定的内容发布计划，供大家参考。

从 08:30 到 23:00，设定每日固定更新 9 档栏目，在早、中、晚三个高峰时间段进行更新：

① 07:00—"早安"发布积极向上的语录，内容、图片温馨；
② 08:00—"带我去旅行"优秀摄影作品欣赏；
③ 11:00—"各地美食指南"介绍各地美食，配以诱人图片；
④ 12:00—"旅游线路推荐"推荐优质旅游线路，并发布一些促销信息或优惠券；
⑤ 15:00—"开怀一笑"发布搞笑图文或经典简易测试等；
⑥ 17:00—"跟着电影去旅行"发布电影片段，展示相关旅游景点；
⑦ 21:00—"最想去的地方"征集活动，加强与微博网友间的互动；
⑧ 22:00—"静夜思"发布一些经典古诗；
⑨ 23:00—"晚安"。

## 第五节　微博活动运营

内容本身就是与粉丝互动的好方法，但如果可以配上活动，粉丝的活跃度和黏性将会进一步提高，而且企业也可以借机宣传自己的品牌或产品。因此，开展活动也是微博运营的重要手段。

### 一、微博活动形式

微博上常见的活动形式包括有奖转发/评论/关注、有奖征集（创意征集、故事征集、广告语征集、起名字等）、有奖竞猜（猜图、猜文字、猜结果、猜价格等）、有奖调查、有奖答题、抽奖、投票/评选、晒照有礼等。企业可根据营销目的及粉丝喜好选择合适的活动形式。

### 二、微博活动类型

微博活动一般分为平台活动与企业自建活动。平台活动是基于微博活动平台发起的活动，如有奖转发、大转盘、砸金蛋等，通过微博抽奖系统抽奖，如图 8-13 所示。企业自建活动是指企业在自己微博中发起的各种活动，如有奖转发、晒单有礼、盖楼等。

企业自建活动又可分为独立活动和联合活动。独立活动就是企业独自发起的活动，联合活动就是与其他企业微博联合开展的活动。独立活动又分为正式活动和非正式活动两种。正式活动是指有规律、有计划的微博活动，如每月推出 3 次微博有奖活动；非正式活动是指根据粉丝和自身情况发起的小规模的活动，具有一定的随意性和不确定性。

上述各种类型的微博活动各有优缺点。比如，平台活动虽然具有形式多样、数据分析详尽、抽奖公正公平、人气旺盛等优点，但也存在诸如时间有限制、竞争激烈导致不容易被推荐、容易遭遇"羊毛党"等缺点。企业自建活动虽然具有粉丝质量高、互动性强等优点，但玩法相对单一，影响力也有限，因此近年来企业越来越倾向于联合其他微博账号开展活动。

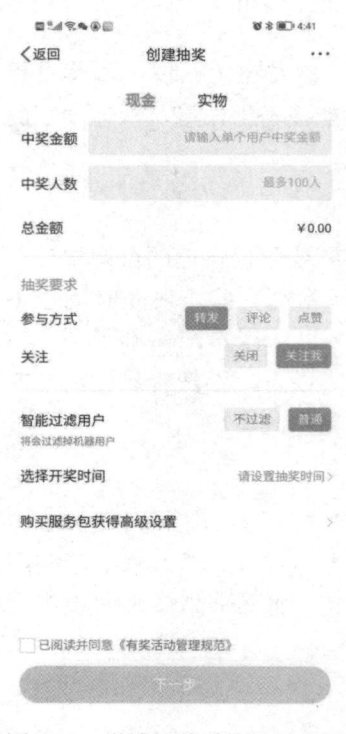

图 8-13　微博抽奖系统设置界面

## 第六节　微博粉丝运营

在社交网络时代，粉丝成为新媒体运营的重点。所谓"得粉丝者得天下"，微博账号只有拥有足够多的粉丝，才能具备足够强的影响力。

微博账号要想拥有足够多的粉丝，不仅需要吸引新用户，还需要维护老用户。只有经过长期的积累，才能拥有越来越多的粉丝。特别是那些高质量的粉丝，更需要博主进行持续长久的运营。接下来将对微博粉丝的获取与维护进行介绍。

## 一、粉丝获取

获取微博粉丝就是俗称的"吸粉引流",目的是提高粉丝数量,进而扩大微博账号的影响力及权重。获取微博粉丝的方法有很多,主要包括以下几种。

1. 通过人脉吸粉

微博账号开通后,可以让身边的亲朋好友关注账号,获得第一批粉丝。如果是企业账号,还可以让企业内部员工关注账号,并通过一定的激励措施,让员工发动身边人脉,增加企业微博粉丝。

2. 通过互粉平台吸粉

互粉是一种常用的微博吸粉方法。为了获取第一批粉丝,可以加入微博互粉群(包括微信、QQ 上的微博互粉群)、微博互粉话题或超话等,在其中发布互粉信息,与有同样需求的用户进行互粉。

利用互粉平台获得的粉丝精准度和质量可能都不会太高,但在账户运营初期还是能发挥一定作用的。

3. 通过活动吸粉

运营人员可以通过一些低门槛、有趣、有奖励的活动,吸引用户关注微博账号、转发微博内容。最常见的吸粉活动包括关注转发抽奖、关注并参与话题讨论抽奖、关注并参与挑战赛等。

4. 通过合作互推吸粉

运营人员可以选择与目标客户群相同的其他账号合作,双方利用各自的资源互相宣传推广,扩大影响范围。比如,可以相互转发微博,也可以进行资源互换,为对方的活动提供赞助奖品,并在奖品上印上账号二维码。

5. 通过热搜或热门话题引流

通过热搜或热门话题引流包括两层含义:第一,在微博内容中加入热搜或热门话题,也就是俗称的"蹭热点";第二,将自己品牌专属的话题打造成热搜或热门话题。这两种方式都能在一定程度上增加微博的曝光度和被用户关注的概率,但前者操作起来比较容易,后者难度较大,因此热搜或热门话题引流通常是指前者。

在微博上"蹭热点",热点的选择很重要。除了要与微博内容相关,热点的"新旧"程度及后续潜力也是重要的考虑因素。一般情况下,应该尽量选择靠近当前时间的热点;此外,虽然有些热点在当前的热搜或热门话题中可能排名比较靠后,但如果判断这个话题具有"冲劲",后面有可能跃进前几名,那么也可以提前利用它。一般而言,具有争议性的话题更容易成为热点。

6. 通过其他社交平台引流

微博平台上有很多"大 V",他们刚开始运营微博就吸引了大量粉丝,这些粉丝基本上都是该大 V 在其他社交平台上的粉丝,如豆瓣、知乎、抖音、微信、QQ 等。因此,微博运营人员可以邀请其他平台上已有的粉丝关注微博。比如,运营人员可以在微信推文中植入微博账号信息，引导订阅用户关注其微博；可以在抖音背景图中植入微博账号，或在置顶信息中宣传自己的微博账号，引导用户关注；也可以在 App、官网或电商平台上予以一定优惠或利益，吸引注册用户关注微博。

除了邀请已有用户关注微博，运营人员在其他平台进行内容分享或互动时也可留下自己的账号信息，吸引其他人主动关注。比如，可以对抖音、知乎、百度知道、QQ、论坛、贴吧、豆瓣等社交平台上的内容进行评论，并在评论中留下自己的账号；可以经常在行业论坛上发高质量帖子，同时在论坛签名中写上一句有诱惑力的广告语，并放上自己的微博账号；可以写一些高质量的文章或制作一些有吸引力的视频，在文章或视频中巧妙留下账号信息，然后将文章或视频发布到自己的微信公众号、微信群、朋友圈及其他自媒体平台上；可以在百度知道、知乎等问答平台回答别人的问题，并留下自己的账号信息。总之，只要运营人员乐于互动、喜欢分享、有趣有料，就会有很多人想进一步结识，并通过搜索账号关注微博。这是见效最快、用户最精准、黏度最高的一种方法。

需要注意的是，为了激励用户关注账号，在进行内容分享的时候可以只提供部分内容或内容简介，然后告知用户：剩下的完整内容需关注账号方能获得。此外，如果需要在其他平台留下账号或二维码，最好将账号或二维码印在图片上进行发布，以免被所在平台识别出来导致账号被降权或内容被屏蔽。

7. 通过热门评论引流

在大 V 的微博或热门微博下通常会有很多人去看评论，因此可以在大 V 的微博或热门微博下撰写评论，通过评论来引流。

通过评论引流的关键有两点：一是抢占先机，二是评论的内容要有吸引力。抢占先机就是要在还没人评论时抢先发表评论，从而提高评论的曝光量；不要等到已经出现大量评论时再行动，这样无论评论内容多精彩，也难以脱颖而出。此外，评论内容越有吸引力，就越有可能得到微博用户甚至博主的点赞，成为热门评论的概率也就越大；而一旦成为热门评论，就会被排在其他评论的前面，获得更多曝光机会。

因此，运营人员要在第一时间组织有吸引力的观点和言辞进行评论，并在必要时利用微博"小号"对评论进行点赞，将评论推上热评位置。

当然，要想写出有吸引力的评论并非易事。如果没有好的想法，复制粘贴其他精彩评论也是一种不错的选择。有些评论具有通用性，适用于很多微博内容。如果我们平时在刷微博或其他内容时，遇到了精彩的评论、梗或语句，最好收集起来备用。

8. 通过对外宣传引流

将微博账号当作一种普通商品，然后利用一切对外宣传的机会增加微博账号的曝光率，也是一种有效的"增粉"方式。比如，在实体店、员工名片、员工邮件、营销广告、行业展会、产品包装、宣传单、产品说明书等地方展示账号信息，并告知用户关注后能获得积分、优惠券或者小礼品等，以此激励用户关注账号。

9. 通过 SEO 引流

与百度一样，新浪微博中也有搜索推广位。当用户搜索某个关键词时，如果账号或博文能够在搜索结果中排在前列（尤其是"热门前三"的位置），那么就能获得大量曝光，并有机会被带着目的搜索的精准用户关注。因此，通过 SEO 提升账号或博文的搜索排名，能够为账号引入精准搜索流量，带来高质量粉丝。

微博 SEO 的基本思路与百度 SEO 的基本思路基本一致。对于微博账号而言，要想排名靠前，就要在微博昵称、简介、标签及其他账号信息中嵌入行业关键词，大量发布带有相关关键词的微博内容，并想办法增加账号权重，或提升博文的阅读量和互动量；对于微博内容而言，要想挤进"热门前三"，就要在内容中植入关键词，并想办法增加微博内容的阅读数和转评赞数。

在关键词选择方面，最重要的一点是：选定的关键词要有人搜索，因此应站在用户角度思考该选择哪些关键词。初步选定关键词后，还可以利用微博应用中的"微指数"对关键词的热度进行分析，据此进一步筛选合适的关键词。

10. 通过"被动吸引"同类人群引流

在微博平台上，有共同兴趣爱好的人往往会相互关注。比如，很多人都会关注拥有相同标签的人、对同一个话题感兴趣的人、加入同一个微群的人等。

创建微博账号后，可以通过微博搜索功能找到与产品或服务相关的微群、话题、超话等，然后加入这些微群、关注这些话题或超话，并积极参与讨论、踊跃发言，通过自我展示吸引同类人群关注微博账号。比如，如果我们是做"服装"的，那么就可以在微博中搜索"穿搭""服饰""装扮"等关键词，找到相关的微群、话题、超话等，并参与互动。

11. 通过"主动出击"精准用户引流

很多人都希望自己的微博账号能吸引精准用户关注。要做到这一点，首先要找到精准用户，并利用技术手段，将这些用户的 ID 提取出来；然后主动出击，通过@TA、评论其微博甚至直接私信的方式，引导这些用户关注我们的微博。比如，某人发布了一条关于自己感冒的微博，康泰克官方微博就主动评论留言了，此举不仅增加了康泰克官方微博的曝光度，而且加深了用户对康泰克品牌的印象和好感度。

那么怎么找到精准用户呢？可以参考下面的一些方法和技巧。

（1）寻找同类博主。除了被动"吸引"同类博主，还可以找到同类博主，主动与之互动，引导对方关注自己。

寻找同类博主的具体思路包括三种：第一，利用微博"找人"功能寻找同类博主；第二，通过微博"内容"搜索找到相关热门博文，再通过这些热门博文找到同类博主（这些热门博文的博主通常与我们定位相同或类似，其中有些博主还拥有很多粉丝）；第三，找到相关微群、话题或超话的参与用户。

（2）寻找竞品或同类博主的粉丝。竞品或同类博主的粉丝通常也是我们的目标用户，因此可以将这些账号的粉丝作为我们精准吸粉的重点对象。

（3）寻找发布过相关微博的用户。我们可以针对产品或服务相关关键词，利用语义分析系统等技术手段，将发布过这些内容的用户筛选出来，作为精准吸粉的对象。比如，发布与怀孕有关内容的用户，很可能自己就是孕妇，或者家里有孕妇。不管是哪种情况，都可能对孕期相关产品具有一定需求。

（4）根据地域标签寻找精准用户。用户通过手机发微博时，通常会显示所在的地理位置。因此，如果产品或服务对用户所在地域有要求，就可以利用技术手段圈定特定地域范围内的用户。

需要注意的是，在批量增粉时，为避免账号因频繁操作被限制，可以多准备几个号，更换 IP 进行操作。此外，如果私信目标用户，文案一定要有吸引力，不要让用户反感。

12. 通过头条文章/问答吸粉

头条文章和问答是微博大力推广的内容形式，具有较高的权重，微博在流量分配上会给予一定倾斜，有些热门文章还有可能被新浪看点或百度收录，获得站外曝光机会。因此，撰写高质量的头条文章或问答也是一种有效的吸粉方式。

为了提升吸粉的效率，运营人员在发布头条文章时可以勾选"关注后阅读原文"，即用户只有在关注微博账号后才能继续阅读被折叠起来的后文。如果展示出来的文章内容足够吸引人，那么用户就可能关注微博账号。

13. 通过大 V 引流

在微博平台上，大 V 的影响力是不可估量的。因此，可选择相关领域（目标客户群相同但产品不同）的大 V，借助大 V 的影响力引流。通过大 V 引流实际上包括免费和付费两种方式。

（1）免费方式。运营人员可以通过"转发评论大 V 的微博并@TA""第一时间评论大 V"等方式与大 V 互动。如果评论足够精彩、问题足够犀利，大 V 也可能会转发这条评论微博，这样就能为账号带来流量；除了等待大 V 转发，还可以通过长期互动让大 V 记住自己的 ID，然后请大 V 帮助转发微博或@自己的账号；如果大 V 不愿转发，还可以提供大 V 需要的"价值"，吸引大 V 帮忙转发。这里所说的"价值"可以是高质量评论，也可以是冲榜所需的互动数，以及大 V 需要且自己能提供的其他任何东西。

想要通过"价值"吸引大 V 转发，运营人员不仅要了解大 V 有什么需求，而且要知道大 V 什么时候需求更加迫切。一般情况下，大 V 在需求最迫切的时候回应我们的可能性比较大。

（2）付费方式。一般情况下，大 V 是不会帮别人转发的，除非微博内容真地很有吸引力，或账号也有一定的知名度。因此，多数时候，要想让大 V 帮助引流需要支付一定的酬劳。

需要注意的是，现在有的大 V 并不是真正意义上的大 V，因此运营人员要仔细辨别。不仅要看粉丝的数量，也要看粉丝的活跃程度。除了查看官方给出的各项数据指标（尤其是转评赞数），还可以参考第三方应用给出的数据。不仅如此，运营人员还可以亲自进入对方微博进行考察，通过更为详尽的信息来判断大 V 的价值。一般情况下，可从微博内容、粉丝属性、注册时间、微博等级、广告占比等方面入手进行考察，具体方法如下。

① 查看其微博内容，了解其原创微博占总微博数的比例，一般原创微博多的大 V 更值得信任。

② 查看粉丝的属性，一般无头像、无内容发布的粉丝是僵尸粉的可能性比较大，而粉丝活跃度越高、账号转评赞数越多的大 V 越值得选择。

③ 从理论上讲，微博注册的时间越长，粉丝量就越多。如果某个大 V 账号注册才一个月，但粉丝量已经有几十万个，那么很有可能存在刷粉的情况。

④ 看大 V 的微博等级，等级越高代表大 V 的影响力越大。运营人员可选择微博等级更

高的大V。

⑤ 看大V的广告占比。如果一个大V的微博内容里有三成是广告，则不建议选择这种大V合作。

除了上述方法，这里介绍一个更为简单、实用的技巧，就是使用"帮上头条"功能。选择几个同层次想要合作的大V账号，各选一条微博进行"帮上头条"操作，然后查看其报价。在同等量级的账号中，推广费用更高的账号，活跃粉丝更多，商业价值更高。

14. 通过官方付费推广平台引流

新浪微博官方推出的付费推广平台主要有：超级粉丝通、粉丝头条和微任务。超级粉丝通和粉丝头条前文已有详细介绍，此处不再赘述，这里简单介绍一下"微任务"。

微任务是新浪微博推出的商业有偿信息发布平台，其本质是连接商业有偿信息发布供需双方的桥梁。企业或个人可以授权"微任务"应用并通过发布任务的形式，选择指定微博账号进行商业信息的微博原发或转发。

微任务的工作流程如下所述：公司A先编辑发布任务，设定发布内容、发布时间、支付价格，然后从一个微博大号列表中进行选择，这个列表提供了微博大号的分类、价值评级、粉丝数、报价等信息，选定之后提交任务。接到任务的微博大号B会收到一条通知，它可以选择接单或者拒单。如果接单，公司A编辑好的微博会在其预设的时间点自动在微博大号B上发布，该条微博24小时内不被删除，则任务完成。

## 二、粉丝互动与维护

在获取粉丝后，微博博主还需要加强与粉丝之间的互动，并对粉丝进行精心维护，这样才能使微博的活跃度更高、粉丝黏性更好、传播力更强。

1. 粉丝互动

在微博上，粉丝数量多并不代表账号价值高，一个账号如果僵尸粉占比太高，那么即便粉丝数量很多也影响力有限、价值有限。因此，运营一个粉丝群体，不仅要增加粉丝的数量，更要提升粉丝的活跃度和黏性。

提升粉丝活跃度和黏性的方法主要有两种：一是要发布有吸引力的内容，二是要增强与粉丝的互动。尤其是对于企业官方微博而言，互动甚至大于内容。因为企业官方微博在内容生产上肯定是不能与其他账号相比的，因此通过互动和利益吸引粉丝才是正解。

与粉丝进行互动的方法主要包括以下几种。

（1）内容互动。微博是一种非常依赖互动的社交平台，因此内容本身除了要有吸引力，还要有很强的互动性，要让粉丝看到之后有想表达自己的冲动。那么如何才能让微博内容具有互动性呢？基本原则是不要把话说死、说完，要给粉丝留有表达的空间。具体说来，以下类型的内容更容易激发粉丝互动。

① 提问型微博。有人问，就会有人回答。微博末尾应尽可能写引导性的问句，这样才能将粉丝的想法"勾"出来。比如，发布"今天晚上去吃了火锅"，互动多半不会特别多；但如果提问"在什么地方吃火锅好？有没有一起的？"，互动可能就会很多。

发布提问型微博时需要注意，问题本身不能太复杂和深奥，要在粉丝的认知范围之内，否则粉丝是不可能参与互动的。

② 争议型微博。一些具有争议性的微博往往很容易引起粉丝的讨论。因此可以选择大众关注的、容易让人产生认同或争议的内容题材。那么什么样的内容容易引发争议呢？这里有一个技巧，就是运营人员可以从微博热搜、热门话题榜中寻找灵感和素材。

③ 吐槽型微博。吐槽型微博因为有趣，常常也能引发粉丝的互动。比如，妻子吐槽老公、妈妈吐槽孩子、员工吐槽老板等，总是能引起很多人的共鸣，让他们跟着一起吐槽。

④ 漏洞型微博。撰写微博内容时尽量不要写得太直白，可以故意留一些漏洞，或者隐含一些信息，这样就会吸引粉丝对漏洞或未尽之意展开联想和讨论。

（2）评论互动。评论互动包括两层含义：第一，在粉丝参与微博内容的互动后，运营人员应及时进行回复；第二，运营人员用其他账号在评论区发布精彩评论，引导粉丝积极互动。

及时回复会让粉丝感受到运营人员的重视，增加粉丝对账号的好感，提高粉丝的积极性。因此，如果收到粉丝的提问、评论、提醒或转发，运营人员要在第一时间回复。对于提问，回答要体现专业性。对于评论、提醒或转发，如果数量不多，可以一一回复；如果数量较多，可以选择时间早、内容精彩的进行回复，而且不要每次都只回复那么几个人。回复时也不必一本正经，可以活泼调皮一些或幽默风趣一些，就如同和朋友对话一样。此外，有时候一些粉丝会提到运营人员的微博账号但是不会用@提醒，运营人员可以定期搜索自己名字或相关信息，找出相关微博，主动和这些粉丝互动。

如果评论人数较少，运营人员可以用小号或朋友的账号发布一些视角独特、观点犀利或幽默搞笑的"神"评论，以此带动其他人积极参与评论互动。

（3）转发互动。如果粉丝的评论非常精彩，运营人员应该主动转发并@TA，粉丝看到自己的微博被转发会非常高兴。

（4）私信互动。有些粉丝在线提出的问题，运营人员如果不方便公开回复，可以私信沟通。需要注意的是，运营人员不要轻易晒出私信，如果要晒出，也应隐去粉丝头像等信息。

（5）活动互动。活动是一种重要的互动形式。运营人员可以推出一些有吸引力的活动来调动粉丝的积极性，提升微博的活跃度。常见的活动形式包括抽奖、投票、征集、竞猜、互动有礼等。以互动有礼活动为例，运营人员可以从用心评论的粉丝中挑选一位送出精心准备的礼物，或开展评论区盖楼活动，随机选择某些楼层的粉丝送出礼物，以此来鼓励粉丝积极评论留言；也可以周期性地推出一些粉丝评比活动，如最活跃粉丝、转发最多粉丝等。这么做的好处在于：一是可以与粉丝进行互动；二是可以树立典型，培养核心粉丝；三是可以让粉丝之间产生竞争感。

活动可以结合一些奖品，但更重要的是要让粉丝获得参与感。比如，《中国诗词大会》节目中有一个环节叫"飞花令"，在这档节目很火时，有的微博账号也玩起了"飞花令"。其形式很简单，就是出一个飞花令主题，如"雨"，让粉丝们说出带"雨"的诗词，很多账号都因此收获了上千条评论留言。该活动没有给出任何奖品诱惑，但还是有很多人参与。由此可见，活动并不一定要有奖品，活动内容也不一定要很复杂，有趣的活动可能比有利的活动更能吸引粉丝参与。而且粉丝如果是因奖品而参与活动，那么一旦活动停止，关注也有可能停止。反之，如果是因活动内容而参与的，那么即便活动停止，也有可能因活动带来的参与感而对博主产生好感，进而继续关注博主。

需要注意的是，除了与粉丝进行互动，和其他博主之间的互动也必不可少。毕竟微博是一个大的圈子，大家互相关注、点赞、评论、转发，互通有无，礼尚往来，不仅能够增加活跃度,而且有助于提升账号权重。

此外,在与粉丝互动的过程中,还需要注意以下几点。

第一,要注意语言风格须与微博的定位一致。如果微博是幽默型风格,那么互动中的用词就可以风趣搞笑一点;如果微博是严肃型风格,那么用词就应专业规范。

第二,在微博上与粉丝互动时,可能会收到粉丝的恶意评论。面对这些评论要保持风度,不要删除他们的评论,更不能与他们争吵,置之不理即可。

2. 粉丝维护

在对粉丝进行维护时可以采取以下策略。

(1)对粉丝进行分组。微博具有粉丝分组功能,运营人员可以将粉丝按照一定的标准进行分组,然后在运营过程中区别对待。比如,可将粉丝分为普通粉丝和忠实粉丝、参与过活动的粉丝和未参与过活动的粉丝,然后发起微博活动时,可首先私信忠实粉丝和参与过活动的粉丝。

(2)重点维护忠实粉丝。微博粉丝可分为两种:普通粉丝和忠实粉丝。与普通粉丝相比,忠实粉丝会经常阅读微博内容,积极参与互动,对账号的忠诚度很高,在其他粉丝中间也有一定的影响力。因此,运营人员应对忠实粉丝进行重点培养和维护。那么如何培养和维护忠实粉丝呢?首先,运营人员应通过对微博阅读量及互动量的统计,找出忠实粉丝。其次,运营人员应加强与忠实粉丝的互动和沟通,如认真回复他们的评论、建立微群将他们拉入群中、转发或评论他们的微博、私信他们、送他们礼物等。

(3)定期发放粉丝福利。在条件允许的前提下,运营人员可定期给粉丝发放一些福利,如时不时开展一次抽奖活动,偶尔发放一些红包等。当然,福利不一定是金钱,也可以是物品,如企业自己的产品,或一些有意思的礼品等。

(4)建立粉丝群。如果账号的粉丝之间互动较多,关注点较为接近,那么可以建立微群帮助他们加强联系。这样不仅可以进一步提高账号的黏性,还可以利用微群开展相应的营销活动。

以上是微博粉丝运营的全部内容。总体来说,在账户运营初期,运营人员应通过各种方法吸粉引流,增加粉丝的数量;而在账号积累了一定量粉丝之后,运营重心就可逐步转移到粉丝的促活和留存上。在吸粉引流方面,不仅要关注粉丝的数量,而且要重视粉丝的质量,要尽可能多地引入精准粉丝。在粉丝促活和留存方面,相较赠送奖品或福利,积极与粉丝进行互动交流,建立起类似朋友的情感连接更为重要,因为情感连接远比利益连接更持久稳固。

## 案例讨论

**蓝V总教头的微博营销之路**

如果关注企业微博,那海尔蓝V总教头的名号你一定听过。作为老牌家电品牌,海尔是如何做微博营销的呢?

一、不仅蹭热点,还抢热评

我们先来回顾一下海尔网红之路上的几大经典"战役"吧。

### 1．豆浆机事件

2016年10月，某网友发布了一条微博，在微博中苦恼如何选择豆浆机，并@几大豆浆机品牌官方微博，如图8-14所示。没想到该条微博随后引发了各大豆浆机品牌的"争风吃醋"，甚至波及到了各行各业的企业官方微博，成了一场企业官方微博营销大事件。而蓝V总教头@海尔的身影也出现在了该条微博的评论中，并且位列热门评论榜首位，成了带头搞事情的官方微博之一。

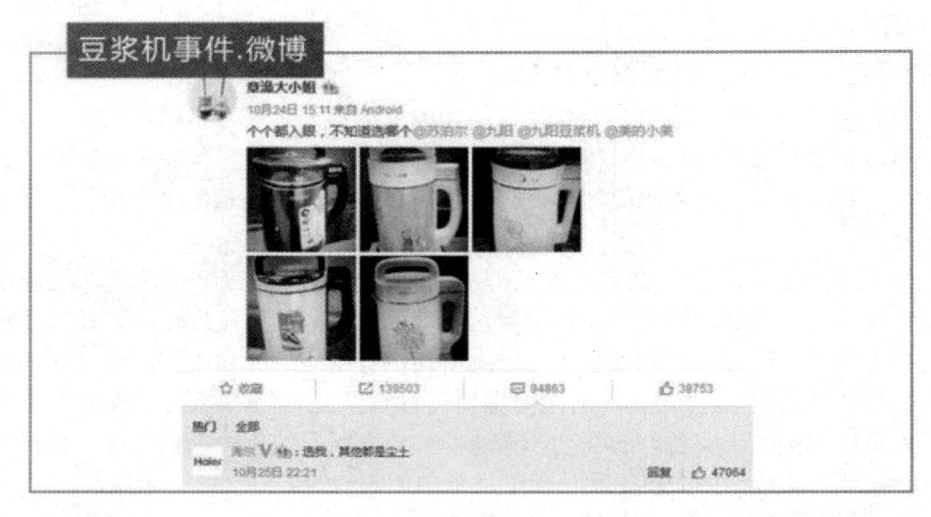

图8-14 豆浆机事件微博

据统计，截至2016年11月3日上午9时，此条微博覆盖人数已经达到2.5亿+人次，转发层级达46层。能在如此现象级的微博中拔得热门评论的头筹，可见海尔的网红潜质已经开始逐渐显露。

### 2．买不起房事件

2016年10月末，首富王健林的一则视频被网友挖出来，其在讲述回购沈阳太原街万达广场商铺的故事时说："海尔砸冰箱才几个钱，我们赔十亿多。"不怕事大的微博网友将该视频截图并@海尔，称："听说有人想搞事情，你怎么看？"

10月31日晚间，@海尔做出回应称："我还真没有好好算过在车间工人三年工资还买不来一台冰箱的1985年，张瑞敏砸的76台冰箱对当初几乎发不出工资的海尔意味着什么。但我知道现在身为官博君的我为什么买不起房了。"如图8-15所示。

此语一出，立即被网友封为金句，"但我还是买不起房"话题随即刷爆微博，各大企业的官方微博纷纷开始模仿该句式进行造句，又一场娱乐式微博营销拉开序幕。

@晨光粉丝团：我一个卖笔的全国那么多店，我也买不起房！

@卫龙食品：辣条一年卖地球100圈，可我还是买不起房。

@ZUK官方微博：想我大联想是世界500强，但我仍然买不起房。

@北京新东方烹饪学校：学生遍天下的我表示连车位都买不起。

@绝味鸭脖：我一个卖鸭脖的全国7000家门店，依然买不起。

@天气预报：我上管天、下管地、中间管空气，可我还是买不起房。

…………

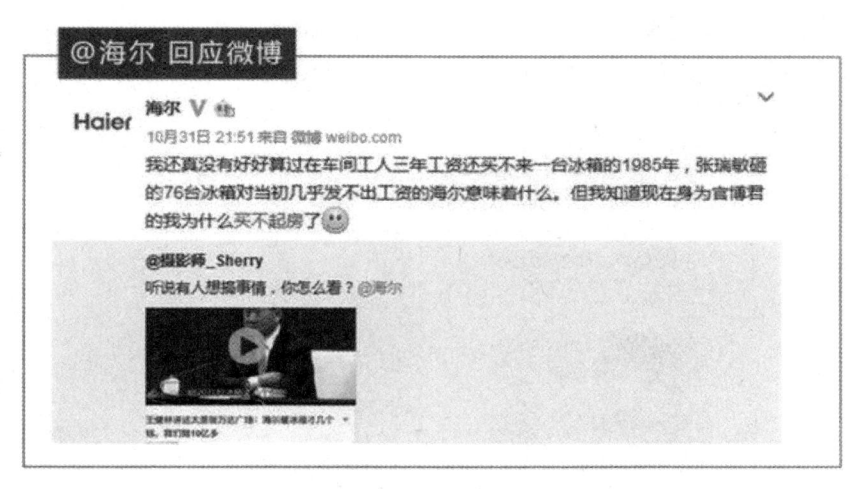

图 8-15　海尔"买不起房"事件微博

据统计，截至 11 月 3 日 9 时，@海尔回应"砸冰箱才几个钱"的微博转发层级已经达到 10 层，转评赞突破 9 万次，覆盖人数达 1.9 亿多人。

同时，借着如此火爆的事态，@海尔不但联合官方微博集体发声"买不起房"，玩得不亦乐乎，还顺便给自家产品做了几个大大的广告，如图 8-16 所示。此时，海尔的身份已经不是参与者，而是主动策划者了。

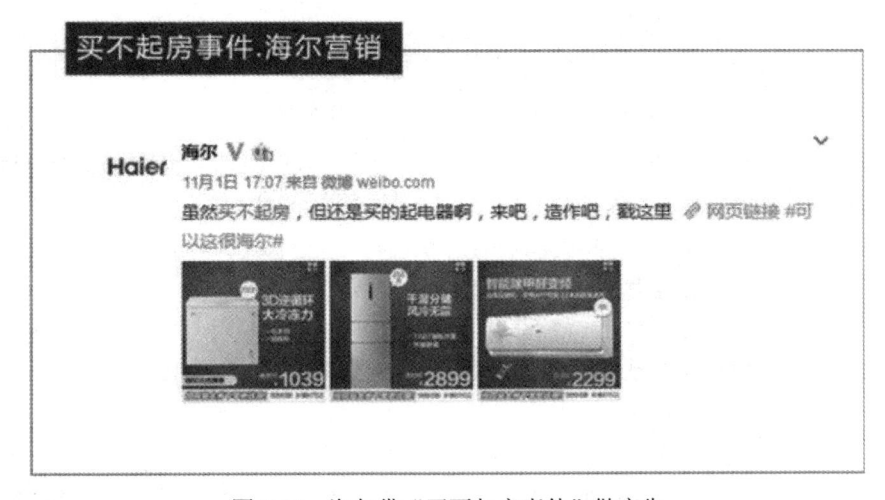

图 8-16　海尔借"买不起房事件"做广告

买不起房事件后，@海尔积极增加与网友的互动，推出了表白墙等活动（见图 8-17），并且时不时彰显一下总教头的身份，真是在网红的道路上走出了套路。

3. 罗晋唐嫣事件

2016 年 12 月 6 日，正在热播的《锦绣未央》的男女主演罗晋唐嫣公布恋情。该事件在当日的网络热度值达到 68.41，全网信息量达 116 万余条。但万万没想到，热度噌噌上涨的不仅有两位主角，还有蓝 V 总教头@海尔。@海尔在当天转发了罗晋的微博，并问道："啥时候成亲？需要冰箱空调洗衣机么？"如图 8-18 所示。

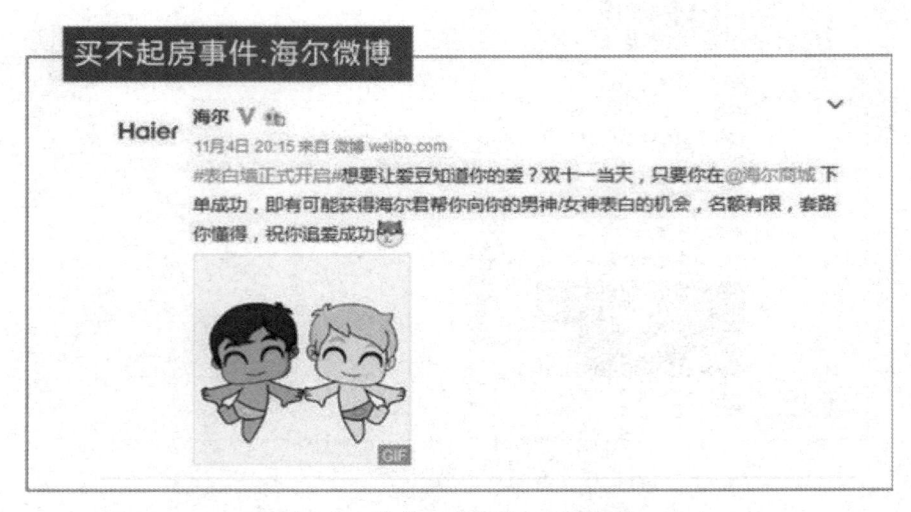

图 8-17 海尔"表白墙"活动微博

图 8-18 海尔"罗晋唐嫣"事件微博

该条微博一出,各大官方微博再次炸锅,纷纷跑到总教头的微博下面排队打起广告来,真可谓蹭热点,追评论,统一队形,扎堆跟进。

@三亚蒙娜丽莎婚纱摄影:啥时候拍婚纱照?

@华夏航空:啥时候度蜜月?记得提前订机票哦~

@意尔康:啥时候结婚?需要婚鞋么?

@晨光粉丝团:啥时候生娃,要给孩子准备文具吗?

............

截至 12 月 9 日上午 10 时,@海尔的该条微博转发层级达 11 层,覆盖 2 亿+人次。@晨光粉丝团、@杰士邦官方微博、@滴滴出行等企业官方微博成为该事件的引爆点。"可爱兔子""哭笑不得""二哈"成为网友在传播该条微博时使用最多的前三个表情,看来网友们在祝福罗晋唐嫣的同时,也被海尔的套路弄得哭笑不得、目瞪口呆了。

二、品牌人格化,为粉丝创造价值

微博刚起步时,企业账号在微博的形象以严谨为主,给网友的印象也多是冷冰冰的。而海尔则通过在微博上与粉丝互动,为粉丝创造价值,将自己的品牌形象从一个严肃的企业家转变成了有趣的朋友。

海尔独家研发的"替粉丝表白爱豆""替粉丝解决生活烦恼""日常画风"等模式吸引了不少人的围观和好评,如图 8-19、图 8-20、图 8-21 所示。

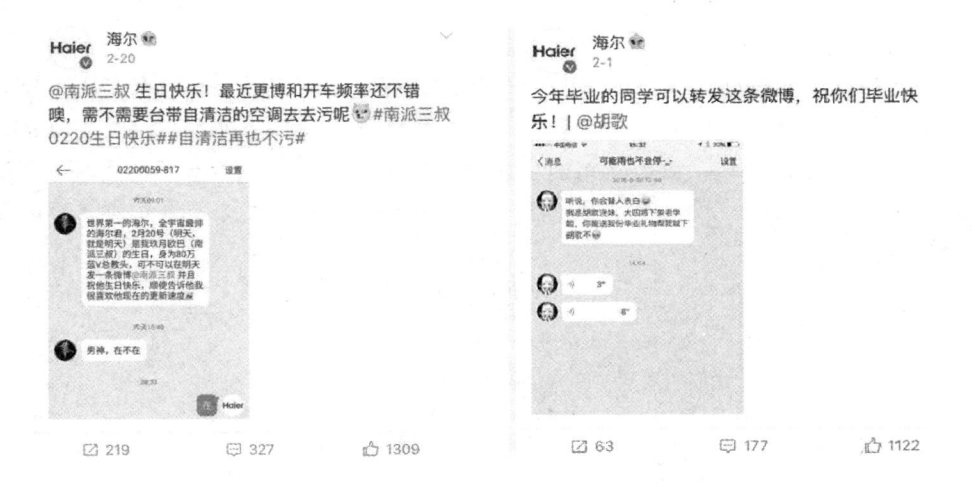

图 8-19　海尔官方微博替粉丝表白爱豆

图 8-20　海尔官方微博替粉丝解决生活烦恼

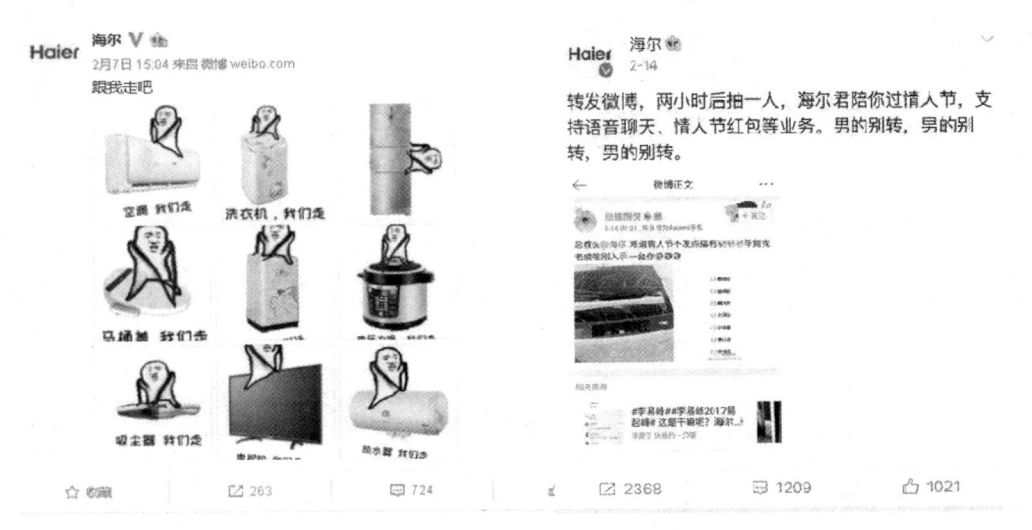

图 8-21　海尔官方微博日常画风

### 三、异业合作 抱团营销

对任何一个品牌官方微博而言，能覆盖的受众都是有限的，就算粉丝数量庞大，且广告信息全方位覆盖，也很难保证粉丝的转化率。因此，要想通过蓝 V 来获取较高的关注度，制造现象级传播事件，异业合作、抱团营销是取胜的关键。海尔曾多次和旺旺（见图 8-22）、高德地图、金六福、周大福、晨光等品牌合作，海尔官方微博中几次出名的大事件都是蓝 V 抱团营销的结果。

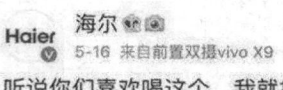

图 8-22 海尔与旺旺的异业合作

除了与其他品牌合作，海尔自己还有一个新媒体矩阵。据了解，海尔集团旗下拥有 179 个微博账号和 286 个微信公众号，开设了海尔兄弟、裤衩社区等小号作为大号的"小尾巴"，在增加广告曝光率的同时还能再接点其他品牌的广告。

资料来源：新浪网.

**讨论**：海尔微博营销有哪些值得企业官方微博借鉴的地方？

#### 思考与练习

1. 微博普通话题与超级话题有何区别？
2. 微博营销有哪些方式？
3. 微博粉丝头条和超级粉丝通有何区别？
4. 微博账号定位包括哪些内容？需要注意什么？
5. 如何养成微博实时号？如何提升微博账号的权重？
6. 微博吸粉引流的方法有哪些？
7. 如何提升微博内容的互动率？
8. 如何对微博粉丝进行管理和维护？

#### 技能实训

假设你经营着一家名为"喵喵汪汪"的宠物用品天猫店，现打算开通微博账号，并通过微博推广自己的产品。请根据以上背景完成下列实训任务。

1．确定微博账号的定位，注册账号并对账号昵称、头像、简介、标签等进行设置，完善账号信息。

2．为微博账号制定吸粉引流方案。

3．为账号设计话题栏目，确定微博更新时间和频率。

4．发布一篇宠物类短微博。短微博的具体要求：①配图或视频；②带上一个新建宠物类话题；③@知名宠物博主。

5．策划一场微博抽奖活动为账号吸粉引流，奖品为各种宠物粮食。

# 第九章　微信营销与运营

**学习目标**

◇ 掌握微信朋友圈内容运营、用户互动及活动运营的方法和技巧。

◇ 了解微信订阅号和服务号的区别和选择策略，能通过微信公众平台搭建一个简单的公众号，并完成公众号的各项设置；掌握公众号推文写作、排版的方法和技巧；掌握公众号粉丝获取与互动的方法和技巧。

◇ 了解企业微信的功能和作用，能根据企业情况完成企业微信基础设置，并知道用什么方法为企业微信拉新引流。

**引导案例**

泡泡玛特的微信平台私域运营

泡泡玛特是一家近些年十分火热的潮玩品牌，以 20~30 岁的年轻女性用户为主要消费群体。这类用户群体倡导悦己型消费，购买盲盒主要是为了追求盲抽刺激感、为颜值买单或满足社交收藏需求等。

数据显示，泡泡玛特 2023 年上半年实现营业收入 28.14 亿元，比上年同期增长 19.3%；新增注册会员 438.4 万人，累计会员总数破 3000 万人，达到 3038.8 万人；其中 2023 年上半年会员贡献销售额占比 92.2%。由此可见，泡泡玛特收入的高速增长主要得益于会员数量加速扩张。接下来，我们就来看看泡泡玛特是如何吸收并管理这些会员的。

一、利用微信生态圈搭建私域平台

目前，泡泡玛特的私域平台主要是利用微信生态圈中的各个板块搭建起来的，如微信公众号、微信小程序、微信视频号、微信社群和微信朋友圈。

（1）微信公众号。

泡泡玛特旗下有"泡泡玛特 POPMART""泡泡玛特会员 Club""泡泡范儿""PTS 国际潮流玩具展""MEGA COLLECTION" 5 个公众号，其中主号"泡泡玛特 POPMART"的粉丝量超过 1800 万人。"泡泡玛特 POPMART"作为官方公众号，承接所有的功能和主要内容的传播。除了官方公众号"泡泡玛特 POPMART"，"泡泡玛特会员 Club"是泡泡玛特针对高净值用户另外开设的会员号，以便对不同的用户进行精细化运营。比如，相比官方号菜单栏丰富的介绍内容，会员号会重点突出用户最关心的"抽盒"和"会员权益"，既节省用户获取内容的精力，也能够提高触达率和转化效率。除了上述两个主要的公众号，泡泡玛特还创建了"泡泡范儿""PTS 国际潮流玩具展""MEGA COLLECTION"这三个非官方性质的公众号。"泡泡范儿"主要为用户分享关于泡泡玛特的故事；"PTS 国际潮流玩具展"主要发布 PTS 国际潮流玩具展的相关资讯；"MEGA COLLECTION"则主要分享潮流收藏玩具，并提供产品 ID 认证服务。

（2）微信小程序。

泡泡玛特目前主要有两个小程序：提供微信商城和在线抽盒服务的泡泡玛特官方小程序，以及专注抽盒功能的泡泡抽盒机。

（3）微信视频号。

泡泡玛特视频号上的视频内容主要以品牌宣传、IP宣传片及产品展示为主。除此之外，视频号也会不定期开启直播，既能直播带货也能增加品牌曝光度。

（4）微信社群。

潮玩的爱好者们通常有聚在一起交流讨论的需求，而社群就是最好的载体。据泡泡玛特的不完全统计，其在微信上有3万个社群。其中90%是玩家自发建立的，这些社群主要是交流群，玩家会在社群中互相助力、分享限量潮玩资讯、进行二手商品买卖、换娃等活动。剩下10%的社群，有一部分是门店店员为维系客户所建，还有一部分是官方社群运营专员所建。这些社群一部分是互动群，运营人员很少在群里发言，他们更多地是通过运营工具在社群中发起一系列活动，如签到活动、点赞助力、拼图助力和抽盒围观等，引导用户自发参与，在为小程序导流的同时，还能够让社群保持高活跃度；另外一部分是福利群，运营人员会在群里发布新品上架资讯，不定期开展抽盲盒、优惠福利、秒杀活动，公布每日抽奖结果、大娃购买资格等信息。

（5）微信朋友圈。

泡泡玛特的微信朋友圈每天会发一条内容，主要包括玩家秀摄影（活动）、壁纸、新品上新、优惠活动、手办推荐等。除此之外，还会发布一些生活化场景的内容，用于拓展朋友圈内容的维度。

## 二、360度覆盖的私域引流策略

泡泡玛特主要通过在微信生态圈中的各个板块之间引流和线下引流等方式将用户沉淀在私域体系内。

（1）在微信生态圈中的各个板块之间引流。

泡泡玛特在微信生态圈中的各个板块之间会相互引流。比如，官方服务号主页上就有视频号、微信官方旗舰店的引流入口，视频号主页上也有官方服务号、微信官方旗舰店及泡泡抽盒机的入口，而且每个员工的企业微信主页都挂了视频号和小程序的链接。

（2）线下引流。

除了线上获客，泡泡玛特还在线下门店及机器人商店为私域导流。

① 门店引流。

用户在全国180多家线下门店消费时，店员会引导用户注册会员或出示小程序会员码，通常引导用户注册会员的"钩子"为"0元注册，积分可抵现或兑换其他福利"。在泡泡玛特门店的收银台前，都会有入群的二维码台卡引导，店员也会通过福利引导用户加微信入群。此外，店内摆放着的指示牌上几乎都有小程序码的影子。如果用户想买某个新品，但店内缺货时，指示牌就会提示用户到小程序商城挑选，或者去查看有货的门店。

② 机器人商店引流。

泡泡玛特在线下共拥有1000多个机器人商店，用户光临机器人商店购买东西时，需要扫码唤醒小程序，完成入会与支付结算，然后才能得到盲盒。光临机器人商店购买盲盒的用户便全部成了会员，被沉淀在微信小程序内。

### 三、私域变现

泡泡玛特的私域成交主要在两个地方：官方商城（天猫、京东、微信商城）和泡泡抽盒机（天猫、微信小程序）。其他私域体系主要起到增强用户黏性，激发用户买盒、抽盒欲望，进而在泡泡抽盒机和官方商城消费成交的作用。

微信泡泡抽盒机小程序入口被放置在企业微信账号个人资料、泡泡玛特官方商城小程序、服务号菜单栏及私域社群等各个位置，实现了微信站内所有板块都为泡泡抽盒机导流的效果；不仅如此，抖音、天猫上也都有泡泡抽盒机的入口。正是通过全方位的渠道覆盖，泡泡玛特才收获了让人惊叹的私域变现成绩。

资料来源：作者根据网上资料整理而成.

思考：为什么泡泡玛特选择微信作为私域运营的主阵地？微信有哪些营销优势？企业如何利用微信开展营销？

近年来，微信已经渗透到人们生活和工作的方方面面，并逐步从一个单纯的沟通交流工具升级为一个"生态圈"。在这个生态圈中，个人可以利用朋友圈来推广产品，获得收益；企业可以利用公众号来传播理念、推广品牌，利用服务号来服务用户，也可以利用企业微信来更好地运营和管理客户。那么企业或个人该如何进行微信营销与运营呢？本章将围绕这一主要问题展开介绍。

## 第一节 微信个人账号营销与运营

微信个人号不仅是人们日常交流的主要工具，也是企业微信营销的重要渠道，尤其是对于高客单价、高复购率或需要销售人员一对一与客户进行沟通的企业而言，通过微信个人号的群发功能和朋友圈可以很好地影响用户，从而帮助企业提高新用户的销售转化率及老用户的复购率。

### 一、微信个人账号建设

开通微信个人号后，首先要对账号的基础信息进行设置，包括昵称、头像、个性签名等。昵称、头像和个性签名要能体现自己的专业或职业特征，一般情况下建议参考以下做法。

① 昵称：用"真实姓名+职业/专业"，如"张三-健身教练"；
② 头像：用真实照片或类真实照片；
③ 个性签名：用简单的一句话介绍自己，这句话不仅要体现个人特质，还要突出自己对别人的价值。

微信个人号基础信息的设置思路与微博个人号类似，因此本节不再赘述。后面重点介绍微信个人号的好友运营及朋友圈运营。

### 二、微信个人号好友运营

1. 添加微信好友

完成微信个人号的基础设置后，运营人员接下来要做的就是想办法添加大量好友。好友的数量直接决定了营销信息的覆盖范围，好友的质量直接影响着营销信息的转化效果。

（1）添加微信好友的方式。

微信作为一款主流社交通信工具，为用户提供了多种添加好友的方式，包括通过搜索微信号加好友、通过搜索手机号加好友、添加手机联系人、扫二维码加好友，通过雷达加好友、通过群聊加好友、通过名片加好友等。

这里只简单介绍一下"扫二维码加好友"和"通过雷达加好友"的相关注意事项。

① 扫二维码加好友。在没有保存手机号码的情况下，人们最常用的是扫描二维码添加微信好友。如果两人正面对面，一般来说，从微信中调出二维码让对方扫描即可；但有时候拿出手机调取二维码并不方便，因此为了方便对方扫码，可以在名片上附上自己的微信二维码，或者将微信二维码做成手机屏保，这样即使不打开手机也能扫码加好友。当然，在不是面对面的情况下，也可以将微信号及二维码展示出来供需要的人扫描。比如，打印出来贴在店铺的墙上，放在官网/App上，以及其他任何有条件的地方。

② 通过雷达加好友。当运营人员在某个场合同时认识很多人时，如果逐个去扫描二维码或者搜账号添加好友，就需要耗费很多的时间。因此，运营人员要学会使用更加便捷的方式来提高添加好友的效率。使用"雷达"功能就能够同时添加多人，这对在多人聚会等活动时加好友很有帮助。另外，在通过雷达加好友时，需要大家同时开启"雷达"功能，只有如此才能依次添加搜索到的人。

（2）增加好友数量的方法。

① 手机通讯录导入好友。微信好友最直接的一个来源就是手机通讯录中的联系人。一般来说，手机联系人都是运营人员已经接触和交流过的原始人脉，运营人员对他们来说算是认识的人，因此通过"好友验证"的可能性更高。

需要强调的是，为了让用户在需要的时候能够顺利加我们为好友，可以将"添加我的方式"尽可能设置得多一些，让用户可以通过微信号、手机号、QQ号、群聊、二维码、名片等各种方式添加"我"为好友；此外，还可以取消"加我为好友时需要验证"设置，让用户能够直接加"我"为好友（操作方法："我"→"设置"→"朋友权限"）。

② 通过线下活动加好友。很多城市都有各种线下活动。如果有机会，可以多参加一些同学聚会、老乡聚会、同行聚会、行业论坛、文化沙龙等目标用户集中的线下活动，加入相关活动群，多与其他人沟通交流，争取通过活动认识更多的人，并添加对方为好友。活动信息可以在百度上搜索，也可以到一些专门的活动网站获取，像新浪微博就有专门的活动版块。

③ 通过"发现"加好友。在微信的"发现"界面中有"摇一摇""附近的人"等随机添加陌生人为好友的功能。"摇一摇"可以显示同一时刻也在使用此功能的人；"附近的人"可以显示附近正在使用微信的人。进入"附近的人"页面后，系统除了显示附近用户的昵称、头像、个性签名等基本信息，还会显示间隔的距离，点击页面右上角的"…"还可以对搜索到的附近的人进行筛选。

④ 通过社群加好友。微信上存在很多社群，每个社群都聚集了一批有着共同特征、兴趣或需求的人。如果能找到一些与自己产品定位相符的社群，那么就相当于找到了大量精准用户。因此，运营人员可以加入相关社群，并添加群成员为好友。

加入微信社群的方式主要有两种：扫描群二维码名片、群成员邀请。运营人员可以通过以下方式找到相关社群并加入进去：

A．通过百度搜索"××微信群""××交流群"等，寻找相关群名片，然后扫描群名片加群；

B．让认识的朋友邀请自己加入相关社群；

C．QQ 对社群的管理较微信宽松，运营人员可以在 QQ 上搜索相关社群并加入进去，然后在其中寻找对应的微信群入口。

需要注意的是，加入社群之后，不要立即添加群成员为微信好友，而是应该先踊跃发言，积极互动，待群成员认识、了解、信任自己之后再添加群成员为好友。此时添加好友通过率更高，好友质量也更高，甚至能吸引群成员主动添加。在吸引群成员主动添加方面，还有一个技巧：准备某个有价值的东西，如电子书、策划文案、某个大师演讲的 PPT 等，然后告诉大家，如果需要的话可以加好友私聊。

添加微信好友的方法非常多，前面介绍过的微博引流方法有很多也适用于微信，甚至可以说，推广产品的方法都可以用来推广微信号。但为了保证好友的验证通过率、留存率和转化率，还是建议寻找精准用户，并在用户了解甚至信任自己后再添加好友。

在添加好友的过程中，还有一个非常重要的环节：申请语的撰写。申请语的质量直接决定了好友验证的通过率。一般来说，申请语应先表明自己的身份，然后简述自己的目的，如果双方有共同的朋友、相同的背景、共同的爱好等交集，也可以进行说明，以此拉近彼此的距离，增强对方的信任感。

2．管理微信好友

添加微信好友后，运营人员还应该及时对好友进行管理，做好好友资源的整理与分类，从而提高交流沟通的效率，减少运营成本。

（1）信息备注。

添加好友后要及时设置备注名，尤其是微信昵称容易混淆的用户。这样既有助于快速识别好友，也便于对好友进行分组管理。

在设置备注名时，除了输入好友的姓名，最好加上好友的地域、单位、需求等信息，并将这些信息作为备注的前缀或后缀，以实现简单的好友分组，如"福建××公司 A""广东××公司 B""A—瘦身""B—减脂"。除了输入备注名，还可以输入好友的电话号码、文字描述及照片或名片等相关图片信息。

信息备注的操作方法：进入好友信息主页，点击右上角的"…"，进入"资料设置"页面，点击"设置备注和标签"选项。

（2）好友分组。

运营人员可以根据好友的特征或需求为其设置标签，将不同的好友放在不同的标签下，从而实现对好友的分组。这样不仅能够快速筛选出需要的用户，而且有助于在发朋友圈内容时定向精准发布。

对好友进行分组，可以按照好友的属性划分，也可以按照好友的重要程度划分，具体标准可以根据实际需要确定。

好友分组的操作方法：若没有对应标签，则需要在"通讯录标签"页面新建标签，并导入相关好友；若已有对应标签，则可以直接在"设置备注和标签"页面添加相关标签，或在

"通讯录标签"页面点击对应标签后导入相关好友。

(3) 其他设置。

① 设置聊天背景：可以将好友的照片设置为当前聊天背景，这样在聊天时就能唤起并强化相关记忆。（操作方法：进入与好友的聊天界面，然后点击右上角的"…"，进入"聊天信息"页面，选择"设置当前聊天背景"选项进行设置。）

② 置顶聊天/设置消息提醒：对于重要好友，还可以开启"置顶聊天"和"提醒"功能，让其发送的信息能够第一时间被看到。（操作方法：进入与好友的聊天界面，然后点击右上角的"…"，进入"聊天信息"页面，启用"置顶聊天"和"提醒"选项。）

③ 设置星标朋友：对于一些需要高频率联系的好友，还可以将其设为"星标朋友"，这样他们就会出现在通讯录的顶端。（操作方法：进入好友信息主页，点击右上角的"…"，进入"资料设置"页面，启用"设为星标朋友"选项。）

3. 维护微信好友

添加微信好友之后，还要对其进行细心的维护，从而进一步取得好友的信任。对好友进行维护主要是指加强与好友之间的联系，适当与好友进行互动，如节日发送问候信息或红包，产品上新或促销时发送提醒消息等。具体来说，对好友进行维护时，需要注意以下几点。

(1) 不要发硬广告。发纯粹的硬广告可能导致被好友删除或屏蔽，因此，尽量不要发硬广告。如果确实有适合好友的产品需要推广，也要注意措辞，尽量为好友考虑，淡化广告痕迹。

(2) 不要群发。群发消息会让好友觉得缺少诚意，因此，应尽可能少用或不用群发功能。需要时可以对文案进行局部修改，然后带着对方的称谓单独发送。

(3) 红包先行。在表达谢意、节日问候、生日祝福、咨询问题的时候，不妨随手发一个金额为几元钱的小红包，这样可以给别人留下良好的印象。

### 三、朋友圈运营

1. 朋友圈内容运营

有了一定数量的好友后，就可以通过在朋友圈发布内容来树立个人形象并进行适度的营销了。朋友圈具有私密化的特点，运营人员发布内容时要注意策略，不能天天刷屏或发广告，这样不仅无法带来良好的营销效果，而且很容易导致好友流失。朋友圈营销的真正精髓是：通过分享内容塑造鲜活、专业、可靠的个人形象，取得用户的信任，然后水到渠成地销售产品。

首先，通过朋友圈塑造的个人形象应该是鲜活的。朋友圈是微信用户跟朋友分享生活动态的平台，人们希望通过朋友圈看到的是一个有血有肉的"人"，因此，通过朋友圈分享的内容应该是有温度、有情调、有趣味的，这样才能让用户产生朋友的感觉。一般建议在个人生活经历中融入产品故事、使用感受等，以此来激起目标用户的兴趣。

其次，通过朋友圈塑造的个人形象应该是专业的。对个人专业性的信任会延伸到对产品的信任上，因此，与营销技巧相比，专业形象才是促成商业转化的关键利器。

第三，通过朋友圈塑造的个人形象应该是可靠的。能让用户产生信任的人不仅要专业，而且要可靠，要让用户放心。从某种意义上讲，微信营销中卖的不只是产品，更是个人信誉。

综上所述，朋友圈内容运营的重点不是推广产品，而是分享专业信息、展现个人品质和能力，最终打造出值得信赖的个人品牌。而要打造个人品牌，需要事先做好内容规划，不能想到什么发什么，要有一条内容主线，否则很容易过度消费用户的注意力，影响营销转化效果。

具体来说，发布朋友圈内容时，需要注意以下几点。

（1）内容多元化。

利用微信朋友圈进行营销时，内容不能太单调，更不能只发营销信息，而是要将生活、工作、娱乐、广告等各方面的内容合理搭配在一起，让人能够全面了解自己及所推广的产品或品牌。在对内容进行布局时可以参考以下做法。

① 1/4 内容与行业、专业、社会有关，如专业知识、行业动态、深度文章等。这部分内容主要用来体现自己的专业素养和思想深度。

② 1/4 内容与个人生活及工作有关，如生活趣事、敬业时刻、高光时刻、个人感悟等。这部分内容主要用来体现自己的生活态度及品位、个人品质及能力等。

③ 1/4 内容与产品或品牌有关，如品牌宣传、产品展示及使用感受、产品故事、成交案例、效果展示、客户好评展示、活动及福利、团队形象等。这部分内容主要用来推广产品、品牌及活动。

④ 1/4 内容与娱乐有关，如"自黑"照、搞笑视频、幽默段子等。这部分内容主要用来取悦好友、活跃朋友圈的氛围。

（2）营销信息隐蔽化。

除了控制营销内容占比，要想达到理想的营销效果，还要对营销内容进行包装，让营销内容更隐蔽。一般情况下，建议在生活分享中巧妙植入营销信息，让好友在真实的生活场景中感受和了解营销信息，达到软推广的目的。

（3）内容发布精准化。

在朋友圈发布广告时，可以选择公开或分组。分组是指选择指定的用户进行定向内容发布。分组发布不仅能避免长期"刷屏"，而且可以通过精准定位提高销售转化率。具体来说，分组发布主要表现在两个方面：一是根据用户的类型进行分组发布，如某条广告比较幽默诙谐，包含很多网络段子和词汇，就可以推送给年轻人分组；二是根据与用户的关系进行分组发布，如前面所述，对结识不久的用户，最好不要发布营销信息，待有了一定了解之后可以向其推荐一些单价不高的产品，有了信任基础或交易记录之后，才能进一步推荐单价更高的产品。

对于重要用户，为了保证信息的触达率，运营人员还可以使用"@提醒谁看"功能，提醒重要用户查阅朋友圈内容。当然提醒功能要慎用，一般只有在发布重要信息时才建议使用。

此外，为了保证推广效果，还可以观察目标用户在朋友圈的活跃时间，选择在其浏览朋友圈的高峰期进行推广。

（4）产品价格梯度化。

如果通过朋友圈直接销售产品，产品的单价不宜太高，一开始最好不要超过 200 元。一般来说，运营人员的好友数量都很多，但其中有很多人可能并不认识或不了解运营人员，在不了解的情况下，用户一般不会尝试单价太高的产品（统计数据显示，200 元是普通人能承受的"试错"成本上限)。因此,在朋友圈推广产品时,针对新添加的好友,最好选择价格偏低的产品;在用户尝试过低价产品后,再逐步向其推荐高性价比或高价的产品。

(5)形象正面化。

通过朋友圈内容发布,运营人员要努力塑造积极向上的形象,这样才能给朋友带来正能量,从而获得朋友的认可。没有人想成为别人的"情绪垃圾桶",因此,尽量不要在朋友圈中宣泄负面情绪,这样会影响朋友对自己的印象。如果实在不吐不快,可以将内容设为"私密"(仅自己可见)或"部分可见"(关系特别亲密的好友可见)。除此之外,运营人员也不宜在朋友圈中过度自夸、炫耀卖弄,更不能发布谣言或低俗、敏感的内容。

(6)其他注意事项。

除了上述几点,还有一些细节需要注意,包括发布频率不能太高(每天 4~6 条为宜,且不要集中在一个时间段);发送时间最好在目标用户上网高峰期,采用图或短视频配文形式;图片数量要保证排列规整,内容要简短(超过 7 行,信息就会被折叠,只显示第 1 行);发布具有互动性的内容,转发内容时要加上评论或摘录文章中的观点等。

2. 朋友圈用户互动

互动的次数在很大程度上决定关系的强弱,因此,积极与用户进行互动也是朋友圈运营的重要任务。那么如何在朋友圈与用户互动呢?可以参考以下做法。

(1)日常问题求助。

如果在日常生活中遇到一些问题,可以到朋友圈求助,请好友帮忙给出答案或建议,一般情况下都会有很多人留言。比如,到朋友圈询问:"想请外地朋友吃本地菜,哪儿比较合适?"

(2)适当发布互动游戏。

运营人员还可以在朋友圈转发或发起某种有趣、有意义的互动游戏来加强与好友的互动。冰桶挑战、微笑挑战、A4 腰挑战、锁骨挑战等都是曾经刷爆朋友圈的经典案例。此外,还可以发一些 H5 形式的互动小游戏来增强互动性,如各种测试、变脸类小游戏等。

(3)必要时自己评论。

发了一条动态以后,如果没人回复,运营人员也可以假装有人回复,然后自己留几条评论。比如:"感谢大家这么热情地支持,泪流满面啊!"这样别人以为真地有很多回复,看见会觉得很热闹。在评论时还可以选择统一回复方式,这样可以自动提醒很多人看。

(4)点赞评论用户的内容。

任何人只要在朋友圈发布了内容,都会期待得到别人的点赞和评论,很少有人会在更新朋友圈内容之后就把手机扔在一边不理会。因此,本着有来有往的原则,运营人员可以及时评论、点赞甚至转发用户的朋友圈内容。当然,在对用户的朋友圈内容进行点赞和评论时,也要注意双方的关系,不能太冷淡,但也不能太热情,不要对每个人的每条状态都点赞和评论,这样会给人廉价的感觉。

此外,运营人员应该尽量少在朋友圈里求点赞、转发或投票,更不宜为此私信好友,这样会消耗掉好友对我们的信任和好感。

3. 朋友圈活动运营

策划朋友圈活动的目的主要有两个:一是让微信好友参与互动,提高用户的活跃度;

二是让好友将营销信息传播到自己的朋友圈,扩大品牌或产品的影响力。针对这两个目的,朋友圈活动也分为两大类:一类是利用自身朋友圈开展的活动,如有奖竞猜、有奖征集等;另一类是利用好友朋友圈开展的活动,如晒单有礼、有奖打卡等。

以上是微信朋友圈运营的主要内容。由于朋友圈运营与微博运营有诸多相通之处,因此很多内容并未展开介绍,感兴趣的读者可以参考微博运营的方法对朋友圈运营的内容进行扩展。

## 第二节 微信大众账号营销与运营

### 一、微信大众账号定义及类型选择

微信公众平台提供的账号类型包括服务号、公众号(原订阅号)、小程序和企业微信四种。其中服务号和公众号的信息沟通方式基本相同,都属于面向大众的开放型账号,因此,本书将这两种账号统称为"大众账号"。

服务号和公众号在账号建设、内容运营、粉丝运营等方面大同小异,后面会合并介绍。但这两种类型的大众账号在申请主体、用途和功能权限等方面存在较大区别,运营人员应根据企业实际情况选择合适的类型,这样才能达到预期的运营推广效果。

1. 服务号和公众号的区别

服务号和公众号的区别主要体现在以下三个方面。

(1)申请主体不同。服务号的申请主体必须是企业或组织,而公众号的申请主体还可以是个人。也就是说,如果账号的申请者是个人,那么只能选择公众号。

(2)用途不同。服务号侧重于服务交互,其主要功能是为用户提供服务,维护客户关系,本质上已经接近 SCRM(Social Customer Relationship Management,社会化客户关系管理)系统。因此,它主要适用于需要为用户提供各种服务的企业或组织,如银行、酒店、航空公司、政府部门等。通过更高效、更便捷的服务,企业或组织可以增加用户的认可度和黏性,进而提升用户的复购率。

公众号侧重于信息交互,其主要功能是为用户提供信息和资讯。因此,订阅号主要适用于信息服务类的企业或组织,如媒体、咨询公司、教育机构等。通过各种用户感兴趣的信息或资讯,企业或组织可以吸引用户关注,并与用户建立长期联系,然后通过传递企业或组织的价值观和专业度,慢慢培养用户对企业或组织的认知和信任,最终实现转化。

一般情况下,如果企业开通账号的目的是提供服务,如售前资讯、销售及售后维护等,可以选择服务号;如果企业开通账号的目的是传播内容,以取得宣传推广的效果,建议选择公众号,因为公众号可以每天群发内容,并且账号可以按照一定的周期进行内容输出。

(3)功能权限不同。服务号和公众号在消息显示方式、群发消息数量,以及定制功能、微信支付等方面都存在较大差别,具体如表 9-1 所示。

表 9-1　公众号与服务号的区别

| 功能权限 | 公众号 | 认证公众号 | 服务号 | 认证服务号 |
|---|---|---|---|---|
| 消息显示在"服务号"文件夹中 |  |  | √ | √ |
| 消息显示在"公众号"文件夹中 | √ | √ |  |  |
| 每天可以群发1条消息 | √ | √ |  |  |
| 每个月可以群发4条消息 |  |  | √ | √ |
| 基本的消息接收/回复接口 | √ | √ | √ | √ |
| 自定义菜单 | √ | √ | √ | √ |
| 高级接口权限 |  |  |  | √ |
| 可申请开通微信支付 |  |  |  | √ |

2. 选择策略

相对而言，服务号的功能权限要比公众号多一些，如果想通过账号提供更多功能，如微信支付、多客服管理、模板消息、获取用户地理位置、打通 CRM（Customer Relationship Management，客户关系管理）等，选择服务号比较合适；公众号的推送频率比服务号更高，如果想频繁触达用户，及时传递资讯，从而增加用户黏性的话，公众号是一个比较好的选择。

需要注意的是，企业在使用服务号时，通常需要针对自身需求进行相关功能的开发，这就需要企业具备一定的技术能力，或能拿出一定预算请专业公司协助。此外，认证成功的公众号有一次机会可以升级为服务号，而服务号不能转化为公众号。

企业在利用微信开展营销时，可以只选择个人号、公众号、服务号中的一种，也可以将它们结合起来，建立账号矩阵，配合作战。

在销售方面，可以让业务员通过个人号一对一与用户进行互动，同时，在公司层面建立官方大众账号，并让业务员在与用户接洽时引导用户关注大众账号，通过大众账号来辅助销售。

在推广方面，可以将服务号和公众号结合起来使用，公众号负责吸粉引流，服务号负责销售及售后维护，不同账号负责不同的功能；也可以同时建立多个公众号，不同账号针对不同的用户群体，提供不同的内容。比如，有些企业会建立1个服务号和2个以上的公众号，各个账号之间还会相互推广、相互引流，最终取得了较好的营销效果。当然，账号越多，运营成本越高，因此企业应根据实际情况量力而行。

比如，丁香医生就针对不同的细分领域、用户群体和用户圈层建立了新媒体矩阵。到目前为止，已经有了丁香园、丁香医生、丁香妈妈、丁香生活研究所、偶尔治愈等 80 余个大众账号，并通过精准匹配用户需求、多人群共同增长、新媒体矩阵运营，快速获得了 3000 多万个粉丝。

## 二、微信大众号账号建设

1. 微信大众账号定位及基础设置

微信大众账号的定位、基础设置与微博类似，此处不再赘述，只补充以下两点。
（1）账号的二维码要精心设计。每个账号都有一个专属的二维码，通过对二维码的分享和推广，可以让更多人关注账号。运营人员可以对二维码图片的效果进行美化，加上账号名称或 Logo，突出账号特色，使其更加个性化。

（2）账号的介绍要重点设置。账号介绍会在用户搜索账号时显示，直接影响用户对账号的认知，因此非常重要。介绍内容通常只有几十个字，因此要突出重点，便于理解，要让用户快速了解账号提供的内容或服务。

2. 微信大众账号互动设置

（1）自动回复。

大众账号运营人员可在微信公众平台通过编辑内容或关键词规则，实现"被关注自动回复"、"消息自动回复"和"关键词自动回复"功能，回复内容可包含文字、图片、音频、视频等。"被添加自动回复"是指用户一旦关注大众账号就会立即收到回复内容；"消息自动回复"是指订阅用户只要向大众账号发送消息，便会收到回复内容；"关键词自动回复"是指订阅用户只要向大众账号发送包含特定关键词的消息，便会收到指定的回复内容。"消息自动回复"与"关键词自动回复"相辅相成，如果订阅用户发送的消息包含关键词，将会优先进行关键词自动回复，否则将进行消息自动回复。

自动回复是大众账号的运营利器，如果设置得当，可以让大众账号像 24 小时在岗的机器人一样与用户互动，提升用户体验和黏性。

① 设置"被关注自动回复"。"被关注自动回复"一般包括四个方面的内容。

A．欢迎语。文案风格可多样化，但要体现自身的内容风格和调性。

B．自我介绍。可简单介绍账号的定位、提供的内容或服务、特色、影响力等。

C．用户收益。重点突出可为用户提供的价值或福利。

D．行动引导。须指明希望用户采取的下一步动作，引导用户深入体验和使用大众账号，包括引导用户点击超链接、引导用户回复关键词、引导用户点击菜单栏等。比如，如果想要用户了解的内容太多，且菜单栏容纳不下，就可以配合"关键词自动回复"，引导用户输入相关的关键词来获取内容，如"回复 1 查看关于我们，回复 2 获取产品目录"，这样相当于对菜单栏进行了补充。

此外，设置"被关注自动回复"时还需要注意以下两点：

A．内容不宜过多，篇幅不要超过一个手机屏幕，因此要高度概括和凝练；

B．可适当使用图标、表情、特效等，让消息更加生动、更富有感情。

图 9-1 为运营类公众号"被关注自动回复"示例。

② 设置"消息自动回复"。"消息自动回复"一般建议写上客服的微信号或设置跳转链接，让用户直接与客服进行微信对话。客服微信可接入聊天机器人，以便在非上班时间也能为用户提供服务。

③ 设置"关键词回复"。"关键词回复"的功能最多，应用也最广泛。一般建议将一些常见问题设置成关键词回复，这样就能够像客服机器人一样，随时随地解答用户的问题；也可以将菜单栏容纳不下的重要内容设置成关键词自动回复。设置"关键词回复"的界面如图 9-2 所示，具体设置时要注意以下两点：

A．尽量用简单的数字或词汇作为关键词；

B．如果需要展示的内容太多，可以将内容分级。比如，用户输入"产品"，可以回复产品目录，并在每种产品后注明"回复××查看产品介绍"。

图 9-1　运营类公众号"被关注自动回复"示例

图 9-2　关键词回复规则定义界面

（2）自定义菜单。

运营人员可以在大众账号会话界面的底部设置自定义菜单，菜单项可按需设定，并设定响应动作，如图 9-3、图 9-4 所示。用户可以通过点击菜单项收到设定的响应，如发送消息、跳转到网页、跳转到小程序等。

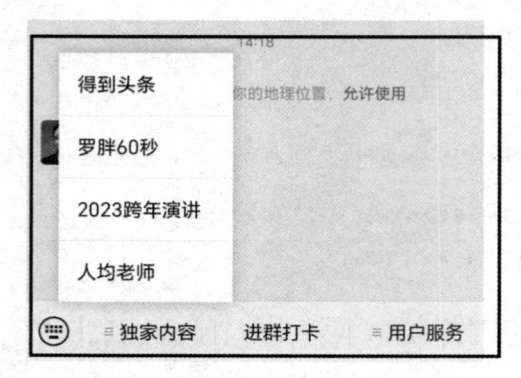

图 9-3 "罗辑思维"自定义菜单示例

图 9-4 微信公众号自定义菜单设置界面

目前微信大众账号最多可创建三个一级菜单，每个一级菜单下最多可创建五个二级菜单。自定义菜单如果设置得好，可以增强用户体验，提升用户黏性。因此，运营人员在设置自定义菜单时一定要从用户角度考虑，根据用户的需求和喜好来设计。具体操作时可以先进行用户调查，然后参考同类账号甚至网站、App 的栏目设置，将所有能想到的栏目都列出来，然后按照用户的需求程度进行排序，最后将选定的栏目按照内容进行组合。

对服务号而言，其核心在于"销售和服务导向功能"，因此一定要开发全面的"自定义菜单"，为用户提供自助服务支持，这样才能充分发挥服务号的作用和优势。比如，医院的服务号上通常都会有自助挂号、建卡/绑卡等就诊服务，银行的服务号上通常都会有查找网点、生活缴费、积分查询等功能。

对于公众号而言，其核心在于"持续输出高质量内容"，虽然用户对自定义菜单的关注度不高，但也不能忽视。比如，可将历史文章分门别类，并在自定义菜单中提供类目链接，方便粉丝查看历史文章；也可跳转至购物商城或产品目录，引导销售转化；或提供"关于我们""商务合作""转载合作""人才招聘""加入粉丝群"等菜单项。

如果要提供"历史文章"菜单项，运营人员首先要建立一个"文章目录"类的图文消息，并将往期文章都归集到其中，同时确保每篇文章都添加了链接；然后将自定义菜单链接到该图文中，这样用户只要点击该自定义菜单便会在会话窗口弹出该图文，而通过点击该图文则可查看并阅读所有历史文章。

需要注意的是，在设置菜单栏后，要经常分析点击情况，根据数据进行优化、整改。

（3）投票。

运营人员可以利用微信大众账号的投票功能，开展比赛、答题、评选等互动活动，以收集用户反馈或提升用户活跃度。

（4）号内搜索。

微信大众账号允许设置推荐搜索词，这样可以帮助用户快捷检索号内关联内容。这个功能很容易被忽视，但如果设置得当，可以有效提升用户体验，增强用户黏性。比如，可以将自定义菜单中的栏目名称设置为推荐搜索词，进一步增强菜单的可见性；也可以将号内热搜词、重要内容或热门文章中的关键词设置为推荐搜索词，以此吸引用户继续阅读，如图 9-5 所示。

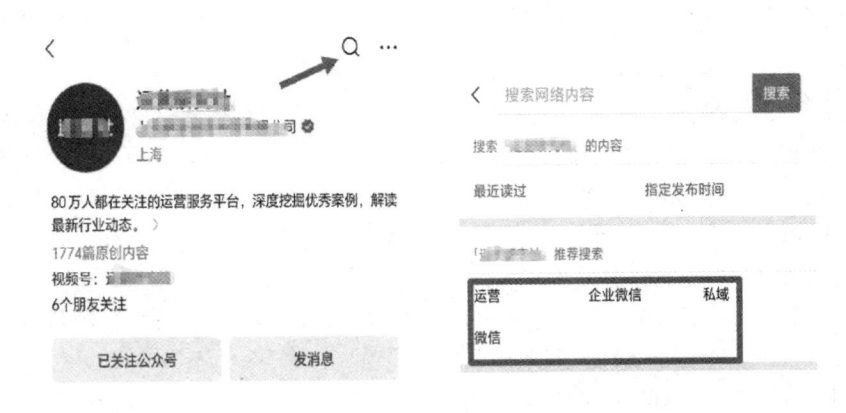

图 9-5　号内搜索词使用示例

### 3. 微信大众账号认证

为了确保账号信息的真实性、安全性，微信公众平台支持对大众账号进行认证，包括面向企业和组织机构的"微信认证"和面向个人用户的"个人认证"（个人认证包括职业认证和兴趣认证）。认证成功后，在账号介绍页面将会出现认证主体信息及认证标识。经过认证的大众账号会更加真实可信，更容易在搜索中获得好的排名，还能获得更多功能、接口和特权，因此满足认证条件的应尽量认证。

微信认证申请方法：进入微信公众平台→设置与开发→账号设置→账号详情→申请微信认证→个人认证。

## 三、微信大众账号内容运营

在两种大众账号类型中，服务号的核心是服务交互，每月只能推送 4 次消息，而公众号的核心是内容传播，每天都可以推送 1 次消息。由此可见，公众号对内容的需求量更大，要求也更高。因此，本小节将主要介绍公众号的内容运营（服务号的内容运营可参考公众号）。

上一章就微博内容运营的要点进行了分析，这些流程、方法、技巧、要点等同样适用于微信公众号内容运营，无须重复介绍。因此，本小节只根据公众号的特点，简要说明如何写作、排版并发布公众号推文。

推文是微信公众号运营内容的主要表现形式。运营人员可以通过发布高质量推文，吸引用户关注公众号并持续阅读相关内容，从而增强用户的活跃度与忠诚度，实现公众号的商业目的。

微信公众号推文类型繁多，可以是新品推广、福利活动、品牌故事等以用户转化为目的的"硬广"，也可以是行业新闻、经验分享、干货知识、深度见解等以用户留存为目的的普通推文或"软文"。无论是哪种类型，在创作时都需要遵循基本的方法和技巧，并体现公众号文章的特点，符合公众号文章的要求。

**（一）推文写作**

一篇推文大体上可以分为标题、引导语、正文和结尾四个部分。接下来分别介绍这四个部分的写作方法。

1. 标题的写作

对于一篇文章而言，好的标题是成功的一半。标题是决定用户会不会继续往下看的第一步，也是至关重要的一步。如果一篇文章的标题不能在第一时间抓住用户的眼球，那么这篇文章就失去了被阅读的可能性。因此，标题的撰写是推文创作中非常重要的一部分。

（1）标题的功能。

要想写出一个好的标题，首先得了解好标题到底有哪些作用，好标题的评价标准到底是什么。归纳起来，一个好标题应该具备以下四个功能。

① 吸引注意。好的标题首先要能吸引用户的注意，如可以直接言明对用户的莫大好处，也可以为用户提供颠覆认知的信息，或者通过煽情式表述调动用户的情绪，方法不一而足，关键是要激起用户的好奇心、满足用户的求知欲。

② 筛选用户。一篇文章通常很难满足所有人的需要，因此，在拟定标题的时候要尽量做到筛选目标用户、剔除非目标用户，要让用户一看就知道是不是自己需要的内容，否则用户多半不会点击，毕竟网上有太多有意思的内容。

③ 传递完整的信息。很多用户往往是只看标题而不点击阅读正文的，所以在标题中应尽量阐述出完整且对用户有价值的信息，这样即便用户不点开文章也能接收一部分信息。

④ 引导用户继续看正文。标题如果不能引导用户阅读正文，将很难达到沟通的目的，更别谈说服用户去购买产品了。这就要求标题应留有悬念或余地，不能把该说的都说了，要让用户明白正文中肯定会有一些无法在标题中呈现的信息。

（2）常见标题类型。

① 痛点式。从心理学的角度而言，大众对于自身的痛点非常敏感且极度期望改变。如果文章标题在直击目标用户痛点的同时，又给出有效的解决办法，多半会引起用户点击。比如：

- "吃减肥食品真地不会损害健康吗？看了这个就知道了！"
- "你有'学习拖延症'吗？送你一个简单有效的治疗方法"
- "为什么男人明明不爱你，你还离不开？明白这一点，你就放下了！"

② 提问式。让用户快速点开一篇文章的前提是要激起他的"好奇心"。带有"问题"的标题，往往能让用户产生好奇，并引发用户思考。而且这种标题对用户群体来说更有针对性，能够让用户直接判断出是不是自己想要的内容。

提问式标题又可以分为：疑问式、反问式、自问自答式。

- 疑问式："牛皮癣，真地可以治愈吗？""游泳也不掉色，这款眼影真地可以做到吗？"
- 反问式："你真地会做私域流量吗？""除了抖音，难道就不能选择其他平台吗？"
- 自问自答式："时间真地能改变一个人吗？我用亲身经历告诉你""3天能涨粉10W？这样做或许你也可以"

需要注意的是，标题中的问题一定要是目标用户感兴趣的，文中的问答也要合情合理。具体操作时，运营人员可以先思考自己的产品能给用户带来什么利益，再针对这些利益点设计问题。

③ 数字式。数字不仅能让用户一眼就注意到，而且可以将信息内容变得更加明确、具体，增强文字的说服力和内容的专业度，最终提升用户的信赖感。这类标题写法一般多用于干货类文章，如总结某些垂直领域的知识或经验，为用户提供实用价值。比如：

- "关于微信运营，新手最容易犯的30个错误"
- "学好英语的3大捷径、7大秘密、8大陷阱"

④ 悬念式。悬念式也是一种常见的标题模式，这种模式主要通过在标题里设置悬念、在用户心中留下谜团，来引发用户的好奇心。常见的做法是"说话说一半"，剩下的关键信息留到正文中阐述。比如：

- "每次下定决心学好英语却总学不来，原来是它在作怪！"
- "要想减肥不伤身，这些所谓的'减肥食品'千万不能吃！"
- "这种无底线的广告都出街，××是疯了吗？"
- "你还在这样看手机吗？长时间以这种姿势看手机患脊椎病的概率会增加！"
- "每次上厕所玩到脚麻，这游戏有毒！"

悬念式和疑问式标题有时候看起来有点儿像，但两者还是有区别的：疑问式标题更倾向于平时会遇到、只是不太清楚的问题；悬念式标题更倾向于比较新奇、超出常理的事情，可能是疑问句也可能不是。

⑤ 对比式。对比式标题主要通过对比来制造冲突、矛盾和反差，以此勾起用户的好奇心。一般情况下，对比越强烈、矛盾冲突越激烈，用户的点击欲望会越高。对比的形式不拘一格，可以是时间的对比、数字的对比、身份的对比，也可以是事情的对比、环境的对比等。比如：

- "因为10块钱，我错过了1000万！"
- "他明明只有500粉丝，为何却赚了近100W！"
- "××花了1块钱，拍了部价值1亿的广告片！"

除了直接对比，还可以提出与常识相悖的观点形成隐式对比。这样的标题因为颠覆了一般的认知而格外具有吸引力。比如：
- "做一个不好相处的女人"
- "会败家的女人更幸福"

⑥ "恐吓"式。每个人都有恐惧和害怕的东西，"恐吓"式标题就是利用人的恐惧心理来达到效果的。"恐吓"式标题可以说是痛点式标题的加强版，对用户的心理冲击作用比一般痛点式标题更大。目前，"恐吓"式标题在社交媒体上非常普遍。比如：
- "高血脂，瘫痪的前兆"
- "洗血洗出一桶油"
- "这件事情不重视，孩子的皮肤和眼睛都毁了！"
- "再不学×××，你就 out 啦！"
- "不懂这 3 个赚钱思维，你永远都会是穷人"
- "有种水能致癌，很多人却天天都在喝！"

通过"恐吓"形成的效果，要比其他方式更让人记忆深刻，但是也容易遭人诟病，所以一定要把握度，不要过火。

⑦ 蹭热点式。"蹭热点"是互联网运营人员必备的一项技能。网络流行语及一些热门事件本身都自带很大的流量，所以可以借助这些热点来写标题，这样会让内容获得更高的曝光度和点击率。比如：
- "跟着丁真去旅行"
- "棉花很软，李宁很刚"

在结合热门事件写标题时要注意把握好度，要找准切入点，使文章内容和标题相符，不然就成了人人厌恶的"标题党"。

⑧ 蹭名人式。与"蹭热点"类似，名人也可以蹭。比如：
- "马化腾、雷军、周鸿祎 3 位大佬给创业者的 5 点忠告"
- "赵雅芝年轻 20 岁的秘密"

除了名人，在不引起法律纠纷的前提下，名牌、名企、名校等也可以蹭。比如：
- "武汉室内版'迪士尼'，打卡遛娃新地标"
- "××酸奶，成功入驻米其林餐厅"
- "哈佛学霸的超实用学习法"

⑨ 情感式。标题还可以带有情绪，或引起用户共鸣，或帮助用户宣泄。标题一旦有了"情感"，就仿佛有了温度，不再是冷冰冰的文字，而是情感的表达和心灵的慰藉。这也是很多人都知道"鸡汤文"没什么营养，但还是忍不住去看的原因所在。比如下面两篇文章就曾经刷爆朋友圈：
- "我将学会示弱，跟一切值得我温柔对待的人"
- "Uber 创始人清华演讲：我始终保有一份热爱，即使输，也热爱"

⑩ 贴标签式。这种标题就是用某个标签来表明某群人、某个事物等，以便让用户可以对号入座。尤其是撰写产品文章，最好针对产品绘制用户画像，如性别、兴趣、年龄等，然后把这些标签拎出来，直接在标题中表明，以此引起目标用户的注意。比如：
- "20 岁以后，女生如何利用空余时间快速提升自己"

- "大学生要趁早具备的 10 种能力 | 学生党必看"
- "经常做饭的人一定要看这篇，让你效率提升 80%"
- "加班狗，来干了这碗毒鸡汤"

⑪ 强调式。在文章标题中加入诸如"干货""深度好文""强烈推荐""××必看"等强调式字眼，能够从第三方的角度肯定内容的价值，突出文章的质量，提醒用户不要错过该文章。这种强调和提醒对用户的引导作用是非常明显的，往往能让用户在海量文章中选中这篇文章。比如：

- "干货：宅家运动指南"
- "说话的最高境界（深度好文）"

强调式字眼包括很多，除了前面提到的四个常见推荐词，还包括权威发布、内部资料、独家专访、业内首发、官方无删减、内幕、揭秘、探秘、解密、最新、刚刚、全新、问世、重大、惊人、竟然、超级、绝佳等。

强调式标题对用户来说具有较强的诱惑力，能够在一定程度上刺激用户的点击欲望。但这类标题不能随便乱用，要保证内容与题目相符，否则就等于欺骗用户。

⑫ 囤积式。所谓"囤积式"文章，就是用户能在这篇文章里找到关于某个问题的所有答案的总结式文章。而"囤积式"标题就是能表明这一点的标题，一般含有"大全""大盘点""所有""全部"等字眼，用于营造信息够齐全、资料够充足的感觉。比如：

- "超级福利 史上最全的设计专用样机模板免费下载"
- "微信上最全的护眼方法，存好一篇就够了"
- "冬季泡汤，深圳及周边温泉大盘点！"
- "盘点各路大闸蟹料理，吃货们看过来"

用户一般都很喜欢"囤积式"文章，因为这样就不用再到处收集资料了，方便用户"偷懒"。

⑬ 直言式。这种标题会开门见山地进行商品宣传，不玩文字游戏、隐喻或双关语等。一般是通过直接加入促销或者优惠信息，促使用户立即行动。比如：

- "全场商品满 199 减 99，活动仅剩最后两小时！"
- "明星爆款智能马桶盖只要平民价，现在购买还能再享受 8 折优惠！"

很多搜索引擎竞价广告就是采用这种标题的。这种标题能让用户快速判断出信息内容是否是自己需要的，从而提升目标用户所占的比例，避免无效点击。

⑭ 警告提醒式。顾名思义，此类标题通常会出现在一些通告中，用以提醒用户注意某些事项。警告提醒式标题下的内容，一般从陈述某个事件开始，然后凭着事实让用户意识到这件事情的重要性，从而产生一种需求感。比如：

- "当心，夏天吹空调要注意这些事情！"
- "注意，身体出现这些信号，说明你缺乏这些营养！"

⑮ 命令式。这类标题会直接告诉用户该怎么做。比如：

- "戒烟，就用×××"
- "送礼就送×××"

这类标题对于那些有某方面需求，但是又有点儿拿不定主意的人来说，简直就是福音，因为直接跟他们说怎么做，为他们解决问题，能够有效降低他们的决策成本。目前这类标题不算很常见，但如果运用得好的话，也可以起到很好的营销效果。

上述标题写作的 15 种方式在网络平台上都比较常见，运用得当的话能够有效提升标题的点击率。但在运用过程中不能生搬硬套，最好能将几种方式灵活组合，这样往往效果更好。

（3）标题写作的 4U 法则。

文案大师罗伯特·布莱在他的畅销书"文案创作完全手册"里，提出了标题写作的 4U 法则。所谓"4U"，是指紧迫性（Urgent）、独特性（Unique）、明确具体（Ultra-specific）、实际益处（Useful）。

① 紧迫性。人们通常会"怕晚得到，怕早失去"。充满紧迫性的标题，会给人立即行动，而不是以后再说的理由，也能给人一种立即阅读文章的冲动。

运营人员可以通过在标题中加入时间元素，来制造紧迫性，如"2018 上半年最大机会""下周一新交规即将实施"等；也可以通过限时特惠来营造紧迫性，如"你喜欢的衣服库存就剩 3 件了，再不买可就没有了""天猫超市满 199 元减 150 元，仅剩 5 分钟，快来抢购"等。

② 独特性。好的标题要具有独特性，最好能给人眼前一亮的感觉，这样才能激起用户的好奇心。独特的标题不是描述新事物，就是将用户听到过的事物以全新的方式来展现，如"解密 MH370 坠机的真正原因""张小龙首次披露心声"等。

③ 明确具体。具体的东西，更容易让人产生占有欲。因此，标题不可模糊宽泛，要有具体的内容。比如，"如何在一个月之内瘦掉五公斤"要比"如何将自己瘦成一道闪电"更具体，也更容易引起用户的点击欲望。

④ 实际益处。强有力的标题，要通过给用户提供实际的好处来刺激他、吸引他采取下一步行动。这个实际益处可以是非物质层面的知识、经验、资讯等，也可以是物质层面的产品、优惠、奖品等，如"价值 2 万元的资料，今天免费拿走""做到了这几点，他的月薪从 5000 涨到 50 万"。

4U 法则不仅可以指导标题文案创作，还可以用于对标题质量进行评估。运营人员写好一个标题之后，可以利用 4U 法则给标题打分。比如，每个 U 的满分为 4 分，不佳为 1 分，合格的标题至少应在 3 个 U 上拿到 3~4 分，否则就要重写。

（4）标题写作的技巧。

运营人员在撰写文章标题时，除了可以借鉴前面的 15 种标题类型，还可以参考以下写作技巧。

① 标题中可以植入要推广的信息。标题写得再好，再有吸引力，也不可能让所有人点击。事实上，统计数据显示，读标题的人中只有 1/5 会读正文。因此，运营人员在撰写品牌文章或产品文章的标题时，应尽量将要推广的信息，如品牌名、产品名等，植入文章标题中，这样用户即使不阅读正文也能获得关键信息，如"来××亲子餐厅，妈妈终于放轻松！"。

② 标题要符合用户的搜索习惯。现在主流媒体的信息分发方式大体包括三种：个性化推荐、热点推荐和用户主动搜索，而搜索引擎和电商平台上信息的呈现更是主要依赖搜索。因此，运营人员在撰写文章标题时，要考虑用户的搜索习惯，尽量在标题中嵌入用户常用的搜索词，这样才更容易被用户搜索到。这一点在搜索引擎竞价广告和电商产品详情页的标题

中体现得尤为明显。比如，大家在淘宝上点击某个产品链接后会发现，产品的标题一般都非常长，里面包含了很多相关关键词，这就是为了让用户能从多个角度搜索到该产品。

③ 内容为王，不做标题党。现在很多文章为了吸引用户注意和点击，会把标题写得很有诱惑力，但文章内容却让人大失所望，甚至"挂羊头卖狗肉"。这种做法刚开始可能会有一定效果，让用户在不知情的情况下点击进去，但点击进去后如果用户发现"名不符实"就会产生被欺骗的感觉，反而可能会对信息发布者产生负面印象，最后"偷鸡不成蚀把米"。而且，用户见多了这种标题后就不会再上当点击。因此，运营人员在撰写标题时不能做标题党，要扎扎实实做内容，根据内容实事求是地拟定标题。

④ 标题字数可以适当多一点儿。在不影响用户阅读体验的前提下，标题字数可以适当多一点儿，这样容纳的信息量更大，能够提供更多让用户心动或信服的理由。

⑤ 多用短句。短句就像鼓点，控制着文字的节奏。与一段式标题相比，两段或三段式标题层层递进，表达更为清晰。比如，"三种方法教你快速剥柚子，不用脏手哦！"就比"不用脏手的三种快速剥柚子的方法"更清晰明了。因此，标题要合理断句，避免出现特别长的句子。

⑥ 以点代面，落到细节。一般情况下，人们对细节更具有代入感的标题更感兴趣，这也是优质标题通常具有的特质。

比如，"××城市踏青十大好去处：桃花林、泛舟溪、落英坡、流风亭……""××私房菜：剁椒鲈鱼、薄荷干煸牛肉……"，这些标题后面如果没有那些具体而引人向往的地名和菜名，标题对用户的吸引力将大打折扣。

再如，"苹果发布会是如何进行安全工作的"这个标题大而全，却无法吸引用户点击阅读；如果换成"苹果发布会一定会做的三点安全措施"就更具体，也更容易激发用户的点击欲望；如果再换成"库克在每次苹果发布会前交代的三点安全细节"就更具象化，更容易让人产生场景联想，也更有代入感，点击量肯定更高。

⑦ 亮点前置。在条件允许的情况下，尽量把标题中精彩的部分放在前半句，或者用一些特殊符号进行突出标记，尤其是长标题更要注意，要让用户第一眼就被吸引到。

⑧ 要兼顾点击和分享。好的标题不仅要能吸引用户点击，还要让用户乐于分享。有些文章或视频点击率很高，但转发率却很低。虽然很多用户都觉得内容挺好，也想转发，但最后却因各种顾虑放弃了转发。为什么会这样呢？因为目前大部分人都会选择将内容分享到微信群或朋友圈，而微信群和朋友圈里的人多半都是认识的人，如果用户觉得标题会影响别人对自己的看法，可能就会放弃转发。因此，运营人员在拟定标题时不仅要考虑点击率，还要兼顾分享率，要考虑用户的转发动机，判断标题是否会影响用户的个人形象。

2. 引导语的写作

引导语就是文章前面的一句话或一段话。公众号文章一般较长，为了吸引用户阅读正文，一般需要在正文前放置一段引导语。这段引导语就像一个推销员，一篇文章是否能成功推销给用户，在很大程度上取决于引导语的质量。

那么如何撰写引导语呢？首先，引导语应该简短有力、概括性强；其次，引导语要与用户需求相关，要能勾起用户的阅读欲。在具体撰写时，运营人员可以参考以下几种方法。

① 设置悬念法。为了吸引用户继续阅读，可以在引导语部分设置悬念，即卖关子，先不明确表达关键内容，而是留到正文中再作讲解，如"看完这篇文章，你的烦恼减少90%"。

② 设置问题法。好奇心是人类共有的天性，如果能在开头想办法激起用户的好奇心，让用户产生疑问，他就多半会往下看正文，寻求答案，解答疑惑。因此，可以在引导语中先提出一个问题，通过问题引导用户思考，激起用户的阅读欲望，如"如何花最少的钱买到最正宗的××？"。

③ 金句法。这种引导语很常见，就是选择一些简单精练又意蕴深厚的句子作为引导语。这个句子可以是与主题有关的名人名言、民间谚语、诗词歌赋，也可以是网络上广为流传的心灵鸡汤、段子，或是直接从文中截取的一段精彩内容（有哲理的两句话或某个很有冲击力的观点），还可以是一个蕴含哲理的小故事。采用金句法撰写引导语，可以让文章看起来更有内涵，更能吸引用户。

④ 总结摘要法。为了让用户快速了解文章内容，降低判断成本，可以用简短的语言概括总结文章的主要内容。在概括总结的时候要尽量把文章的精华部分展现出来，让用户阅读文章开头的时候就感觉到非常精彩，很有看头。

⑤ 表明态度法。在新媒体时代，年轻人欣赏的是"有鲜明主张，有明确态度，有自己观点"的人。所以，可以在引导语中表明自己的态度，说出自己的观点，以此来吸引用户的注意，从而获得用户的认同或反对。

⑥ 量身定制法。这种方法是指在引导语中直接表明文章是写给谁看的，能给用户提供什么价值。具体来说，就是要向用户表明：这篇文章是跟你有关系的，对你有益处的，涉及你的利益等，让用户感受到这篇文章"为我而写，对我有用"。

⑦ 戳痛点法。撰写一篇文章时，需要思考这篇文章能解决一个什么样的用户痛点，然后在文章开头就直接戳中用户痛点，让用户点进来一看就产生一种"这就是说我啊"的感觉。只要戳中用户的痛点，用户一般都会继续往下看。

⑧ 背景介绍法。这种写作手法就是在引导语中表述文章的选题背景、时间背景、人物背景或故事背景等，通过对背景的描述让用户对后面即将阅读的内容有一个初步的了解。

⑨ 图片引导法。公众号文章的引导语并非都是纯文字，还可以是图片。常见的引导式图片包括概括文章主要内容的思维导图或要点图、文中的经典示例图、与文章有关的情景图等。

3. 正文的写作

公众号推文（包括软文）的常用结构及写作方法主要包括以下几种。

① 核心扩展法。核心扩展法就是先提出文章的核心观点，再列出分论点，并给出能够体现或佐证自己观点的证据或案例，对各个分论点进行论证。这些分论点之间可以是并列关系，也可以是递进关系或对比关系等，但不能是包含关系或交叉关系。

采用核心扩展法撰写的文章最后呈现的是一种"金字塔"式的文章结构。这种结构可以使推文始终围绕一个中心，不会出现偏题或文不对题的情况，可加强推文对用户的引导。

② 倒三角写法。在节奏越来越快的现代社会，用户很难有耐心阅读完一篇篇幅较长的推文，因此，可以先将推文的精华部分或内容要点进行浓缩，放在第一段以引起用户的阅读兴趣，然后详细展开论述，最后再强调产品的优势，加深用户的印象。

③ 清单式写法。清单式写法就是逐条列出具体的分支内容。用清单式写法撰写的文章最后呈现的往往是平行结构，信息间没有非常强的关联。清单式写法最适合以下两种类型的

文章。

A. 推荐某一类事物，如《最适合朋友聚餐的 8 个餐厅》《最让人上头的 10 个公众号》等。

B. 解决方案类。针对用户遇到的某个问题，提供几种不同角度的解决方案，如《某城市五种不同时间长短的旅游攻略》《不同场景下的 3 种妆容》等。

清单式或者说是平行结构的好处是不需要很强的逻辑能力，只需要介绍清楚相关分支即可，操作非常简单；而且选题来源丰富，只要是信息量大的内容都可以用此方法进行提炼。这种写作手法能够简化思维，给用户一种帮他精选信息、节省时间的感觉。在用清单式写法写作推文的过程中，小标题很重要，在主标题上用数字明确告知用户清单包含几方面具体内容也很重要，容易让人产生期待。

④ 故事引导法。故事引导法就是通过讲述一个完整的故事，让用户充分融入故事情节中，跟着故事的发展往下阅读，最后在推文结尾处提及需要运营推广的对象，即植入广告。

采用这种写作方法一定要保证故事的有趣性和情节的合理性，这样才能使故事有看点，也方便推广对象的植入。《梵高为何自杀》就是一篇具有代表性的采用故事引导法的微信推文，感兴趣的读者可以自行搜索并阅读。

4. 结尾的写作

与文章的引导语一样，公众号推文的结尾也很重要。好的引导语能够让用户产生一探究竟的欲望，而好的结尾则能够让用户记忆深刻。目前，常见的结尾方式包括以下几种。

① 总结式结尾。总结式结尾就是在文章的最后，用一句话或一段话对文章的主要内容、中心思想或核心观点进行总结，以方便用户记忆。

② 点题式结尾。点题式结尾就是在文章最后再次陈述或解释文章题目。因为用户最开始往往是被文章标题吸引而来的，因此在文章结尾重述题目能加深用户的印象。

③ 金句结尾。金句结尾就是用一句或一段精彩的话来结尾。金句可以起到画龙点睛的作用，能够让用户产生"回味无穷"的感觉，从而记忆深刻。

④ 调侃式结尾。如果文章的总体风格是比较严肃或中规中矩的，那么可以在结尾用幽默诙谐的语言调侃一下，以增强文章的趣味性，让用户得到放松。

相比之下，公众号文章的结尾方式受到的限制较多，因为要受文章风格、内容及写作节奏等因素的影响。运营人员在具体的写作过程中，可以根据个人的写作风格和习惯来尝试不同的结尾方式，最终写出令自己满意并让用户认可的文章。

需要注意的是，运营人员最好在文章结尾处设置激发用户点赞、评论和转发等方面的引导，以此提升文章的互动率和影响力，增加账号的粉丝量。

5. 推文写作的其他注意事项

① 观点或视角要独特。在信息爆炸的大环境下，与众不同、能够填补大众认知空白或颠覆大众认知的内容总是更容易吸引用户眼球，也更容易让用户转发分享。因此，公众号推文一定要有独到的观点或新颖的视角，这样才能从众多内容中脱颖而出。比如，丁香医生就是通过创作大量"反用户认知"的内容崛起的。

② 信息量要尽量密集。在碎片化阅读时代，人们越来越没有耐心，注意力也越来越容易分散。为了吸引用户一直往下阅读，运营人员应该尽量在文章中（特别是开篇）排布较多

的信息量，不管是干货技巧还是一些插科打诨的记忆点，都需要排列得相对密集。就像现在的喜剧，必须几秒钟一个小笑点、几分钟一个大笑点，不断地抛出"梗"去丰富内容。

③ 进行原创声明。如果文章为原创，那么一定要进行原创声明。原创是内容创作非常重要的一项要求，原创度高的推文不仅能体现运营人员的内容生产能力，还能使推文与其他同类型的推文产生差异，提高自身的竞争力，从而带来更多忠实用户。此外，原创声明还可以防止其他人盗用或模仿自己的推文内容，能够有效保护自己的权益。

④ 注重内容优化。无论是服务号还是订阅号，都应该注重内容的优化，并辅以标签、热门关键词，以提高公众号推文在微信搜索结果中的可见性。

⑤ 体现文章栏目。订阅号从本质上来说就是一本电子杂志，因此很多订阅号都会事先设计几个固定的内容栏目。这样不仅方便运营人员创作和管理内容，而且有助于用户明确阅读预期及后期的内容查询。如果订阅号有固定的栏目，那么在写作推文时就要在文中体现栏目名称。

文章栏目可以通过两种方式来体现：第一，在标题最前面以文字形式标出；第二，在文章推送列表中用侧图形式标出，如图 9-6 所示。

如果选择在标题最前面以文字形式标出文章栏目，那么建议用【】等符号将栏目名称与文章标题隔开，如《【经验分享】如何快速剥柚子皮》《经验分享 | 如何快速剥柚子皮》

图 9-6 公众号文章栏目示例

等。用这种方法标出文章栏目，比较简单方便，但文章栏目相对来说不是很醒目、特色性不够强，比较容易被用户忽略掉。

如果选择在文章推送列表中用侧图形式标出文章栏目，那么只要根据文章的类型，给其配上相应的栏目侧图就可以达到文章分类的效果。用这种方法标出文章栏目，比在标题前用文字标出的方法更复杂一些，因为运营人员要在图片中配上相应的文字；但只要公众号每次推送的文章类型是固定的，也不必每次都重新制作分类标签图片。

⑥ 保持自己的个性和特色。当别人都在想着抄袭或模仿爆文、追热点的时候，不要盲目跟风，要保持清醒的头脑，坚持创作用户喜欢的、个性鲜明的推文，这样才会得到用户的认可和长期支持。

⑦ 提升历史文章的利用价值。公众号的历史文章会被一篇篇新发布的文章所覆盖，而大多数微信用户都不会主动点击"历史文章"查看公众号以往推送的文章。为了让历史文章能够持续创造价值，提升公众号的整体阅读量，建议重新挖掘、利用高价值的历史文章。那么如何重新挖掘历史文章的价值呢？可参考以下做法。

A．经典文章，重新发布：有持续价值的文章可以多次推送。

B．相关文章，文中插入：在文章的合适地方插入相关文章链接，引导用户阅读。

C．优质文章，文末推荐：在每篇推文的底部添加"推荐阅读""往期精彩""相关文章"等标签，将历史文章的标题添加超链接后推荐给用户；或者是将"阅读原文"的链接设置为"文章目录"类图文，并告知用户点击"阅读原文"就能查看更多历史文章。

⑧ 精心编写摘要。微信推文写好以后，还要精心编写摘要，摘要会直接影响推文被转

发后的呈现效果。目前，微信推文的转发方式主要有两种：一种是朋友圈，另一种是微信群。在微信群内转发的时候，除了推文的标题，还能够显示 36 个汉字。如果推文设置了摘要，那么就会显示摘要；如果推文没有设置摘要，就会显示推文的前 36 个汉字。运营人员应充分发挥这 36 个汉字的信息传递作用，如可以将重要信息放入摘要中，通过摘要表明文章的价值，进一步吸引用户打开文章。

### （二）推文排版

在写作推文的过程中，运营人员应该根据实际需要对推文进行排版，以增强推文的版面视觉效果，提升用户的阅读体验。

1. 推文排版基本原则

一般情况下，对推文进行排版需要遵循以下基本原则。

① 版面风格统一。同一个公众号上的文章在排版上应该具有统一性，最好能形成自己的风格和特色。为什么要强调这一点呢？首先，使用相同的版面风格可以使运营内容更加规范，同时可以提高推文排版的速度；其次，形成自己独特的版面风格，就能与其他账号产生差异，有助于提升账号的辨识度。

② 界面简洁清晰。公众号推文一般都较长，因此界面不能太"花里胡哨"，应以方便用户阅读为主。

③ 使用多媒体元素。多媒体能够调动人的各种感官，从而增强文章的吸引力和表现力，让用户阅读起来更轻松舒适。因此，运营人员可以在推文中插入图片（包括动图）、音频、短视频、H5 等多媒体元素。需要注意的是，公众号推文中的图片、短视频等多媒体元素应与内容相关，且风格要统一。另外，如果文章内容很长，建议提供语音版。

由于微信公众平台后台提供的编辑功能有限，只有最简单的文章排版功能，对使用微信公众平台的企业来说难免显得太单调了。因此，企业可以借助功能更齐全的第三方编辑器，来帮助自己设计出更多有特色的文章版式，从而吸引用户的眼球。常用第三方编辑器包括秀米、i 排版、易企秀编辑器、96 微信编辑器、新榜微信编辑器、135 编辑器、小蚂蚁微信编辑器、壹伴微信编辑器、易点编辑器等。

2. 推文配图要求

微信推文中的图主要包括封面图、头图和内图，接下来分别介绍三种图的配置要求。

（1）封面图。

微信公众号的每篇文章都会配一张图片，但所配图片的大小是不一样的。只有头条文章所配图片比较大，这张图片被称为封面图；其余文章的配图都很小，一般被称为侧图。

封面图的主要作用是吸引用户眼球，让用户能够在大量信息中注意到自己的内容。此外，封面图也决定了用户对文章的最初印象，会直接影响文章的阅读量和点击率。因此，编辑公众号推文时，运营人员需要精心选择封面图。在配置封面图时需要注意以下几点。

① 封面图一定要切题。封面图和标题一定要有很强的相关性甚至是一致性，而且它们之间的相关性应该非常直接，不能是需要用户动脑子去想象的相关性。

② 封面图要能吸睛。封面图的主要作用是吸引用户眼球，因此一定要有亮点，要包含能引起用户注意的某种元素，如名人、展现的东西或场景非常少见、颠覆了大众的常识性认

知等。这里建议优先选择满足以下要求的图片。

A. 优先选择含人物元素的图片，尤其是名人照片。如果没有特殊要求，尽量用人物形象或包含人物形象的图片，而不是物品图片、建筑物图片、自然风景图片、抽象设计图片等。人是一种高级动物，情感最丰富、细腻，而建筑物、风景照等很难传递人类丰富的情感。

B. 优先选择具体场景照片，以增强现场感和代入感。场景化的照片其实就相当于向用户描述了一个故事画面，比较有代入感，能够让人产生共鸣，因此更容易吸引用户点击。这一点对于新闻、热点类的文章尤其适用。

C. 优先选择色彩鲜艳的图片。在没有特殊原因的情况下，尽量选择色彩鲜艳的图片。首先，从视觉传播角度分析，人更容易被色彩艳丽的东西吸引；其次，色彩鲜艳的图片更容易给人带来轻松、愉快的感觉，而黑、白、灰占比太多的图片，可能会让人觉得压抑、沉闷。

③ 封面图中的核心元素要清晰可见。公众号文章被发表后，系统会自动在封面图上加入标题，但有时候标题会将图片的核心元素遮挡住，影响图片信息的传递效果。因此，在发表文章之前一定要仔细检查、预览，保证文章被推送后封面图中的核心元素清晰可见。

总而言之，封面图的选择，首要的不是美观、清晰等，而是它是否能跟题目巧妙搭配以提高点击率。

（2）头图。

头图指的是用户点开标题后文章开头呈现的图片。头图是第一屏内容中非常重要的组成部分，而第一屏内容又决定了用户是否会继续往下阅读。因此，要想办法让用户看到第一屏的时候就被吸引到、被感染到、被刺激到，从而产生继续往下阅读的欲望。

在配置头图时需要注意以下几点。

① 头图和标题的关联度要高。用户最先看到的是标题，标题信息会激发用户产生某种思考或情绪，并形成一定的心理预期。因此当用户点击进来的时候，运营人员应加强或者延续标题中表达的内容，而不是展示一张不相干或者跳跃性太大的图片。因为这样的话，用户的情绪会被打断，预期会减弱，注意力也会转移。基于以上原因，头图和标题的关联度要高，表述对象要一致，情绪要连贯，且表达要直接，不要让用户花时间研究这张图片象征什么、寓意是什么。

② 头图要有感染力。图片其实是另一种语言，这种语言比文字更直接、更生动、更能感染人。因此，在选择头图的时候，要充分发挥图片的这一优势，让图片自己"说话"，如表达态度、情感、情绪，营造氛围等；而且要让用户看到这张图片的一瞬间就能感受到这些，从而吸引用户继续往下阅读。

③ 头图可以是抓人眼球的动态图片。从呈现形式上说，动态的东西天然比静止的东西更容易抓人眼球；从信息载体上看，动图能承载的信息肯定比静态图要多。静态图只能展示一个行为的瞬间，而动图可以展示一个行为的过程；而且动图的表达比静态图更准确、更具体。因此，头图可以选择抓人眼球的动态图片，如"周冲的影像声色""匠心之城""有束光""十点课堂"等知名微信公众号都经常用动图作为头图。

④ 头图可以品牌化。很多公众号会采用一种固定的表达形式，如使用同一个图片模板、在所有图片中加入品牌标识，甚至干脆重复使用同一张图，来塑造账号的品牌形象，并

通过对用户日复一日的视觉冲击强化品牌形象。比如,"差评""十点课堂""清单""看理想""每天一句心情签名"等公众号都有自己的品牌化头图,不管推送什么类型的文章,点开后第一张图都差不多,甚至是一样的,目的就是塑造自己的品牌形象。

(3) 内图。

内图是指正文中插入的图片。对于公众号文章而言,配置内图非常重要。首先,公众号文章一般都篇幅较长,长时间的文字阅读会让人疲惫,嵌入图片可以让用户中场放松一下,有助于提高文章的读完率。其次,有时候光有文字不配图,内容的说服力就会差很多,如新闻爆料就讲究"有图有真相"。因此,对于有些内容而言,图片是必不可少的事实材料,跟文字部分同样重要。最后,有时候图片的表达效果更好。比如,一些知识用文字就很难说清楚,但用图片就一目了然;再如,在表达某种情绪或态度时,使用各种有趣的表情包往往效果更好。所以,公众号文章的内图非常重要,运营人员在配置时需要注意以下几点。

① 图片要保证有用。很多人知道图片的强大作用后,就强行配图,甚至经常是为了配图而配图,图片放在文章里没有起到任何作用,这种做法是不可取的。原则上,文章里的每张图片都应该是有用的。有用可以体现在很多方面,如可以增强趣味性,可以增加事实材料,可以加强文字的表达效果等。那么怎么判断一张图片有没有用呢?方法很简单:如果把图片去掉后,就感觉差点儿意思,甚至表达不完整,就说明这张图有用;否则就没用,可以删掉。

② 图片位置要合理。图片要被放置在合适的位置上。那么什么样的位置才算是合适的呢?第一,不能影响用户的阅读体验。也就是说,配图不能破坏文字的连贯性和逻辑性。如果用户看完这段话需要马上看下一段,那就不要在两段中间插图,除非图片能让两段的衔接更完美。第二,配图应尽可能均匀分布在整篇文章中,不要一会儿连续好几张图,一会儿又半天看不到一张图。理论上任何一段话都能找到一张合适的配图,所以配图在位置上均匀分布通常是可以调控的。

③ 图片与文章内容相适宜。运营人员在选择图片的时候,需要考虑图片是否与公众号文章的内容相适宜。如果文章内容是比较悲沉的,就应该选择暗色调的图片,而不可使用颜色太过鲜艳的图片。

④ 尝试多使用动图。从视觉效果上说,动图肯定更抓人眼球;从信息量和表达效果上说,动图也更胜一筹,如用动图呈现美食就会让美食看起来更加诱人。因此,在条件允许的情况下,可多使用动图。

⑤ 配图要遵循三个统一。第一,主色调统一。不要一会儿色调暗沉,一会儿又颜色艳丽,要保证视觉体验的连贯性。第二,风格统一。不要一会儿用实拍的,一会儿用手绘的,一会儿又用表情包,画风要保持一致。第三,尺寸上保持宽度统一。图片的长度可以不统一,但宽度要一致。注意,这里说的宽度一致并不是指实际宽度一致,而是指显示效果。很多图片在后台编辑的时候尺寸较小,但推送到手机上预览时,却能铺满整个屏幕,这种情况属于正常。但如果使用手机预览时,图片有的宽、有的窄,不太整齐,就要换掉或者重新截图。

除了以上几点,运营人员在为文章配置内图时还有一些细节需要注意。比如,可以给图片加上水印或附上品牌标识,这样一方面可以防止别人盗图,另一方面也有利于品牌建设,并为公众号引流。此外,还要平衡好图片数量和图片尺寸,以保证文章的加载速度。

## （三）推文发布

与微博一样，推文的发布时间和频率也要尽量固定下来，而且每天的推送量不宜太多。微信用户每天阅读的文章数量有限，如果推送内容太多，会给用户增加选择和阅读成本，可能反而会"劝退"用户。

## 四、微信大众账号粉丝运营

### 1. 粉丝获取

前面介绍过的微博引流吸粉的方法多半也适用于微信大众账号，尤其是合作互推、通过其他平台引流、活动引流、通过对外宣传引流等方法，以及各种社交裂变方法，在微信大众账号运营领域都是十分常见的，此处不再赘述。

### 2. 粉丝互动与维护

与微博运营一样，微信大众账号运营人员在获取粉丝后也要加强与粉丝之间的互动，并对粉丝进行精心维护。互动技巧及维护方法与微博大同小异，前面已经详细介绍过，此处不再赘述。这里只补充几个粉丝互动技巧。

（1）在图文内引导用户互动。运营人员可以在每篇图文的结尾处或评论区，用一句话或一张图的方式提醒用户点赞、评论或点"在看"。尤其是"在看"数，不仅直接与账号的互动指数挂钩，还会影响文章被推荐给朋友的概率。比如，某公众号每次推送之后都会置顶一条自己的留言，在留言中提醒用户点赞、转发。结果每次这条留言的点赞数都是最高的，而且粉丝也会积极响应。

需要注意的是，微信公众平台严禁诱导转发行为。如果文章中出现"请好心人转发一下""转疯了""必转""转到你的朋友圈"等文字，一经发现，平台将短期封禁相关账号或应用的分享窗口，情节恶劣的甚至会被永久封禁账号。

（2）精选留言。在发布账号文章后，运营人员要密切观察用户的评论，一旦发现有比较优质的评论，就要将其置顶或加精选。这样一来，不仅可以丰富正文内容及 UGC 的效果，而且评论者会得到极大的鼓舞，其他用户看到后也会跟风参与评论，评论区自然就会活跃起来。

（3）设置互动话题。运营人员可以在文章底部设置互动话题供大家讨论，这样可以提高用户参与评论的欲望，从而增加评论区的评论量。在设置互动话题时要注意，所选话题要能引起用户共鸣，且难度不能太高，要确保用户都能参与进来。比如，某健身账号就设置了一个健身打卡活动，每篇文章的开头都会提醒用户在留言区打卡，并让用户说出当天的运动项目、运动时长及遇到的问题等。

（4）设立互动栏目。在微信大众账号上，运营人员可以单独设立一个互动栏目，以图文消息的方式，解答粉丝的提问或在账号文章中晒出整理好的留言。这样既更新了文章，又解决了粉丝的疑问，还能增强与粉丝之间的互动，而且上榜的粉丝会因为得到反馈而产生被重视感和被认同感，从而更积极地评论账号后续的文章。

（5）评论区助攻。如果文章中有遗漏的内容或需要增加的资料，可以用个人号在留言区补充完善；如果评论人数很少，也可以换个身份发布"神评论"，炒热评论区气氛。当评论氛围渐浓时，就会吸引更多的粉丝参与评论，这样就会使评论区更加活跃。

（6）安排客服与用户沟通。企业可以在自定义菜单中配置客服名片（人工客服或智能客服），或在"消息自动回复"中嵌入客服名片，为用户提供一对一的问题解答，帮助用户解决问题。

## 第三节　企业微信营销与运营

自 2016 年企业微信发布至今，已经有 90%左右的中国"500 强"企业在使用企业微信，而连锁经营型企业排名前 200 家中，80%左右都是企业微信客户。

- 快时尚服装品牌 UR，在 2020 年疫情严峻的时期，让导购通过企业微信将近 1000 万名会员引流至线上消费，使 3 月的线上销售额环比增长超过了 50%；
- 西贝用企业微信与 9 万名客户一对一连接，极大增加了外卖的销售份额；
- 歌莉娅把企业微信和小程序商城打通后，日销售额最高突破了 300 万元；
- 屈臣氏用企业微信让 2 万名导购连接了 300 多万名消费者，在"三八"妇女节期间，小程序创下单日 GMV 破千万元的纪录。

越来越多的品牌，在销售话术上悄悄发生了改变，已经从"请加我微信"，变成了"请加我企业微信"。这背后不仅拔高了品牌的专业度和统一性，更承载着优质安全的品牌形象。因此，对于所有注重品牌形象的企业来说，企业微信是必须要考虑布局的。

### 一、企业微信简介

企业微信是腾讯为企业打造的办公管理与通信工具，与个人微信、公众号、视频号、小程序、微信支付互通，对内连接企业各部门及员工，对外连接企业合作伙伴和消费者，能够让协同办公更便捷、信息流转更顺畅、内外沟通更高效。

从内部管理来看，最初的企业微信确实和钉钉一样，只是一个企业办公管理软件，但其在 2019 年 12 月推出 3.0 版本，新版本增加了"客户联系与管理"功能模块，该模块包含三大核心功能：客户联系、客户群、客户朋友圈。也就是说，现在的企业微信除内部使用外，还可以通过加客户的个人微信号、建客户群、发客户朋友圈等，与客户建立更紧密的互动和连接。

由此可见，企业微信已经不再仅仅是一个企业的内部管理软件，而是已经成为企业私域运营的有效工具。目前，很多企业都选择利用企业微信来沉淀客户，并向客户提供售前咨询、在线交易和售后服务，以实现拉新、管理、转化和复购的目的。

### 二、企业微信在客户运营与管理中的优势

与个人微信相比，企业微信的功能更强大（见表 9-2），在客户运营与管理方面具有很多优势。

① 客户信任感更强。企业微信号会加上后缀"@企业名"，客户通过这个标识就能判断出这个是企业微信号，不用担心假冒问题，对账号的信任度更高。

② 可触达客户人数无上限。个人微信可添加的好友人数上限为 1 万个左右，而企业微

信认证后可添加 5 万个客户，到达上限后还能申请扩容。目前，已经有企业用企业微信添加并服务了上千万个客户。

表 9-2　企业微信与个人微信功能对比

| 功　　能 | 个 人 微 信 | 企 业 微 信 |
| --- | --- | --- |
| 好友（客户）上限 | 1 万人左右 | 已认证企业的单个员工的客户数量上限为 2000 人，企业的总客户数量上限为 5 万人。当客户数量接近上限时，企业可以申请扩容，每次扩容可增加 5 万人，没有扩容次数限制 |
| 微信群好友 | 500 人 | 内部群 2000 人，外部群 500 人 |
| 新好友欢迎语 | 不支持 | 支持文本+小程序/图片/链接 |
| 入群欢迎语 | 不支持 | 支持文本+小程序/图片/链接 |
| 群活码 | 不支持 | 支持，一个活码对应 5 个群，满 100 人自动建群 |
| 多人渠道码 | 不支持 | 支持，可自动分流给企业员工 |
| 离职员工客户分配 | 不支持 | 员工离职可将客户导流给企业其他员工微信，确保客户资源不流失 |
| 二次开发 | 不支持，视为外挂，被禁封 | 官方支持 |
| 在职员工客户共享 | 不支持 | 支持 |
| 办公应用 | 不支持 | 集成日程、会议、打卡等工具，可接入第三方应用 |

③ 员工离职，客户资源不流失。使用个人微信时，员工离职、跳槽后往往会把微信上的人脉关系一起带走；而在企业微信上，客户是企业的资产，员工离职后带不走客户。企业可以将离职员工的客户和客户群分配给企业的其他员工，这样就能保证服务不中断、客户不流失。

④ 客户运营更精细。用企业微信添加客户后，管理人员可以给客户打上标签，如喜好、购物习惯、年龄等，然后把拥有同一个标签的客户拉到一个群里，或根据标签给同类型的客户群发消息，实现精细化运营。

需要说明的是，个人微信虽然也能给好友设置标签，但不能对标签进行分组；而企业微信能够设置标签组，然后在组内设置多个标签。

⑤ 客户运营更高效。管理人员可统一为企业成员或客户群配置欢迎语、朋友圈内容、群发内容、快捷回复、商品图册、自动回复、聊天工具栏、群模板等，并能为企业成员提供各种素材库，方便企业成员一键应用。企业成员也可利用各种运营工具自行设置欢迎语、朋友圈内容、群发内容、快捷回复、商品图册、聊天工具栏、群模板等，然后重复或批量应用到日常客户运营中。

这种统一、批量的客户运营方式不仅能够让企业对外信息沟通更专业，也能让客户运营更高效、员工更轻松。

⑥ 客户及企业成员管理更科学。管理人员可以查看并管理企业成员添加的客户、创建的客户群及发表的朋友圈，并能获得相关统计数据。利用这些统计数据，企业可以更加科学地管理客户及团队成员。

企业微信提供的统计数据包括：整个企业及每个成员的客户发展与联系情况；整个企业及每个成员的群聊数、群成员数、群消息数等；朋友圈内容的发表成员人数、发表条数、可见用户数，以及每个成员的发表情况等。

## 三、企业微信的客户运营与管理工具

企业微信支持三种客户沟通方式：单聊、群聊、发朋友圈。与这三种沟通方式对应，企业微信提供三大核心功能：客户联系、客户群管理、客户朋友圈。此外，为了提高客户运营效率，企业微信还提供群发功能，支持消息批量发送。接下来简单介绍一下企业微信为了更好地实现上述功能而提供的各种工具。

1. 客户运营工具

（1）加客户工具。

① 多人活码/群活码。二维码分为静态二维码和动态二维码两种。如果二维码背后的内容可以随时更改，而二维码本身不需要进行更换，那么这个二维码就是动态二维码；反之就是静态二维码。二维码活码指的就是动态二维码。简单来说，对于动态二维码，扫码后显示的内容是可以改变的，即使是印刷出来的动态二维码，也可以放心更新内容，无须担心二维码失效；而对于静态二维码，扫码后显示的内容是无法改变的。

企业微信针对一对一的客户联系推出了"多人活码"功能，针对客户群推出了"群活码"功能。

- 多人活码。企业微信除了可以为每个客服人员生成一个专属的单人二维码，还支持多人"共享"一个二维码。如果有客户扫描多人二维码，系统将随机为该客户选择一位客服人员。

那么多人活码有什么用呢？比如，企业对外投放广告、开展引流活动时，如果只出示一个客服人员的单人二维码，客户扫码添加该客服的企业微信时，可能会出现以下情况：二维码添加朋友数量达到上限，二维码失效，或者是账号因短时间内加大量微信而被限制或被封。这样会严重影响客户的操作效率，导致客户流失。如果出示多个客服人员的单人二维码，虽然客户可以在出现上述情况后换一个二维码扫描，但频繁扫码无疑会影响客户体验；而且，如果企业有 10 个客服人员，也不可能将 10 个二维码都放上去。这时就需要用多人活码为所有客服人员统一生成一个二维码，然后对客户进行分流。这样不仅可以减轻引流压力，规避账号被封或被限制的风险，还可以将客户资源均衡分配给客服人员，让客户得到更好的服务。

- 群活码。普通微信群使用的是静态二维码，而企业微信群支持动态二维码，也就是群活码。企业微信群活码的最大优势在于突破了客户进群的人数限制和有效期限制。用企业微信创建的外部群群聊人数上限是 500 人，这一点与微信个人号一样，但企业微信提供群活码功能，能帮助企业更好地运营社群。一个群活码可以关联 5 个外部群，在客户扫码入群时，如果群聊人数达到上限（2000 人），就可以自动建立新群，而且群活码永久不过期。这样就不会像微信个人号那样，群满员之后需要换个新群，但是用户无法再扫描之前的二维码进群，由此白白错失了客户。

② 欢迎语。企业微信支持提前配置好欢迎语。入群欢迎语可以由管理人员或业务负责人统一设置，然后客服人员选择并配置到自己的客户群，也可以由客服人员自行设置。

在编辑欢迎语时，除了文案，还可以添加图片、视频、文件、网页或小程序等；此外，还可以插入客户昵称。插入客户昵称后，客户收到的欢迎语中，客户昵称将转化为新入群成员的微信昵称或企业微信姓名，这样能够让客户感到亲切。

入群欢迎语编辑好后，还可以设置发送规则，包括如下两点：

一是设定间隔多长时间发送一次。如果客户群刚发送过欢迎语，新客户入群后，需等待一定时长，才会再次发送；如果短时间内有多位客户进群，欢迎语将合并为一条发送。这样能够避免频繁发送对群成员造成骚扰。

二是设定不发送的时间。比如，设定凌晨不发送，这样能够避免影响群成员休息。

（2）群发工具。

企业微信支持两种群发方式：一种是管理人员或负责人统一创建群发内容，然后通知客服人员发送；另一种是客服人员自己创建内容并群发。无论是哪种方式，都可以选择以下三种群发工具：群发消息给客户、群发消息到客户群、发表到客户朋友圈。

群发内容不仅支持文字、图片、视频、网页、文件、小程序等形式，还可以从素材库中选择相关素材。群发对象可以是全部客户或客户群，也可以是按条件筛选出的客户或客户群。筛选条件可以是添加人/客户标签或群主/群名。

使用群发工具进行消息群发，不仅能够提高消息发送的效率，而且消息内容统一，有助于规范客服人员对外话术。

这里需要注意的是，每个客户/客户群每天只能接收一条群发消息。

（3）聊天工具。

① 快捷回复。快捷回复内容是提前准备好的常用回复内容。企业可为客服人员统一配置快捷回复内容，客服人员也可自行添加。添加后，客服人员可在与客户的聊天中使用，从而更高效地回复客户，如图9-7所示。

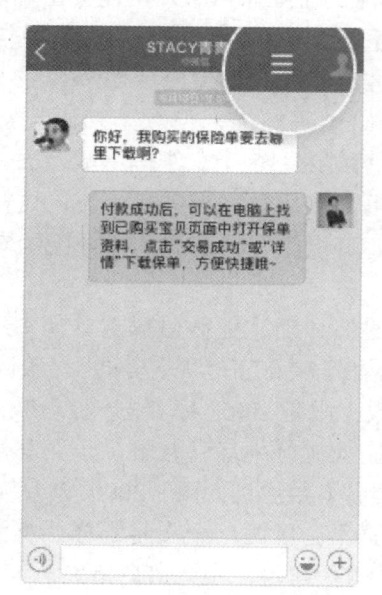

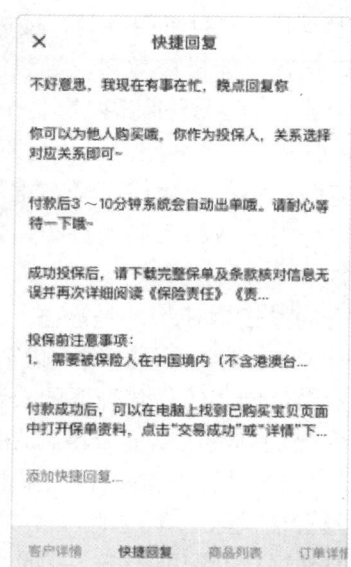

图9-7　快捷回复使用示例

② 聊天工具栏管理。企业可配置应用页面到聊天工具栏，方便客服人员在与客户的聊天中查看和使用，以提高服务效率，如图9-8所示。聊天工具栏可由企业统一配置，也可由客服人员自行添加。在使用过程中，只有客服人员自己可见，客户是看不见的。

③ 自动回复。自动回复是针对群内客户的常见问题而设置的标准回复内容，可快速响应客户的问题，为群内客户节省时间。管理人员可统一添加关键词和自动回复内容（见图 9-9），群主在群聊中开启"自动回复"后，客户在群里@小助理或客服人员并提问后，系统将根据问题的关键词发送自动回复内容。

图 9-8　手机端和电脑端聊天工具栏运用示例 　　　　图 9-9　自动回复配置界面

④ 商品图册。企业可以为客服人员统一配置商品图册，客服人员也可自行添加。配置后，客服人员可通过聊天工具栏将商品图册快速分享给客户（见图 9-10），从而更好地向客户介绍和宣传商品信息。企业还能增加收款账户，并在商品图册中嵌入购买按钮，方便客户直接购买，如图 9-11 所示。

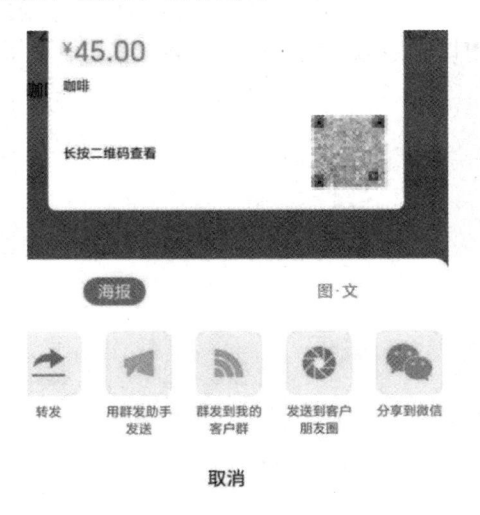

图 9-10　客服人员发送商品图册示例 　　　　图 9-11　客户查看商品图册示例

⑤ 推荐客服。客户添加企业微信账号后，当需要客服人员帮助解答问题时，若企业开启推荐客服功能，企业员工可通过聊天工具栏主动向客户推荐客服人员，客户点击名片即可向客服人员发起咨询。

⑥ 群模板。企业微信支持将群名称、群欢迎语等群设置项配置成模板（见图9-12），客服人员可使用模板快捷完成群设置，以提高服务效率。群模板可由企业统一设置，也可由客服人员自行设置。

2. 客户管理工具

（1）离职/在职继承。

企业微信支持离职及在职情况下的客户继承。一方面，客服人员离职后，可以分配他的客户和客户群给其他客服人员；另一方面，当客服人员或客户/客户群有变更时，可将在职客服人员的客户和客户群分配给其他客服人员继续提供服务。

（2）企业客户标签。

企业客户标签由管理人员或业务负责人统一设置。设置后，企业成员可以为客户打上标签。设置客户标签需先设置标签组，然后在组内设置具体标签，如"客户等级组：一般、重要、核心"。

（3）安全管控。

① 防骚扰。很多社群运营人员都经历过这种情况：建立一个社群后，打广告、发无关内容等行为屡禁不止，如果不能及时"踢人"，就会对其他群成员产生骚扰。为了解决这个问题，企业微信允许企业设置防骚扰规则，群中客户发送的消息命中规则时，该客户将会被踢出群聊或收到警告消息。

防骚扰规则可由管理员或负责人统一设置，然后由群主将规则设置到客户群中，也可以由群主自行定义规则。

防骚扰规则可用于防广告、防刷屏、防恶意竞争等。企业可以自主设置关键词或行为来进行过滤，当客户群中有人发布含有相关关键词的消息或实施相关行为时，系统会自动将人踢出或发出警告消息，而不必像以往那样靠人工处理，如图9-13所示。企业还可以创建不受规则限制的人员名单，让某些客户能够得到豁免权；也可以创建群聊黑名单，让某些客户进不了群。

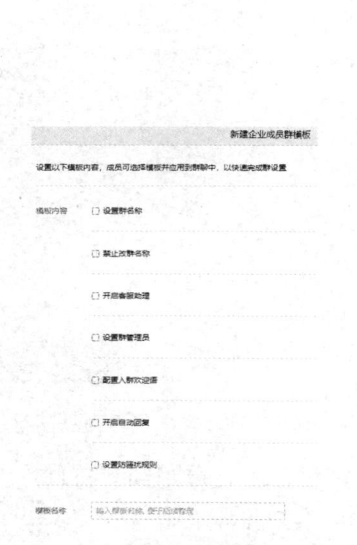

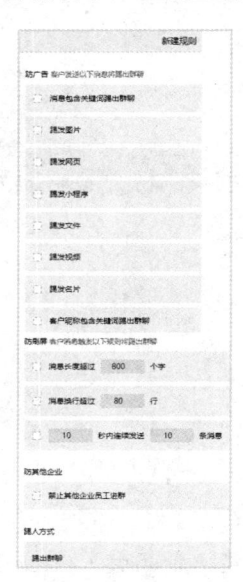

图9-12　群模板设置界面　　　　图9-13　防骚扰规则定义界面

② 聊天敏感词。企业可设置敏感词防范规则，当客服人员发送给客户的消息包含敏感词时，将予以提示或发送失败，如图9-14所示。该功能能够帮助企业防范风险、保障安全。

③ 群成员去重。做社群裂变活动的时候，偶尔会有一些人同时进入多个微信群，而管理人员通常没办法一个个筛选出来，这时就需要用到企业微信的"群成员去重"功能。通过该功能，管理人员可以选择多个客户群，筛选出其中重复的客户，并将他们从多余的客户群中移出。群成员去重操作入口如图9-15所示。

图9-14　聊天敏感词防范规则定义界面　　　　图9-15　群成员去重操作入口

### 四、企业微信账号建设

1. 企业微信基础设置

从对外信息沟通上看，企业微信与个人微信并无本质区别，只不过企业微信在各项设置上及聊天沟通时需要体现企业信息，对外打造专业、正规的品牌形象。

企业微信的基础设置与个人微信类似，也包括昵称、头像、个性签名等；此外，企业微信还允许企业自行设置对外信息展示页和欢迎语。接下来简单介绍如何设置企业微信的昵称、头像、个性签名、对外信息展示页及欢迎语。

（1）昵称、头像和个性签名。

企业微信的昵称、头像和个性签名既要体现成员的个人特征，也要展现企业信息，一般情况下建议参考以下做法。

① 昵称。建议用"企业名＋职位＋真实姓名或昵称"，如"中国银行-客户经理-张三"。如果觉得太长，也可以进行简化，如删掉企业名或职位。

② 头像。建议用高清个人职业照、企业Logo、企业IP形象或高清团队职业照等。

③ 个性签名。建议用简单的一句话介绍自己，这句话不仅要体现个人特质，还要突出自己对别人的价值。

（2）对外信息展示页。

对外信息展示页是新客户添加企业微信好友后，第一时间看到的地方，和朋友圈、视频号一样，是非常重要的曝光点。很多企业将对外信息展示页作为小程序引流变现入口，或企业线上平台持续拉新入口。我们可以把最想展示给客户的内容或客户最需要了解的内容放在

### 网络营销与运营

这里，如线上商城、点单入口、优惠券、会员中心、工作时间等。图 9-16 为某教育机构的企业微信对外信息展示页。

企业微信对外信息展示页的内容，可以由管理人员进入企业微信管理后台，进入"我的企业—通讯录管理—成员资料显示"进行修改，每个企业可以设置不同的对外信息，如图 9-17 所示。

图 9-16　企业微信对外信息展示页示例　　　图 9-17　企业微信对外信息展示设置界面

（3）欢迎语。

有温度、有创意的欢迎语能让客户对品牌和企业的好感得到提升，因此企业要精心设置欢迎语。

如图 9-18 所示，欢迎语最好能清楚地表达出企业或产品的定位、价值，或者让客户感受到这个企业微信背后的人能给他带来什么利益和好处，这样才能让客户产生良好的第一印象。

图 9-18　屈臣氏企业微信欢迎语示例

2. 企业微信账号认证

需要注意的是，除了基础设置，完成账号认证也是企业微信账号建设的重要组成部分。企业微信账号认证包括针对企业的主体认证和针对成员个人的实名认证。这两项认证都应该尽早完成。

### 五、企业微信常用拉新方法

企业微信支持四种添加客户的方式：主动或被动扫二维码添加、搜索手机号添加、从微信好友中添加（将微信中的客户转移到企业微信）、将名片分享到微信（邀请微信中的客户添加）。其中有些方式适用于员工已与客户联系过，现在只需将客户转移到企业微信的情况，这种情况严格说来不算拉新，实施起来也较为简单，因此略过不提。接下来重点介绍为企业微信添加新客户的常见方法。

适用于企业微信的拉新方法很多。在线下，可以通过在门店物料、产品物料及宣传物料上印制企业微信/客户群二维码来引流。在线上，既可以通过把企业微信/客户群二维码嵌入微信生态里的公众号、小程序、社群及微信广告等地方来引流；也可以像微博及公众号那样，通过其他平台、活动、对外宣传等外部途径推广引流。

如果要通过门店及小程序引流拉新，建议采用如下流程：客户到店或通过小程序消费—引导客户添加导购的企业微信或扫群活码—客户获得积分、优惠券或者是小礼品（可借助小程序发送优惠券，将客户引流到线上）。

如果要通过公众号引流拉新，可以参考以下三种做法：①用户关注公众号后，自动推送欢迎语及含有企业微信/客户群二维码的海报；②在公众号菜单中设置企业微信/客户群二维码海报；③在公众号文章中嵌入企业微信/客户群二维码。

## 案例讨论

### 海底捞火锅微信公众号运营的核心秘籍

作为将优质服务刻入企业基因的餐饮企业，海底捞为了更好地提升顾客的就餐体验，将服务从线下延伸至线上，运用官方微信公众号填补了线下服务空缺，并对服务进行了升级。不仅如此，海底捞还利用微信公众号平台开展营销活动，打响了线上知名度，收获了大批忠实粉丝，并塑造了良好的企业形象。接下来我们将深度解码"海底捞火锅"这个微信公众号。

1. 公众号简介

海底捞火锅微信公众号选择的账号类型是服务号，主要为用户推送菜品动态、活动信息等内容，并提供预订餐位、订购外卖等服务。同时，海底捞火锅微信公众号还致力于打造一个基于火锅的社交和电商平台，目前已经成为一个单品牌餐饮的线上服务系统。

2. 后台精心设置

（1）功能介绍。

海底捞火锅微信公众号的功能介绍采用"品牌介绍+功能介绍+欢迎语"的结构，简洁明了地向用户介绍了公众号提供的信息和服务，如图9-19所示。

（2）欢迎语设计。

海底捞火锅微信公众号的欢迎语采用"欢迎语+功能引导+会员绑定+积分兑换"的结构，不仅向用户展示了公众号的核心功能，而且突出了公众号能给用户带来的利益，如图 9-20 所示。

图 9-19　海底捞火锅微信公众号功能介绍

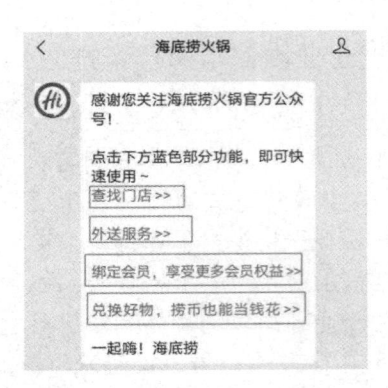

图 9-20　海底捞火锅微信公众号欢迎语

（3）菜单栏设计。

海底捞火锅微信公众号的菜单栏部分也经过了精心设置，主要由"就餐+我的+更多"三部分构成，如图 9-21 所示。

在"就餐"版块，除了基本的订座排号服务，还提供火锅外卖、在线客服等线上服务，满足用户足不出户就能享受海底捞火锅服务的需求。

在"我的"版块，设置了订座排号订单、就餐订单、会员中心、投诉与表扬等功能，支持用户通过后台进行订单查询、会员注册、意见反馈等。

图 9-21　海底捞火锅微信公众号菜单栏

在"更多"版块，设置了海底捞会员商城、加入海底捞等功能，用户可用积分进行物品兑换，也可以查询招聘信息、商务合作信息等。

3. 定期内容推送

海底捞火锅微信公众号推送的内容以新品介绍、软文推广、营销活动等为主，尤其擅长利用节日和热点进行借势营销。日常推送涵盖了新品推荐、花样吃法教程及评测、优惠活动、福利放送等内容，而且运营人员会针对用户的喜好和关注点，进行创意内容的编排、图文设计与优化。

4. 用户拉新与互动

海底捞火锅微信公众号的用户拉新主要依赖线下引流。一是门店引流，用户在门店消费时会被告知可以在微信公众号上提前浏览菜单、排号、订餐、兑换积分等，以此最大限度地将线下用户转化为线上用户；二是活动引流，工作人员会在实体产品里放置抽奖码，而用户需要在微信公众号上进行抽奖，以此带动关注。

在通过多种渠道吸引用户关注公众号的基础上，海底捞火锅微信公众号将重心放在如何抓住核心用户并与之形成有效互动上，其目的是通过提供优质服务让用户对品牌形成信任和依赖。一般情况下，餐饮类公众号很容易形成只基于地理位置的暂时性用户。为了改变这一点，海底捞通过定期举办代金券发放、限时免费名额抢购等福利活动，与用户形成互动，并给予一定物质激励，将短暂用户转化为稳定的用户群体，真正实现了粉丝的促活和增长。

除了各种诱惑力满满的营销活动，每篇海底捞火锅微信公众号文章的最后都会设置用户互动环节，通过各种小礼品、小福利鼓励用户参与互动，如图9-22所示。

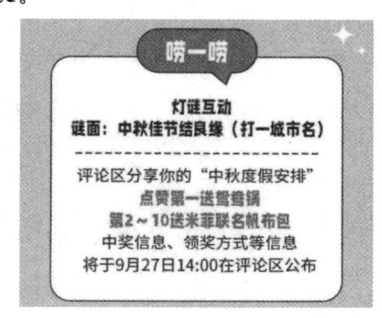

图9-22 海底捞火锅微信公众号文章底部互动话题

5. 运营启发

海底捞火锅微信公众号是餐饮业将服务延续到线上的典型案例，对于餐饮业甚至其他行业打造微信公众号，具有一定的启发意义。

首先，海底捞火锅微信公众号具有明确的战略定位，即利用平台快速搭建起便捷版服务大厅。运营人员从用户角度出发，充分考虑用户的实际需求，通过公众号解决了用户在就餐前、中、后场景中可能遇到的问题。

其次，运用Offline to Online to Offline，即"线下到线上再到线下"的商业模式，打造了一个营销闭环。海底捞通过门店引流、活动引流等方式将线下用户转化为线上用户，又通过线上活动奖励引导用户至线下再次消费，线下消费后又将用户引导至会员商城或火锅外卖小程序进行线上消费。同时，线上线下活动相互扩散，形成联动效应，真正做到了线上和线下的结合和统一，不仅拉动了粉丝增长和营业额增长，也提升了品牌美誉度。

最后，海底捞充分挖掘年轻用户的行为习惯，打造了基于微信的社交平台。海底捞火锅的微信公众号文章新颖有趣，每篇文章后面都有互动环节，并且还提供了一些特别的增值服务。这些创新内容及增值服务都特别符合年轻用户对就近社交和新奇事物的偏好，为公众号带来了大量的流量。

资料来源：搜狐网、海底捞火锅微信公众号.

讨论：

1. 海底捞火锅微信公众号在哪些方面体现了其"服务至上"的经营理念？
2. 你认为海底捞火锅微信公众号还可以增加哪些内容和功能？

### 思考与练习

1. 如果要通过朋友圈推广某种产品或业务，应如何打造"人设"、发布内容、与朋友互动并实现营销目的？
2. 服务号与订阅号有什么区别？企业应如何选择？
3. 如何写公众号推文标题？点击率较高的标题有什么特征？包括哪些类型？在写作时需要注意什么？
4. 公众号推文的引导语有哪些写法？
5. 公众号推文的常见结构包括哪几种？
6. 公众号推文的结尾有哪些写法？

7．对公众号推文进行排版时需要注意什么？

8．公众号如何获取粉丝？如何与粉丝进行互动？

9．企业微信在客户管理与运营中有哪些优势？

## 技能实训

与第7章的"技能实训"背景一样，假设你经营着一家名为"静好"的亲子关系心理咨询室，主营业务是为家长和孩子提供亲子教育指导和咨询。现打算开通微信公众号，并通过微信公众号推广自己的业务。请根据以上背景完成下列实训任务。

1．根据该心理咨询室的情况，注册一个微信公众号，对账号名称、头像、功能介绍、二维码等进行设置，并完成公众号互动设置。

2．为公众号制定吸粉引流方案。

3．撰写并发布一篇公众号推文以宣传该心理咨询室及其业务，推文具体要求：①在推文中植入心理咨询室的"软广告"；②在图文内引导用户关注、点赞；③在图文最后设置一个互动话题，引导用户留言评论。

# 第十章 短视频营销与运营

**学习目标**

- ◇ 了解短视频的营销优势，知道有哪几种短视频营销方式。
- ◇ 掌握短视频账号内容定位的思路和技巧，了解如何让系统尽快给账号打上标签。
- ◇ 掌握短视频内容运营的主要流程，明白如何进行内容策划、如何创作短视频脚本、如何拍摄短视频、如何对短视频进行后期剪辑、如何发布短视频等。

**引导案例**

### 荣耀手机×抖音短剧《办公室生存游戏》

2023 年，荣耀手机推出了一款折叠屏手机"Magic V2"，这款手机的目标用户为 25~35 岁的都市白领。为了提升目标用户对"Magic V2 是职场效率工具"的认知，打破"折叠屏不实用"的刻板印象，荣耀手机选择与抖音职场悬疑短剧《办公室生存游戏》（单集 2~3 分钟，共 15 集）合作，开展短视频植入营销。

为了避免传统科技产品"功能说明书"式的传播，荣耀手机在《办公室生存游戏》中进行了深度场景植入，将产品功能与剧情自然融合，让观众在不知不觉间加深了对荣耀手机"Magic V2"的了解。其中比较经典的产品功能及植入场景包括如下几点。

- ■ 鹰眼抓拍功能：主角通过该功能，捕捉到同事电脑屏幕反光中的关键证据。
- ■ 多屏协同办公功能：角色用手机分屏同时处理 3 个会议记录。
- ■ 投屏功能：角色用手机投屏功能直接破解会议室密码。
- ■ 隔空手势功能：主角用隔空手势翻页查看嫌疑人资料。

为了增强观众的参与感，提升产品的营销效果，荣耀手机还设计了一些互动机制，比如观众截图剧中手机界面即可解锁"职场生存战力测试"H5，观众在评论区发起#我的职场秘密武器#话题，并晒同款手机办公场景就能获得流量加持。

这次合作为荣耀手机带来了非常显著的营销效果。《办公室生存游戏》短剧总播放量达 1.8 亿次（抖音+微信视频号），"职场生存战力测试"H5 互动参与量达 214 万人次，用户对"折叠屏办公"的认知度提升了 67%，短剧观众的购买转化率达到非观众用户的 3.2 倍。

上述案例系统呈现了科技产品在短剧植入中的高阶打法。短剧制作方通过剧情将产品功能转化为职场生存"刚需工具"，利用场景露出、剧情绑定与技术互动机制，实现了"产品即剧情，使用即传播"的营销效果。

案例来源：根据《荣耀 2023 年 Q3 营销效果内部报告》和卡思数据《2023 年短视频植入营销白皮书》整理而成。

**思考：** 如何弱化短视频植入营销内容的"广告感"？

短视频一般指 5 分钟以内的视频，是一种随着网络的发展和移动终端的普及而诞生的视频表现形式。目前，观看短视频已经成为人们日常生活的重要组成部分，越来越多的人把大部分闲暇时光都消耗在短视频平台上。这种普遍的行为使短视频逐步成为互联网上最常用也最有效的营销利器之一。那么企业该如何进行短视频营销与运营呢？本章将围绕这一主要问题展开介绍。

## 第一节 短视频营销

### 一、短视频营销基本认知

1. 短视频的营销优势

与其他内容形式相比，短视频有其独特的营销优势，这些优势主要集中在三个方面。

（1）丰富动态的内容呈现。与图文相比，短视频更具视觉吸引力，更直观、更生动，表现力更强，用户的理解成本也更低。

（2）制作成本低、流程简单。与长视频相比，短视频的制作成本很低，流程也相对简单，运营人员只需要一部手机就可实现短视频的拍摄、编辑、上传、发布等，操作简单、快捷。

（3）轻量化、碎片化。与长图文和长视频相比，短视频更加轻量化，更能利用用户的碎片化时间，这样就有更多的展示机会。

2. 短视频营销的概念和方式

短视频营销是内容营销的一个分支，就是通过策划、创作和传播与品牌或产品相关的短视频内容，向用户传递营销信息，以实现产品推广与品牌传播目的的营销方式。

目前，短视频营销的方式主要包括以下几种。

（1）短视频账号运营。无论是企业还是个人，都可以在抖音、快手、微信视频号等平台上开通短视频账号，利用自己的账号发布短视频内容，并与粉丝进行互动，以此积累粉丝、提升账号活跃度。这就是所谓的"短视频账号运营"，简称"短视频运营"。

在短视频账号运营过程中，企业可以通过直接发布营销视频、在短视频中植入营销信息、开展互动性的营销活动等方式来推广品牌或产品。

（2）创作短视频内容，开展病毒营销。互联网上每隔一段时间就会出现一些刷屏的爆款内容，这些内容中有图文、H5，也有短视频。企业可以策划并创作一些具备较强吸引力且与品牌或产品相关的短视频内容，并通过各种渠道和方法将短视频传播出去，让用户在观看短视频内容的过程中潜移默化地接收营销信息。比如，中国国家博物馆与六家地方博物馆，联合抖音一起推出的"第一届文物戏精大会"系列短视频就曾经刷爆朋友圈。诸如此类的例子还有很多。

无论企业有无短视频账号，都可以选择这种方式开展营销，但这种营销方式对企业的内容策划能力及热点把控能力要求很高，毕竟互联网上的内容多如牛毛，要想脱颖而出并非易事。

（3）与短视频 KOL 合作。除了自建短视频账号或自己创作短视频内容，企业还可以找 KOL 合作，让 KOL 转发短视频广告，或在 KOL 创作的短视频中植入营销信息。

与短视频 KOL 合作的关键是选对 KOL。筛选 KOL 时，需要从账号内容质量、商业价值、与品牌/产品/活动的匹配度等多维度入手，找到性价比最高的 KOL 或 KOL 组合。

（4）投放短视频平台广告。目前，以抖音为代表的主流短视频平台都推出了各自的广告产品，企业可以根据营销目的和预算选择合适的广告形式投放短视频广告，具体投放流程可以参考本书第六章。

（5）发起或参与短视频话题挑战赛。除了各种常规的广告形式，抖音平台还有一种特色广告形式需要单独介绍，这种特色广告形式就是抖音话题挑战赛。

抖音话题挑战赛是抖音面向品牌方推出的高品质品牌营销工具，它融合了全流量入口资源，并运用"模仿"这一抖音核心运营逻辑，实现 UGC 众创扩散，达成品牌营销价值最大化。正因为此，抖音话题挑战赛成为打造现象级爆款营销案例的高发地。比如，"第一届文物戏精大会"短视频火了之后，七大博物馆又用自己的抖音账号发布了"嗯~奇妙博物馆"挑战视频，最终有超过 5 万人参与挑战，各个博物馆的知名度得到了很大提升，账号也因此大幅涨粉。目前，很多知名品牌都在抖音上发起过话题挑战赛，如图 10-1 所示。

图 10-1　安踏抖音话题挑战赛

对于一场话题挑战赛来说，话题名称、互动玩法、KOL 使用策略成为决定成败的三大关键要素。

① 话题名称。话题名称需要结合抖音平台的用户语境进行设置。在结合品牌卖点或理念的同时应具有一定的开放性，要能更好地激发用户共鸣，并能囊括更多的平台作品。

② 互动玩法。关于互动玩法，需要注意以下两点：第一，内容要足够好玩，要让用户印象深刻；第二，门槛要低，要让用户容易模仿，这样才容易形成裂变传播效应。此外，还可以将话题挑战赛与时下热点结合，这样不仅能够激发用户的创作热情，也更容易借热点进行内容传播。

为了使话题挑战赛具有趣味性和传播性，充分调动用户的参与欲，品牌方还可以联系抖音，为自己的话题挑战赛定制贴纸、特效或 BGM（Background Music，背景音乐），其中贴纸最为常见。贴纸的设计应遵循萌、美、趣、酷的原则，品牌元素可以露出，但不能过于生硬和夺目，以免引发用户抵触。

③ KOL 使用策略。KOL 是引爆话题挑战赛的关键，如果有 KOL 带头参与话题挑战赛，那么将极有可能掀起平台用户的参与热潮。因此，KOL 的筛选和矩阵搭建都需要精心设计。在活动预热期，建议采用倒金字塔形矩阵，用头部 KOL 吸引用户的注意力，释放粉丝效应；在活动引爆期，建议使用苹果形矩阵，集中腰部性价比高的 KOL 进行多维度扩散；在活动延续期，建议使用金字塔形矩阵，释放尾部 KOL 声量，实现活动长效扩散。

需要注意的是，话题聚合页也是不可忽视的营销阵地。企业可以在话题聚合页展示品牌介绍，并嵌入品牌宣传 TVC 或跳转链接，实现泛流量沉淀为品牌粉丝的转化效果。

除了发起挑战，参与挑战也能够帮助企业推广内容，甚至是"上热门"。企业可以根据话题火爆的潜力，以及与企业或产品的相关程度，选择合适的话题参与挑战。

除了以上主流方法，还有一些不太常见的短视频营销方式，如制作互动贴纸。在抖音上，品牌可以进行创意贴纸定制，包括 2D 脸部挂件贴纸和 2D 前景贴纸这两种类型。用户在拍摄视频时，可在贴纸栏下载品牌定制的抖音贴纸，这样的话，带有品牌标识的贴纸将会随短视频内容一起得到展示机会。而且互动贴纸具有趣味性，形式生动，能够提升用户对品牌的好感度，甚至有可能实现裂变传播效果。比如，苏宁易购曾经在春节期间定制了"膨胀红包"贴纸，这款贴纸在非常短的时间内被十多万人使用，如图 10-2 所示。

图 10-2　苏宁易购抖音贴纸

## 二、短视频平台介绍

目前，互联网上的短视频平台数量众多，每个平台都各有优劣势，用户群体、适合品类、内容调性及用户偏好等也不尽相同，企业需根据产品及目标用户的情况选择合适的平台，才能保证营销效果。接下来简单介绍当前主流的短视频平台：抖音、快手、微信视频号。

1. 抖音

（1）抖音简介。

抖音最开始是一款专注于年轻人的音乐创意短视频社交软件，目前已经成为我国最大的短视频社交平台，用户主要集中在 15 至 35 岁之间的年轻用户。抖音中的内容丰富多样，以小剧场、才艺表演、技能分享、生活记录等轻松有趣的内容为主。用户可以在抖音中观看短视频，认识更多朋友；也可以选择歌曲，拍摄音乐短视频上传，以此展示自我、分享生活。在编辑短视频的过程中，用户还可以运用多种特效、滤镜和场景切换技术来提升视频的视觉效果。

在设计上，抖音具有以下特点。

① 采取"霸屏"阅读模式，降低了用户注意力被打断的概率。

② 没有时间提示，用户在观看视频时很容易忽略时间的流逝。

③ 用户只需用手指在手机屏幕上轻轻一划，就可以播放下一条视频，用户的不确定感更强，因此更能吸引用户观看，从而打造沉浸式娱乐体验。

④ 平台会定期推出话题挑战活动，引领用户参与到同一主题视频的创作中。这些挑战赛能够激发用户的创作灵感，而且由于创作出来的内容具有很高的参与感和娱乐性，所以被其他用户分享的概率也很高。

近年来，抖音进行了全方位的商业化布局，不仅完善了广告体系，而且推出了抖音小店、抖音橱窗、直播等电商转化工具，此外，还为广大创作者提供了内容加热工具"DOU+"。企业可以根据需要选择合适的营销方式或运营工具，来推广自己的品牌、产品或活动。

目前，服饰穿搭、美妆、美食、家居生活、萌宠、母婴、旅游、体育等领域的产品或品牌在抖音上比较常见，商业表现也更好。

（2）抖音的算法推荐机制。

在内容分发上，抖音延续了今日头条的算法推荐机制，主要通过机器算法完成短视频内容与用户的智能匹配，从而实现内容的个性化推荐。目前，其他各大短视频平台也纷纷效仿抖音，采用算法推荐机制进行内容分发。

算法推荐机制主要涉及三个方面：短视频与用户画像的匹配程度、短视频的热度（完播数、点赞数、评论数、转发数等）、短视频的发布时间。系统在推荐内容之前会对用户画像及用户行为进行分析，判断用户的需求和喜好，然后根据短视频的标题、标签、分类等信息判断短视频与用户的匹配程度，并参考短视频的热度及发布时间，筛选出用户可能感兴趣的短视频推荐给用户。

为了让每个短视频都能获得展示机会，抖音的初始流量分配是"去中心化"的，即使短视频创作者是新注册用户，没有粉丝，发布的短视频也有可能被推荐，从而获得一定的播放量。此后，系统会根据该短视频的用户反馈（完播率、点赞率、评论率、转发率等）决定是否把该视频推荐给更多人。

2. 快手

快手的前身为"GIF 快手"，主要用于制作和分享 GIF 图片，后来更名为"快手"，从纯粹的工具应用转型为短视频社区。

快手定位为普通人记录和分享生活的平台，强调人人平等，主张每个人都值得被记录，鼓励用户记录自己真实的生活。快手上的内容都是用户自发记录和分享的真实感悟、真实故事、真实体验等。同时，拥有某个领域标签的用户还能形成"快手江湖"中的"门派"。这些"门派"就是某个领域的目标用户群体，便于企业更加精准地进行用户群体的定位，从而带来更加精准的营销效果。

快手主要面向三四线城市及广大农村用户群体，旨在为这些"草根"群体提供一个展示自我的平台，因此在快手上占据主导地位的不是明星和KOL，也不是影响力巨大的"网红"，而是普通的"草根"。在整个发展过程中，快手并没有采取以明星为中心的战略，没有将资源向粉丝较多的用户倾斜，也没有对用户和内容进行分类，这样做的目的就是让平台上的所有用户都敢于表达自我，积极地分享真实有趣的生活。

与抖音一样，快手也有自己的广告产品，也推出了快手小店、快手橱窗、直播等电商转化工具及内容加热工具，适合的品类也与抖音存在高度重叠。

3. 微信视频号

微信视频号是继微信公众号、小程序后又一款微信生态产品。它支持用户发布1小时以内的视频或不超过9张的图片。在之前的微信生态下，用户也可以在朋友圈发布短视频，但仅限于朋友圈好友观看，属于私域流量；而微信视频号则放开了传播限制，能够让更多的用户看到短视频，属于微信生态的公域流量。

微信视频号虽然在短视频市场中失去了先发优势，但依托微信超过13亿的活跃用户数，依然成为短视频市场中的重要力量。此外，视频号基于熟人社交的内容推荐机制也是一大亮点。视频号会根据用户在看、点赞和收藏行为将相关短视频推荐给朋友，更容易实现内容的社交裂变，同时用户的互动意愿也更高。

与抖音和快手一样，视频号也推出了视频号小店、视频号橱窗、直播等电商转化工具及内容加热工具。此外，用户还可以在视频号中添加公众号文章链接，或者将视频号与小程序打通，这为公众号导流和电商变现提供了巨大的操作空间。接下来重点介绍如何将视频号与小程序打通。

场景一：利用微信视频号主页。视频号主页可以添加多个菜单，运营人员可以在视频号主页中添加小程序菜单，用户点击菜单就能跳转至小程序，如图10-3所示。

场景二：利用微信视频号橱窗。小程序商家开通自定义版交易组件后，就可以在视频号橱窗中展示小程序商城的商品，如图10-4所示。用户点击商品即可进入小程序购买，链路流畅。

场景三：利用微信视频号直播挂载小程序商品。除了橱窗展示，在视频号直播时，还可以挂载小程序商城的商品。观看直播的用户，点击主播推送的商品即可进入小程序完成购买。

目前，视频号上的用户偏好有用、有态度的内容，以知识、观点及生活分享等形式为主。因此，视频号更适合影视音乐、软件应用、教育培训、咨询、书籍阅读等领域的品牌或产品进行推广。

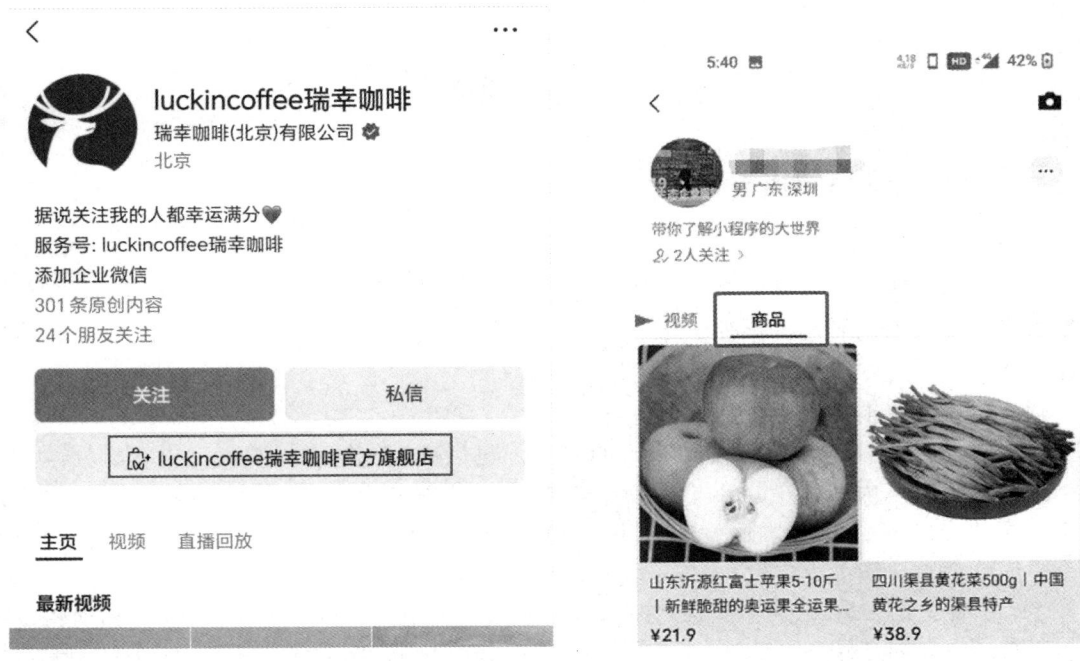

图 10-3　微信视频号主页中的小程序菜单　　　　图 10-4　微信视频号橱窗

**4. 其他短视频平台**

除了抖音、快手、微信视频号等目前较为火爆的短视频平台，美拍、秒拍、梨视频等也是常见的短视频平台。

美拍初期凭借其专业的图形图像处理能力，获得了大量对画质有追求的用户。这些用户以高级白领居多，他们喜欢展现自己高质量的生活与品位。之后，美拍通过不断丰富功能、细分视频类别，全面覆盖了用户需求，增强了对用户的吸引力。

秒拍是一个集视频剪辑、观看和分享于一体的短视频平台，拥有多种短视频编辑工具，吸引了众多明星和美女入驻。

梨视频是一个讲述中国故事、记录人间百态的短视频平台，由深具媒体背景的专业团队和遍布全球的拍客网络共同创造，主要以新闻事件和纪录片内容为主。

除了以上几种独立的短视频平台，在传统的视频网站、社交 App 及新闻资讯平台上也能看到短视频的身影，如爱奇艺、腾讯、优酷、微博、小红书、今日头条、网易等。

不同的短视频平台有不同的特点，企业要根据营销目的和用户群体加以选择。比如，美拍为用户提供了很多视频滤镜和表情，且用户群体大部分为女性。因此，该短视频平台更适合美妆类、时尚类产品进行营销。再如，抖音和快手虽然都是当下比较火的短视频平台，两个平台也有很多相似之处，但两者也有一些区别：从用户定位上看，抖音偏于年轻化，快手则偏于平民化；从内容上看，快手中的"人物"是关键，而抖音中的"内容"是关键。因此，如果运营人员的短视频内容足够有创意且有趣，那么可选择抖音；如果短视频内容拥有"人物"资源，那么可选择快手。总之，在选择短视频平台前，运营人员一定要认真考虑其是否与自己的营销定位相吻合。

## 第二节 短视频运营

### 一、短视频账号建设

1. 短视频账号内容定位

短视频账号定位的思路与微博一样，也包括功能定位、角色定位、内容定位、形象定位四个方面。共性的内容略过不提，这里主要结合短视频的特点，介绍一下短视频账号的内容定位。

（1）内容定位框架。

所谓内容定位，就是确定发什么样的内容，包括确定内容边界和确定内容调性两个方面。内容边界就是内容所在的领域；而内容调性，在短视频领域，又可以细分为两个方面，即短视频的表现形式、短视频的风格类型。因此，短视频账号的内容定位主要就是确定上述三个方面的内容，即内容定位=表现形式+风格类型+领域。

① 表现形式。目前，常见的表现形式包括真人出镜、Vlog、动植物、视频剪辑、动画、字幕轮播、照片轮播、图文PPT等。在这些形式中，运营人员应根据自身的资源和内容主题来确定采用哪种表现形式。

② 风格类型。目前，常见的风格类型包括搞笑、炫酷、剧情、干货、技能、情感、测评、解说、集锦、励志、榜单等。在这些形式中，运营人员最好根据自己的性格、专长来决定采用哪种风格类型。

③ 领域。目前，常见的领域包括美食、时尚、旅游、亲子、才艺、娱乐、文化教育、校园、游戏、科技、体育、职场、汽车、"三农"、财经等。对企业来说，这一部分是比较容易确定的，根据自己的业务选择即可。

（2）内容定位原则。

运营人员在对短视频账号进行内容定位的时候要遵循两个原则。

① 定位要垂直。内容垂直的短视频账号，不仅更有可能获得机器算法的推荐，而且更容易在用户心中形成鲜明独特的标签，从而获得更高的用户精准度，而用户精准度越高，账号的商业价值也就越大。因此，短视频账号的内容定位一定要垂直，而且要保证能够长期输出此类内容。

② 定位要差异化。在短视频内容越来越多、越来越同质化的情况下，只有差异化的内容，才能被用户记住，才能在平台上脱颖而出。那么如何差异化呢？以跳舞类抖音号为例，目前大部分跳舞视频，都是一个人在跳，那我们就可以另辟蹊径，让两个人同时跳舞，如女儿和爸爸一起跳。简而言之，短视频内容至少要在某个点上与其他同类内容有所区别，如背景比较独特，相貌比较出众，或说话比较搞笑等。

（3）内容定位注意事项。

如果是真人出镜的话，在进行内容定位时还有两个方面需要注意。

① 确定主要场景。通过观察发现，很多表现好的账号发布的短视频内容，场景几乎没怎么变过。比如，每次都在厨房，或每次都在街边。因此，建议在内容定位阶段就确定以后

的主要拍摄场景，确定以后就一直保持这个场景。

② 确定人物形象。如果是真人出镜，还要确定以什么样的形象出现在视频中，即所谓的"人设"，如超级奶爸的形象、时尚辣妈的形象、淳朴农民的形象、幽默主妇的形象等。为了塑造理想的人物形象，着装、配饰、妆容等也需要精心设计。

## 2. 短视频账号基础设置

短视频账号基础设置与微博类似，此处不再赘述。这里只补充一点：账号简介中可以放上视频更新的时间、频率及直播的时间等。

## 3. 短视频账号认证

如果条件符合，一定要进行账号认证。目前，主流短视频平台都提供这项服务，只不过具体的认证类型和认证条件有所不同。运营人员可以登录各平台的"创作者中心"进行查询。

## 4. 促进系统给短视频账号打标签

目前，几乎所有的短视频平台都采用算法推荐机制，而算法推荐的基础是完善的标签体系。以抖音为例，抖音标签包括三种：作品标签、账号标签、用户兴趣标签。正常情况下，系统会根据用户的历史行为给每个用户打上兴趣标签，也会根据视频的标题、话题、分类及视频内容等信息，给每个视频打上作品标签。但如果账号设置中缺乏足够的线索，账号内容也不够垂直的话，系统可能无法判断账号定位，从而无法给账号打上标签或打上的标签不够准确。而账号是否被打上标签、打上的标签是否准确，将直接影响账号及账号上的内容被推荐给精准用户的概率。因此，需要想办法让系统尽快给账号打上准确的标签。那么要如何做呢？接下来还是以抖音为例，看一下如何让系统尽快给账号打上准确的标签。

① 昵称、简介等账号基础信息中要包含行业关键词。

② 视频的标题、话题标签、封面文案及视频配音、字幕中也要富含关键词，方便视频内容被打上相关标签。

③ 持续发布垂直领域内容，不要今天发这个，明天发那个。

④ 设置重点关心账号。（操作方法一：抖音创作服务平台首页—"重点关心"，如图 10-5 所示；操作方法二：抖音创作服务平台—"互动管理"—"重点关心"。）

图 10-5　电脑端设置重点关心账号的界面

⑤ 投放"DOU+"也能加快账号被打标签的速度。

## 二、短视频内容运营

不管选择哪个短视频平台,短视频营销的关键都是内容,内容的好坏直接决定了视频的传播度和影响力。

1. 短视频内容运营流程

与专业视频相比,制作网络短视频的复杂性和技术性较低,但为了保证短视频的质量和价值,也需要遵循一定的制作流程。一般情况下,短视频的制作主要包括 7 个步骤:内容策划、脚本设计、角色选择、视频拍摄、视频剪辑、视频发布、推广传播。

(1) 内容策划。由于短视频通常时长较短,所以构思短视频内容时,要确保在短时间内完成故事主题、情节或创意的叙述,且将产品或品牌信息完美地融入视频中。

(2) 脚本设计。不管是拍摄哪种类型的短视频,都要提前设计一个完整的拍摄脚本,通过对人物、对白、动作、情节、背景、音乐等元素进行设计,准确地向用户传达短视频的主题内容、视觉表现和情感氛围,从而引起用户的好感和共鸣。只有情节合理、逻辑清晰的短视频才能给用户留下深刻的印象。

(3) 角色选择。如果短视频需要通过角色来传达信息,那么角色的选择一定要符合短视频和品牌的定位,并能够体现产品或品牌的特质,让短视频内容与推广内容自然贴合、不矛盾。

(4) 视频拍摄。拍摄短视频可以使用摄影机、摄像机等专业的拍摄工具,也可以使用手机等简单的移动设备,具体拍摄器材的选择需要依据短视频的性质而定。此外,在拍摄短视频时,要注意内景和外景的选择,场景风格要以适应短视频内容为前提。

(5) 视频剪辑。剪辑就是借助视频剪辑软件剪除多余影像,进行镜头的连接,并完成声音、特效等后期制作,目的是将所拍摄的短视频整理成一个完整的故事,创造出独特的视觉效果。在剪辑过程中,要注意场景转换、音效配合等方面的处理,还要控制好视频时长,必要时还需要将产品或品牌的推广信息添加到短视频中,制作出符合企业运营目的的营销视频。

(6) 视频发布。短视频制作完成后,需要为其添加标题、描述、封面、标签等信息,并选择合适的时间进行发布。

(7) 推广传播。短视频发布后,还要想办法对其进行推广,让其成为平台的热门内容,从而获得更广泛的传播。

2. 短视频内容策划

(1) 爆款短视频内容类型。

企业在构思短视频内容之前,需要先了解用户的喜好,知道哪些内容更有可能吸引用户,并获得用户的认可。通过对各大短视频平台上的爆款内容进行洞察分析,我们发现,以下几类短视频更受用户青睐。

① 幽默搞笑类。这是短视频平台上主流的内容类型之一,包括搞笑情景剧、神剪辑视频、鬼畜视频等多种细分类型。这类短视频有着广泛的受众基础,制作门槛也较低。如果选择这种类型,可以对影视剧中比较经典的片段或场景进行剪辑加工,也可以对生活中一些常见的场景或片段进行搞笑化演绎,从而打造出完全不同的、能使人娱乐和发笑的视频内容。

对于企业来说，最重要的是将营销信息巧妙植入视频中。

A．搞笑情景剧。情景剧就是由演员来表演特定故事情节的视频类型，通常情况下至少需要两名演员。搞笑情景剧，顾名思义，就是能让人发笑的情景剧。搞笑情景剧在形式上没有固定的特征，可以通过夸张的表情或奔放的动作来进行演绎；也可以在剧情中加入幽默的段子或"梗"来娱乐观众；或者是通过戏剧化的故事情节，尤其是"反转"剧情或"无厘头"剧情，让观众感到放松和快乐。

在利用搞笑情景剧开展营销时，企业可以在故事情节中加入产品功能的展示、产品的使用效果等内容，并通过这些内容将情节串联起来。这样既能满足用户的娱乐需求，又兼顾了企业的营销诉求。

B．神剪辑视频。神剪辑视频是指对严肃正经的图片、视频、音乐进行修图、剪辑、调音或配音等再创作而形成的视频作品，通常可以实现颠覆经典、打破传统、张扬个性、表达态度、讽刺社会的目的。神剪辑视频的素材来源广泛，网上各种综艺、电影、电视剧、动漫及社交媒体上用户公开发布的视频，都可以被用作素材（请注意版权）。

C．鬼畜视频。鬼畜视频是一种搞怪视频类型，通常以高度同步、快速重复的素材配合BGM 的节奏，来实现魔性、喜感的传播效果，从而达到对观众"洗脑"的目的。

目前，企业利用鬼畜视频开展营销的方式主要包括两种。第一，将产品作为视频素材。这类视频以故宫推出的各种鬼畜视频为代表，如"文物戏精大会"等。第二，将品牌理念或产品信息编成歌词或诗词在视频中吟唱出来。比如，百度推出的鬼畜视频"你说啥"，就告诉年轻朋友们"老人们的问题，百度往往都能回答，但也许子女，才是他们最好的答案"；而小米官方在 B 站上推出的雷军魔性单曲"只要米粉喜欢，就是我们的正业"，不仅讲述了小米的创业历程，强调了小米对于创新、品质的坚持和追求，而且还让小米手机、小米扫地机器人等产品在视频中亮相。

虽然幽默搞笑类短视频的制作门槛低，成本也不高，但是要想做好这类短视频，却并不容易。首先，如果要保证稳定的内容输出，运营人员就需要源源不断的灵感，而且这些灵感还要贴合大部分受众的兴趣点，不小众，也不尴尬，这对于运营人员来说就是一个很大的考验。其次，搞笑尺度也不好把握。对于搞笑类博主来说，用力过猛会让人觉得虚假和"油腻"，但是如果表演平淡，又难以起到幽默的效果，这个度的把握，需要仔细权衡。

总而言之，运营幽默搞笑类短视频账号，博主不仅需要具有个人魅力，还要善于发现生活，从日常小事中提取出"笑点"，并将其包装和放大，以面向更多的群体，让更多的人觉得有趣。这具有很大的难度，也需要天赋。

② 干货类。干货类指的是能够为用户提供有用、有价值的知识或技巧的短视频内容。选择短视频形式进行知识分享，能大大提高内容的趣味性，降低学习的难度。对于认知门槛较高的行业来说，如教育、咨询、科技产品等，输出干货类短视频内容是非常好的选择，这样不仅可以树立专业的品牌形象，而且能够提前培养用户。

③ 高颜值类。首先要说明的是，这里的"高颜值"并不仅仅针对人，还包括好看的事物、美景等。在社交媒体上，高颜值的短视频非常容易火，很多颜值高的博主只是跳跳舞或者做做表情就能得到上百万的点赞量。因此，企业在拍摄短视频时，出镜角色可以选择颜值较高的人，且最好加上滤镜。

④ 萌宠类。萌萌的可能是宝宝，也可能是宠物。对于做宝宝或者宠物短视频的创作者

> 网络营销与运营

来说，可以通过拍摄自己的宝宝或者宠物来吸粉及进行产品营销。当然，在植入产品内容时也要自然无痕。

⑤ 才艺类。这里所说的"才艺"可分为唱歌、跳舞等常规才艺和冷门才艺两种。唱歌、跳舞类短视频受众范围非常广泛，上至老人，下至小孩都很喜欢，一直以来都是短视频平台上比较受欢迎的内容类型。除了唱歌、跳舞等常规才艺，在短视频平台上常常还能看到木艺、刺绣、绘画、书法等冷门才艺展示。这些技能都有一定的难度，网友们常常会因为佩服、欣赏等为视频点赞，也是比较受欢迎的视频类型。因此，对于一些手工艺品来说，可以通过视频的形式呈现其制作过程，以此带火店铺或者产品。

当然，才艺类短视频内容并不是所有人都能打造出来的，这一类型只适合在某一领域有特长和技能的运营人员。

⑥ 美食类。美食在人们的生活中占据着重要的位置，美食类短视频也因此受到各类用户群体的喜欢，再加上准入门槛较低，目前已经有大量内容创作者投身于美食类短视频的创作当中。运营人员可以从多个维度入手来创作短视频内容，如可以向观众展示与美食有关的技能，也可以释放拍摄者及出镜人对生活的乐观与热情等。

美食类短视频适合餐饮、厨房用品、农产品等与美食相关的企业或个人。

⑦ 短剧类。网络视频短剧是指一些时长虽短，却拥有完整故事情节，且剧情轻松、有趣、贴近生活的短视频。与传统意义上的短剧相比，网络视频短剧具有以下特点。第一，强调"身边人演身边事"。无论是故事情节，还是导演和演员，都是普通人。第二，短剧的故事既可相互关联，又可独立成篇，机动灵活，常变常新。第三，一般采取的是"边拍边播"的模式，即一边通过网络互动搜集网民的意见，一边改写剧本，进行快节奏拍摄。这种方式可以不断汲取广大网民的思想精华，并迎合网民的需求，通常能够取得较好的传播效果。

企业可以围绕产品和品牌设计故事，将品牌理念、产品特点与目标用户的生活场景和需求相结合，来拍摄视频短剧，让用户在故事情节中自然而然地对品牌或产品建立认知。由于视频短剧有情节、有故事，具有较高的娱乐性和观赏性，因此用户能较好地接受植入其中的营销信息，软性宣传效果较好。

比如，2019年1月正值期末考试期间，备考学生疯狂转发"锦鲤"，祈祷考试过关。麦当劳抓住学生的心理，借势推出了"保好运"广告视频。该视频围绕"考前吃麦当劳会有好运"的噱头呈现了多个相关场景，如准考证被大车碾压，主角朝天狂翻白眼，但因为主角考前吃过麦当劳，准考证莫名其妙地焕然一新；又如，一不小心把咖啡洒到练习本上，也因为主角考前吃了麦当劳，那块因为污渍格外显眼的地方变成了考试中的送分题；最夸张的是，无意中弹出去的橡皮擦也因为主角考前吃过麦当劳而受到神秘力量的控制，不可思议地弹回到笔袋里。学生群体是麦当劳的目标客户群之一，麦当劳迎合学生备考心理的"保好运"视频很好地引起了学生群体的关注、讨论和传播。

⑧ 治愈类。当代年轻人的生活压力和工作压力都很大，因此，治愈类短视频在互联网上很受欢迎，甚至一些仅仅以字幕形式呈现的心灵鸡汤，有时候也能获得大量播放。在此情形下，企业可以适量推送治愈类短视频来抚慰用户的心灵，取得用户的好感。尤其是对于心理咨询、提供书籍或课程的知识产业、旅游景点等行业来说，治愈类短视频契合度更高。

以上是目前互联网上比较受欢迎的短视频类型。不同的类型适合不同的运营内容，且运营效果也不同，企业应根据产品特性及用户需求选择合适的短视频类型。

（2）短视频内容策划法则

在条件允许的情况下，短视频运营人员在策划短视频内容时应尽量遵循以下三大法则。

① 风格娱乐化。目前，多数短视频平台的整体内容风格都以轻松、娱乐为主，因此运营人员在短视频平台发布的内容也应该避免枯燥的说教，而是应具有趣味性，让用户在轻松、快乐的氛围中建立对品牌或产品的认知。

② 视频真人化。虽然用户在短视频平台可以发布纯文字类视频或图片翻页类视频，但是曝光度高的内容和头部账号还是以真人出镜类视频为主。相比其他形式，真人出镜更能拉近与用户的距离，增强用户对账号的信任感和黏性，有助于打造自己的个人品牌，而且创作起来也更为简单。因此，运营人员最好选择真人出镜的视频形式。

③ 内容系列化。所谓内容系列化就是将风格统一的账号内容分集呈现，打造"合集"，让观众产生"追剧"的感觉，以此引导用户持续关注账号，增加账号的黏性。

3．短视频脚本创作

成功从来不是偶然，爆款也是如此，大部分爆款视频都经过周密的策划和细致的安排，在拍摄之前都会精心设计脚本。

（1）何谓脚本。

脚本就是视频拍摄、剪辑的依据，用以确定作品的结构和拍摄方案。脚本的创作是为了根据拍摄流程，提前确定拍摄的整体方案和具体细节，统筹安排好每个人每一步要做什么及怎么做。

一切参与视频制作的人员，包括摄影师、演员、"服化道"人员、剪辑师等，都要服从脚本，这样才能降低沟通成本，方便团队合作，从而保证视频质量，提高拍摄效率。

（2）短视频脚本创作流程。

短视频脚本创作大致包括四个主要步骤。

① 明确主题：确定视频要表现什么，包括整个内容序列的大主题及当前视频的小主题。

② 搭建故事框架：设定人物、场景、事件等视频构成元素。

③ 记忆点设置：设置笑点、共鸣点、冲突点、反转点、泪点、嗨点、正义点等比较有亮点的情节或"梗"。

④ 填充内容：详细设计短视频的各部分内容，重点是创作分镜头脚本。总体来说，视频前面要想办法留住观众并引发观众联想；中间要阐述清楚剧情，制造冲突或反转等；后面要引发大家点赞、评论和转发。

（3）脚本创作两大原则。

① "3 秒钟吸引"法则。统计数据显示，短视频开始的 3 秒钟，观众就已经决定了是否要将视频看完。因此，能否在 3 秒钟内吸引住观众的注意力，是决定一条短视频能否完播的关键因素，而高完播率是平台推荐流量的核心指标之一。这就是短视频脚本创作的"3 秒钟吸引"法则。

如何做到"3 秒钟吸引"观众呢？最关键的是要在短视频的开头建立"高效诱因"，如以简单直接的方式，将视频的精华、悬念等可期待因素作为视频开场内容，用以驱动观众看完视频。"高效诱因"可以是文案、音乐、人物等。

A．文案诱因。文案诱因主要是指通过设置悬疑来引导观众继续观看视频，如"看到最后你会来感谢我""结尾会有彩蛋……""后边更加精彩……"等。这样的文案引导意图比较明显，但是久而久之效果会下降。

B．音乐诱因。独特的音乐会给观众以条件反射，让观众情不自禁地产生某种特定的情绪，然后跟随音乐节奏开始沉浸式的"内心体验历程"。很多爆款短视频都带有让人印象深刻的背景音乐，甚至让人一听到这段音乐就想到视频中的场景。因此，运营人员可以通过为视频设置新颖独特的背景音乐来引导观众继续观看视频。

C．人物诱因。出镜人在前 3 秒必须出现，而且最好以比较完美的形象出现在观众面前，这样才能在第一时间抓住观众的眼球，吸引观众继续观看视频。这一点在观众是博主粉丝的情况下，尤其重要，因为如果博主没有及时出镜，粉丝可能就直接将视频划走了。

② "高密度聚焦"法则。由于时长较短，所以短视频内容需要足够聚焦。也就是说，一个视频只能表达一个主题，且要直接切入主题，并通过密集的视觉、听觉和情绪的刺激，以及紧凑的剧情节奏，抓住观众的注意力，切忌一个视频包含多个主题，也不要铺垫太长。这就是短视频脚本创作的"高密度聚集"法则。

（4）分镜头脚本创作。

脚本分类很多，但短视频常用的脚本以分镜头脚本居多。分镜头脚本需要对每个镜头都进行细致的设计，包括镜头编号、场景、镜头景别、拍摄方法、画面内容、旁白或字幕、音乐或音效、时长、道具等，如表 10-1 所示。

表 10-1　短视频分镜头脚本范例

| 镜头编号 | 场景 | 镜头景别 | 拍摄方法 | 画面内容 | 旁白/字幕 | 音乐/音效 | 时长 | 道具 | 备注 |
| --- | --- | --- | --- | --- | --- | --- | --- | --- | --- |
| 1 | 更衣室 | 中景 | 固定镜头 | 换足球运动衣 | 今天是大学校队最后一场足球比赛 | 无 | 5 秒 | 球衣 | |
| 2 | 更衣室 | 近景特写 | 推镜头 | 穿球鞋，系鞋带 | 为了今天的比赛，特地穿上了这双进球最多的幸运球鞋 | The Mass | 3 秒 | 球鞋 | |
| 3 | 更衣室 | 全景 | 固定镜头 | 全身装备，推门走出更衣室 | 我一定要赢 | The Mass | 3 秒 | | 表情坚毅 |
| 4 | 球场 | 全景 | 跟着演员走 | 球场中全场观众，双方部分球员在热身 | 队友都准备好了，对手看上去很强大，我要加油 | The Mass | 4 秒 | | |
| 5 | 球场 | 近景 | 固定镜头 | 中场开球画面，裁判吹哨子 | 终于开始了 | The Mass | 3 秒 | 哨子足球 | |

① 镜头景别。镜头景别主要包括远景、全景、中景、近景、特写等主要类型，如图 10-6 所示。

A．远景：把整个人和环境都拍摄在画面里。

B．全景：比远景更近一点儿，用来表现人物的全身动作，或者是人物之间的关系。

C．中景：拍摄人物膝盖至头顶的部分，有利于显示人物的形体动作。

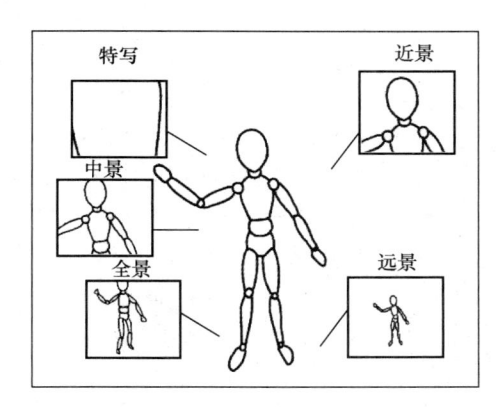

图 10-6 镜头景别示意图

D. 近景：拍摄人物胸部至头顶的部分，有利于表现人物的细微动作。

E. 特写：对人物的眼睛、鼻子、嘴、手指、脚趾等细节进行拍摄，适合用来表现需要突出的细节，或用于捕捉人物的神情、肢体动作等。

② 拍摄方法。拍摄方法涉及摄影机机位及运用镜头的方式，大体上可分为固定镜头拍摄和运动镜头拍摄两大类。固定镜头拍摄，顾名思义，就是将摄影机及镜头固定起来后进行拍摄，包括平拍、俯拍、仰拍、前拍、侧拍、后拍等；运动镜头拍摄就是让摄影机或镜头在移动过程中进行拍摄。固定镜头比较简单，表现力也有限，而运动镜头则会让画面更具动感。运动镜头的运用方式和技巧后面会详细介绍。

③ 画面内容。画面内容就是把想要表达的东西通过各种场景呈现出来，包括什么时间、什么地点、画面中出现什么内容等。具体来讲就是拆分剧本，把内容拆分到每个镜头里面，一般要求语言精练、具体，必要时可借助图形、符号等来表达。

④ 台词。一般情况下，60 秒的视频，不要让文字超过 180 个字，不然听起来会特别累。

⑤ 旁白/字幕。如果是场景故事类、人物剧情类的小视频，最好在视频中加入旁白或字幕，这样可以方便用户了解内容，而且有字幕的视频成为热门的概率也更大。

⑥ 音乐/音效。背景音乐非常重要，好的背景音乐能够推进叙事、烘托气氛、调动情绪、引发共鸣，起到画龙点睛的作用。有的短视频作品，内容并不算上乘，但因为选对了背景音乐，同样能获得大量用户的点赞、评论和转发。因此，除非情况比较特殊，最好能为短视频配置一段合适的背景音乐。音效与背景音乐相比，重要性低一点，但使用得当也能增强视频的表现力。

⑦ 时长。时长指的是单个镜头的时间长度。提前标注清楚镜头时长，可以方便后期剪辑，提高剪辑的工作效率。

⑧ 道具。拍摄短视频时可以选择的道具有很多种，玩法也非常多，但是需要注意的是，道具起到的应该是画龙点睛的作用，而不是画蛇添足，因此千万别让道具抢了主体的风采。

总的来说，写短视频脚本要遵循的原则就是：形式上化繁为简，内容上尽量丰富完整，并根据短视频的特性及自己的账号定位进行创作。

（5）在短视频中植入广告的方式。

在脚本创作阶段，就应该想好如何将广告信息植入短视频中。在短视频中植入广告的方式有很多，主要包括以下几种。

① 台词植入。台词植入是指在台词中嵌入品牌或产品信息。在植入时,要注意广告内容与台词的自然衔接,不要让广告内容显得生硬突兀。

② 道具植入。道具植入是指将产品作为视频中的道具。在植入时,为了让观众能够看清楚,一般需要给道具来个特写。当然,太频繁的产品特写也会让观众反感,如果要让观众顺利接受产品,并加深观众对产品的印象,就需要创新玩法。比如,江小白在短视频"他们非要我喝西瓜汁的时候酷一点"中,把掏空了果肉的西瓜皮作为容器,把果肉捣碎成果汁装在里面,然后加入冰块和江小白,最后插上水龙头,做成了一个创意十足的果汁饮水器。视频非常有趣,获得了大量播放,也让观众记住了江小白。再如,一条公司"用荣耀手机当作菜板切菜"的视频也让荣耀手机火了一把。

③ 场景植入。场景植入是指将品牌或产品作为视频的背景。比如,选择企业投放在户外的广告牌作为背景,或视频中出现的店铺以自家店铺的名称来命名等。

④ 音效植入。音效植入是指通过特殊音效,如特有铃声、独家语音提示、某种旋律或歌词等的暗示,让观众联想到某一品牌。比如,在视频中使用各大品牌特有的手机铃声或者某些游戏的典型背景音乐等。

⑤ 剧情植入。剧情植入是指专门为某一品牌或产品编写一个故事,让其成为视频的一部分,又称品牌定制广告。比如,慕思寝具曾做了一个"慕思装修工帮客户把床垫从 1 楼搬到 29 楼"的视频,获得了大量点赞,也让慕思床垫火了一把。再如,某短视频达人曾经发布了一期专门针对"欢乐斗地主"的视频,视频讲述了一个玩家向"欢乐斗地主"的客服各种吐槽的过程,让观众借此了解了"欢乐斗地主"游戏。剧情植入需要运营人员有较强的编导能力,品牌或产品要与剧情有一定的关联,才不会显得突兀。

⑥ 产品种草。产品种草是指通过产品的展示、真实体验、使用教学及种草推荐等,在不知不觉中加深用户对产品的记忆,刺激用户的购物欲望。这种方式在美妆及美食领域尤为常见,主要适用于开箱、测评、试用、清单类内容。

⑦ 奖品植入。奖品植入是指通过奖品激励观众点赞、关注、评论或转发时,将奖品设置为某产品或某店铺的优惠券、代金券等。许多短视频网红达人常常采用这种广告植入方式。

⑧ 评论植入。评论植入是指发表植入了广告信息的用户评论。可以用小号发表,也可以直接以博主身份发表,必要时还可以将评论置顶。

4. 短视频拍摄

要想拍出好视频,不但需要熟悉各种器材,而且需要掌握各种拍摄方法和技巧。
(1)拍摄器材。
拍摄短视频之前首先要准备好拍摄器材。常用拍摄器材如下。
① 摄影设备:手机、微单相机、单反相机等。
② 灯光设备:补光灯、反光板等。
③ 收音设备:收音麦克风。
④ 稳定设备:三脚架、稳定器等。
⑤ 其他辅助设备:提词器、无人机等。
(2)运镜方式。
运镜方式指的是在拍摄过程中移动镜头的方式,主要包括以下几种。
① 推镜头。推镜头是一种最为常见的运镜方式,是指被拍摄主体位置不变,镜头沿直

线由远而近逐渐接近被拍摄主体（或变动镜头焦距），画面从全景或别的景位逐渐变化到近景或特写镜头，形成走进观看的效果。这种方式可用于描写细节、突出主体、故事开场或结尾等，也可表现剧中人物主观视线的集中，此外，推镜头的速度还可用于表达人物内心情绪等。

② 拉镜头。和推镜头相反，拉镜头是指被拍摄主体位置不变，镜头沿直线由近而远逐渐远离被拍摄主体（或变动镜头焦距），画面从特写或近景逐渐变化到全景或远景，形成慢慢走开的效果。这种方式可以表现被拍摄主体与环境的关系，或表现被拍摄主体在空间中远离，也可用作段落或全片收尾。

③ 摇镜头。摇镜头是指摄影机位置不变，只是通过三脚架等辅助设备或摄影师的身体，在原地做左右移动或旋转、上下升降或斜移运动，从不同角度进行拍摄。从视觉效果来看，左右或上下摇动镜头就如同一个人站在一个点上环顾四周或视线由一点移向另一点，更能让人产生代入感。这种方式可用于介绍环境、拍摄运动对象或画面转场，或用于表达剧中人物的主观视角，加强观众的情感代入。

需要注意的是，用长焦距镜头远离被拍摄体遥拍，也可以造成横移或者升降的效果。

④ 移镜头。移镜头是指借助摄影机位置的变化进行移动拍摄，一般要用到移动三脚架、滑轨甚至无人机等。移镜头不但能让人产生"边走边看"的视觉感受，给人带来身临其境的参与感和现场感，还能使画面构图不断变化，各种人物和景物不断展现，便于交代和叙述。与摇镜头相比，移镜头能更好地表现大场面、大纵深、多景物、多层次的复杂场景。

根据摄影机的移动方向，移镜头可以分为横移、纵移和跟移三种。横移是指摄影机向左或向右移动；纵移是指摄影机向上或向下移动，又称"升降镜头"；跟移则是指摄影机跟随被拍摄主体一起移动，又称"跟拍"。下面分别介绍这三种移镜头的方式。

A．横移镜头。横移镜头可以使景物从画面中依次划过，形成巡视或者展示的视觉效果。这种方式主要用于表现复杂的画面结构，是获取长镜头的重要手段。在横移镜头中，有一种特殊的形式，即悬空镜头。悬空镜头是指摄影机在物体上空移动拍摄，主要用于拍摄广阔的空间，展现宏大的场面。

B．纵移镜头。纵移镜头，即升降镜头，它是一种特殊的移镜头，是借助升降装置等一边升降一边拍摄的方式，包括垂直升降、斜向升降及不规则升降等。升降运动带来了画面视域的扩展和收缩，能够通过俯视拍摄显示广阔的空间。升降镜头可用于表现高大物体的各个局部，纵深空间的点面关系，大场面的规模、气势和氛围等。

C．跟移镜头。跟移与推拉镜头不同，跟移镜头中，摄影机会跟随被拍摄主体的运动而移动，移动方向与被拍摄主体的运动方向一致，且会与被拍摄主体基本保持不变的距离，但由于背景空间在不断发生变化，因此能够形成一种流动感。跟移镜头主要用于拍摄运动主体，可连续完整地表现运动主体的速度、动作、表情、运动方向等。

以上就是短视频拍摄中最常用的运镜方式，除了这几种方式，还有一些不太常用的运镜方式，如环绕镜头、甩镜头、一镜到底等。具体选择什么样的运镜方式或其组合，需要根据拍摄内容而定。

需要补充说明的是，运动镜头非常容易产生抖动，所以在进行短视频拍摄时，最好借助稳定器来辅助拍摄。

（3）画面比例。

短视频的画面比例主要包括三种类型：9∶16 的竖屏，16∶9 的横屏，以及 9∶16 的横拍竖屏。

① 竖屏。竖屏拍摄时，由于屏蔽了一些杂乱的环境，主体更加突出，细节更加清晰，更容易让观众专注于核心内容，沉浸感和代入感更强，且竖屏方便用手机观看，更容易拉近与观众之间的距离；但竖屏展现的场景内容较少，视野比较局限。总体来说，竖屏更适合时间短、内容精简的短视频题材，尤其是需要凸显人物细节的内容，如真人出镜的讲述类、教学演示类、才艺展示类、剧情类、宠物类、种草类、探店类视频。

② 横屏。横屏拍摄取景更广，画面内容更丰富，可以展现出场景里的人、物和景等，总体来说比竖屏承载的内容更多，而且适合用电脑观看，还可发布到多个平台；但横屏用手机观看不太方便。总体来说，横屏更适合时间较长、内容较丰富的短视频题材，如 Vlog、旅游风景、电影剪辑、知识分享等领域的视频。

③ 横拍竖屏。所谓横拍竖屏，就是将横向拍摄的视频通过后期剪辑，调整为 9∶16 的竖屏进行发布。将视频从横屏调整为竖屏后，视频内容会显示在屏幕中间，屏幕上下会空出两条黑边。这时就可以在上下黑边处增加背景，配上主题和字幕，以此丰富画面信息，且不占用视频画面，如图 10-7 所示。

图 10-7　横拍竖屏示例

以上是三种短视频画面比例，具体如何选择还是取决于拍摄内容及发布平台，如常见的西瓜视频和今日头条都推荐横屏视频，而抖音、快手和微信视频号更倾向于竖屏视频。

（4）画面构图。

要想拍出具有美感的短视频，就必须对画面结构进行精心设计，这就是所谓的"构图"。优质的构图应该主体突出，主次分明，画面简洁明了，让人一看就有赏心悦目的感觉。因此，在进行短视频拍摄时，画面背景应该尽量简单干净，要避免杂乱的背景对主体造成干扰；此外，最好能运用科学的画面构图法指导视频拍摄。

画面构图的方法有很多，如对称构图法、中心构图法、三分构图法、对角线构图法、几何构图法等，但最常用的还是"三分构图法"。

三分构图法，有时也称作"井"字构图法。在这种方法中，摄影师需要用两条横线把画面横向三等分，用两条竖线把画面竖向三等分，四条线交叉形成一个"井"字，同时在画面中就形成了 4 个交叉点。拍摄时需要将被拍摄主体放在某条三分线上或某个交叉点上（条状主体放在三分线上，点状主体放在交叉点上），如图 10-8 所示。三分构图法的实质就是让最重要的元素偏离画面中心，以创建平衡、和谐的构图。

图 10-8　三分构图法示例

目前，大部分智能手机自带的相机中都带有参考线功能，拍摄时建议启用该功能辅助构图，以便把握整个画面的结构。

（5）光线布局。

摄影是光影的艺术，好的光线布局不仅可以有效提高画面质量，还能起到刻画人物轮廓和营造氛围的作用。常见的光线运用方式包括顺光、侧光、逆光等，顺光拍出的作品比较平实，侧光拍出的作品比较有层次感和立体感，逆光拍出的作品则会有较唯美的感觉。

在拍摄的过程中，要学会运用不同的光线来表现人、物、景，同时要确保视频的清晰度。在室内拍摄时，可以通过灯光的组合来获得最佳的拍摄光线；在室外拍摄时，除非特殊需要，尽量选择顺光拍摄，如果光线不够，可以通过打光来补足。另外，如果发现镜头内某些地方太亮或太暗，可以换个位置和角度试试。

（6）转场技巧。

转场就是场景或段落之间的切换，纯熟的转场能让短视频更加自然流畅。转场主要分为技巧转场和无技巧转场两类。

① 技巧转场。技巧转场是指用特技的手法进行转场。技巧转场常用于情节之间的转换，会给观众带来明确的段落感。技巧转场的方法主要有淡入淡出、叠化、划像、定格（停帧）、翻页、虚化镜头、闪白特效等方法，接下来重点介绍前三种方法。

A．淡入淡出转场，是指前一个镜头的画面由明转暗，直至黑场，后一个镜头的画面由暗转明，逐渐显现直至正常的亮度。

B．叠化转场，是指前一个镜头的画面与后一个镜头的画面相叠加，前一个镜头的画面逐渐暗淡隐去，后一个镜头的画面逐渐显现并清晰。叠化转场主要用于表示时空发生了改变，如进入梦境、想象、回忆等。

C．划像转场，是指两个画面之间的渐变过渡，分为划出与划入。划出指的是前一画面从某一方向退出屏幕，划入指的是下一个画面从某一方向进入屏幕。划出的画面与划入的画面之间没有过多的视觉联系。

② 无技巧转场。无技巧转场是指利用前后镜头之间在内容和造型上的内在关联来转换时空、连接场景，强调视觉的连续性和过渡的自然性，运用时要注意寻找合理的转换因素和适当的造型因素。无技巧转场的方法有很多，这里主要介绍7种常用方法。

A．空镜头转场。空镜头又称景物镜头，是指只有自然景物、没有主要人物的镜头。空镜头有写景与写物之分，前者称"风景镜头"，往往用全景或远景表现；后者称"细节描写"，一般采用近景或特写。景物镜头是借景抒情的重要手段，可以用于刻画人物情绪和心理，渲染气氛；同时又能使高潮情节或情绪得以缓和、平息，从而转入下一段落；还能用于交代背景环境。如果采用这种转场方式，选择镜头时不仅要注意内容与情绪的关联性，还要考虑画面造型匹配的问题，不要出现莫名其妙的连接。

B．声音转场，是指用音乐、音效、解说词、对白等和画面的配合，自然过渡到下一画面，是转场的惯用方式。常见做法是通过声音的延续、声音提前进入、前后镜头中声音的相似部分的叠加等来实现场景转化。比如：可以用同一种手机铃声衔接两个场景；也可以利用声音的呼应关系实现时空大幅度转换，如《小兵张嘎》里面，前一个场景是鬼子军营，鬼子质问："这是谁干的？"下一个镜头马上切换到游击队场景，张嘎说："是我干的！"；还可以利用前后声音的反差，加大段落间隔，如上一段落是一个人在家安静地学习，下一段落就变成了热闹的足球场上的比赛，突如其来的嘈杂声直接反映了另一段落的性质。

C．主观镜头转场，是指把人物视觉方向作为视觉转换的依据，按照前后两个镜头之间的逻辑关系来处理转场。比如，上一个镜头中被拍摄主体在观看某个东西，下一个镜头就转换到被拍摄主体观看的对象。主观镜头转场不但非常自然，而且还能引起观众的好奇心。

D．同主体转场，是指利用同一主体（人或物）连接前后两个场景，或跟随主体由一个场景转移到另一个场景，实现自然转场。

E．相似主体转场，是指利用相似主体（人或物）连接前后两个场景。所谓"相似主体"包括两种情况：第一，两个镜头的主体不是同一个，而是同一类；第二，两个镜头的主体虽不同类，但在某一方面（形状、位置、移动速度、色彩）具有相似性。这种方法利用主体间的相似因素来转场，可使转场顺畅、巧妙。

F．相似运动转场，是指利用前后镜头中主体（人、动物或交通工具等）动势的可衔接性及动作的相似性，作为转场的依据。常见的"出画入画"转场就属于这种情况，前一个镜头末尾，主体走出画面，后一个镜头开端，主体走进画面，只是场景已经发生了很大变化，如前一镜头中人物走出家门，下一个镜头他已在大街上。需要注意的是，主体可以相同，也可以不同，如果不同的话，动作或动势就更需要无缝衔接。

G．特写转场，是指无论前一个段落的最后一个镜头是什么，后一个段落都从特写开始。特写常常作为转场困难的补救性手段被使用。特写镜头在转场中起着非常重要的作用，无论是利用同体转场、相似体转场，还是特写转场，都离不开一定的特写镜头。因此，在前期拍摄时应该有意识地在每个场景内拍摄一两个相关主体的特写镜头，以备后期剪辑遇到转场不好处理时使用。

转场的方式有许多，除了以上几种，还有运动镜头转场、遮黑镜头转场、隐喻式转场、两级镜头转场等，且还在不断演变和创新中。无论采用哪些方式，只要符合视频本身的场景和特点，能够准确表达出视频想要传达的内容即可。

（7）声音录制。

一般情况下，拍摄短视频的时候建议带上麦克风进行现场收音。这样的话，各种环境音也能被记录下来，能够减轻后期剪辑的压力，而且现场收音会比后期配音效果更好，更真实自然，也更能让人产生身临其境之感。

5. 短视频剪辑

短视频拍摄好后，还要进行后期剪辑，剪辑是短视频制作过程中非常重要的一步。剪辑不仅可以将素材整理成一个逻辑清晰、自然流畅的视频，还可以为视频增添趣味和吸引力。下面简单介绍一下短视频剪辑的基本流程及相关技巧。

（1）选择剪辑工具。在剪辑之前需要选择合适的剪辑工具。目前，市面上的短视频剪辑工具有很多，如剪映、爱剪辑、快剪辑、Vegas、AE、Adobe Premiere 等。对于初学者来说，可以选择剪映、爱剪辑、快剪辑等，这些工具都比较容易上手；而要想让视频效果更佳，可以选择 Adobe Premiere、AE、Vegas 等专业性较强的工具。当然，市面上的剪辑工具还有很多，运营人员只需根据自己的水平和需要选择喜欢的即可。

（2）整理素材。剪辑的第一步就是选取好的素材。如果是原创视频，就从自己拍摄的视频中挑选出最好的镜头；如果是二次创作，就从互联网上寻找相关素材；当然，也可以在原创视频中添加互联网上的素材，如搞笑的表情包等，来增强视频的趣味性。

素材挑选好后，接下来要做的就是对素材进行修剪，确定镜头的顺序并进行连接，以确保视频整体画面流畅、逻辑清晰。

（3）选择背景音乐。背景音乐（BGM）是短视频的灵魂，能够起到烘托环境、渲染气氛、抒发情绪等作用。运营人员选择背景音乐时需要注意以下几点。

① 要根据账号定位和视频内容的基调选择恰当的音乐。比如，抒情类的短视频不适宜用太搞笑的音乐；同样，搞笑类的短视频也不适宜用太抒情的音乐。当短视频内容进入高潮或宏大主题时，可以配上激昂的音乐；内容平缓时，配乐也要舒缓，不要抢夺用户对内容的关注。一般情况下，只要配乐得当，用户一听音乐就会知道视频是什么风格的。

② 音乐节奏要与视频节奏一致，这样才能带动用户的情绪，引发共鸣，让用户产生代入感。

③ 适度使用热门音乐。热门音乐一般传播快、用户接受度高，使用热门音乐既能让用户对短视频内容有更多的耐心，还能为短视频加分。需要注意的是，使用热门音乐要适度，不能过于频繁。

④ 背景音乐不能喧宾夺主。音乐声音不能超过台词及旁白的声音，否则会影响用户了解视频内容。

（4）设计节奏。可以根据短视频的内容来调整视频播放速度，重新设计视频节奏。一般情况下，表达重点内容或平时难以捕捉到的细微画面时可以放慢速度，如使用慢动作进行运动教学，使用慢动作展示鱼儿跃出水面的瞬间等；表达一些不太重要的内容或耗时很长的内容时可加快速度，如使用快进方式展示前期准备工作，使用快进方式展示花开的过程等。

前面讲到，背景音乐的节奏要与视频节奏一致，但在视频节奏已定的情况下，找到完全

"合拍"的音乐是很难的，除非专门定制音乐。因此，很多时候，需要调整视频节奏以适应音乐节奏。常见的做法是在音乐的鼓点切换视频画面。比如，在音乐节奏舒缓的时候，放有叙事情节的镜头；而到了音乐节奏激昂的时候，就放一些画面内有运动、有冲突的镜头。此外，也可以通过调整视频的播放速度来卡点。

（5）做好转场。严格来说，转场主要是剪辑阶段要考虑的事情，但如果要实现无技巧转场，拍摄阶段就要有所准备，因此我们将"转场技巧"的内容放在了前一个小节。此处只强调一点：根据视频素材的实际情况选择合适的转场方式。

（6）控制视频长度。既然是短视频，那么时间自然不能太长。一般情况下，建议控制在 5 分钟以内，如果内容确实比较有吸引力，可以在 5 分钟以上，但最好不要超过 10 分钟。当然，以上只是大致要求，具体时长还要根据内容题材以及平台偏好而定。

（7）添加字幕。在视频中添加字幕，不仅方便用户了解内容，而且更容易被用户搜索发现。在制作字幕时，字体要简洁、易读，颜色要与视频画面相匹配；字号要适中；字幕位置要恰当，不要被页面悬浮内容遮挡；同时还要注意字幕的出现时间和持续时间，要让字幕与视频的节奏相协调。

（8）添加音效。如果在拍摄的时候，没有把诸如风雨声、鸟叫声、海浪声等之类的环境音记录下来，后期剪辑的时候也可以通过音效来弥补。这样视频会更加真实，更能让观众产生沉浸感。

（9）运用特效。特效可以让视频更加生动、有趣。目前，很多短视频平台及视频剪辑软件都支持特效。运营人员可以根据视频的内容主题添加合适的特效，如艺术字、搞笑的表情包、贴纸等，但要注意特效的使用量，不要过度使用，以免让观众感到疲劳。

（10）后期配音。如果现场收音效果不好，还需要在后期重新配音，并添加适当的音效。配音可以由团队成员来配，也可以请专业的配音员，或者是直接采用软件配音。

（11）添加片头片尾。很多人在做视频剪辑的时候，都会忽略片头片尾，但其实这很重要。我们可以在片头放入能吸引观众的内容，刺激观众继续观看；在片尾引导观众关注、点赞、评论或转发，或者放入可以加深观众印象的内容。

好的剪辑能够让短视频更加生动、有趣，吸引更多的观众。运营人员一定要重视剪辑，通过剪辑来丰富短视频的内容和表现形式。

6. 短视频发布

（1）撰写标题。

标题的重要性、作用及具体写法，在前面第九章已有详细介绍，此处不再赘述。这里只强调一点：标题不仅是给用户看的，也是给平台看的，好的标题应该包含行业关键词，能体现短视频内容及账号的定位，这样才能方便机器算法理解短视频内容，从而获得更多推荐机会，而且推荐也会更加精准。

（2）添加话题标签。

除了标题，话题标签也很重要。话题标签既可以帮助系统理解短视频内容，从而获得被推荐的机会，也能增加短视频被用户搜索发现的概率。因此，对短视频进行描述时应尽量带几个话题标签，这样可以增加流量。那么应该带什么样的话题标签呢？目前，话题标签主要包括以下五种类型。

① 领域话题标签。以抖音为例，抖音会将视频分为好几个大领域，如颜值类、亲子类、旅游类等。运营人员在描述短视频时，最好先添加领域话题标签来对短视频进行初步分类。

② 内容话题标签。领域类话题标签只能初步筛选目标用户，想要吸引更精准的用户，就需要有进一步细分的内容话题标签。比如，在领域话题标签"萌宠"之后，再加上更精准的内容话题标签"布偶猫"，就能让视频被重点推荐给对布偶猫感兴趣的用户。需要注意的是，内容话题标签的范畴要合理，既不能过于宽泛，又不宜过于细致。过于宽泛容易淹没在众多的竞品中，过于细致则会将范围限定在狭窄的用户群体中，导致损失大量的潜在用户。此外，要优先选择搜索量高的关键词（可借助关键词工具查询搜索热度）。具体实施时，还可以参考同类热门视频中使用的标签。

③ 热点话题标签。热点话题包括"夏天的西瓜冰饮""秋天的板栗"这样的时令话题，也包括网络讨论度高的新闻时事话题等。带上热点话题能够蹭到这些话题所带来的大量流量。当然，这种话题不能乱加，一定要和自己的视频内容有关，否则就有"挂羊头卖狗肉"之嫌，不仅无法获得更多流量，反而会引起用户的反感。

④ 品牌话题标签。对于企业或个人品牌，使用相关的品牌话题标签可以提高品牌曝光度和认知度。

⑤ 自创话题标签。自创话题就是目前还没有其他视频使用的原创话题。虽然这种话题一开始热度不会很高，但如果账号有一定粉丝基础，且话题比较新颖有趣、吸引人，自创话题就能帮助账号进一步发展。因为话题只要足够独特有趣，就可能引起别的博主跟风发布，当话题热度起来后，话题创始者就能够收获非常可观的数据。

以上是话题标签的主要类型。一般情况下，建议多添加几个话题标签，如 2~4 个，这样有利于平台的推送和分发。但话题标签也不是添加得越多越好，添加太多也会淹没重点，影响系统的判断与推送精准度，导致错过核心用户。

（3）设置封面。

封面是用户在账号主页或搜索结果中看到短视频后，第一眼注意到的内容。与标题一样，封面是影响用户对内容的判断及点击率的关键因素。那么应该如何设置封面呢？封面设置主要包括封面图的选择和封面文案的设计两个方面，接下来重点介绍这两个方面的设置要点以及一些其他技巧。

① 封面图的选择要点。

- 封面图一定要与视频内容相关，与标题匹配，让用户快速了解视频内容。
- 封面图要简洁、美观、突出重点，最好选择颜值高的人或物，以增强吸引力。
- 封面图要选择原创图片，可以选择视频中最精彩的一帧，也可以另外设计封面图。但无论是哪种情况，都不要添加水印，否则可能会无法通过审核。
- 如果要打造个人 IP，封面图中要出现本人。

② 封面文案的设计要点。

- 封面上最好打上标题，或提炼视频中的关键词，让用户一看就知道视频要表达什么。
- 封面文案一定要简洁，最好不要超过 15 个字，在画面上的占比要小于 30%；字要适当大一点，不低于 24 号字体；文案要居中，但不能遮挡封面图的主体内容。

③ 封面设置的其他技巧。

- 封面最好停留 1~2 秒。

- 封面最好设置为竖版。
- 如果运营的是一个栏目，建议封面的风格统一，这样有助于打造个人 IP。对于某些系列化内容而言，甚至可以使用固定模板的封面，即每期封面图都一样，只是文案不一样。
- 每个平台都有自己的风格，封面文案和图片的设计要迎合平台风格。比如美拍，其风格就更偏向于"美"，为图片加滤镜就很有必要，而且封面文案可以写得文艺点；而在 B 站上发布短视频，封面文案就可以更二次元、搞笑些，图片则可以选择更欢快些的。
- 可以选用动态封面。抖音上开启动态封面的方法：抖音首页—点击右下角"我"—点击右上角"设置"—通用设置—打开"动态封面"的按钮。

（4）选择发布时间。

一般情况下，如果粉丝数量多，尤其是忠实粉丝较多，最好选择固定时间发布，这样有助于培养用户习惯；如果粉丝数量不多，可以选择错峰发布，让自己的作品能够获得更多推荐机会；如果是追热点的内容，最好尽快发布，以抢占先机。

目前，大多数短视频平台都支持"定时发布"，运营人员可提前设定时间，然后系统会在指定时间自动发布。

（5）设置其他细节。

接下来以抖音为例，简单说说在发布短视频时，还有哪些细节需要设置，如图 10-9 所示。

图 10-9 抖音视频发布界面

① 添加位置标签。如果视频带有地方属性，如方言、特产、标志性建筑等，就可以添加位置标签，方便附近的人看到，而且最好到人群密集的地方进行发布。

② 添加章节。如果视频较长，且具有明显的节点，如教学视频，就可以为视频添加章节，方便用户拖拽进度条。

③ 选择视频内容分类。运营人员可根据视频内容选择合适的分类或创建自定义分类标签。

④ 申请关联热点。运营人员可根据视频内容选择合适的热点来帮助视频引流。
⑤ 添加到合集。运营人员可创建内容合集，并将相关内容添加到合集中。

短视频发布的主要内容就介绍完了，最后分享一个在抖音平台上"用 DOU+检测内容是否违规"的小技巧：先用小号发布可能存在敏感词的内容，然后投放 DOU+，看能否投放、能否通过审核。如果能，就说明没有问题，否则就要根据系统提示修改视频内容。该技巧也适用于其他有内容加热工具的短视频平台。

7. 短视频内容运营技巧

掌握一定的短视频内容运营技巧将会极大地提升内容创作的效率和效果，优化账号的数据表现。这里介绍三种短视频内容运营技巧。

（1）模仿。原创对于大部分人来说成本太高，建议运营短视频账号的新人，不要一开始就做原创内容，可以模仿一些优秀作品创作"伪原创"内容。到后期，账号拥有了一定量粉丝，运营人员也掌握了足够的技能和经验后，再投入成本，制作真正的原创内容，实现账号的品牌化和 IP 化。这样的运营方式会更加高效。

所谓模仿，就是对已经火起来的优秀视频稍作修改，或增添一些自己的东西。比如，如果发现"女儿吐槽妈妈"的视频很火，那么我们就可以创作"儿子吐槽爸爸"的视频；如果发现"胖女人服饰推荐"的视频很火，那么我们也可以模仿它的内容形式、说话方式等，创作"小个子服饰推荐"之类的视频。

（2）借鉴。虽然模仿能够让我们快速创作出不错的视频内容，对于新手来说确实是一种有效的运营方式，但模仿并非长久之计。首先，跟风模仿的人会越来越多，用户会逐渐厌倦此类内容，平台也会减少对此类内容的流量分配；其次，一味模仿不利于品牌 IP 的打造。因此，如果想长期运营短视频账号，就不能一直模仿，还是要转向原创。但原创也是存在很高的试错成本的，毫无章法的原创也并不一定能取得成功。为了降低试错成本，可以对爆款视频进行拆解，分析他们成功的因素，然后借鉴这些因素创作自己的短视频。

拆解爆款视频的步骤如下。

第一步：通过拆解爆款视频的核心元素，包括标题/选题、封面、形式、类型、框架、唤醒的情绪、热点元素、BGM、字幕、时长、规格等，找到爆款的共性或成因。

第二步：通过分析评论区的用户反馈，找出用户对内容感兴趣的点。

第三步：按此方法，分析几十上百条爆款视频。

（3）聚焦。大量经验显示，在抖音上，只要有一个视频火了，那么账号上其他视频的播放量也会随之上涨。基于这种情况，建议账号运营人员集中所有资源打造一两个爆款，以爆款来带动账号上的其他视频。

以上是短视频运营的主要内容。需要说明的是，短视频活动运营和粉丝运营，本节并未提到，感兴趣的读者可以参考第八章微博运营的内容自行拓展。

## 案例讨论

### "QQ 弹弹还能拉丝"的高粱饴

2021 年 4 月，全网都被"这是你家的高粱饴吗"和"QQ 弹弹还能拉丝"的魔音贯耳，

## 网络营销与运营

侯美丽家的高粱饴成为当时抖音上最火的零食。这个抖音上的"草根"账号"侯美丽的家乡美食"靠着拉丝视频（见图 10-10），在短时间内收获了百万粉丝，销售额超过 2000 万元。不仅如此，"这是你家的高粱饴吗"和"QQ 弹弹还能拉丝"，还成了彼时互联网上最火的梗。打开抖音，仿佛所有网红都放弃了原来的定位，一心一意来拉丝，甚至还有人表示要辞职专门在家拉丝。

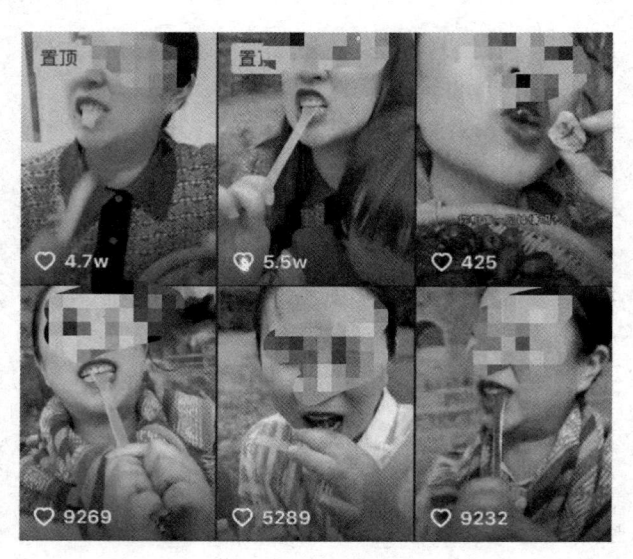

图 10-10 侯美丽拉丝视频

一颗小小的高粱饴，凭什么就能从过气的地方小零食成为风靡一时的网红零食，还让大家都沉迷于拉丝？这一切都要归功于侯美丽这个来自山东的女人。那么侯美丽的短视频有什么过人之处呢？我们认为，侯美丽的成功秘诀主要有三点。

（1）卖点讲解逻辑：拉踩竞品、突出自身差异性、讲清卖点。

所谓拉踩，就是把别家不会拉丝的高粱饴、玫瑰花、芒果、花卷和玉米等，统统踩在脚底，从而突出自家产品的差异性——拉丝。放飞的拉踩对象，拉丝到面目狰狞，让她的视频多了个猎奇噱头，毫无广告气息，但看得人也想去拉个丝。

（2）洗脑底层逻辑：通过不断重复，让一句话变成一个梗。

不断重复，就是侯美丽更为关键的洗脑逻辑。观众只要看过几支她的高粱饴视频，就能把"QQ 弹弹还能拉丝""好吃又健康"背得比九九乘法表还溜。她家高粱饴的最大卖点，就在侯美丽的不断重复洗脑中，让观众记得异常牢固。

简而言之，相似的口播解说、重复的简单剧情、循环的"拉丝"表演形成了一个"梗"，而有了"梗"就容易产生话题，有了话题就容易得到传播。

（3）促进传播逻辑：加强"梗"的可玩性，以此引发网友二次创作的欲望。

侯美丽在视频中设计了夸张的"拉丝"表演，在"你能拉出同款丝吗"的好胜心驱动下，全网都开始了拉丝挑战。这种简单又极具挑战性的互动玩法想不引发网民追随都难，而要追随就必须买高粱饴。

资料来源：百家号@品牌新观察、搜狐网。

讨论：作为一名草根，侯美丽的成功能给普通短视频账号带来什么启示？

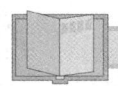

## 思考与练习

1. 短视频营销为什么受到这么多企业青睐？有什么优点？
2. 如果想利用短视频开展营销，可以采用哪些方式？
3. 抖音、快手、视频号等平台在用户画像、内容调性、营销优势、适合品类等方面有什么区别？
4. 如何让短视频平台尽快给自己的账号打上标签？
5. 如何对短视频账号的内容进行定位？短视频内容从确定主题到传播推广，中间需要经历哪些步骤？
6. 目前，什么样的短视频内容比较受用户欢迎？企业在运营短视频账号时，应输出什么样的内容给用户？
7. 如何创作短视频脚本？需要注意什么？
8. 如何在短视频中植入广告？常见做法有哪些？
9. 在短视频拍摄过程中，有哪些运镜方式？有哪些转场技巧？
10. 在短视频剪辑过程中，需要做好哪些事情？
11. 在发布短视频时，为什么要为短视频设置话题标签？一般需要设置哪些话题标签？
12. 为短视频设置封面时需要注意什么？

## 技能实训

与第八章的"技能实训"背景一样，假设你经营着一家名为"喵喵汪汪"的宠物用品天猫店，现打算开通抖音账号，并通过抖音推广自己的产品。请根据以上背景完成下列实训任务。

1. 确定抖音账号的定位，注册账号并对账号名称、头像、简介、标签等进行设置，完善账号信息。
2. 为抖音账号制定吸粉引流方案。
3. 策划并拍摄一个以宠物狗为对象的短视频，在短视频中植入宠物用品店的广告。具体要求：先撰写短视频拍摄脚本，再进行拍摄和剪辑，然后发布到自己的抖音账号上。

# 第十一章 直播营销与运营

## 学习目标

◇ 了解直播营销的优势、可用平台及常见形式。
◇ 掌握直播营销的活动流程，清楚直播前、直播中、直播后分别需要做什么。
◇ 了解直播带货的基本模式、每种模式的优缺点及适用情况。
◇ 掌握直播带货前、中、后三个阶段的运营要点，明白如何选品、如何撰写整场直播带货脚本和单品直播带货脚本。

## 引导案例

### 佰草集，最有创意直播间

在直播已成为新常态的当下，无数的直播间争夺着观众们的注意力，流量的获取已经变得越发艰难。在此背景下，佰草集成功打造了一个现象级直播间。2021年11月，在没有头部主播和明星引流的情况下，抖音一个名叫"佰草集延禧宫正传"的直播间火了。"佰草集延禧宫正传"的抖音账号开播一周就一炮而红，远超同类目其他直播间，冲进了抖音直播带货销售额实时榜单Top50；开播不过一个多月就迅速起量，成功吸粉23万人，观看人数峰值达到82万+人，成为2021年"双十一"期间的现象级案例。

这个直播间的特别之处在于，将宫廷剧搬进了直播间，让观众像追剧一样期待下一场直播。"佰草集延禧宫正传"整个直播间的背景布置就是个古装剧现场，人物的服装、台词都充满了"延禧攻略"的宫斗味儿，如图11-1所示。主播扮演"娘娘"，男副播反串扮演"嬷嬷"，就连后方场控也有自己的角色。每当观众进入直播间，就能看到实时更新的"宫廷剧"，而且还是欢乐异常的"宫廷剧"。

这里没有"宝宝们""老铁们""家人们"，只有"公主""娘娘""王爷""主子"等，回复自然也是"回格格""回王爷"起头，让观众代入感十足。在介绍产品时，主播不是拿起产品就直接说它的原料功效，而是会说宫廷中的皇后、娘娘们也会用这些产品，并列举她们使用的各种场景。在下单期间，主播"娘娘"还会和副播"嬷嬷"斗嘴，穿插宫斗剧情。评论区如果有用户提问，主播也会根据用户的昵称和

图11-1 "佰草集延禧宫正传"账号主页

头像加以判断，用王爷、格格、阿哥之类的称呼进行互动。

在引流推广上，佰草集也自有一套。直播间有一个特别设定：观看人数达到一定值，就会有新角色进场。这极大地引发了观众的扩散热情。除此之外，佰草集还将直播内容加以剪辑，推出了宫廷小剧场，在抖音平台上进行传播。这些新奇有趣的短视频也为直播间引来了大量流量。

资料来源：人人都是产品经理网站、鸟哥笔记网站。

思考：佰草集打造的这个创意直播间给其他品牌直播间带来了什么启示？

自2020年新冠疫情后，直播平台大量涌现，观看直播的人数越来越多，直播主体和直播内容也越来越多元化。在此背景下，直播已经逐渐成为主流的网络营销方式。那么企业该如何进行直播营销与运营呢？本章将围绕这一主要问题展开介绍。

# 第一节　直播营销

直播包括秀场直播（娱乐直播）、游戏直播、教育/知识直播、电商直播等。直播营销就是以各种形式的直播活动为载体，通过现场展示的方式传递企业品牌或产品信息的营销方式。

## 一、直播营销的优势

直播是目前主流的网络营销方式，具有直观、真实、实时互动性强等特点，已经被越来越多的个人或企业应用到产品和品牌的推广活动中。与其他营销方式相比，直播营销具有以下优势。

（1）为用户提供场景化体验。对于发布会、营销活动等而言，直播可以第一时间反映现场的情况，使用户同步看到事件的发生、发展和结果，为用户了解信息提供了直观、即时的方式。对于电商卖货而言，直播可以将产品的形态、特征、使用过程及使用效果等直观地展现给用户，为用户打造身临其境的场景化体验，让用户不再需要一边查看产品信息，一边自行在脑海中构建场景。

（2）直达用户。直播营销能直达用户，消除品牌与用户间的距离感，让用户更加了解品牌、产品及企业。此外，直播与互联网录播节目或网络视频不同，其内容没有经过剪辑和加工，播出的内容与实际发生的内容是完全一致的，这样能够减少用户的疑虑，增强用户对企业的信任感。当然，如果主播有任何不当的动作或不合时宜的话语，也会被用户看到或听到。这就要求主播一定要根据脚本执行直播内容，并注意谨言慎行。

（3）即时促成转化。在直播营销中，主播可以通过各种话术来渲染产品的价值并传递优惠信息，这样能够极大地刺激用户的消费欲望，提升即时转化效果。

（4）实时互动性强。在直播过程中，主播可以通过弹幕、评论及连麦等方式与用户进行实时互动。这样不仅可以现场答疑解惑，让回复更及时有效，还可以邀请用户参加各种同步活动，让用户更有参与感和获得感。

（5）营销反馈更有效。通过直播营销，运营人员不仅可以从用户发出的弹幕或评论中获得其对产品、品牌及直播活动的反馈，还可以通过用户的现场反应及不同时段的直播数据获得上述信息。这些反馈能够为企业的下一次直播营销活动提供改进依据和参考。

由于具备以上优点,目前直播营销已经成为商业变现和网络营销的重要模式。

## 二、直播营销平台

目前,很多平台都开发了直播功能,开放了直播流量入口,并出台了直播扶持政策。根据功能和归属的不同,可以将这些直播平台分为四种类型。

(1)电商直播平台。这类平台以淘宝直播、京东直播、多多直播、唯品会直播等为代表,是传统电商平台推出的直播功能,能够让用户在不离开直播界面的同时无缝购物,实现边看边买。目前大多数电商平台都提供了直播入口,品牌或店铺可以通过直播进行产品的推广销售。

(2)社交直播平台。这类平台以抖音直播、快手直播、视频号直播、小红书直播、B站直播、蘑菇街直播等为代表,是内容社交平台推出的直播功能。这类直播平台不仅让自媒体人能够通过直播这种方式与粉丝进行沟通,而且为他们提供了变现渠道。

(3)专业直播平台。这类平台以虎牙直播、斗鱼直播、CC直播、YY直播、映客直播、花椒直播等为代表,直播内容以游戏和泛娱乐为主。通过这类直播平台,企业可以随时随地、立体化地展示企业的文化、产品等,实现品牌和产品的推广传播。

(4)私域流量平台。除了普通直播平台,企业还可以利用自己的私域流量平台,如客户/粉丝微信群、微信小程序等,开展直播活动。利用私域流量平台开展直播,不仅可以更好地维护粉丝,还能够促进销售转化。

## 三、直播营销的常见表现形式

直播营销的表现形式在很大程度上决定了直播的效果,运营人员在开展直播营销之前,必须了解直播营销的表现形式,并根据企业的实际情况、营销目的选择合适的形式。直播营销的常见表现形式主要有 7 种,分别是"直播+带货""直播+发布会""直播+活动""直播+知识分享""直播+访谈""直播+企业日常""直播+广告植入"。下面分别对这 7 种表现形式进行介绍。

### 1. 直播+带货

"直播+带货"是目前最火爆的一种直播营销表现形式,适用于很多品牌或店铺。在这种形式的直播过程中,商家或主播会介绍和展示产品的功能、卖点及使用方法等,并及时回答观众的提问,以此增加用户对商品的了解和信任感。同时,商家或主播还可以推送购买链接或优惠码,促使观众完成购买行为。这种直播营销形式既为用户提供了更直观、真实的购物体验,也为商家带来了更多曝光和销售的机会。一般情况下,观看直播的用户目的明确,他们通常是因为对某类产品感兴趣或早有购买计划,才观看直播的。因此,"直播+带货"的形式能够快速吸引用户购买产品,形成即时销售转化。

### 2. 直播+发布会

"直播+发布会"是众多企业发布新品、新闻的重要表现形式,也是企业造势、制造热点的重要手段。"直播+发布会"的直播地点不局限于会场,互动方式也更加多样和有趣。这种直播方式不仅可以对产品进行直观的展示和充分的说明,还可以结合电商等销售平台实现流量的直接变现。比如，小米的无人机发布会就放弃了惯用的发布会场地，改为纯线上的新品直播发布会，吸引了大量粉丝在线观看。

3. 直播+活动

"直播+活动"的种类很多，如互动游戏、用户体验、赌石或开蚌等。这种直播营销形式的最大魅力在于，能够通过有效的互动将人气连接到产品或品牌。具体来说，在活动的过程中，企业可以通过与用户互动，如弹幕互动、问题解答、粉丝打赏、独家情报分享等，来进行产品或品牌的宣传。由于直播不能剪辑，而活动又充满一系列不确定因素，因此这类直播对于主播的应变能力要求比较高。

4. 直播+知识分享

"直播+知识分享"是一种通过直播来传授知识、分享经验的利他营销形式。企业可以借助主播或嘉宾的分享，向用户传授产品使用技巧、生活经验或其他专业知识等。这种直播营销形式主要适用于美妆护肤类和时装搭配类产品，如主播使用某品牌的化妆品向用户展示化妆技巧，在教授用户美妆知识的同时，能够有效提升产品曝光度，有时候甚至还可以导入购买链接，促进商品成交转化。

5. 直播+访谈

"直播+访谈"的采访对象可以是行业 KOL、名人嘉宾、专家或路人。这种直播营销形式主要是从第三方的角度让被采访者阐述对产品或品牌的看法，利用他们的观点来增加营销内容的可信度。比如，让被采访者讲述产品的使用心得及感受，让用户从多个维度了解产品。

6. 直播+企业日常

与普通用户分享自己的日常生活一样，运营人员也可以通过分享企业日常来拉近企业与用户的距离。企业日常可以是员工工作场景、企业文化氛围、企业建筑设计或发生在企业的趣事等。与精心包装的宣传片相比，企业日常显得更加真实，更能够引发用户的共鸣，也能够让用户更加了解和信任企业。

7. 直播+广告植入

这种直播营销形式与"直播+知识分享"形式有类似之处，但更接近影视综艺节目的植入广告，主要通过道具、背景、台词等方式将经过精心策划的"软广"植入直播内容中。比如，主播进行古筝才艺表演需要使用古筝，制作古筝的企业就可以与这类主播进行合作，让他们使用自己品牌的古筝进行才艺表演。

### 四、直播营销活动流程

与普通的营销活动类似，一场完整的直播营销活动大致可分为三个阶段：直播前策划与准备，直播中运营与监控，直播后跟进与复盘。下面分别进行介绍。

#### （一）直播前策划与准备

在进行直播营销前，需要策划直播营销方案，并进行一系列的准备工作。

### 1. 策划直播营销方案

直播营销不是简单地对着镜头说说话，而是需要精心准备的营销活动。一般情况下，在直播之前要根据营销目的策划专门的营销方案。策划营销方案的过程就是厘清直播营销思路的过程，在这个过程中，运营人员需要做好以下工作。

（1）确定直播的目的和目标。在开始直播之前，企业需要先确定直播的目的。常见的直播目的包括宣传品牌、推广新产品、增加产品销量、为店铺或账号引流、增强用户黏性等。只有明确目的，才能有针对性地开展直播营销活动。

确定了直播目的之后，还要将目的量化，即通过具体的数据指标来衡量直播目的的达成情况，也就是确定直播目标。这样不仅能够对直播团队形成有效的激励，而且有助于后期对直播效果进行评估。比如，直播目的如果是品牌宣传或新产品推广，就可以将"直播观看人数达到多少人"作为直播目标；直播目的如果是增加产品销量，就可以将"成交量或成交额达到多少"作为直播目标；直播目的如果是为店铺或账号引流，就可以将"进店人数或账号关注人数达到多少人"作为直播目标。目标值的设定可以参考行业平均值，也可以参考以往的直播数据。

（2）确定直播的主题。直播的主题就是直播的内容方向，也是开展直播的理由。整场直播的内容需要从用户需求出发，围绕中心主题展开，不能跑偏。比如，如果一场电商直播的主题是"夏季特惠"，那么就不能顺带推春季尾货。

（3）确定直播的形式及内容。确定了直播目的和主题之后，接下来就要根据目的和主题选择直播的形式和内容。比如，如果直播目的是推广新产品，就可以选择"直播+发布会"的形式，通过对产品进行介绍、展示或体验让用户了解产品；如果直播目的是宣传品牌，就可以选择"直播+知识分享"的形式，通过行业话题讨论或专业知识普及等树立专业的品牌形象；如果直播目的是增强用户黏性，就可以选择"直播+企业日常"的形式，通过分享企业的内部故事、员工生活等拉近用户与企业之间的距离。总而言之，直播的形式与内容需要与直播目的和主题相符，同时也需要符合用户的兴趣。

（4）选择合适的主播或嘉宾。主播是直播的核心，选择合适的主播非常重要。一般情况下，企业应该选择口头表达能力强、沟通能力强、应变能力强，有感染力、能调动直播间气氛，且与自己品牌形象相符的人来担任主播，这样可以更好地吸引目标用户。在此前提下，优先选择有影响力、有人气或专业能力强的主播。除了主播，有时候直播还需要邀请嘉宾，嘉宾的选择标准与主播类似，但更强调影响力、人气和专业度。

（5）确定直播时间和时长。一场直播的时间一般较长，因此建议放在晚上，这样用户才有充裕的时间观看。当然也可以根据目标用户的习惯选择其他时间或错峰直播。至于直播时长，以用户不疲惫、主播能控场为准，通常会持续几个小时。无论如何选择，最重要的一点是直播时间、时长和频次尽量固定，并严格执行，准时开播和结束，这样才能帮助用户养成按时观看直播的习惯。

（6）确定互动方式。直播是一种互动性很强的信息沟通形式，主播需要充分发挥这种优势，积极与用户进行互动。这样可以提高直播的趣味性，增强用户的参与感，从而活跃直播间的气氛。直播互动的方式有很多，具体内容我们后面再介绍。

（7）选择合适的直播平台。目前市面上有很多直播平台，企业需要根据自己的需求选择合适的平台。在选择时要综合考虑平台的流量大小、用户画像及内容定位。比如，面向中年用户的知识直播可以选择视频号，面向年轻用户的电商直播更适合选用抖音。

2. 前期准备工作

完成直播营销策划方案后，还要做好前期准备，才能保证直播现场执行更顺畅。前期准备工作主要包括以下内容。

（1）直播内容及素材准备。在开始直播之前，运营人员需要根据直播主题准备直播内容及素材。如果是知识分享形式的直播，就要准备知识大纲、讲稿及所需PPT等；如果是访谈形式的直播，就要准备访谈提纲；如果是电商直播，就要对产品进行梳理，并记录下来，包括产品的价格、产品能解决哪些问题（用户痛点）、怎么样去解决问题（产品卖点）、自家产品和同类产品的差异在哪儿（产品亮点）等。除此之外，如果直播中要用到图片、视频、音乐等素材，也要提前准备好，并进行测试，确保直播时展示顺畅。

（2）直播间场景搭建。在开始直播之前，还要根据直播主题确定直播间的装修风格。具体来说，需要考虑以下问题：是设置高大上的直播背景还是温馨的直播背景，打冷光还是打暖光，用大场地还是小场地。一般情况下，直播背景要求干净明亮、整洁大方，最好选用浅色纯色的背景布，而不要用大红大紫的背景布；直播间的灯光要能够充分凸显产品的优势；直播场地不能让用户有压抑感。总而言之，直播间的装修风格要与直播主题相符，与主播的风格一致。当然，如果遇上特殊节日，可更换风格，营造节日氛围。

直播场景搭建完成后，还要通过手机进行测试，确保直播背景、灯光效果及直播间的整洁度符合预期。

（3）直播设备准备及测试。一般情况下，直播需要准备以下设备及工具：两部手机、麦克风、手机支架、电脑或平板、补光灯。其中，一部手机用于拍摄，另一部手机用于主播与观众的评论互动，而电脑或平板则用于后台监控及操作。这些是直播带货所需的基本设备，可以根据实际需求和预算适当调整，如增加外置声卡、监听耳机、提词器及其他道具等。在开播之前，相关人员要对设备进行仔细检查并进行测试，确保设备能正常使用。

（4）直播预热。直播的前期工作做好以后，还不能直接开播，而是要给直播间预热引流。所谓预热引流，就是通过各种渠道、各种方式发布直播预告，提前宣传直播内容和时间，吸引用户前来收看。只有做好预热工作，直播间才会有流量进来。

一般情况下，直播预热需要提前1~3天进行，方法主要有四种。

① 短视频预热。通过预热短视频进行直播预告。预热短视频要快速切入主题，让用户了解直播的核心内容，如重点产品及优惠福利等，并引导用户关注直播间。

② 账号主页预热。在账号主页的简介里写上直播预告，这样用户点进主页的时候就能看到直播信息了。

③ 私信预热。将直播预告通过私信直接发送给账号粉丝。

④ 站外预热。在朋友圈、公众号、微博等站外平台发布直播预告。

### （二）直播中运营与监控

开播之后，直播团队需要尽可能按照直播营销方案，将开场、互动、收尾等环节顺畅地推进，以确保直播能够顺利完成。

1. 直播开场设计

直播开场非常重要。一方面，开场决定了用户对直播的第一印象，直接影响用户的去留；另一方面，如果开场时能够迅速积累人气并引导用户互动，直播间的观看量、互动率等数据指标就会比较好，这样就能获得较好的平台推荐位置，从而获得更多的流量。

一般情况下，直播开场需要实现三个目标。

第一，激发用户的兴趣。通过开场介绍，让用户了解直播的主题、内容、形式和组织者等信息，以便用户判断该直播是否值得观看。

第二，预热暖场。为了营造友好热烈的直播气氛，主播在开场时可以与用户聊聊天，通过互动调动用户的情绪。

第三，聚集人气。为了让直播间快速聚集人气，主播可以引导用户分享或转发直播信息，让用户将自己的亲朋好友也拉入直播间。

目前，常见的直播开场方式主要有六种，下面分别进行介绍。

（1）直接介绍。

在直播开场时直接告诉用户本次直播的相关信息，包括主播的自我介绍、主办方介绍、直播主题和内容、直播时间、直播流程等。需要注意的是，这种方式比较枯燥，容易使部分用户感到不耐烦，因此建议增加一些吸引用户的互动环节，如抽奖、发红包、彩蛋预告、邀请特约嘉宾等，最大限度地留住已有用户。

（2）提出问题。

提问可以引发用户思考，带动用户与主播进行互动，使用户产生一种参与感，同时又能通过用户对问题的反馈收集用户信息。比如，直播分享护肤方面的知识，就可以在开场时先抛出两个问题："你知道自己的皮肤类型吗？""如何自行检测皮肤类型？"这样既可以激发用户的兴趣，又可以了解用户的皮肤类型分布。

（3）数据引入。

数据是最有说服力的工具之一。专业性较强的直播活动可以通过展示数据的方式来开场，这样可以增加直播的可信度。比如，直播分享健身知识，就可以先告知用户"中国目前有多少'三高'患者""中国人平均每周健身时长"等统计数据，让用户产生危机感。

需要说明的是，这种开场方式要求数据必须真实可靠，否则容易引起用户的质疑，给直播带来负面影响。

（4）故事开场。

爱听故事是人类的天性。故事可以让不同年龄段、不同教育层次的用户产生兴趣和共鸣，从而为直播活动营造一个良好的氛围。如果选择这种开场方式，应该尽量选择真实有趣、接地气的故事，如主播自己或身边人的亲身经历等，这样有助于拉近主播与用户之间的距离，让用户更加信任主播。

需要注意的是，最好不要选择争议性太大的故事，否则容易引起用户的激烈讨论，导致无法快速进入直播主题。

（5）道具开场。

在某些情况下，还可以将产品、卡通娃娃、礼品、场景工具等作为开场道具，用实物来吸引用户的目光，并通过对道具的简单说明进入主题。比如，卖宠物食品的，可以让一条狗躺在屏幕前，并向用户简单介绍一下这条狗；卖民族服饰的，可以穿上最具特色的整套服饰先跳一段舞。

(6) 借助热点。

参与直播的用户大都喜爱上网，对当前的热门事件和热门词汇非常熟悉，因此可以借助热门事件来开场，这样可以使主播快速融入用户，拉近主播与用户之间的距离。

2. 直播互动设计

在直播过程中，主播主要有两个任务：第一，输出直播内容，为用户提供价值；第二，引导用户互动，活跃直播气氛。不同形式、不同主题的直播，内容是各不相同的，但互动方式却大同小异。本小节将对主要的直播互动形式进行介绍。

(1) 弹幕互动。

一般情况下，直播间的用户评论会以弹幕形式出现在屏幕上。主播在直播过程中要关注弹幕的内容并挑选一些进行回复，特别是用户的提问、建议、赞美或质疑等内容，一定要及时回复；如果用户的意见或建议比较可取，要尽量接受和采纳。

此外，主播还可以设计一些互动话题，引导用户评论。比如，可以直接向用户提问"喜欢的请在评论区扣 1""有没有干皮的宝宝，干皮的宝宝在评论区扣 2"等。需要注意的是，如果要设置互动问题，最好选择互动性高的二选一式的问题，然后直接让大家"扣 1"或者"扣 2"。

(2) 发放直播福利。

主播也可以通过发红包、赠送礼物、抽奖、发放优惠券、限时或限量秒杀等方式来回馈用户，这样既可以提升直播间的人气，又可以增加用户的互动。

接下来以发红包为例，简单介绍一下直播福利的发放步骤。一般情况下，发红包需要三步。

第一步：约定时间。主播要提前告知用户发放红包的时间，如"10 分钟后有一大波红包来袭""20:00 准时发红包"等，一方面提醒在场用户做好准备，另一方面暗示用户邀请朋友加入直播间等待红包，提高直播间的人气。

第二步：平台说明。除了在直播平台发红包，主播还可以选择在微信、微博等其他平台发放红包，这样可以为这些平台上的账号引流。如果选择站外平台发放红包，一定要提前告知用户领取的路径和方法。

第三步：红包发放。到约定的时间后，主播或其他工作人员一定要准时发红包。在发红包前，主播可以进行倒计时，让"抢"红包更有氛围。

需要说明的是，直播福利不能随便发放，要有计划地发放，首先要选择合适的时机，其次要设置一定的条件。一般情况下，直播福利主要用于直播开场预热及人气下降时提升人气。此外，为了通过直播福利实现拉新、促活、留存、转化等营销目的，直播福利需要设置一定的参与条件，如整点/半点抽奖、下单抽奖/随机免单、答题抽奖、评论（截屏）抽奖、关注抽奖，或观看人数达到多少人、点赞人数达到多少人就抽奖/发优惠券/限时秒杀等。

(3) 互动游戏。

除了常规的弹幕互动、直播间福利，还可以在直播中设置一些简单的互动游戏，让用户乐在其中，如竞猜、问答、盖楼、连麦、投票及任务互动等。前面三种玩法比较常规，前文也有介绍，因此略过不提，这里只简单介绍一下任务互动的玩法。

任务互动与"快闪"活动类似，是指邀请用户一起完成某项任务。具体做法是让用户按照指定的方式,在指定的时间内完成一系列任务,然后迅速离开。比如,邀请用户进入一个微信群,在微信群中分享自己的糗事;引导用户在某个论坛的某个帖子下、某条微博下或某个微信公众号的留言区吐槽;号召用户一起做出与主播相同的动作,并分享到社交网站上等。用户完成后,主播要给予肯定和奖励,如统一授予用户某种称号、口头念出用户的名字,或发放奖品、赠送礼物等。

发起任务互动不仅可以快速凝聚用户,形成团体力量,使用户产生成就感和满足感,还能帮助企业实现引流、传播等营销目的。

(4)参与剧情。

参与剧情是指邀请用户充当"军师",参与下一次直播的策划与执行。这样不仅可以让用户获得参与感、荣誉感和归属感,激励用户参与到下一场直播的宣传推广和现场秩序维护中,还能借助用户的创意和意见增加直播的趣味性,缓解企业的运营压力。

比如,2015年,宝洁旗下的男士香氛品牌Old Spice,就在游戏直播平台Twitch发起了一次不同寻常的参与剧情式直播:该品牌商找来一个人在野外丛林里生活三天,行为完全由用户控制。就像打游戏一样,用户通过输入上下左右按键来控制人物的下一步动作,然后该品牌商统计所有用户的选择,票数最高的选择就会成为这个人下一步的行动方向。

需要注意的是,若采纳了用户的意见或建议,最好给用户发放一些奖励,这样才能提高用户的积极性。

以上是直播互动的常见形式,除了灵活运用这些互动玩法,一些基本的互动要求也不能忽视,如用户进入直播间要表示欢迎,要注意引导用户关注、点赞、评论和转发等。

3. 直播结尾设计

为了给直播画上一个圆满的句号,主播在介绍完主要内容后,还要进行收尾。一般情况下,直播结尾可以包含以下内容。

第一,重点内容(或产品)回顾。

第二,下一次直播预告。预告时要剧透核心内容、产品及优惠信息等。

第三,如果想向用户征集直播创意或询问用户对下一场直播产品的意见,可以在结尾时提出。

第四,如果直播过程中有成交,还要告知用户售后事宜及客服的联系方式。

除了以上几点,以营销为导向的直播,还要在结尾时转化剩余流量,尽力提升直播后的营销效果。一般来说,从直播开始到结束,用户的数量会不断变化,而到结尾时还在观看的用户,多半是企业的潜在目标用户。因此,在直播结尾时,一定要最大程度地引导用户购买、关注或加入粉丝群,将剩余流量引导至销售平台、自媒体平台或粉丝平台,为实现企业后续的营销目标积蓄势能。

(1)引导购买。

直播结尾时,主播可以告知用户进入官方网站或网店的方法,引导用户购买产品,实现销售转化。这种结尾方式建议站在用户角度,给用户一些对他们有利的信息,如帮用户省钱或帮用户抢到供不应求的产品等,尽量不要发布过于生硬的广告。在表述上,要营造一种紧迫感、稀缺感和实惠感,如限时打折、限量购买等。

比如,某电商直播收尾是这样的:"感谢大家来到我们的直播间!一会儿直播结束后,大家可以找到我们的在线客服,告诉她一段暗语,她会引导你以8折的价格买到我们已经下架的爆款 U 盘——就是大家开场时问过我的那一款，现在已经卖到脱销，只剩下库存的一小部分了，可以作为今天直播间的小福利。这段暗语是××，大家千万别打错字了啊！"

（2）引导关注。

直播结尾时，主播可以将企业的自媒体账号和关注方式告知用户，引导用户关注，使其成为自己的粉丝，以便直播后继续向用户传递企业信息。需要注意的是，在引导用户关注时要强调关注后能得到的好处。

比如，某商场开业直播收尾是这样的："今天的直播就到这里。欢迎大家关注我们的微信公众号××，以后最新的打折和新品信息都会通过这个公众号发出来。对了，关注之后回复'惊喜'两个字，你会获得一张 50 元代金券，来商场购买衣服的时候可以直接减免 50 元。记得告诉你的亲戚朋友，一起省钱啦！再次感谢大家！"

（3）引导入群。

直播结尾时，主播可以利用直播页面引导用户加入粉丝群，或直接告知用户加入粉丝群的方法。通常情况下，加入粉丝群的用户对直播内容的认可度较高，具有转化为忠实粉丝的潜力，运营人员可以通过对粉丝群的管理和维护，逐步将这些用户转化为忠实粉丝。与前面两种结尾方式一样，在邀请用户入群时要强调入群后能得到的好处。

比如，某鸭脖厂商直播收尾是这样的："这次直播就到这里，如果大家喜欢啃鸭脖，也喜欢和我们的小团队一起开展接下来的直播，可以添加我们的微信群小助手，她会拉你入群，她的微信号是××。与今晚一样，我们会在每周五晚 8 点在群里发红包，同时也会邀请群里的小伙伴试吃新品，每年还会邀请群里的小伙伴来我们工厂参观。一起来玩吧！"

以上是直播中开场、互动和结尾三个环节的设计要点，除了按照直播营销方案顺利推进上述环节，直播运营人员还要做好以下工作。

第一，把握直播节奏，根据用户反馈及时调整节奏。

第二，数据监控。实时监控直播数据，如观看量、互动率、留存率等。通过数据分析，及时发现问题并进行调整，以保证直播质量。

第三，意外事件处理。如果出现突发事件，如直播设备故障、网络中断等，要及时处理和解决，保证直播顺利进行。

### （三）直播后跟进与复盘

直播结束并不意味着营销结束，直播结束后还要做好两件事情：第一，后续跟进；第二，复盘总结。

1. 后续跟进

后续跟进工作主要包括以下内容。

① 中奖名单公布和奖品发放。

② 及时跟进订单，确保产品按时发货和配送。

③ 二次传播。为了达到最大的传播效果，可以将直播时的精彩片段剪辑成短视频或包装成文章，发布到各大平台，进一步推广直播间、品牌或产品等。

④ 为用户提供直播回放和相关资料，加强用户的体验和记忆。

⑤ 做好粉丝维护。直播活动结束后，还要通过粉丝群加强对粉丝的管理和维护，提升

粉丝的忠诚度和黏性。

2. 复盘总结

直播结束后，除了做好后续跟进工作，还要进行复盘总结。复盘总结的目的是通过数据分析结果和用户反馈意见，判断本次直播的效果，总结本次直播的经验和教训，为下一次直播提供优化依据和改进参考。

顺利完成复盘总结的前提是收集到足够多的直播数据和用户反馈。接下来简单介绍一下需要收集哪些数据和用户反馈，以及如何收集。

（1）数据收集。运营人员可以通过直播平台提供的数据分析工具或者第三方数据分析工具，收集以下四个层面的数据。

① 引流数据：观看人数、人气峰值、流量来源占比等（反映推广效果）。

② 互动数据：关注率、点赞率、评论率、转发率等（反映主播的控场能力）。

③ 留存数据：人均停留时长、平均在线人数、留存率等（反映直播内容的吸引力）。

④ 转化数据：转化率、成交额、成交量、客单价等（反映主播的带货能力）。

（2）用户反馈收集。运营人员可以通过以下三种方式收集用户反馈。

① 收集直播平台和社交媒体上用户对直播活动的评论和留言。

② 通过私信方式对部分用户进行访谈调研，了解他们对直播活动的体验和感受，收集他们的意见和建议。

③ 在粉丝群进行询问或展开调查。

需要强调的是，不少直播平台的数据分析功能不够完善，如不同时间段的观看人数、不同环节的互动情况等，平台可能不会提供。为了收集足够详尽的数据，运营人员需要引入第三方数据工具，或者是提前安排统计人员进行人工统计。

### 五、直播营销注意事项

在直播营销过程中，主播需要注意以下几个方面的内容。

（1）反复强调营销重点。一场晚会或一次球赛，现场观众在开始前就已落座，主办方在开场时点明重点内容即可。但网络直播随时会有新用户进入，主播需要在直播过程中，反复强调直播的目的和重点，要让观众明白"我在看什么""我能得到什么"。

（2）减少自娱自乐，增加互动。直播与互联网录播节目或网络视频的最大不同在于，直播不是单向沟通，而是实时双向沟通。因此，主播在直播过程中，要及时回应用户的诉求，多与用户进行互动。

（3）注意节奏，防止被打扰。在直播进行中，用户发布的弹幕是不可控的，部分用户对主播的指责、批评无法避免。如果主播过于关注负面评价，就会影响自己的直播状态。在直播进行中，主播需要有选择性地与用户互动：对于善意的建议，主播可以酌情采纳；对于正面的批评，主播可以幽默化解或坦荡认错；对于恶意谩骂，主播可以不予理会。直播的掌控者是主播，因此主播必须注意直播节奏，避免被弹幕影响，尤其要避免与部分用户争执而拖延直播进度、影响主播或品牌形象。

（4）注意打造主播人设。很多人会反感喋喋不休的导购、销售人员，但是却可以一连看好几个小时的直播带货。为什么会出现这种差别？原因就在于主播将自己的人设打造成了具备亲和力的朋友，对着用户直播就像在与朋友聊天，介绍产品就像是朋友在推荐、种草产品。比如，某主播会让 15 岁以下、没有经济独立的小朋友不要看他的直播，会吐槽大牌爱马仕口红丑。这种对品牌有褒有贬的评价，才让他拥有了真实的人设。有些主播为了卖货一味地打包票、夸大效用，这样只会消耗主播的口碑，只能达成一次性买卖。当用户发现他的期望与实际产品相差甚远时，甚至会产生坏口碑，并在网络平台上迅速传播扩散。

（5）保证产品质量。在快速变现的直播带货道路上，许多网红直播间准入门槛低，对所售商品的选品和质量把关不严，从而导致直播间的产品质量得不到保证。比如，近几年直播带货质量"翻车"的现象层出不穷。以某主播"羊毛衫假货"事件为例，2020 年 11 月 28 日，该主播在抖音直播间销售的羊毛衫被质疑质量有问题，之后货品被送至专业机构检测，检测结果显示该羊毛衫根本不是羊毛制品。

中国消费者协会发布的《2020 年直播电商购物消费者满意度在线调查报告》显示，担心直播带货商品质量不过关的消费者占 60%左右，产品质量问题成为消费者面对直播带货时最担忧的问题。产品质量堪忧、以次充好等问题，会极大地挫伤消费者对直播购物的积极性。因此，通过直播开展营销，尤其是直播带货时，一定要严格筛选商家并把控产品质量，保障消费者的权益。

（6）切忌虚假宣传。有些主播为了提高销量获得佣金，会对直播间的商品进行虚假宣传、过度营销，从而导致消费者上当受骗、利益受损。2020 年 11 月，某网红主播在直播间售卖的一款冰糖即食燕窝被质疑产品质量存在巨大问题，涉嫌欺诈。随后，该产品被职业打假人送往官方机构进行检测，检测结果显示此款冰糖即食燕窝实际上只是一款风味饮料，不能称之为燕窝，与直播间的宣传大相径庭。此外，该直播带货团队宣称 40 元是与商家谈判拿到的底价，并称商家是赔钱卖、贴钱卖，但最后被职业打假人指出成本价不超过 1 元。这些夸大甚至违背事实的做法不仅会严重影响主播的声誉，还有可能让直播团队面临法律纠纷。因此，主播在直播过程中一定要实事求是地介绍产品，切忌虚假宣传。

# 第二节　直播带货

近年来，直播带货被越来越多的商家所青睐，它改变了传统网络销售方式，让网络销售从"货对人"转变为"人对人"，从"异步交流"转变为"实时交流"。这种改变为直播带货赋予了很多优势，让直播带货成为目前最主流的网络营销方式之一。

## 一、直播带货基本模式

直播主体、直播场地或交易方式不同，直播带货的模式也各有不同。

### （一）按直播主体划分

按照直播主体的不同，可以将直播带货分为商家自播和达人直播两种模式。这两种模式各有优缺点，企业可以根据自身情况灵活选择。

1. 商家自播模式

在商家自播模式下,商家会自行组建直播运营团队,并使用自己的品牌或店铺账号,在自己的直播间进行直播带货。这种模式的直播,可以由商家自己培养(或者服务商孵化)的主播进行,也可以由垂直类达人在商家的直播间配合进行,甚至可以由品牌的管理层参与出镜。在直播过程中,主播会对品牌或店铺的在售商品逐一进行介绍,或者由观众在评论区留言,告诉主播要看哪款,主播就优先介绍哪款。这种模式的竞争力在于在播商品,主要依靠优质商品和优惠力度吸引用户下单。

商家自播的优点在于:第一,成本更低;第二,可以掌握直播数据和用户数据;第三,用户更精准,更利于商家沉淀流量、积累用户。

商家自播的缺点在于:第一,流量有限,主要集中在店铺或品牌已有用户,难以触达潜在用户;第二,建立直播团队需要花费额外的时间和精力,不是每个商家都有能力去做,也不是每个商家都能做好的(现在有很多商家会找专业的代运营团队来帮自己做直播,这样一来可以节省时间和精力,二来专业性有保障);第三,直播内容主要是常规的商品介绍,在购物氛围上稍差,没有给用户留足悬念,成交的冲动性和内容的可期待性较低。

商家自播比较适合以提高转化率为主要目的的日常销售。

2. 达人直播模式

在达人直播模式下,某个垂直领域的 KOL(也包括流量明星、网红等),会利用自己积累的专业知识,通过直播向用户推荐经过"严选"的产品。在直播过程中,主播主要充当专家顾问的角色,通过专业度和"严选供应链"取得用户信任;而消费者往往是因为信任主播,才接受主播推荐的产品。这种模式不以产品为核心,而是以个人 IP 为核心。对品牌或店铺而言,达人直播主要是指找某个领域的带货达人帮自己卖货。

与商家自播相比,找达人带货的优点在于:带货达人通常在某个领域有比较高的专业度,且通过长期运营,已经积累了一定量的用户,成了该领域的消费 KOL。因此,达人直播通常自带流量,能够让商品在短时间内得到大量曝光;此外,达人直播还能通过达人的个人魅力和信誉吸引用户消费,提高转化率。

与商家自播相比,找达人带货的缺点如下。第一,成本较高。找达人带货需要支付服务费(坑位费)和佣金(订单提点抽成),对商家来说,这是一笔不小的开支。第二,效果不稳定。如果商品的目标用户和达人的粉丝契合度不够高,带货效果可能会不太好。第三,利润低。很多达人都会对商家提出苛刻的条件,无限压价,导致商家利润过低,甚至是赔本赚吆喝。第四,用户在达人直播间购买商品,主要是因为便宜和对达人的喜爱,多为一次性消费,很难转化为品牌或商品的粉丝。第五,选择合适的达人很难,需要时间和经验,而且很多达人都会为自己"刷粉",商家很难辨别。

达人直播比较适合做新品或爆款的推广,偶尔也可以用于促销或者清库存。如果不是品牌自带流量的企业,建议在启动自播账号的同时,也去寻找适合自己的达人进行带货合作。这样能让品牌迅速打开市场,积累声量,在某种程度上还能为自己的自播账号引流。

在达人的选择上,如果没有足够的资金去支付头部主播的坑位费,也接受不了他们超低价的要求,那么建议在任务平台、精选联盟或 MCN(Multi-Channel Network,多频道网络,是一种新的网红经济运作模式）机构寻找中小主播进行合作，这样可以发挥长尾效应。

商家自播与达人直播的对比如表 11-1 所示。

表 11-1　商家自播与达人直播的对比

| 对比内容 | 商家自播 | 达人直播 |
| --- | --- | --- |
| 直播核心 | 以品牌和产品为核心。用户是冲着品牌和产品进入直播间的，对主播的知名度和个人魅力要求不高 | 以主播 IP 为核心。用户是冲着主播进入直播间的，对主播的知名度和个人魅力要求较高 |
| 消费驱动力 | 需求驱动：用户购买商品多是因为对商品有需求，进入直播间前已经产生消费欲望 | 情感驱动：用户购买商品可能是因为喜欢主播，因而容易被主播的话术和个人魅力打动，从而激发出消费欲望 |
| 主播人设 | 主播更像是一个销售员 | 主播更像是一个专家顾问 |
| 灵活度 | 商家主动性强，可以根据店铺活动自由调配 | 商家比较被动，需要根据达人的档期选择直播时间，甚至直播内容和形式也要听达人安排 |
| 直播时长 | 可多人 24 小时直播 | 主播单人直播，直播时间有限 |
| 商品来源 | 商品来自自己店铺、品牌或者工厂 | 商品不受限制，可以和多个商家或品牌合作 |
| 产品价格 | 价格优惠度不算高 | 价格优惠度较高 |

## （二）按直播场地划分

按照直播场地的不同，可以将直播带货分为直播间导购、基地走播、产地直播、国外代购四种模式。企业可以根据产品特点选择合适的直播场地。

1. 直播间导购模式

在直播间导购模式下，商家或达人会在特定的直播间进行直播，向用户介绍并推荐经过精心筛选的商品。这种模式是直播带货的主流模式，目前很多品牌、店铺或达人都采用这种模式。如果采用这种模式直播，主播及其团队相对轻松，不用到处跑；而且直播过程不容易被外部环境干扰，比较稳定理想；但直播场景局限在特定的房间内，会让用户觉得比较乏味，缺少新鲜感。

2. 基地走播模式

在基地走播模式下，直播基地由供应链构建，而主播会去各个基地做直播。具体来说，主播一般会根据用户的需求，提前到基地选好货，然后等基地搭建好场景后，直接在当地开播。这种模式的整体运营较轻，主播不用担心货源和库存压力，也不用费心售后服务问题。

一般情况下，直播基地的装修和直播设备都比较高档，画质比较好；而且直播基地通常会与主播"一唱一和"，这样有利于提升用户的信任感；但这种"源头好货低价促销"的模式，容易让用户冲动下单，可能出现退货率偏高的情况。

基地走播模式近几年比较常见，按照直播基地的构建主体，又可细分为品牌基地走播和产业带基地走播两种模式。品牌基地，顾名思义，就是品牌方构建的直播基地；而产业带基地一般由地方政府构建，主要服务于产业带上的企业。目前，很多地方政府都会基于当地的优势资源构建直播基地，然后吸引全国各地的知名主播到基地开直播，如瑞丽的玉石直播基地、珠三角的服装产业直播基地、义乌的小商品直播基地等。这样做的好处是在现有的产业基地基础上架设直播销售渠道，能够对现有资源进行有效利用。

3. 产地直播模式

在产地直播模式下，主播会到商品的原产地、生产车间等场地进行直播，如到田间地头直播农产品。这种模式去掉了中间商的环节，不仅能够给消费者提供高性价比的产品，还能通过展现产品的"正宗"、强化原产地的卖点，取得消费者的信任。因此，在这种模式下，只要价格合适，用户成交的冲动性还是比较高的。但这种模式的直播内容可能每天都差不多，内容的可期待性相对较差。

4. 海外代购模式

在海外代购模式下，主播通过直播自己在境外逛商场或免税店的过程，取得用户信任，并帮用户代购商品。这种用镜头带着用户在海外逛街购物的模式，现场感非常强，而且相比用户平时接触的渠道，商品价格便宜不少，因此容易让有消费需求的用户有所期待并疯狂购物。但是这种模式容易受限制，因为通常一家店里库存较少，容易形成高性价比的商品被限购或出现断货的情况。

### （三）按交易方式划分

按照交易模式的不同，可以将直播带货分为秒杀模式、砍价模式、抢拍模式、清仓模式、定制模式五种模式。

1. 秒杀模式

在秒杀模式下，主播会和品牌商合作，帮品牌商带动销量，同时也给用户谋福利。具体来说，主播会凭借流量优势，压低品牌商给的商品价格，为用户争取到最大优惠；而主播则通过坑位费和销售返佣获得收益。

在秒杀模式下，成交冲动性相对较高，而且用户只要尝到甜头，就会对后面的商品有所期待，因此直播的转化率和复购率都较高。此外，这种模式容易形成马太效应，主播带货能力越强，拿到的折扣就越低，也越有利于主播持续吸粉。

秒杀模式非常常见，这种模式对主播渲染商品价值的能力要求很高。

2. 砍价模式

在砍价模式下，主播扮演的是一个买手的角色，一般会先把商品的优缺点分析给用户听，同时告诉用户商品的大概价值，然后在商家报价后，帮用户向商家砍价，砍价的过程中还可以实时与用户讨论，价格协商一致后三方成交。在这种模式下，直播间的用户量就是主播的砍价筹码，主播主要赚取用户的代购费和商家的佣金。

砍价模式虽然有表演的成分在里面，但是直播氛围却很好，因为这种模式能够让用户围观砍价和成交的过程，也可以让用户产生享受到优惠的感觉。在这种模式下，从众效应明显，用户容易产生冲动性消费，甚至导致商品被哄抢。

砍价模式非常适合珠宝、古玩等产品，一般要求主播能言善辩，具有一定的煽动性。

3. 抢拍模式

在抢拍模式下，用户想购买商品需要抢拍，只有被主播选中的用户才能买到。比如，直播销售一双小白鞋，主播说 39 码的扣"6"，可能会有很多想要购买 39 码小白鞋的用户扣"6"，但是只有被主播叫到名字的用户才能领到专属购买号码，领取号码后到链接里付款并备注号码才算购买完成。

这种模式下的购物氛围和互动性一般比较好，容易产生冲动性消费；但这种模式对于刚进入直播间的新用户来说，玩法辨识度比较低，新用户往往不能一下子明白如何完成购买，需要有个了解的过程。

抢拍模式比较适合限量出售、新品上架、打折促销等场景，对产品的稀缺性要求较高。

4. 清仓模式

在清仓模式下，仓库里的货品会被低价甩卖，直至一件不剩。直播过程中，由于产品款式比较多、尺码不全，所以主播介绍产品时速度比较快，不会做太多深度讲解，主要强调产品的低价好用；而用户在观看时，会有一种捡便宜和淘好货的心理。

在清仓模式下，用户成交冲动性比较高，能够帮助商家快速、大量地清理库存。但清仓模式的玩法辨识度比较低，对于用户来说，往往不能很快地将这种模式与常规直播区分开来，一般需要停留一段时间后，才会明白这是在低价清仓。

顾名思义，清仓模式主要适用于清理库存。在这种模式下，主播要能带动购物氛围，让用户感觉买到就是赚到，从而疯狂购买。

5. 定制模式

在定制模式下，主播会根据用户的需求定制商品，采用 ODM（Original Design Manufacturer，原始设计制造商）或 OEM（Original Equipment Manufacturer，原始设备制造商）的方式推出特有的款式，然后找工厂生产。

定制模式不仅能够避免同质化，保证产品品质，还能为商品赋予传播内容，让商品 IP 化。随着 IP 内容的传播和深化，用户对主播的信任及对款式的认同会相应提高，下单的冲动性也会随之增强，而且还会对新品有所期待。但这种模式操作难度大、门槛高，需要有充足的资金，对团队的要求也很高，一般要求团队擅长内容营销。

定制模式比较适合个性化程度较高的商品，如服装、配饰等。这种模式对主播的名气要求也比较高，目前采用这种模式的基本都是头部主播；此外，也需要合作工厂能够进行柔性化生产。

## 二、直播带货运营要点

### （一）直播前运营要点

与其他直播类型相比，直播带货更加复杂，涉及的细节更多，需要准备的东西也更多，尤其是选品和脚本的撰写，更是直播带货的重中之重，直接影响直播带货能否顺利进行及最后的转化效果。因此，接下来我们重点介绍一下这两个运营要点。

1. 选品

直播带货的关键还是"货"，货品的选择与直播间的销售业绩密切相关，所以直播前，选品很重要。接下来我们说说如何选品。

（1）直播选品的关键要素。

直播选品一定要把握四个关键点：价格、产品品类、品牌、季节性。

首先要明白的一点是，不是所有产品都适合直播带货。一般来说，直播带货的品类多半具有低价格、高线上化等特征；但近年来，旅游、家装、珠宝、汽车、房产等以线下运营为主的传统实体行业也开始积极尝试线上直播，使直播品类越来越丰富，不过总体来看，服饰、美妆、食品、母婴、日用品等客单价低、复购率高的快消品仍然是目前直播带货的主流；此外，知名品牌的产品比"白牌"产品带货转化率高；季节性产品比稳定性产品更容易成为爆品。

（2）直播选品策略。

对于品牌方而言，如果想通过直播带货，首先要确定自己的产品适不适合做直播。明确了这一点后，剩下的选品工作就相对比较简单了。因为自己有产品，所以只需要挑选价格合适的应季产品或爆品，并对产品进行组合即可。

对于带货达人而言，因为自己没有产品，所以选品时需要考虑的因素更多。一般来说，垂直度高的账号可以选择与之相匹配的品类；综合性账号可以根据用户画像进行选择；当然，两种策略也可以结合起来使用。除此之外，产品最好有品牌，价格不宜太高，且最好是应季产品或热门商品。

在选品时，不要盲目跟风，要充分利用各种数据工具，同时参考历史销售情况及同行的带货表现，选择满足用户需求、性价比高的产品。

（3）直播产品类型。

与店铺运营一样，可以将直播间的产品按照功能进行分类，然后根据需要将不同类型的产品组合在一起进行直播。目前，直播产品主要包括以下几类。

① 福利款。福利款又叫"引流款"或"秒杀款"，主要作用是为直播间拉新引流或调动直播间的气氛，因此通常建议选择具有普适性、性价比高、采购成本低、用户认可度高的产品。一般情况下，可以将主推款的周边产品选作福利款，以远低于市场价的价格进行限时或限量秒杀。比如，做服装的就可以把帽子或小饰品等作为福利款，卖包的就可以选择零钱包、钥匙包等作为福利款。

福利款一般用于开场预热或在平均在线人数较低时提升人气。主播通常会配合直播间活动，承诺观看人数或关注人数达到多少之后推出福利款，以此来增加用户的在线观看时长或进行拉新。需要注意的是，福利款并非主推产品，因此要控制好数量，不能给企业造成太大的成本压力。

② 主推款。主推款，顾名思义，就是本场直播的核心销售产品，主要作用是为直播间创造销量。一般情况下，应该选择需求量大、转化率高的应季产品、网红爆款作为主推款，且要在保证一定利润的前提下，保持价格优势。

选定主推款后，一定要保证货源充足，并在不同时间段反复多次讲解该产品，且讲解的时间也要长一点，以便让消费者充分了解该产品。当然，如果在直播间人气达到峰值时介绍主推款，成交量将会更高。此外，为了促进主推款的成交，一般建议在讲解时发放一定数量的优惠券。

③ 利润款。利润款又名"高价款"，主要作用是与主推款形成互补，为直播间贡献利

润,提高整场直播的客单价和利润率。利润款主要面向高净值人群,最好选择人无我有、人有我优,具备独特优势和突出卖点的高品质产品。

利润款与主推款一样,需要高频次、长时间地讲解,而且最好在直播间人气最高时推出,这样才能保证有更多的人看到该产品。

④ 形象款。形象款一般是具备高品质、高调性、高价格的小众产品,其主要作用是提升直播间的形象。这类商品通常会被多数带货直播间所忽视,很多直播间觉得没必要上架。其实不然,选择合适的形象款产品可以提升直播间或品牌的形象,从而在无形中帮直播间获得用户的好感和信任。

形象款通常在产品销量中占比极小,因此只要在直播间人气不高也不低的时段,让主播讲解一下就可以了。

除了上述主要款式,直播间还可以适当推出以下几款产品。

- 搭配款,可以与主推款、利润款搭配销售,用于提升客单价。
- 对比款,性价比较低,可以为其他商品提供价格锚点,用于衬托主推款、利润款的性价比。
- 基础款,用户群体广泛,用于在不同定位商品之间进行过渡。
- 话题款,能引发用户讨论、制造话题,如联名款、明星同款等,用于促进传播。
- 清仓款,能让用户产生占便宜的感觉,用于拉高用户的价值感。
- 特供款,能让用户产生"只有这里才有"的感觉,用于营造稀缺感。

(4) 直播产品结构。

如前所述,一场直播不可能只卖一种产品,多半是好几种产品同时挂出。在这种情况下,直播产品如何配比就变得十分重要。

一般情况下,综合性的直播可以选择 5%~10%的福利款、50%~60%的主推款、30%左右的利润款、5%~10%的形象款进行组合。但如果有特定主题的话,就要根据主题进行调整。比如,如果是上新专场,那就只能介绍新品;如果是清仓专场,那就应以过季产品为主。另外,如果是新号,在冷启动期间,最好只推两种款:引流款和福利款。因为刚开始账号没粉丝、没标签,只能用这两款产品来吸引粉丝,提升数据。

2. 撰写脚本

普通的直播营销活动可能只需要一份简单的策划方案即可,但直播带货却需要将所有细节提前设计好,并写进脚本中。这是开展一场高质量直播的前提。事实上,撰写直播带货脚本是所有直播间在每场直播前都需要做的工作,而且每场直播带货的脚本都是不一样的。后面为了表述方便,将直播带货脚本简称为"直播脚本"。

(1) 认识直播脚本。

与短视频脚本类似,直播脚本就是直播大纲,主要包括整场直播脚本和单品直播脚本两种类型。整场直播脚本需要包含直播目标、直播主题、直播时间、直播时长、直播地点、直播流程与节奏、人员分工、演绎道具等,如表 11-2 所示,其中直播流程和人员分工是整场直播脚本的设计重点。单品直播脚本主要涉及单品讲解流程和讲解话术的设计。

直播脚本的作用有两个:一是让团队成员之间的信息能够同步,从而保证沟通更顺畅、执行更到位;二是让主播能够更好地掌控直播间的节奏,从而提高带货转化效果。

表 11-2　整场直播脚本模板

| xx 直播脚本 |||||
|---|---|---|---|---|
| 直播目标 | | | | |
| 直播主题 | | | | |
| 时间 | | 地点 | | |
| 时长 | | 商品 | | |
| 主播 | | 助理 | | |
| 场控 | | 中控 | | |
| 道具 | | 装饰 | | |
| 直播流程简介 |||||
| 时间分配 | 总流程 | 主播 | 场控 | 助理 | 中控 |
| ×分钟 | 预热开场 | 自我介绍<br>引入直播品牌<br>进行产品浏览<br>优惠及福利透出 | | | 发放预告及公告 |
| 每件产品×分钟 | 讲解产品 | 产品名称<br>产品展示<br>产品卖点<br>粉丝答疑 | 把握时间节奏 | 配合产品展示<br>提供道具<br>配合营造氛围<br>配合主播促单 | 产品上下架<br>产品价格修改 |
| ×分钟 | 互动环节 | 互动玩法<br>互动礼品 | 控制不良言论<br>弹幕互动 | 互动答疑 | 发布链接及弹窗 |
| ×分钟 | 结束语 | 回顾本场直播商品和优惠机制；<br>引导关注，预告下次直播时间、福利和活动 | | | |
| 直播结束后，复盘、总结经验教训： |||||
| 注意事项 | "直播间产品讲解+粉丝互动占比"要合理<br>要为主播提供动作指导和话术指导 ||||

（2）撰写整场直播脚本。

整场直播脚本的设计有两个要点：第一，合理安排直播流程，精准把控直播节奏；第二，合理调度直播分工。其中，直播流程是整场直播脚本设计的核心。

① 设计直播流程。设计直播流程，简单来说就是按照时间轴确定每段时间的直播内容，一般需要具体到分钟，如开场预热多少分钟，如何预热，是抽奖还是发优惠券；什么时间上产品，每个产品介绍多少分钟，产品按什么顺序介绍；什么时间送福利，什么时间互动；结束语什么时候说，说什么等。上述每个环节都要提前规划好，以免在直播过程中出现产品解说和产品上架时间错乱、错过发放福利的时间导致观众流失等情况。总之，一个恰到好处的直播流程能有效提升直播间的节奏感，既方便主播把控全场，也能让用户持续观看直播。

在直播流程的设计中，有两个要点：排品和互动环节设置，下面分别进行介绍。

A．排品。排品就是对需要讲解的产品进行排列组合，合理安排产品的讲解时长和顺序。直播流程主要就是由排品策略决定的。在排品时，首先要根据产品数量确定基本排品流程，然后要根据产品类型及产品属性确定如何对产品进行排序和搭配，在此过程中还要注意一些细节和技巧。

- ■ 基本排品流程。不同的直播间采用的基本排品流程是不一样的，下面介绍两种最常见的排品流程。
  - 过款型流程：如果要讲解的产品很多，可以逐一进行介绍，但一款产品在一场直播中只介绍一次，这就是过款型流程。
  - 循环型流程：如果产品不是特别多，如只有5款产品，可以在一场直播里把所有产品循环介绍几遍，这就是循环型流程。
- ■ 产品排序与搭配。一般情况下，建议采用"三品组合法"来安排产品的大致讲解顺序。所谓"三品组合法"是指：首先用福利款进行开场预热，聚人气；然后用主推款来承接流量、稳定流量；最后用利润款创造收益。

根据产品在直播中的作用类型确定了大致讲解顺序后，还要根据产品的属性进一步确定具体顺序。在安排具体顺序时可以参考以下做法。

- 按价格排序：一般是按照价格从低到高进行排序。
- 按功能排序：将功能相同或相似的放在一起介绍，如防晒霜、防晒衣、遮阳帽等。
- 按搭配排序：如介绍完衬衫，就介绍与之搭配的裤子。
- 按色系排序：将相同色系的放在一起进行介绍。
- 按尺寸排序：如按照大包、中包、小包的顺序介绍箱包。

产品排序的依据还有很多，不同品类有不同的排序依据，但无论是什么品类，都要注意两点：第一，要注意前后产品的关联性，没有关联性很难转款；第二，要注意前后产品的价格梯度，价格跨度不要太大。

以上是直播排品的基本逻辑，适用于大部分直播间，但每个直播间的产品不一样，产品数量也不一样，还需要根据自己的情况做出调整。尤其需要强调的是，直播间产品的排布是需要动态调整的。比如，如果发现某款产品点击率高，转化率也不错，就可以增加讲解频率和时长，并通过优惠活动将其推爆；如果主推款或者引流款的用户反馈不好，就要赶紧换款，不能卖不动还一直卖。

B. 互动环节设置。除了排品，互动、游戏、福利等在什么时段插入，也要提前制定好执行方案，并体现在脚本上，这样才能让主播明确相应的操控节点。

一般情况下，建议阶段性穿插福利，并尽量通过多样化的互动方式，来帮直播间聚集人气、活跃气氛和销售转化。比如，开场时可举办抽奖活动，以此留住第一波进入直播间的用户；中间人气低迷时可发红包促活拉新；在上架主推款和利润款之前可开展有奖竞猜或问答；主推款和利润款讲解完后可发一波优惠券促进转化。

② 调度直播分工。一个完整的直播团队需要包含以下角色：运营、主播、场控、助理、中控、投手、客服。

A. 运营：相当于直播间的"总指挥"或"总导演"，需要统筹整个直播间，尤其是直播前的选品、产品卖点提炼、脚本撰写、话术设计等工作。

B. 主播：负责讲解产品，引导用户互动，促成产品转化。一般需要具备以下能力：语言组织能力、情绪渲染能力、临场应变能力、强大的心理承受能力。此外，如果具备一定的专业度，且颜值高、身材好，将会更有优势。

C. 助理：开播前需要确认货品、样品及道具是否准备就位；开播后需要配合主播进行产品展示、氛围营造、促单、引导粉丝互动等工作，还要为主播提供道具，为粉丝答疑解惑等。

D. 场控：主要负责直播策划方案的现场执行，保证直播顺利进行。开播前要进行相关软硬件的调试；开播后要负责把握直播节奏，维护直播间的秩序和氛围，如果出现意外事件要及时处理。

E. 中控：主要负责后台操作，包括配合主播进行产品的上下架，修改产品价格及库存，发放福袋、红包、抽奖、优惠券等的链接，预告、公告、弹窗等。

F. 投手：主要负责为直播间引流。

G. 客服：主要负责处理用户投诉和反馈。

一场直播，主播需要做什么，场控需要做什么，中控需要做什么……不同岗位的工作内容都要写进直播脚本里，让每个人都提前了解直播脚本里的内容，明确自己要做哪些工作。

（3）撰写单品直播脚本。

单品直播脚本是围绕单个产品设计的直播提纲和依据，主要涉及两个要点：设计单品直播流程和设计直播话术。

① 设计单品直播流程。在碎片化信息时代，人们的注意力越来越容易分散，为了适应这一趋势，直播节奏也越来越快。目前，一个单品的讲解时间一般不宜超过 10 分钟。在这不到 10 分钟的时间里，主播要通过合理的流程设计来促进成交，提升转化量。

目前，大部分直播间都会采用"五步销售法"来实现直播间的转化。"五步销售法"是在 4P 模型（描绘/Picture、承诺/Promise、证明/Prove、敦促/Push）的基础上发展起来的，主要将销售引导过程分为以下五步。

A. 提出痛点，引出需求。主播在产品讲解过程中，可以结合消费场景，指出用户的痛点，以此激发用户的购买欲望。比如，要推出防晒产品，就可以先从自己的感受和困扰开始，聊天式地提出用户痛点，引起用户共鸣。具体可以这么说：夏天到了，我感觉再不防晒，就要变成黑人了。

B. 放大痛点，强化需求。提出用户痛点后，还可以把痛点放大，将用户忽略的问题尽可能全面地挖掘出来，让用户"痛上加痛"，意识到问题的严重性。比如，将不防晒的危害从"晒黑"提升到"变老变丑"的高度。具体可以这么说：去年夏天太忙，平时没有太注意防晒，结果发现鼻子旁边多了几个小黑斑，皮肤也感觉粗糙了很多，整个人似乎老了几岁。

C. 引出产品，解决痛点。情绪渲染到位以后，就可以引出产品来解决上述问题了。这一步是整个单品直播脚本的核心，需要对产品卖点、使用场景、产品背书、客户反馈及直播优惠等各方面进行深入介绍，让用户能够全面了解产品。具体讲品话术后面再详细介绍。

D. 提供证明，消除顾虑。用户全面了解产品后，可能还会存在一些疑虑，以至于不敢下单。这时就要提供各种材料来证明前面所说属实，如展示用户评价、权威背书、销量佐证、产品细节、极端测试结果、消费保障等。

E. 降低门槛，催促转化。经过前面的铺垫，用户可能已经有了比较强烈的购买欲望，但却没有足够的动力推动其最终做决定。这时就可以通过有诱惑力的促销活动来降低用户的购买门槛，催促用户踢出"临门一脚"。具体促单话术后面再详细介绍。

② 设计直播话术。在一场直播中需要用到很多话术，但最重要的是以下三种话术：讲品话术、促单话术和互动话术。

A．讲品话术。讲品话术就是讲解产品的话术。一般情况下，主播需要在直播间全方位、详细地介绍产品信息，包括品牌背景、产品核心卖点、产品使用方法及技巧、产品使用感受及效果、产品使用场景、直播间价格优势等。这些内容需要在开播之前梳理清楚，并写入脚本。

在上述产品信息中，产品卖点是核心。运营人员需要根据用户的关注点，提炼产品卖点，并用合适的方式将产品卖点表达出来，让用户知道产品的价值。

虽然产品卖点是讲品话术的核心，但在直播中也不需要将所有卖点都介绍一遍，一般情况下介绍 3~4 个核心卖点即可。在介绍核心卖点时，可以灵活运用对比、类比、列数字、摆事实、场景带入等描述手段来说服用户、展现个人特色，如某主播在介绍口红的时候会说"像小精灵在你嘴巴上跳舞"，非常有意思。

主播在介绍产品卖点时，可以参考产品的淘宝详情页，但是千万不要照搬照念，一定要加入自己的话术。另外，还可以展示与产品相关的专业知识，以凸显自己的专业度；或者是通过品牌故事来包装品牌，提高产品附加值。这些都是比较实用的销售技巧。

除了通过语言说服用户，主播在讲解产品的时候，还要亲自试用、试吃、试穿，也就是所谓的"体验式展示产品"。这样，一方面可以给主播提供最真实的感受，让主播的讲解更具体，更细腻，更富有感染力；另一方面现场展示或者验证能够有效地打消用户的疑虑，取得用户的信任。

B．促单话术。促单话术就是催促用户下单的话术，又称"逼单话术"。促单话术的底层逻辑就是利用人们"厌恶损失""爱占便宜"等心理，营造稀缺感、紧迫感、占便宜感，来提升用户的下单量。常用促单方法包括秒杀、发放优惠券、限时限量限地抢购等。

C．互动话术。互动话术就是引导用户参与互动的话术，设计的目的是提高直播间的互动率。比如，"刚进直播间的宝宝们记得把左上角的'关注'点一下，咱们这款充电宝支持华为、苹果、小米、vivo、OPPO 等很多品牌的手机！所以大家可以把自己使用的手机品牌打在屏幕上，用的是小米手机，就说小米，用的是苹果手机，就说苹果。然后，助理你注意统计一下，下单前在公屏上打了自己手机品牌的宝宝，我们再每人多送一根充电数据线，和充电宝一起发走。"

在上面这段话中，主播不仅引导用户点了"关注"，而且通过赠送数据线的方式提高了用户参与公屏留言的积极性。

常见的互动话术包括以下四种。

- 提问式互动话术。比如，在推控油护肤品之前可以先提问："有没有脸爱出油的宝宝？有的话在评论区扣 1。"
- 选择式互动话术。比如，"想要 A 款扣 1，要 B 款扣 2。"
- 节奏式互动话术。比如，"想要××福利的宝宝，刷波 666""大家扣 1，让我看到你们的热情，热情越高我给的秒杀价越低！"

- 对话式互动话术。比如,"问优惠券的那位小姐姐,××有优惠券×元,×点有秒杀"。

### (二)直播中运营要点

直播中,各个岗位的人员需要按照直播脚本上的流程和节奏做好自己的本职工作。在这个过程中,相关人员还要对数据进行实时监测,并根据实时数据的变化及时调整直播节奏,优化直播内容和互动环节。具体调整策略如下。

(1)根据直播间人气,适时推出产品。一般情况下,直播时间越长,观众的流失比例就越大。当发现直播间实时在线人数开始下降时,可以增加引流款的投放比例,并搭配整点抽奖等玩法来增加直播间的吸引力和趣味性,以此提高观众停留时长。当发现直播间人气达到峰值时,可以推出爆款或利润款,保证商品被更多的观众看到;同时,主播可以适当拉长商品的讲解时间,反复强调产品的价格或活动,以此增加商品的转化率。

(2)根据观众弹幕需求,调整商品上架顺序和讲解时长。观众对直播间商品有较强的购买意愿时,会主动在评论区留言。因此,通过观众评论,可以了解观众的关注焦点。此外,通过弹幕统计数据,如将"正在购买弹幕条数趋势图"与产品上架时间结合起来,也可以了解观众对哪件商品的购买意愿更强。了解到观众的需求后,就可以根据观众需求调整商品的上架顺序和讲解时长,从而更好地留住目标用户。

(3)根据粉丝互动率,调整互动玩法。粉丝互动率,即参与互动的粉丝人数与观看直播的粉丝人数之比。互动包括点赞、评论、转发、关注等行为。如果粉丝互动率较低,就说明直播没有将粉丝的积极性调动起来,这时就要考虑重新设计互动玩法了。

### (三)直播后运营要点

与其他类型的直播相比,直播带货更加需要复盘总结。不管是很有影响力的大主播,还是名不见经传的小主播,他们在每天的直播结束后,都会对当天的直播进行一次全面的复盘。

直播复盘主要包括两个方面,一是人货场的复盘,二是数据的复盘。

#### 1. 人货场复盘

一个好的直播间,都是人货场三者的巧妙结合。因此,对人、货、场进行复盘对带货直播间而言是非常重要的。

(1)人员复盘。不同岗位的直播人员在复盘时需要关注的重点是不一样的。从运营到客服,每个岗位的复盘要点如下。

- 运营:复盘直播流程是否流畅,是否有环节出现问题等。
- 主播:复盘直播过程中的产品讲解和控场情况是否符合预期,包括话术、节奏把握、表现力、熟练度、情绪等。
- 场控:复盘直播过程中设备是否正常运行,节奏把控是否合适,言论控制、突发事件预警及处理是否及时有效等。
- 助理:复盘产品、样品及道具准备是否充分,与主播的配合是否默契,与粉丝互动是否积极等。
- 中控:复盘商品上下架是否及时准确,后台操作是否出现失误等。

- 投手：复盘预热视频的投放效果是否符合预期，付费广告的投入产出比是否合理等。
- 客服：复盘是否及时回答或解决粉丝的问题等。

除了每个角色进行自己职责范围内的复盘，还需要对整个团队的配合度进行复盘，共同讨论整体配合中出现的问题并提出解决方案。

（2）货品复盘。货品复盘主要包括以下方面。
- 选品逻辑是否合理，包括引流款、利润款、主推款的分配比例是否恰当，是否存在同质化产品，产品价格是否合适，产品转化数据是否符合预期等。
- 排品顺序是否合理，包括前后产品是否呼应，产品价格曲线是否正常等。
- 讲品话术是否有效，包括产品的核心卖点提炼是否到位，表达是否清晰、有吸引力等。
- 货品展示是否有效，包括货品细节是否清晰，货品演示是否充分，货品使用效果是否符合预期，道具辅助是否有用等。

（3）场景复盘。与人和货的复盘相比，场景复盘算是比较简单的，主要是复盘直播间场地布置、直播背景、灯光设备、商品陈列等是否合理、是否符合直播主题、是否给用户提供了良好体验等。

2. 数据复盘

与普通直播一样，带货直播也要收集并分析各个维度的直播数据，并根据数据反馈判断直播效果，总结经验教训，为下一次直播提供优化依据和改进参考。

在统计和分析直播数据时，需要重点关注以下几个方面的数据：第一，直播间哪些款卖得比较好；第二，直播间什么时候观看人数最高；第三，不同直播时间的转化效果如何。

### 三、"短视频种草+直播带货"营销法则

当前，通过"短视频种草"深度影响用户认知，然后通过"直播带货"实现快速转化，已经成为很多新兴品牌"爆红"的营销法则。

在这条营销法则中，短视频种草通常以专家型、影响力型的 KOL 推荐为主，营销内容需要凸显"专业+场景"，主要通过制作精良、符合用户需求的短视频内容，实现提升品牌知名度、对目标用户进行"种草"教育的目的。短视频种草模式虽能够深度影响用户认知，但却存在互动性较弱、信息沟通不充分的缺陷，难以实现最终转化。

直播带货通常以强折扣、强情感渲染型的主播促销为主，营销内容需要凸显"货+低价"，主要通过对商品开展短期降价促销，来吸引用户购买，实现商品的快速转化。直播带货模式互动性较强，能够让用户充分了解产品，但如果品牌认知度不够高，也很难取得用户的信任。

短视频种草和直播带货两种模式各有优缺点，企业如果想取得比较好的营销效果，最好将两者进行优势互补，先利用短视频深度"种草"，唤醒用户的潜在需求，并让用户对品牌和产品形成一定印象，然后再通过直播带货的方式实现快速转化。

## 案例讨论

### 淘宝知名主播的直播带货技巧

淘宝某知名主播的直播间已有几千万个粉丝，单场直播的在线观看人数甚至能超过 1000 万人。那么该主播的直播间为什么这么受欢迎呢？接下来我们一起来看看该主播是如何直播带货的。

1. 直播前准备环节

（1）准备销售辅助道具。当需要谈价格优势、展示打折力度大的时候，主播的小助理会拿出计算器；当谈到产品是与某明星同款时，小助理会拿出准备好的大幅照片；当需要演示如何下单购买时，小助理会拿出手机或 Pad，演示下单的步骤和界面。

（2）准备卖点。在直播准备阶段，该主播会为每款产品提炼出 1~2 个主推卖点。

2. 产品讲解环节

（1）用多种表现方法来讲透卖点，打动观看直播的用户。比如，该主播会亲自试用，好用就推荐，不好用就不推荐，这种中立公允的态度增加了用户对他的信任感；会介绍产品的成分，讲解专业的名词；会描述商品的使用场景，把用户带入这个场景中，让用户觉得在那种情况下，有这个商品就会很方便；会讲解化妆中的问题、技巧、小知识；会讲故事，可能是自己或周围人的经历，也可能是商品的背景故事；会让团队的小助理或其他同事配合化妆，来展示商品的核心卖点；会把产品模拟成"有血有肉、不同性格的女生"，让粉丝理解并选择。总之，他的发力点会集中到商品的卖点上，在发力形式上也会力图多样，以减少观众的重复观感。

（2）用多种趣味实验来展示卖点，以增强用户对产品的信心。除了亲身试用，该主播还常用多种趣味实验来展示产品的核心卖点。比如，用洗面乳打泡泡，然后在打出的泡泡上放一枚硬币，泡泡不塌，用来说明泡泡的致密细腻。这种实验除了直观地表现产品核心卖点，本身的趣味性也会让直播间变得活跃，让直播变得好看、有趣，从而吸引住用户。而用户停留的时间越长，越有可能产生消费。

（3）放大价格/价值优势。价格的"低"是"比"出来的。该主播善于给产品选一个参照物，放大价格优势。比如，有些产品并不是直接减钱打折，而是采用赠品的方式给予优惠，那么他就会把所有赠品按克重折算成线下实体店的零售价。

（4）善用销控，把握节奏。在该主播的直播间，商品链接是逐步上架的。这样做的好处有两个：一是人为营造了一种"一上架就秒光"的火爆氛围；二是调动了用户"抢"的情绪。

（5）保持亢奋的直播状态。看该主播的直播，你会发现他时刻处于一种亢奋的状态。理性上，没必要用那么大的音量来讲推荐词，毕竟带着领夹麦；但现实是，观众每次看到他那么充满激情地卖力推荐，总会更愿意多停留几分钟，有时其实并不是受到当前所售产品的吸引，而是仅仅被他的激情所感染。

3. 收单变现环节

（1）打消下单顾虑。在用户出现犹豫的时候，该主播能及时洞悉用户的疑问，主动讲出用户顾虑的问题，并给出让用户放心的解答。

（2）关注下单流程。在该主播的直播间，会多次听到他不厌其烦地讲解下单流程，作用有两个：一是引导下单行动，二是排除下单过程中用户不熟悉操作的隐患，起到"推一把"的作用。

总而言之，该主播的成名，不仅是因为他进入这个领域早，享受了流量红利，更重要的是，他的确掌握了很多直播带货的技巧，再加上其极具感染力的语言表达和在美容护肤领域的专业积累，这些因素共同作用才成就了该主播的成功。

资料来源：博学谷网站.

**讨论**：该主播的直播带货技巧，哪些是可复制的？哪些是不可复制的？品牌直播间能从该主播的直播带货做法中学到什么？

### 思考与练习

1．直播营销的常见形式包括哪些？可用平台有哪些？
2．如果要策划一场直播营销活动，需要考虑哪些方面？
3．在开展直播营销活动前，要做好哪些准备工作？
4．常见的直播开场方式有哪些？互动方式有哪些？结尾方式有哪些？
5．直播结束后，为什么一定要进行复盘？如何复盘？
6．企业如果要通过直播卖货，是选择达人带货好，还是品牌自建直播间好？两种方式各有什么优缺点？
7．哪些产品适合选择产地直播模式？这种模式有什么优缺点？
8．在直播带货的交易模式中，砍价模式、抢拍模式和定制模式都比较少见，这三种模式分别适合什么样的产品或场景？
9．如何进行直播选品？直播间的产品按照功能可分为哪几类？在选择时需要注意什么？
10．整场直播脚本和单品直播脚本的设计重点分别是什么？
11．在设计直播流程时如何排品？
12．目前，多数直播间都采用"五步销售法"来讲解产品，请问"五步销售法"是指什么？包括哪五步？
13．在直播带货中需要用到很多话术，但最重要的还是讲品话术和促单话术，请问如何设计讲品话术和促单话术？需要注意什么？
14．直播带货结束后，如何进行人货场复盘？

### 技能实训

延续上一章"技能实训"的运营成果，假设你已经为"喵喵汪汪"宠物用品天猫店创建了抖音账号，且已经有了一批粉丝。现打算开通直播，并通过直播售卖宠物用品。请根据以上背景完成下列实训任务。

1．在满足抖音直播开通条件的前提下，向抖音提交开通直播的申请。
2．策划并实施一场直播带货活动，并对活动进行复盘总结。具体步骤：①搭建直播间，准备直播设备及道具；②选择合适的商品；③撰写直播带货脚本；④拍摄一段短视频进行预热；⑤按照脚本进行直播；⑥复盘总结。

# 参考文献

[1] 田玲. 网络营销策划与推广[M]. 北京：人民邮电出版社，2021.

[2] 何晓兵. 网络营销基础与实务[M]. 2版. 北京：人民邮电出版社，2021.

[3] 蒋晖. 网络营销运营之道[M]. 北京：北京大学出版社，2019.

[4] 江礼坤. 网络营销推广实战宝典[M]. 2版. 北京：电子工业出版社，2016.

[5] 陈维贤. 互联网运营实战——从入门到精通[M]. 北京：电子工业出版社，2019.

[6] 秋叶. 新媒体营销与运营[M]. 北京：人民邮电出版社，2021.

[7] 郭晓斌，袁欣. 新媒体运营[M]. 北京：人民邮电出版社，2022.

[8] 李春雷. 互联网运营实战手册[M]. 北京：人民邮电出版社，2017.

[9] 李俊，魏炜，马晓艳. 新媒体运营[M]. 北京：人民邮电出版社，2020.

[10] 肖凭. 新媒体运营[M]. 北京：中国人民大学出版社，2020.